##  Die Bonus-Seite

### Ihr Vorteil als Käufer dieses Buches

Auf der Bonus-Webseite zu diesem Buch finden Sie zusätzliche Informationen und Services. Dazu gehört auch ein kostenloser **Testzugang** zur Online-Fassung Ihres Buches. Und der besondere Vorteil: Wenn Sie Ihr **Online-Buch** auch weiterhin nutzen wollen, erhalten Sie den vollen Zugang zum **Vorzugspreis**.

### So nutzen Sie Ihren Vorteil

Halten Sie den unten abgedruckten Zugangscode bereit und gehen Sie auf **www.galileodesign.de**. Dort finden Sie den Kasten **Die Bonus-Seite für Buchkäufer**. Klicken Sie auf **Zur Bonus-Seite / Buch registrieren**, und geben Sie Ihren **Zugangscode** ein. Schon stehen Ihnen die Bonus-Angebote zur Verfügung.

Ihr persönlicher **Zugangscode**

gsbf-ix4y-pktq-mu3h

Hussein Morsy

# Adobe Dreamweaver CS4

Der praktische Einstieg

Galileo Press

# Liebe Leserin, lieber Leser,

Dreamweaver überzeugt seit langer Zeit eine große Fangemeinde an Web-designern. Kein anderer Web-Editor kann mit einer solch breiten Funktionspalette aufwarten. Gleichzeitig ist das Programm leicht zu bedienen und bietet so auch für Einsteiger eine tolle Möglichkeit, mit dem Designen und Programmieren von eigenen Webseiten zu beginnen.

Ich freue mich deswegen, Ihnen dieses Buch präsentieren zu können, denn es wird diesem Anspruch des Programms zu 100 % gerecht. Schritt für Schritt führt es Sie in leicht nachvollziehbaren Workshops durch die Software und hilft Ihnen dabei, selbst moderne Websites zu erstellen, die sogar Profiansprüchen genügen. Sie werden erstaunt sein, wie einfach es ist, CSS für Ihre Website einzusetzen, Texte und Bilder einzufügen und wie bequem beispielsweise das Arbeiten mit Vorlagen ist. Hussein Morsy nimmt Sie dabei mit bewährten Techniken an die Hand und zeigt Ihnen, wie Sie Ihre eigene erste Website mit vielen Extras und Funktionen erstellen können.

Damit Sie die Workshops direkt nachvollziehen können, haben wir Ihnen die Beispieldateien auf der eigenen Website zum Buch *www.dreamweaverbuch.de* bequem zum Download bereitgestellt. Dort finden Sie außerdem noch zwei weitere fertige CSS-Layouts, die Sie direkt für Ihre eigene Website verwenden können.

Dieses Buch wurde mit großer Sorgfalt geschrieben, lektoriert und produziert. Sollten sich dennoch Fehler eingeschlichen haben, wenden Sie sich an mich. Ihre freundlichen Anmerkungen und Ihre Kritik sind immer willkommen.

Und nun viel Spaß beim Erstellen Ihrer Webseiten mit Dreamweaver!

**Jan Watermann**
Lektorat Galileo Design
jan.watermann@galileo-press.de

www.galileodesign.de
Galileo Press • Rheinwerkallee 4 • 53227 Bonn

# Auf einen Blick

Der Name Galileo Press geht auf den italienischen Mathematiker und Philosophen Galileo Galilei (1564–1642) zurück. Er gilt als Gründungsfigur der neuzeitlichen Wissenschaft und wurde berühmt als Verfechter des modernen, heliozentrischen Weltbilds. Legendär ist sein Ausspruch *Eppur se muove* (Und sie bewegt sich doch). Das Emblem von Galileo Press ist der Jupiter, umkreist von den vier Galileischen Monden. Galilei entdeckte die nach ihm benannten Monde 1610.

**Lektorat** Jan Watermann
**Herstellung** Steffi Ehrentraut
**Korrektorat** Heike Jurzik, Köln
**Einbandgestaltung** atelier n&h | visuelle kommunikation
**Satz** SatzPro, Krefeld
**Druck** Himmer AG, Augsburg

Alle in diesem Buch und auf dem beiliegenden Datenträger zur Verfügung gestellten Bilddateien sind ausschließlich zu Übungszwecken in Verbindung mit diesem Buch bestimmt. Jegliche sonstige Verwendung bedarf der vorherigen, ausschließlich schriftlichen Genehmigung des Urhebers.

Dieses Buch wurde gesetzt aus der Linotype Syntax Serif (9,25/13 pt) in Adobe InDesign CS3. Gedruckt wurde es auf chlorfrei gebleichtem Offsetpapier (90 g/m²).

**Gerne stehen wir Ihnen mit Rat und Tat zur Seite:**
jan.watermann@galileo-press.de bei Fragen und Anmerkungen zum Inhalt des Buches
service@galileo-press.de für versandkostenfreie Bestellungen und Reklamationen
julia.bruch@galileo-press.de für Rezensions- und Schulungsexemplare

**Bibliografische Information der Deutschen Nationalbibliothek**
Die Deutsche Nationalbibliothek verzeichnet diese Publikation in der Deutschen Nationalbibliografie; detaillierte bibliografische Daten sind im Internet über http://dnb.d-nb.de abrufbar.

ISBN 978-3-8362-1261-8

© Galileo Press, Bonn 2009
1. Auflage 2009, 1., korrigierter Nachdruck 2010

# Inhalt

Teil III: Dreamweaver im Detail

Teil IV: Über Dreamweaver hinaus …

# Workshops

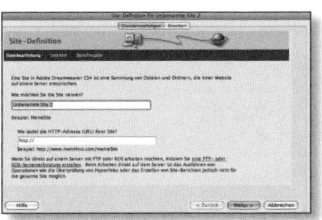
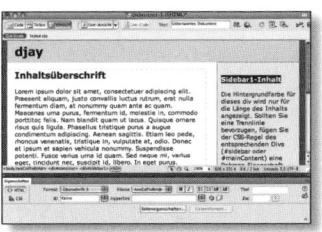
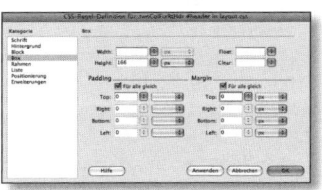
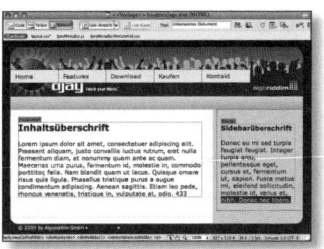
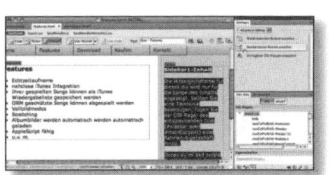

## Websites testen, veröffentlichen und verwalten

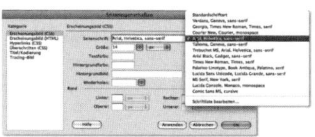

## Texte eingeben und strukturieren

## Arbeiten mit CSS

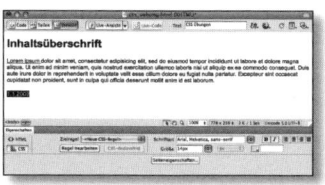

## Bilder einfügen

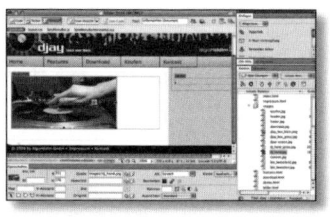

## Tabellen erstellen

## Hyperlinks einsetzen

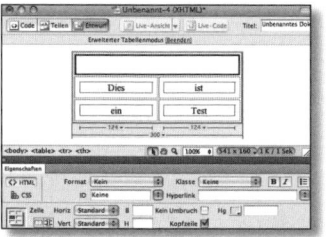

## Interaktivität mit JavaScript

## Formulare erstellen

# Vorwort

Der erste Webbrowser erblickte 1990 das Licht der Welt. Er wurde von Tim Berners-Lee entwickelt, der auch als Erfinder des World Wide Webs gilt. Lange gab es nur Experten und Techniker im Web, die ihre eigenen Seiten noch per Hand programmieren mussten. Das WWW hat sich seitdem jedoch enorm weiterentwickelt und genauso die Technologien und Programme, mit denen man Websites erstellt.

Im Jahre 1997 hat Macromedia die erste Version von Dreamweaver veröffentlicht. Seitdem ist Dreamweaver immer weiterentwickelt worden. Die neueste Version ist Dreamweaver CS4 (Version 10), die zum zweiten Mal bei Adobe veröffentlicht wurde. Kein anderes Webdesign-Programm bietet so viele Funktionen, die sowohl Designer als auch Programmierer in gleicher Weise in ihrer Arbeit unterstützen.

In 10 Jahren Entwicklungszeit ist der Funktionsumfang von Dreamweaver natürlich enorm gestiegen. Besonders der Einsteiger sieht dann schnell den Wald vor lauter Bäumen nicht. Ziel dieses Buches ist es daher, Sie als angehenden Webdesigner an die Hand zu nehmen und sicher durch den Dschungel zu weisen. Im ersten Teil »Einführung« lernen Sie nicht nur die vollständige Arbeitsumgebung von Dreamweaver genau kennen, Sie erfahren auch, welche Vorbereitungen Sie treffen sollten, um Ihre erste eigene Website ins Internet zu bringen.

Im zweiten Teil »Die erste Website« lernen Sie, wie Sie mit Dreamweaver CS4 eine erste eigene Site aufbauen und im WWW veröffentlichen. Sie werden dabei erfahren, wie Sie mit Vorlagen arbeiten und darin eine komplette Navigation integrieren, die aussieht als hätte sie ein Profi programmiert. Neu an dieser Auflage ist, dass das Beispielprojekt vollständig mit der Cascading Stylesheets- Technologie entwickelt wurde. Mit ihr wird das Aussehen der Webseite vollständig gesteuert.

Im dritten Teil »Dreamweaver im Detail« werden wir uns das Einfügen und Bearbeiten der wichtigsten Elemente in einer Website mit Dreamweaver CS4 genauer anschauen. Die Kapitel darin sind weitgehend unabhängig voneinander aufgebaut. Sie müssen diesen Teil daher nicht von vorne bis hinten durchlesen, sondern können auch einfach einzelne Themen nachschlagen.

Einige Bonbons finden Sie im vierten Teil des Buches, »Über Dreamweaver hinaus ...«. Dort erfahren Sie, wie Sie ganz einfach einen eigenen Weblog erstellen, ohne auch nur eine Codezeile dafür programmieren zu müssen und wie Sie Ihre Website über Google bekannt machen können. Dazu gehört nicht nur die Optimierung Ihrer Website für die Suchfunktion, sondern auch das Übersehen der Benutzerströme und das Schalten von Werbung. Am

Ende werden Sie Dreamweaver CS4 rundum bedienen können, die wichtigsten Technologien im Web kennengelernt haben und vor einer ersten eigenen Website stehen, die sogar professionellen Ansprüchen genügt.

In der **Randspalte** des Buchs finden Sie Zusatzinformationen, Denkanstöße oder weiterführende Hinweise. Das CS4-Icon weist Sie darauf hin, dass hier eine Neuerung von Dreamweaver CS4 vorgestellt wird.

Ich hoffe, dass Sie aus diesem Buch viel für Ihre eigenen Projekte mitnehmen können und Spaß damit haben!

**Hussein Morsy**

Teil I

# Einführung

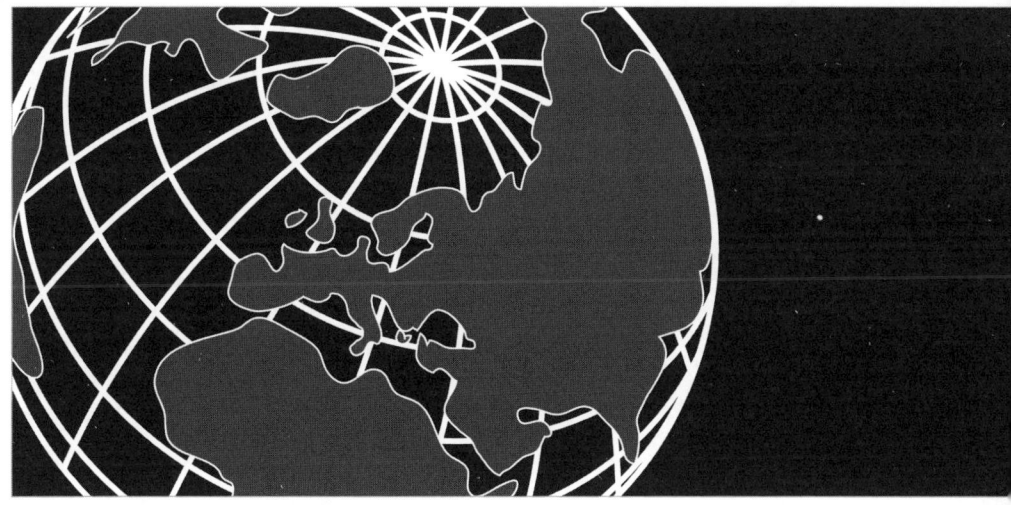

Kapitel 1

# Ein Platz im Internet

So veröffentlichen Sie Ihre Website im Internet

- ▸ Wie erhalte ich Webspace?
- ▸ Wie bekomme ich eine eigene Webadresse?
- ▸ Was ist eigentlich eine Domain?
- ▸ Wie finde ich den richtigen Provider?

# 1    Ein Platz im Internet

Genauso, wie ein Haus ein Grundstück und eine Hausnummer benötigt, braucht Ihre Website Platz und eine Adresse im Internet. In diesem Kapitel erfahren Sie, wie Sie eine Parzelle auf einem Webserver und eine passende Internetadresse anmieten können.

## 1.1    Wie kommt meine Site ins Internet?

Dieses Buch handelt davon, wie man mit den faszinierenden Möglichkeiten des Webpublishing-Tools Dreamweaver CS4 Websites erstellt. Auf der einen Seite werden Sie lernen, wie Sie Dreamweaver bedienen. Auf der anderen Seite lernen Sie aber auch alle Elemente und Technologien kennen, die eine gute Website ausmachen. Am Ende werden Sie einen eigenen Internetauftritt erstellt haben und alle wichtigen Funktionen von Dreamweaver beherrschen.

Bevor Sie sich aber an Dreamweaver und eine erste eigene Website heranwagen, sollten Sie sich erst einmal anschauen, was eine Website überhaupt ist und was man erledigen sollte, bevor man sie zusammenbaut.

### 1.1.1    Was ist eine Website?

Eine Website ist einfach ein Zusammenschluss aus mehreren Webseiten. Diese Webseiten sind über Hyperlinks miteinander verknüpft. Klickt man auf einen Link, gelangt man auf eine neue Webseite. Jede einzelne Webseite besteht aus einer einzelnen Datei, dem sogenannten HTML-Dokument. Klicken Sie sich durch eine Website, sehen Sie den Namen der gerade angezeigten Datei immer in der Adresszeile des Browsers.

### 1.1.2 Ein Platz im WWW

Eine Website ist wiederum Bestandteil des großen World Wide Web. Besitzt man einen Internetanschluss und ein Browserprogramm wie Firefox, Safari, Opera, Internet Explorer oder Google Chrome, kann man sie von überall auf der Welt erreichen. Die Voraussetzung dafür ist, dass die Site auf einem Computer liegt, der ständig an das Internet angeschlossen ist. Würde man sie auf dem eigenen PC unterbringen, wäre sie vom Internet abgetrennt, wenn man die Onlineverbindung beendet. Rechner, die ständig an das Internet angeschlossen sind und auf denen eine Software läuft, die Daten über das im WWW gültige *Hypertext Transfer Protocol (HTTP)* an andere Internetnutzer versenden, heißen Webserver. Die Dateien, aus denen eine Website besteht, müssen also auf einem solchen Webserver untergebracht werden.

Um unsere Website, die wir in diesem Buch aufbauen, wirklich im WWW anbieten zu können, müssen wir sie also auf einem Webserver unterbringen und eine Domain für sie beschaffen. Beides ist kein Problem, denn Speicherplatz auf einem Webserver und Internetadressen kann man mieten. In der Regel bekommt man beides bei Providern oder so genannten Webhostern. Einen Überblick über die größten Anbieter finden Sie am Ende dieses Kapitels.

> **Domain**
>
> Es gibt Millionen von Websites im WWW. Jede einzelne benötigt eine eigene, einzigartige Adresse, über die sie vom Internetnutzer aufgerufen werden kann. Diese Adresse, wie zum Beispiel *galileodesign.de*, heißt Domain, den Mittelteil (*galileodesign*) bezeichnet man als Domainname.

## 1.2 Die eigene Domain

Wenn Sie Speicherplatz auf einem Webserver anmieten, ist normalerweise mindestens auch eine Domain kostenfrei enthalten. Die Wahl des Domainnamens ist wie das Namensschild einer Haustür. Ohne ihn kann Ihre Website nicht (oder nur über die IP-Adresse) gefunden werden.

### 1.2.1 Was ist eine Domain?

Wenn Sie jemanden per Telefon anrufen möchten, benötigen Sie seine Telefonnummer. Unter dieser erreichen Sie ausschließlich seinen Telefonapparat und sonst niemand anders. Ähnlich verhält es sich im Web. Jeder Webserver hat seine eigene *IP*-Adresse (*Internet Protocol*), über die er im Internet erreichbar ist. Diese setzt sich immer aus vier Teilen zusammen, wobei jeder Teil aus einer Zahl zwischen 0 und 255 besteht.

---

**Domains mit Umlauten**

Domainnamen können auch Umlaute und Sonderzeichen anderer Sprachen enthalten. Diese Domainnamen bezeichnet man als *IDN* (*Internationalized Domain Name*). Ein Sonderfall ist das »ß«, das automatisch in »ss« umgewandelt wird. Bei Umlauten ist das nicht der Fall.

Leider funktionieren IDN-Domains im Internet Explorer erst richtig ab Version 7. Andere Browser wie Firefox, Opera und Safari haben keine Probleme mit IDNs.

---

Die deutsche Google-Website ist zum Beispiel über die IP-Adresse 66.102.11.99 erreichbar. Sie können die IP-Adresse auch im Browser eingeben, um zur Website zu gelangen.

Damit der Besucher Ihrer Website sich nicht die IP-Adresse merken muss, kann man eine *Domain* beantragen. Für die IP-Adresse 85.88.3.146 wurde zum Beispiel die Domain *galileo-press.de* registriert.

Es ist auch möglich, mehrere Domains für dieselbe IP-Adresse zu registrieren. Die Domain *galileodesign.de* ist zum Beispiel auch für die IP-Adresse 85.88.3.146 registriert.

Der Domainname darf nur Buchstaben, Zahlen und Bindestriche (-) enthalten. Domainnamen mit der Endung *de* müssen mindestens drei und dürfen höchstens 63 Zeichen lang sein. Autokennzeichen sind zum Beispiel bei der Top Level Domain *de* nicht zulässig. Zwischen Groß- und Kleinschreibung wird nicht unterschieden.

Außerdem sollten Sie darauf achten, dass Ihre Wunschdomain nicht bereits als Marke registriert ist, um einen Rechtsstreit zu vermeiden.

## 1.2.2 Subdomains

Das Präfix *www* ist nicht Teil des Domainnamens, sondern heißt *Subdomain*. Sie können auf dem für Ihre Site zuständigen Webserver beliebige Präfixe anlegen lassen, ohne diese irgendwo registrieren zu müssen. Meistens beschränken Provider die Anzahl der verfügbaren Subdomains auf fünf, zehn oder zwanzig pro Domain.

Die Firma Apple zum Beispiel verwendet für ihren Shop die Adresse *store.apple.com* und für die allgemeinen Informationen zum Unternehmen die Hausadresse *www.apple.com*. Eine Subdomain kann einer Internetadresse somit eine spezifische Bedeutung geben.

Bei den meisten Websites können Sie auch die Subdomain ganz weglassen. Sie können im Browser also statt *www.google.de* auch *google.de* eingeben, und trotzdem wird dieselbe Seite geladen.

## 1.2.3 Top Level Domains

Die *Top Level Domain* (*TLD*) ist jener Teil in einer Domain, der ganz rechts hinter dem Punkt steht. Verdeutlichen wir das an einem

Beispiel: Die TLD von *google.de* ist *de* und die TLD von *google.com* entsprechend *com*.

Es gibt zwei Arten von TLDs:

▶ länderspezifische TLDs (*ccTLD* für *country code*), z. B. *de* für Deutschland, *fr* für Frankreich, *nl* für die Niederlande. Insgesamt existieren über 240 verschiedene länderspezifische TLDs.

▶ generische TLDs (*gTLD*), z. B. *com* für kommerzielle (*commercial*) Websites, *org* für öffentliche Organisationen, *gov* für die amerikanische Regierung, *info* für Informations-Websites usw. Zurzeit existieren 15 verschiedene generische TLDs.

Inzwischen gibt es auch neue gTLDs, die den Einsatzbereich der Website kennzeichnen sollen, wie *tv* für Websites zum Thema Fernsehen und *museum* (wie bei *deutsches.uhren.museum*) für Museen.

Trotz der wachsenden Anzahl an generischen TLDs sind die *com*-und die *de*-TLDs für kommerzielle Websites in Deutschland zu bevorzugen, da diese am geläufigsten sind.Eine Übersicht über alle aktuellen TLDs können Sie auf der Seite *http://www.iana.org/ domains/root/db/* nachlesen.

### 1.2.4 Ist meine Domain noch frei?

Für jede Top Level Domain gibt es jeweils eine Organisation, die die Vergabe der Domainnamen regelt. Für die deutschen Domains (*de*) ist die *Denic* zuständig. Sie können dort auch überprüfen, ob Ihr Wunschname noch frei ist.

> **ICANN – die Internetverwaltung**
>
> ICANN (*Internet Corporation for Assigned Names and Numbers*) ist die Hauptorganisation, die die IP-Adressräume und die Top Level Domains verwaltet. ICANN ist unter *www.icann.org* erreichbar.
>
>

◀ **Abbildung 1.1**
Bei der Denic (*www.denic.de*) können Sie überprüfen, ob Ihre gewünschte Domain noch frei ist. In diesem Fall ist die Domain *ist-immer-noch-frei* noch zu haben.

Wenn eine Domain bereits vergeben ist, müssen Sie nicht gleich aufgeben. Sie können nämlich mit dem Domaininhaber in Kontakt treten. Die Kontaktinformationen liefert Ihnen ebenfalls die Denic. Sie müssen nur auf die Schaltfläche Akzeptieren klicken, um alle relevanten Informationen über den Domaininhaber zu erhalten (siehe Abbildung 1.2).

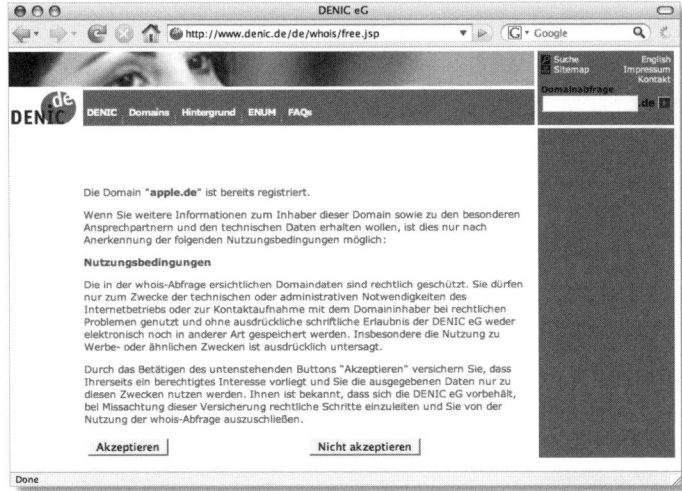

**Abbildung 1.2** ▶
Wenn eine Domain bereits registriert ist, können Sie sich Informationen über den Domaininhaber anzeigen lassen. Sie müssen vorher jedoch auf Akzeptieren klicken.

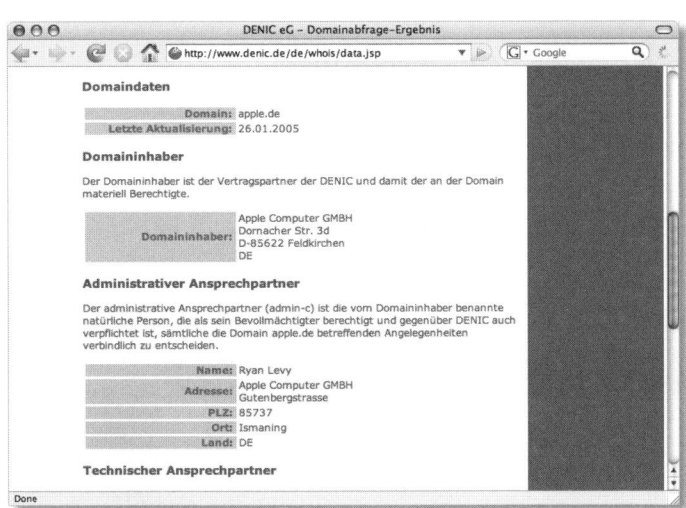

**Abbildung 1.3** ▶
Die Denic liefert Ihnen auch Informationen über den Domaininhaber einschließlich seiner Anschrift, E-Mail-Adresse und Telefonnummer.

Für die *com*-Domains ist die Organisation *Nic* (*www.nic.com*) zuständig. Anstatt für jede Top Level Domain jeweils einzeln zu prüfen, ob die Domain noch frei ist, gibt es auch zahlreiche Websites, die automatisch eine Prüfung Ihres Wunschnamens unter verschiedenen TLDs durchführen. Auf den Websites *www.sedo. de* oder auch *www.united-domains.de* können Sie einfach einen beliebigen Namen eingeben (ohne TLD). Daraufhin werden die möglichen Domains überprüft.

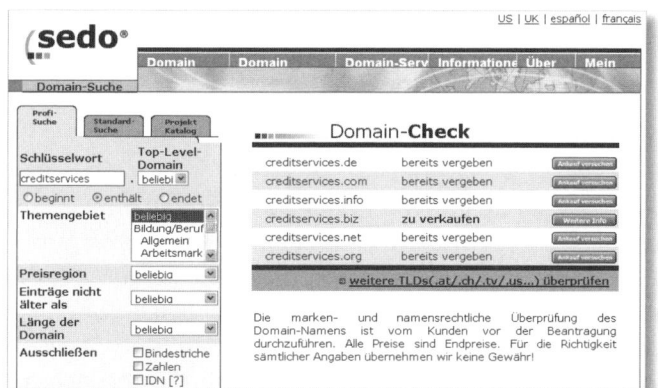

◄ **Abbildung 1.4**
Bei *www.sedo.de* werden automatisch mehrere Domains überprüft. Bei der Eingabe von »creditservices« wird angezeigt, dass nur noch *creditservices.biz* frei ist, das allerdings nur gegen Bares.

Auf der Website *www.onlinewhois.info* können Sie sogenannte Whois-Abfragen durchführen, das heißt, Sie erhalten zu der eingegebenen Domain detaillierte Informationen zum Domaininhaber und zum Provider. Es werden auch weitere Informationen wie die IP-Adresse etc. angezeigt.

◄ **Abbildung 1.4**
Bei *www.onlinewhois.info* können Sie neben detaillierten Informationen zur Domain auch Informationen zum Server wie die IP-Adresse und DNS-Details abfragen.

## 1.2.5   Domains registrieren

Bei der Denic können Sie Domains mit der Top Level Domain *de* registrieren. Dies ist für Einzelpersonen jedoch recht kostspielig.

Provider können die Domains viel günstiger für Sie anmelden, da viele von ihnen Mitglieder bei der Denic sind und Domains zu Sammelpreisen einkaufen.

Bei einem Provider können Sie Ihre (freie) Domain beantragen und erhalten zusätzlich Speicherplatz auf dem Webserver, wo Sie Ihre Website speichern können.

## 1.3 Einen Provider finden

Bevor Sie Ihre Website im World Wide Web veröffentlichen können, benötigen Sie Speicherplatz auf einem Webserver, den sogenannten *Webspace*. Dieser ist dann Ihr »Grundstück« im Web, das Sie nach Ihren eigenen Wünschen beackern können.

Diesen Platz können Sie bei *Webspace-Providern*, auch *Webhoster* genannt, mieten. Die Webhoster bieten für die unterschiedlichen Ansprüche ihrer Kunden verschiedene Pakete an. In jeder Computerzeitschrift finden Sie zahlreiche Angebote, angefangen bei ein paar Megabyte für 0 Euro bis hin zu ganzen eigenen Servern für unter 30 Euro. Der Markt für Serverplatz ist unüberschaubar groß geworden. Informieren Sie sich daher gut!

Die Qualität der Webhoster ist sehr unterschiedlich. Was nutzt Ihnen die beste Website, wenn der Webserver, aus welchen Gründen auch immer, nicht erreichbar ist? Bei einem der bekanntesten billigen Webhoster kam es sehr häufig zu Ausfällen, weil etwa das Netzteil eines Großrechners ausgefallen war oder weil aus Versehen sämtliche Daten von Kunden gelöscht wurden. Fragen Sie also auch nach der Leistungsgarantie, und wählen Sie Ihren Webhoster sorgfältig aus.

### 1.3.1 Auswahl eines Webhosters

In Deutschland gibt es zurzeit mehr als 700 Webhoster. Viele stellen verschiedene Hosting-Angebote bereit. Doch für welches soll man sich entscheiden? Erwähnt werden soll hier eine hervorragende Website, die Ihnen bei der Entscheidung helfen kann: Unter *www.webhostlist.de* finden Sie mehrere Übersichten der besten Webhoster in Deutschland mitsamt Bewertungen von Kunden, die die Services in Anspruch genommen haben. Sie können dort auch nachlesen, welche Erfahrungen die User mit den Providern gemacht haben. In der folgenden Tabelle finden Sie die

---

**Kostenloser Webspace?**

Wenn Sie nichts gegen Werbeinblendungen haben, können Sie auch kostenlos Webspace bekommen. Bekannte Anbieter in diesem Bereich sind z. B. *www.beepworld.de*, *www.tripod.lycos.de* oder *www.piranho.de*.

Top-10-Liste der Webhoster vom Januar 2009 (Quelle *http:// www.webhostlist.de*).

| Platzierung | Webprovider | URL |
|---|---|---|
| 1. | Net-Build® GmbH | *http://www.netbuild.net* |
| 2. | domainfactory GmbH | *http://www.df.eu* |
| 3. | Greatnet.de | *http://www.greatnet.de* |
| 4. | STRATO AG | *http://www.strato.de* |
| 5. | ALL-INKL.COM | *http://www.all-inkl.com* |
| 6. | WebhostOne e. K. | *http://www.webhostone.de* |
| 7. | 1&1 Internet AG | *http://www.1und1.de* |
| 8. | Host Europe GmbH | *http://www.hosteurope.de* |
| 9. | Greatweb.de | *http://www.greatweb.de* |
| 10. | Hetzner Online AG | *http://www.hetzner.de* |

◄ **Tabelle 1.1**
Top 10 der deutschen Webhoster (Quelle: Webhostlist. Stand: Januar 2009)

## 1.3.2 Das passende Angebot finden

Nachdem Sie sich für einen Webprovider entschieden haben, müssen Sie nur noch das für Sie passende Webhosting-Angebot auswählen. Die folgenden Kriterien können Ihnen dabei behilflich sein:

▶ **Anzahl an Domainnamen**
Unter einem Domainnamen ist Ihre Website erreichbar. Je mehr Domainnamen Ihnen zur Verfügung gestellt werden, desto besser.

▶ **Anzahl an Subdomains**
Normalerweiser kann man Ihre Website mit *www.firmenname. de* aufrufen. Wenn Sie Subdomains anlegen, kann Ihre Website zum Beispiel auch unter *shop.firmenname.de* aufgerufen werden. Somit können Sie beispielsweise verschiedene Unternehmensbereiche anzeigen.

▶ **Anzahl an E-Mail-Adressen**
Viele Provider bieten im Bundle mit Domains und Webspace inzwischen bis zu über 100 E-Mail-Adressen an.

▶ **Größe des Speicherplatzes**
Für die meisten normalen Websites sind 20 MByte mehr als ausreichend. Wenn Sie aber auch Filme oder Musikdateien

anbieten möchten, sollten Sie wesentlich mehr Speicherplatz anmieten.

▶ **Monatliches Transfervolumen (Traffic)**
Wenn ein Besucher eine Seite Ihres Webauftritts aufruft, wird jede einzelne Datei an den Besucher transferiert. Das verursacht Transferkosten. In einem Angebot ist immer ein bestimmtes Transfervolumen pro Monat enthalten. Viele Provider bieten mindestens 500 MByte pro Monat an. In der Praxis bedeutet das, dass eine Seite mit einer Größe von 0,05 MByte 10.000 Mal pro Monat aufgerufen werden kann, ohne dass zusätzliche Kosten entstehen. Wenn Ihre Website oft besucht wird, sollten Sie unbedingt ein Webhosting-Angebot wählen, das viel oder ein unbegrenztes Transfervolumen bietet.

▶ **PHP und MySQL-Datenbank**
Falls Sie anspruchsvolle Webseiten erstellen möchten, die aus Datenbanken generiert werden, sollten Sie darauf achten, dass Ihr Webhoster die Skriptsprache PHP unterstützt und mindestens eine MySQL-Datenbank bereithält. Dies ist auch für das Kontaktformular und den Blog erforderlich, die wir in diesem Buch in Abschnitt 18.6, »Ein Kontaktformular anlegen«, und Kapitel 20, »Bloggen mit WordPress«, exemplarisch in unsere Website einbinden werden.

### 1.3.3   Braucht man einen eigenen Webserver?

Die geringen Mietpreise für einen eigenen Webserver, auf dem man nach Herzenslust alles selbst konfigurieren kann, sind sehr verlockend. Aber davon rate ich in den meisten Fällen ab, da man dafür sehr gute Linux-Kenntnisse benötigt. In den folgenden Fällen ist ein eigener Webserver jedoch von Vorteil:

▶ Sie benötigen einen Gameserver.
▶ Sie benötigen spezielle Erweiterungen (z. B. spezielle PHP-Module).
▶ Sie benötigen eine bei vielen Providern nicht installierte Programmiersprache (wie z. B. Java oder Ruby on Rails).
▶ Sie möchten selbst Provider sein.
▶ Sie haben Spaß am Konfigurieren von Linux-Servern und möchten viel ausprobieren.

### 1.3.4 Wie konfigurieren Sie Ihren Webspace?

Wenn Sie zum Beispiel E-Mail-Adressen anlegen oder neue Domains beantragen möchten, bieten alle Provider ein Konfigurationsmenü an, mit dem Sie die gewünschten Einstellungen vornehmen können. Dazu erhalten Sie vom Provider einen Zugang, der über den Webbrowser aufrufbar ist. Dort können Sie Ihre gewünschten Einstellungen vornehmen.

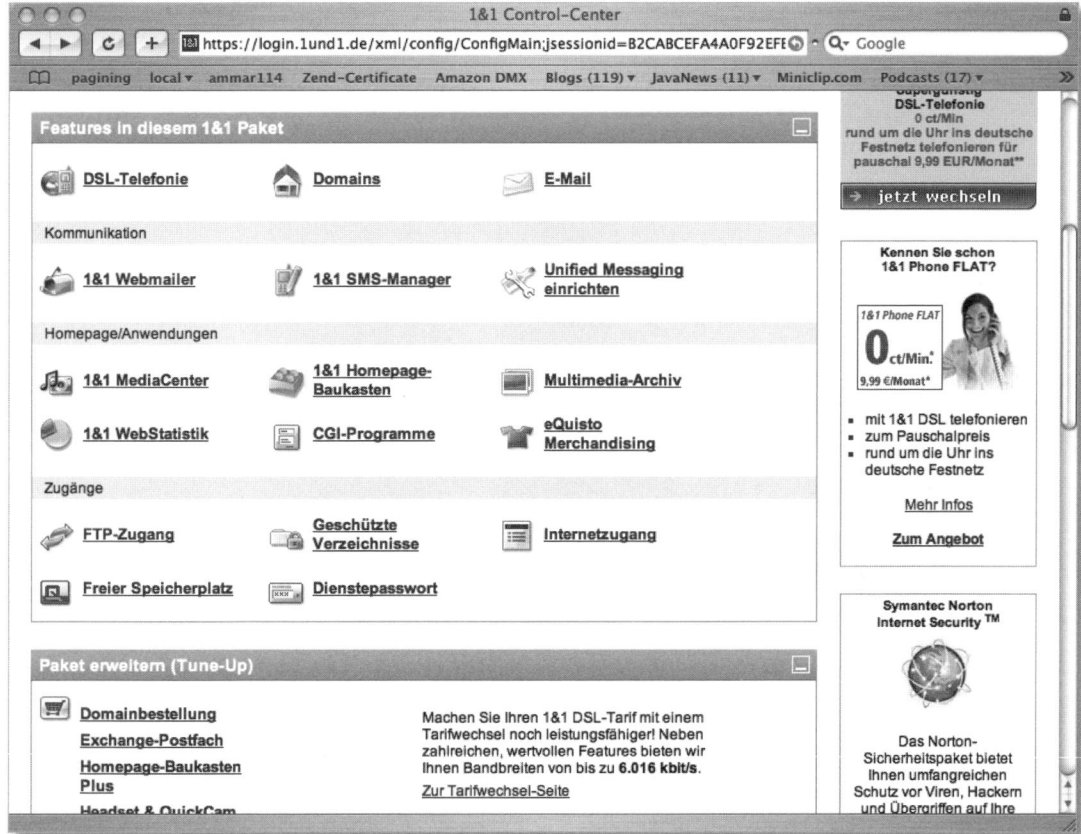

▲ **Abbildung 1.5**
Ein komfortables Webspace-Konfigurationsmenü von 1&1
(*http://www.1und1.de*)

Kapitel 2

# Die Sprachen des Web

Sie müssen kein Programmierer werden

- ▶ Wie ist eine Webseite aufgebaut?
- ▶ Womit werden Webseiten »programmiert«?
- ▶ Was sind HTML und Cascading Stylesheets (CSS)?
- ▶ Wofür benutzt man JavaScript und PHP?

# 2 Die Sprachen des Web

Sie müssen nicht die Internetsprachen HTML, JavaScript und PHP beherrschen, um Webseiten in Dreamweaver zu erstellen. Es ist jedoch sehr hilfreich, wenn Sie in etwa wissen, um was es dabei geht. Falls Sie lieber gleich mit Dreamweaver loslegen möchten, können Sie dieses Kapitel auch überspringen und unverständliche Begriffe später hier nachschlagen.

## 2.1 Welche Sprachen gibt es?

Jede Seite eines Webauftritts muss einzeln erstellt werden. Dies geschieht nicht über Programmierung wie etwa in der Softwareentwicklung. Eine Seite wird vielmehr wie ein Text in Microsoft Word oder einer anderen Textverarbeitung zusammengebaut. Man schreibt einfach die Inhalte in ein Dokument und speichert dieses als ASCII-Textformat ab. Anstelle der üblichen Dateiendung *.txt* wählt man aber *.html*. Wie bei Word kann man auch Bilddateien und andere Objekte wie Flash-Filme darin verlinken. Diese sind nicht Bestandteil des Dokuments selbst, sondern werden als eigene Dateien auf den Webserver gelegt.

In Webseitendokumenten findet man aber mehr als nur den Fließtext, der auf der Seite angezeigt werden soll. Es sind darin auch Anweisungen für die Darstellung und den Aufbau des Dokuments enthalten. Diese werden in spitzen Klammern geschrieben und nach den Regeln der Auszeichnungssprachen *HTML* (*Hypertext Markup Language*) und *CSS* (*Cascading Stylesheets*) verfasst. Browser verstehen diese Sprachen und stellen die sogenannten *Tags* nicht als Inhalt auf der Seite selbst, sondern nach ihren Darstellungsvorgaben etwa mit einer entsprechenden Schriftgröße, einem Tabellenaufbau oder einer Hintergrundgrafik dar.

Anspruchsvolle Seiten von Hand mit HTML und CSS zu entwickeln, ist eine komplexe Sache. An dieser Stelle tritt Dreamweaver auf den Plan. Seine Hauptaufgabe besteht darin, Sie beim Erstellen von HTML-Seiten zu unterstützen und es Ihnen möglichst so einfach wie beim Schreiben eines Word-Textes zu machen. Sie brauchen keine Zeile HTML selbst zu schreiben, Sie müssen sich den Quelltext der Seiten noch nicht einmal anschauen. Dreamweaver erzeugt den Code ganz einfach im Hintergrund. Trotzdem ist es hilfreich, HTML grundlegend zu verstehen.

Neben *HTML* spielen auch andere Sprachen wie *JavaScript* und *PHP* bei der Erstellung von Webseiten eine wichtige Rolle. Die angewandten Sprachen kann man in zwei Kategorien aufteilen:

▶ Sprachen, die im Browser interpretiert werden und welche die Strukturierung und Darstellung der Inhalte vorgeben (vor allem HTML, Cascading Stylesheets, JavaScript)

▶ Sprachen, die bereits auf dem Server ausgeführt werden, um z. B. Daten aus einer Internetdatenbank abzufragen (PHP, JSP, ASP und andere)

## 2.2   Hypertext Markup Language

Mit HTML werden die Inhalte einer Webseite strukturiert. Für die Formatierung der Inhalte, wie z. B. die Festlegung von Schrifttypen oder Farben, sollte man nicht HTML, sondern Cascading Stylesheets, kurz CSS, einsetzen. Diese werden in Kapitel 10, »Ein Layout erstellen«, und in Kapitel 13, »Arbeiten mit CSS«, behandelt.

HTML ist eine sogenannte *Auszeichnungssprache* (engl. *Markup Language*). Sie können HTML in jedem beliebigen Texteditor erstellen. Dreamweaver ist nicht zwangsläufig erforderlich, um Webseiten zu erstellen, bietet jedoch viele Hilfsfunktionen und Arbeitserleichterungen.

In dem folgenden Beispiel wird z. B. der Textabschnitt »Galileo-Einsteigerreihe« in HTML ausgezeichnet:

> **HTML lernen mit SELFHTML**
>
> Eine hervorragende Einführung und Referenz zu HTML und JavaScript finden Sie auf der Website *http://de. selfhtml.org* von Stefan Münz. Damit haben schon ganze Generationen von Webdesignern HTML gelernt.

```
Das Buch aus der <strong>Galileo-Einsteigerreihe
</strong> erklärt Ihnen systematisch die Handhabung
von Dreamweaver.
```

Die Auszeichnungsbefehle wie `<strong>` werden *Tags* genannt. Das `<strong>`-Tag hebt den Textabschnitt hervor. Im Browser wird dieser Textabschnitt in fetter Schrift dargestellt.

Die meisten Tags müssen mit `</[Tagname]>` geschlossen werden. In unserem Beispiel wurde `<strong>` mit `</strong>` geschlossen. Der Browser weiß so, bis wohin der Text hervorgehoben werden soll.

> **HTML ist keine Programmiersprache**
>
> HTML ist keine Programmiersprache wie Java oder C. Es gibt darin keine Variablen, Schleifen usw. Auch kann man ein HTML-Dokument nicht ausführen oder Berechnungen damit erstellen lassen.

## 2.2.1 Strukturieren von Inhalten

Die Hauptaufgabe von HTML ist es, den Inhalt einer Webseite zu strukturieren, indem der Text in Überschriften, Absätze, Listen, Tabellen usw. eingeteilt wird.

Der folgende Text enthält eine Überschrift und einen Absatz, die mit HTML strukturiert werden:

```
<h1>Dreamweaver CS4 verstaendlich erklaert</h1>
<p>Das Buch aus der <strong>Galileo-Einsteigerreihe
</strong> erklaert Ihnen systematisch die Handhabung
von Dreamweaver</p>
```

Das <h1>-Tag kennzeichnet Überschriften. Das h im <h1>-Tag steht für Header, und 1 steht für die höchste Überschriftenebene. Das <h2>-Tag steht für die zweithöchste Überschriftenebene usw.

Das <p>-Tag markiert Absätze. Nach jedem Absatz wird normalerweise eine Leerzeile eingefügt.

**Tabelle 2.1 ▶**
Wichtige HTML-Tags zur Strukturierung von Inhalten

| HTML-Tag | Anwendung |
|---|---|
| <h1> ... <h1>,<br><h2> ... </h2> bis <h6> | Überschriften |
| <p> ... </p> | Absätze |
| <em> ... </em> | Hervorhebung<br>(wird meist kursiv dargestellt) |
| <strong> ... </strong> | starke Hervorhebung<br>(wird meistens fett dargestellt) |
| <ul>... </ul> | unnummerierte Listen |
| <ol> ... </ol> | nummerierte Listen |
| <table> ... </table> | Tabellen |
| <a> ... </a> | Hyperlink |
| <img src="[bildname.jpg]" /> | Bild |
| <br /> | harter Umbruch |

## 2.2.2 Tag-Attribute

Für die meisten Tags können zusätzlich Attribute definiert werden. Um z. B. die Überschrift zu zentrieren, können Sie das align-Attribut in das <h1>-Tag integrieren:

```
<h1 align="center">Dreamweaver Buch</h1>
```

Um einen Hyperlink zu einer anderen Webseite zu erstellen, wird das Attribut `href` für das `<a>`-Tag eingesetzt:

```
<a href="http://www.galileo-press.de">Galileo Press</a>
```

Ein Tag kann auch mehrere Attribute gleichzeitig aufnehmen, wie z.B. bei dem `<img>`-Tag zur Integration von Bildern:

```
<img src="logo.gif" width="100" height="80">
```

### 2.2.3 HTML-Entities

Sonderzeichen dürfen in HTML nicht einfach eingegeben werden, sondern müssen mit sogenannten *HTML-Entities* codiert werden. `&Auml;` stellt z.B. den Umlaut Ä dar, und für das Euro-Zeichen wird z.B. das HTML-Entity `&euro;` verwendet. In der folgenden Tabelle finden Sie einige HTML-Entities aufgelistet.

| Zeichen | HTML-Entities |
|---------|---------------|
| Ä ä | `&Auml; &auml;` |
| Ö ö | `&Ouml; &ouml;` |
| Ü ü | `&Uuml; &uuml;` |
| ß | `&szlig;` |
| € | `&euro;` |
| © | `&copy;` |

◄ **Tabelle 2.2**
HTML-Entities
(kleine Auswahl)

Sie müssen sich diese Tabelle aber nicht merken, da Dreamweaver eine Funktion zum Einfügen von Sonderzeichen besitzt.

**Umlaute und HTML-Entities**

Da Dreamweaver den Unicode-Zeichensatz (kurz UTF-8) verwendet, können Umlaute direkt im HTML-Code eingegeben werden. Mit dem Unicode-Zeichensatz können auch Texte in Arabisch, Hebräisch usw. dargestellt werden.

### 2.2.4 Header und Body

Ein HTML-Dokument besteht immer aus zwei Teilen: einem Kopfteil (*Header*), in dem u.a. der Titel der Seite definiert wird, und einem Rumpfteil (*Body*), in dem der Inhalt der Webseite eingefügt wird. Beide Bereiche werden vom `<html>`-Tag umgeben.

Das folgende Listing zeigt eine vollständige HTML-Seite:

**Listing 2.2 ▶**
Eine vollständige HTML-Seite

```
<!DOCTYPE html PUBLIC "-//W3C//DTD XHTML 1.0
Transitional//EN"
"http://www.w3.org/TR/xhtml1/DTD/xhtml1-transitional.
dtd">
<html xmlns="http://www.w3.org/1999/xhtml">
<head>
  <title>Dreamweaver-Buch</title>
  <meta http-equiv="Content-Type" content="text/html;
charset=UTF-8"/>
</head>
<body>
  <h1>Dreamweaver CS4 verständlich erklärt
</h1>
  <p> Das Buch aus der <strong>Galileo-Einsteigerreihe
</strong> erklärt Ihnen systematisch die Handhabung von
Dreamweaver</p>
</body>
</html>
```

## 2.2.5 Darstellung im Browser

In unserem Beispiel wird HTML nur zur Strukturierung der Inhalte verwendet. Es werden keine Tags zur Formatierung, wie z. B. das <b>-Tag (für Fettformatierung) und das <font>-Tag (für Zeichensätze), verwendet.

Für die Formatierung sind wie schon erwähnt Cascading Stylesheets erforderlich. Doch was passiert, wenn man die HTML-Seite ohne Cascading Stylesheets im Browser öffnet? In diesem Fall wendet der Browser eine Standardformatierung an. Das <h1>-Tag wird z. B. in fetter, großer Schrift dargestellt, und das <strong>-Tag für starke Hervorhebungen wird fett angezeigt.

## 2.2.6 Extensible Hypertext Markup Language

XHTML ist der Nachfolger von HTML. Im Wesentlichen basiert XHMTL auf HTML, enthält jedoch strengere Regeln, die dem XML-Standard entsprechen. XML ist ein allgemeiner Standard für hierarchisch strukturierte Daten.

Die auffälligste Neuerung gegenüber HTML ist, dass jedes Tag geschlossen werden muss.

In HTML wird z. B. das <br>-Tag nicht geschlossen. In XHTML hingegen muss das Tag geschlossen werden, indem man z. B. <br></br> schreibt. Dafür gibt es in XHTML eine praktischere Schreibweise: <br /> bedeutet, dass das Tag zugleich geöffnet und geschlossen wird. Alle Beispiele in diesem Buch folgen diesem Standard.

## 2.3 Cascading Stylesheets

Cascading Stylesheets bezeichnet eine Technologie, mit der Sie das Aussehen einer Webseite bestimmen können, angefangen von der Textformatierung bis hin zum gesamten Layout der Webseite. Das Formatieren von Texten mit CSS ist relativ einfach. Das Layouten von Webseiten mit CSS erfordert dagegen sehr viel Wissen und Erfahrung, damit die Seiten in allen aktuellen Browsern korrekt dargestellt werden. Zum Glück werden in Dreamweaver CS4 Layout-Vorlagen mitgeliefert, die Ihnen diese Arbeit größtenteils abnehmen.

Im folgenden Beispiel wird gezeigt, wie man CSS für die Formatierung von Texten einsetzen kann. In Kapitel 10, »Ein Layout erstellen«, werden Sie lernen, wie Sie die CSS-Vorlagen für das Layout einer Website einsetzen können.

**Externe CSS-Datei |** Cascading Stylesheets können in einer eigenen Datei abgelegt werden. Dort ist dann z. B. festgelegt, wie das <h1>-Tag für Überschriften im Browser formatiert werden soll.

> **Layout mit Tabellen**
>
> Früher hat man das Layout einer Webseite in der Regel mit Tabellen gestaltet. Der Grund dafür lag in der mangelnden CSS-Unterstützung der Browser. Da inzwischen jedoch alle gängigen Browser CSS unterstützen, sollten Sie auf das Layouten mit Tabellen möglichst verzichten. Webseiten, deren Layout mit Tabellen erstellt wurde, haben einige Nachteile. So benötigen sie z. B. mehr Zeit zum Laden, sie sind nicht barrierefrei, ihr Layout lässt sich im Nachhinein nur schwer ändern, und diese Vorgehensweise entspricht nicht den aktuellen Webstandards.

```
h1
{
  font-family: Arial;
  font-size: 20px;
  font-weight: bold;
  text-align: center;
}
```

◄ **Listing 2.3**
Definition einer CSS-Datei (*style.css*), in der die Tags <h1>, <p> und <strong> einheitlich formatiert werden.

```
p
{
    font-family: Arial;
    font-size: 14px;
}

strong
{
    color: red;
}
```

Damit die Formate der CSS-Datei Einfluss auf eine Webseite haben, muss die CSS-Datei mit dem <link>-Tag eingebunden werden.

**Listing 2.4** ►
HTML-Seite mit verknüpfter
CSS-Datei

```
<!DOCTYPE html PUBLIC "-//W3C//DTD XHTML 1.0
Transitional//EN" "http://www.w3.org/TR/xhtml1/
DTD/xhtml1-transitional.dtd">
<html xmlns="http://www.w3.org/1999/xhtml">
<head>
<title>Dreamweaver-Buch</title>
<meta http-equiv="Content-Type" content="text/html;
charset=iso-8859-1" />
<link rel="stylesheet" type="text/css" media="all"
href="style.css" />
</head>
<body>
<h1>Dreamweaver CS4 verständlich erklärt</h1>
<p>Das Buch aus der <strong>Galileo-Einsteigerreihe
</strong> erklärt Ihnen systematisch die Handhabung von
Dreamweaver</p>
</body>
</html>
```

**Abbildung 2.1** ►
HTML-Seite aus Listing 2.1,
jetzt mit einer CSS-Datei verknüpft: Schrifttyp, Ausrichtung
und Textgröße haben sich verändert.

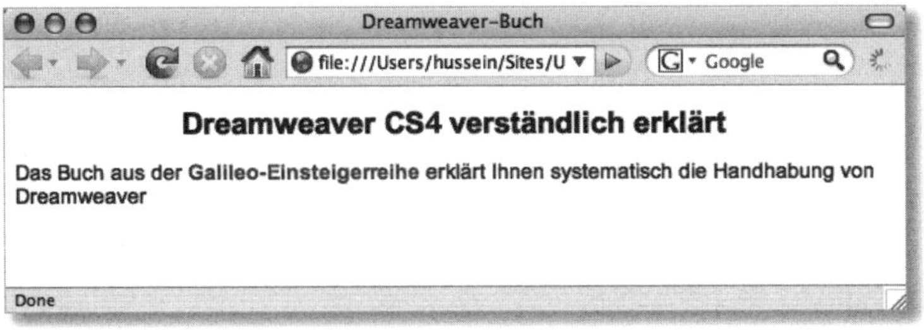

## 2.4 JavaScript

Mit JavaScript wird Ihre Webseite interaktiver und lebendiger. Sie können mit JavaScript u. a. folgendes realisieren:

▶ Rollover-Buttons (Bilder verändern sich bei Mausberührung)
▶ Öffnen von neuen Browserfenstern in einer bestimmten Größe
▶ Formularfelder-Überprüfung
▶ interaktive Menüs

Mit JavaScript können Sie jedoch keine Verbindung zu einem Datenbanksystem direkt herstellen, um z. B. Produktdaten auszulesen. Dafür wird oft PHP eingesetzt.

JavaScript ist eine Programmiersprache, die in HTML integriert wird, aber weit schwieriger zu erlernen ist. Das Hauptproblem liegt u. a. darin, die Inkompatibilitäten der verschiedenen Browser in den Griff zu bekommen.

Mit dem Bedienfeld VERHALTEN können Sie in Dreamweaver jedoch auch ohne JavaScript-Kenntnisse komfortabel interaktive Webseiten erstellen.

Es gibt verschiedene Techniken, JavaScript in HTML zu integrieren. Die einfachste Form wird im folgenden Beispiel gezeigt:

```
<!DOCTYPE html PUBLIC "-//W3C//DTD XHTML 1.0
Transitional//EN" "http://www.w3.org/TR/xhtml1/
DTD/xhtml1-transitional.dtd">
<html xmlns="http://www.w3.org/1999/xhtml">
<head>
<title>JavaScript-Test</title>
<meta http-equiv="Content-Type" content="text/html;
charset=UTF-8" />
</head>
<body>
<h1>JavaScript Test</h1>
<a href="JavaScript:window.close()"> Fenster schliessen
</a> <br />
<a href="JavaScript:window.moveTo(1,1)"> Fenster in die
obere Ecke verschieben</a> <br/>
<a href="JavaScript:history.back()"> Zurück zur letzten
Seite</a> <br />
</body>
</html>
```

◀ **Listing 2.5**
JavaScript wird in diesem Beispiel in Hyperlinks integriert, um bei einem Klick darauf das Fenster zu schließen, es in die obere linke Ecke des Bildschirms zu verschieben oder wieder zur letzten besuchten Webseite zu gelangen.

**Abbildung 2.2** ▶
Anzeige der HTML-Seite mit
JavaScript im Browser

## 2.5 Ajax

Ajax ist die Abkürzung für »Asynchronous JavaScript and XML«.
Ajax ist eine Technologie, die auf JavaScript und XML basiert.
Hiermit ist es möglich, Teile einer Webseite z. B. mit neuen Daten-
bankdaten zu aktualisieren, ohne dass die Webseite vollständig
geladen werden muss. Auf diese Weise können Webseiten erstellt
werden, die ähnlich interaktiv sind wie echte Applikationen. Ein
bekanntes Beispiel ist Google Mail. Mit dieser Webapplikation
können Sie Ihre E-Mails (fast) so komfortabel wie in einer Win-
dows- bzw. Mac-Applikation verwalten.

Die Programmierung von Ajax ist jedoch relativ schwer. Daher
gibt es Bibliotheken (genannt Frameworks), die dem Programmierer viel Arbeit abnehmen. Adobe hat das Ajax-Framework
Spry entwickelt, das in Dreamweaver CS4 integriert ist (siehe Kapitel 17, »Interaktivität mit JavaScript«).

---

**Dynamische Webseiten
mit Dreamweaver CS4**

Wenn Sie datenbankbasierte
Webseiten mit Dreamwea-
ver entwickeln wollen, finden Sie alles, was Sie dafür
wissen müssen, im Buch
»Dreamweaver CS4. Web-
seiten entwickeln mit HTML,
CSS, JavaScript, PHP und
MySQL« von Richard Beer
und Susanne Gailus, erschie-
nen bei Galileo Design.

---

## 2.6 PHP und MySQL

Mit HTML und JavaScript allein können Sie keine Webseiten mit
Inhalten erstellen, die automatisch aus Datenbanken gezogen
werden. Das aber ist erforderlich, wenn Sie etwa Foren, Gästebücher, Shops usw. in Ihre Site integrieren möchten.

Zur Programmierung von datenbankbasierten Websites eignen
sich die Programmiersprachen PHP, JavaServerPages (JSP), Perl,
Python, ASP (Active Server Pages) und ASP.NET von Microsoft
oder auch Ruby on Rails. HTML wird jedoch immer für die Darstellung der Inhalte benötigt.

Die Skriptsprache PHP ist sehr verbreitet und relativ leicht zu erlernen. PHP ist eine Abkürzung für »Personal Homepage Tools« und wurde 1995 von Rasmus Lerdorf entwickelt. Heute wird PHP als Open-Source-Projekt unter dem Namen »PHP: Hypertext Preprocessor« weiterentwickelt, und mittlerweile gibt es dazu zahlreiche Bücher und sogar zwei deutschsprachige Zeitschriften.

In Kombination mit einem Datenbankserver (meist MySQL) ist es damit möglich, Gästebücher, Foren und sogar Webshops zu programmieren.

Für viele Anwendungen gibt es bereits fertig programmierte Lösungen, die Sie kostenlos aus dem Internet laden können. Jedoch sind Installation und Anpassung nicht immer ganz einfach. Am Ende des Buchs wird gezeigt, wie Sie z. B. ein Gästebuch in Ihre Website integrieren.

Der PHP-Code kann wie folgt in HTML eingefügt werden:

```
<?php ... ?>
```

Im Folgenden wird ein einfaches Beispiel ohne Datenbankanbindung besprochen, um Ihnen einen Eindruck von PHP zu vermitteln. Das Beispiel berechnet die Mehrwertsteuer von 10 Euro.

> **Ruby on Rails**
>
> Wenn Sie komplexe datenbankbasierte Projekte, wie z. B. Online-Buchungssysteme, realisieren möchten, bietet es sich an, Ruby on Rails zu verwenden. Ruby on Rails ist ein sogenanntes Web-Framework für die Skriptsprache Ruby, mit der die Entwicklung von datenbankbasierten Websites erheblich vereinfacht wird. Im Buch »Ruby on Rails 2« von Hussein Morsy und Tanja Otto, erschienen bei Galileo Computing, finden Sie eine ausführliche Einführung in die Thematik.

```
<!DOCTYPE html PUBLIC "-//W3C//DTD XHTML 1.0
Transitional//EN" "http://www.w3.org/TR/xhtml1/
DTD/xhtml1-transitional.dtd">
<html xmlns="http://www.w3.org/1999/xhtml">
<head>
<head>
<title>PHP-Beispiel</title>
<meta http-equiv="Content-Type" content="text/html;
charset=UTF-8" />
</head>
<body>
Die MwSt. von 10 &euro; betraegt <?php print 10*0.19 ?>
&euro;
</body>
</html>
```

◄ **Listing 2.6**
PHP-Skript mit einer einfachen Mehrwertsteuer-Berechnung

Wenn man das PHP-Skript auf den Server überträgt und im Browser aufruft, erhält man folgendes Ergebnis:

**Abbildung 2.3** ▶
Ausgabe der PHP-Seite im
Webbrowser

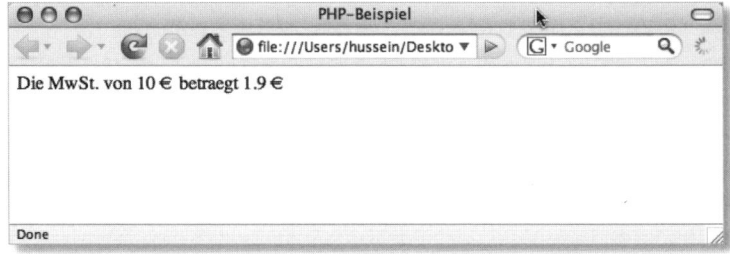

Wenn man nun im Webbrowser den Quelltext der Webseite betrachtet, so wird Erstaunliches zu Tage gefördert:

**Listing 2.7** ▶
Quelltext des PHP-Skripts im
Webbrowser: Es ist kein PHP-
Code mehr sichtbar.

```
<!DOCTYPE html PUBLIC "-//W3C//DTD XHTML 1.0
Transitional//EN" "http://www.w3.org/TR/xhtml1/
DTD/xhtml1-transitional.dtd">
<html xmlns="http://www.w3.org/1999/xhtml">
<head>
<title>PHP-Beispiel</title>
<meta http-equiv="Content-Type" content="text/html;
charset=UTF-8">
</head>
<body>
Die MwSt. von 10 &euro; ist 1.9
</body>
</html>
```

Im Quelltext ist also kein PHP-Code mehr vorhanden. Es erscheint nur noch das Ergebnis der Berechnung. Der Grund hierfür liegt darin, dass PHP-Skripte, bevor sie an den Betrachter der Webseite geschickt werden, auf dem Server von einer PHP-Engine verarbeitet werden. Der Besucher der Webseite erhält nur noch das fertige Ergebnis.

Der Vorteil liegt darin, dass der Webbrowser PHP nicht interpretieren muss und dass kein Besucher Ihrer Website den PHP-Code im Quelltext der Seiten sehen kann. Das ist bei HTML und JavaScript anders. Jeder Besucher kann den HTML- und JavaScript-Code aus Ihrer Webseite kopieren und weiterverwenden.

Das bedeutet natürlich nicht, dass man HTML und JavaScript durch PHP ersetzen kann. PHP benötigt HTML für die Darstellung der Inhalte. PHP hat lediglich die Aufgabe, im Hintergrund Berechnungen und Datenbankabfragen durchzuführen und gegebenenfalls HTML-Code zu generieren.

## 2.7　Webbrowser und Rendering Engines

Für einen Webdesigner ist es nicht nur wichtig, HTML, CSS usw. zu kennen, sondern er sollte auch gute Kenntnisse über die verschiedenen Webbrowser haben, denn die Webbrowser sind ja schließlich für die Darstellung der Webseiten zuständig.

Jeder Webdesigner kennt das Problem, dass die Webseite in dem einen Browser korrekt dargestellt wird und in einem anderen Browser erhebliche Fehler aufweist oder zumindest anders aussieht. Ich kann mich gut an schlaflose Nächte (meist kurz vor der Veröffentlichung einer Website) erinnern, in der ich versucht habe, diese Probleme zu lösen. Die Ursache für die unterschiedliche Darstellung der Webseiten in den verschiedenen Webbrowsern werden im folgenden Abschnitt näher erläutert.

Ein Webbrowser ist im Prinzip nichts anderes als ein Programm zum Anzeigen von Webseiten. Die Hauptaufgabe besteht darin, die Texte (HTML), die Stilinformationen (CSS) und JavaScript-Code für Benutzer auszuwerten und entsprechend grafisch darzustellen. Dieser Vorgang wird als Rendering bezeichnet. Die Komponente des Webbrowsers, die für das Rendering zuständig ist, wird als Rendering Engine bezeichnet. Kenntnisse über die Rendering Engine sind für den Webdesigner sehr wichtig. Die Bedienungselemente des Webbrowsers, wie z.B. die Funktionen zur Verwaltung der Favoriten bzw. Bookmarks, sind dabei weniger von Interesse.

Die beiden Webbrowser Safari von Apple und der neue Google-Browser Chrome sind auf den ersten Blick zwei vollkommen unterschiedliche Webbrowser. Sie besitzen nicht nur ein anderes Aussehen, sondern unterscheiden sich auch in ihrem Funktionsumfang. Beide Webbrowser verwenden jedoch die gleiche Rendering Engine. Dies bedeutet, dass die gleiche Webseite im Prinzip auch gleich dargestellt wird.

Die Qualität einer Rendering Engine richtet sich im Wesentlichen nach zwei Hauptkriterien:

▸ **Standardkonform**
Ein Webbrowser sollte sich möglichst 100% an die Standards des W3C-Konsortium halten.

▸ **Geschwindigkeit**
Da die Webseiten teilweise sehr viele Inhalte haben, ist es wichtig, dass die Seite sehr schnell dargestellt wird.

Viele angehende Webdesigner meinen, Sie müssten Ihre Website nur für den Internet Explorer optimieren, weil dieser die größte Verbreitung hat. Was diese Webdesigner jedoch außer Acht lassen ist, dass sich der Internet Explorer von Version zu Version immer mehr an die Standards des W3C hält. Es gibt viele Seiten, die auf im sehr fehlerhaften Internet Explorer 5 korrekt dargestellt werden, jedoch nicht im Internet Explorer 7.

Daher ist es während der Entwicklung einer Website sehr wichtig, diese zunächst nur auf Webbrowsern mit einer standardkonformen Rendering Engine zu testen und erst kurz vor der Fertigstellung die Probleme mit nichtstandardkonformen Webbrowsern zu lösen.

Standkonforme Rendering Engines sind u. a. die Gecko-Engine, die in Firefox und im Camino-Webbrowser verwendet wird, und das sogenannte Webkit, das u. a. im Safari und im Google-Browser Chrome eingebaut ist.

Da es so wichtig ist, die Website mit einer standkonformen Renderering Engine zu testen, hat Adobe in Dreamweaver CS4 die Rendering Engine Webkit direkt integriert. Diese kommt bei der Darstellung der Seiten in der Live-Ansicht zum Einsatz. Es ist daher nicht mehr unbedingt notwendig, die Website während der Entwicklung in Safari oder Firefox andauernd zu testen. Die Live-Ansicht gilt daher als eines der wichtigsten Features in Dreamweaver CS4 (siehe Kapitel 3, »Dreamweaver im Vergleich«).

Kapitel 3

# Dreamweaver im Vergleich

Warum Sie Dreamweaver nutzen sollten

- ▸ Welche Entwicklung hat Dreamweaver hinter sich?
- ▸ Was ist neu in Dreamweaver CS4?
- ▸ Welche anderen Produkte gibt es?
- ▸ Welche anderen Programme gibt es in Adobes Creative Suite 4?

# 3 Dreamweaver im Vergleich

Hier erfahren Sie nicht nur etwas über die Vergangenheit von Dreamweaver, sondern auch, welche neuen Funktionen Dreamweaver CS4 bietet und warum es besser als fast alle seiner Konkurrenzprogramme ist.

## 3.1 Die Geschichte von Dreamweaver

**Adobe PageMill**

Adobe PageMill war ein hervorragendes Programm zum Erstellen von Websites. Die Entwicklung wurde später von Adobe eingestellt, um für die neue Software GoLive Platz zu machen. Mittlerweile hat Adobe Macromedia übernommen und hat dann GoLive zugunsten von Dreamweaver eingestellt.

Ich kann mich noch gut daran erinnern, wie ich 1997 auf der CeBIT in Hannover den Stand von Macromedia besuchte. Ich interessierte mich damals hauptsächlich für das Programm Director. Es war seinerzeit das beste Tool, um eigene Multimedia-Präsentationen (meist für CD-ROM) zu erstellen. Nachdem ich mir die Präsentation zu der neuen Director-Version angeschaut hatte, wurde ein neues Produkt namens Dreamweaver vorgestellt. Mit diesem war es erstmals möglich, mit ein paar Mausklicks interaktive Webseiten inklusive Animationen zu erstellen. Das waren noch Zeiten, als man Besucher der eigenen Website durch blinkende Bilder und animierte Texte beeindrucken konnte! Es gab damals bereits Konkurrenzprodukte, wie PageMill von Adobe, Microsofts Frontpage und NetObjects Fusion. Doch keines dieser Programme bot so viele professionelle Funktionen wie Dreamweaver. Selbst Cascading Stylesheets wurden in der Version 1.0 bereits rudimentär unterstützt. Das wichtigste Unterscheidungsmerkmal für HTML-Entwickler war jedoch, dass Dreamweaver den selbst geschriebenen Code nicht einfach wie alle anderen Editoren automatisch umschrieb. Somit konnte man Webseiten auch nach der Erstellung in Dreamweaver noch problemlos im Quelltext bearbeiten.

Im Grunde genommen enthielt die erste Version von Dreamweaver (siehe Abbildung 3.1) schon die wesentlichen Funktionen von Dreamweaver CS4, wie zum Beispiel das Sitemanagement, den HTML-Code-Editor und die Verhaltenweisen-Funktion (JavaScript).

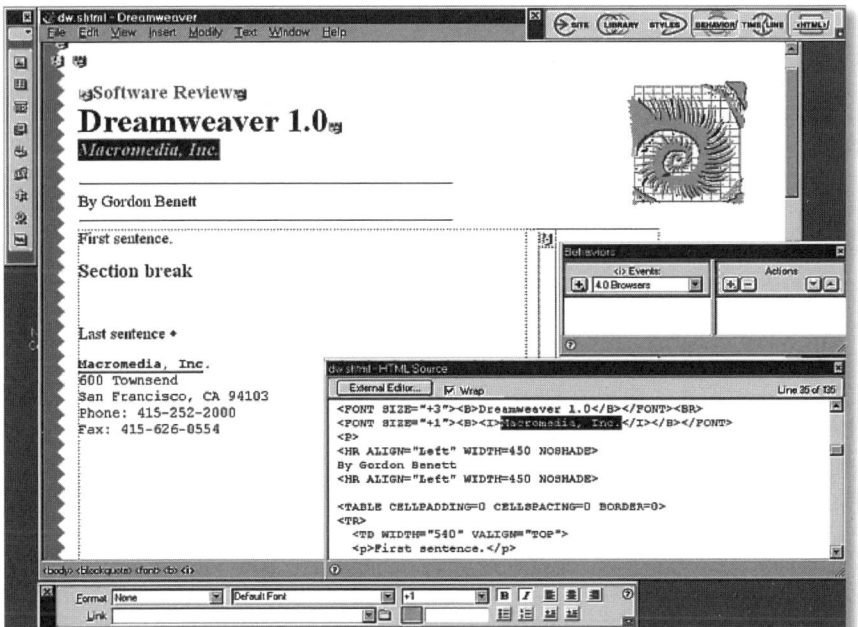

▲ **Abbildung 3.1**
Die erste Dreamweaver-Version
kam der heutigen Version
schon sehr nahe.

### 3.1.1 Dreamweaver Ultradev

Im Jahr 2000 stellte Macromedia ein neues Produkt namens *Dreamweaver Ultradev* vor, mit dem man ohne jegliche Programmierkenntnisse datenbankbasierte Webapplikationen auf Basis der Skriptsprachen ASP, JSP oder ColdFusion erstellen konnte. Das war eine kleine Sensation, denn Webapplikationen sind wesentlich komplexer als HTML-Seiten. Dreamweaver Ultradev war eine Zusammenführung von Dreamweaver und dem Programm Drumbeat, das ursprünglich von einer anderen Firma entwickelt und von Macromedia aufgekauft worden war. Dreamweaver wurde jedoch weiterhin parallel zu Dreamweaver Ultradev vertrieben. Zur Freude der Kunden vereinte Macromedia schließlich beide Programme zu Dreamweaver MX.

### 3.1.2 Dreamweaver MX und MX 2004

Als ich im Frühjahr 2002 wieder auf der CeBIT war und den Macromedia-Stand besuchte, wurde Flash als erstes Produkt mit dem Namen MX vorgestellt. Damals begann eine neue Ära der Namensgebung. Vorher trugen die Programme lediglich die Versionsnummer im Namen, wie zum Beispiel Dreamweaver 4.

Ich fragte einen Mitarbeiter, wofür die neue Abkürzung denn stehe. Ich erhielt die kurze Antwort: »MX heißt nix!« Die Bezeichnung ist eine reine Erfindung der Marketingabteilung. Im Laufe des Jahres wurde dann Dreamweaver MX vorgestellt, das endlich auch die sehr beliebte Skriptsprache PHP unterstützte, was der Software zum endgültigen Durchbruch verhalf.

Der Nachfolger MX 2004 verabschiedete sich dank CSS vom <font>-Tag, der im HTML-Code die Schriftart definiert. Neben verbesserter Tabellenbearbeitung wurden viele Kleinigkeiten hinzugefügt, die den Umgang mit dem Programm erleichterten.

### 3.1.3   Dreamweaver 8 und die Übernahme von Macromedia durch Adobe

Im April 2005 hat Adobe überraschend die Übernahme des Hauptkonkurrenten Macromedia bekannt gegeben. Das aktuelle Softwarepaket Adobe Dreamweaver CS4 ist bereits die zweite Version, die unter der Regie von Adobe entwickelt wurde.

## 3.2   Neues in Dreamweaver CS4

Die neue Dreamweaver-Version ist Bestandteil der Adobe CS4. Die Bezeichnung CS4 orientiert sich an den anderen Adobe-Produkten und steht als Abkürzung für »Creative Suite«. Zu diesem Softwarepaket zählen beispielsweise Photoshop, Illustrator, Acrobat, Dreamweaver und Flash.

Bei Dreamweaver CS4 handelt es sich um die Version 10.0. Dies kann man auch im Dialogfenster HILFE • ÜBER DREAMWEAVER sehen. Die Build-Nummer ist eine fortlaufende Nummer, die nur von den Entwicklern der Software verwendet wird. Bei jedem Update erhöht sich die Nummer, wobei die Sprünge in der Nummerierung hoch sein können.

**Abbildung 3.2** ▶
Das Fenster ÜBER DREAMWEAVER zeigt die Version 10.0.

### 3.2.1   Neue Benutzeroberfläche

Beim ersten Öffnen von Dreamweaver CS4 fällt direkt die neue Benutzeroberfläche auf, die jetzt bei den meisten Adobe-Produkten einheitlich aussieht. Die gesamte Oberfläche ist in Grautönen gehalten, damit der Benutzer von den Oberflächenelementen nicht abgelenkt wird.

Mehrere Dokumente können gleichzeitig in Registerkarten (Tabs) angeordnet werden, ähnlich wie in modernen Webbrowsern wie Firefox und Safari.

> **OS Widget Library**
>
> Adobe verwendet für die Benutzeroberfläche die *OS Widget Library* (*OWL*). Alle Adobe-Programme, die OWL nutzen, haben eine einheitliche Benutzeroberfläche.

Die Einfügen-Palette befindet sich nicht mehr oberhalb des Dokumentenfensters, sondern standardmäßig im rechten Bereich, wo auch die anderen Paletten positioniert sind.

Dreamweaver besitzt sehr viele Oberflächenelemente, wie z. B. das Eigenschaften-Fenster oder die CSS-Stile-Palette, die aus Platzgründen nicht alle gleichzeitig angezeigt werden können. Ein Programmierer wird z. B. andere Elemente verwenden als ein Designer. Mit der neuen Funktion Arbeitsbereiche können Sie die Anordnung der Elemente speichern. Es gibt bereits eine Reihe von vorgefertigten Arbeitsbereichen, z. B. für Programmierer und Designer.

▲ **Abbildung 3.3**
Neue Benutzeroberfläche in der Standardansicht (Arbeitsbereich Designer)

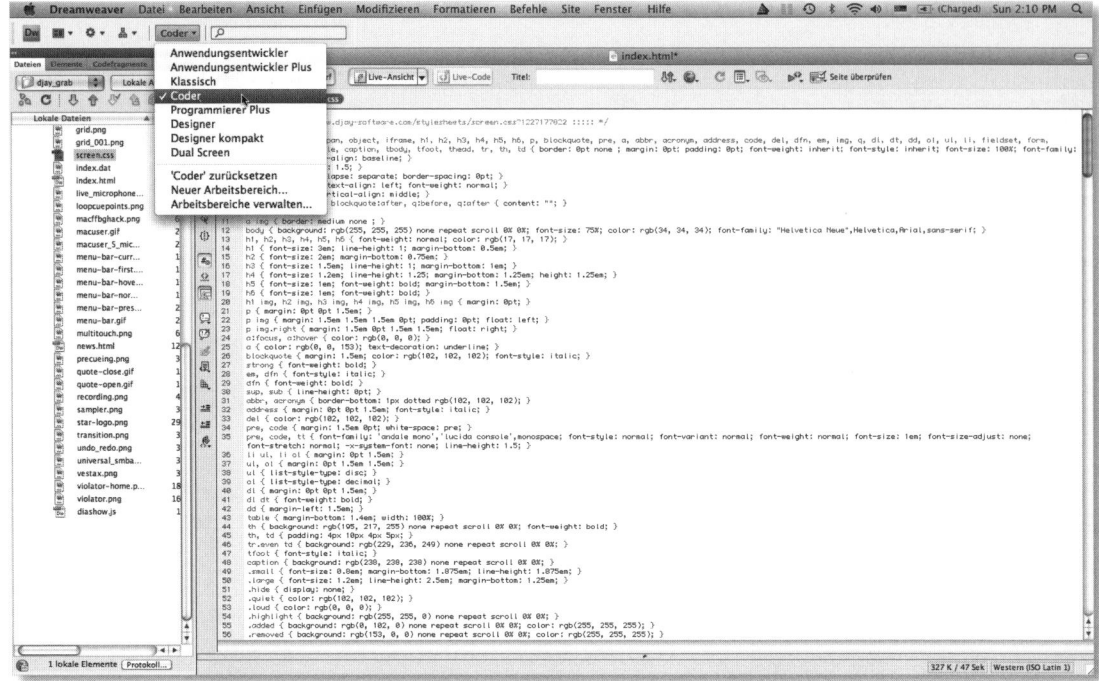

**Abbildung 3.4** ▲
Dreamweaver mit dem Arbeitsbereich CODER

Falls Sie die Arbeitsfläche der vorherigen Dreamweaver-Version bevorzugen, wählen Sie einfach den Arbeitsbereich KLASSISCH aus. In diesem Fall wird z. B. die EINFÜGEN-Palette wieder oberhalb des Dokuments positioniert.

### 3.2.2  Live-Ansicht   CS4

Zu den wichtigsten Neuerungen gehört die Live-Ansicht, in der die Webseiten so dargestellt werden, wie sie im Webbrowser aussehen, was einem echten *WYSIWYG* (*What You See Is What You Get*) entspricht. Die Darstellung entspricht dem der Webbrowser Safari von Apple und Chrome von Google. Auch komplexe CSS-Stile und JavaScript funktionieren in dieser Ansicht.

In älteren Dreamweaver-Versionen musste man bei jeder Änderung am Code zwischen Dreamweaver und einem Webbrowser hin und her springen.

---

**Webkit**

Die Live-Ansicht wird mit Hilfe von Webkit dargestellt. Webkit ist eine sogenannte Rendering Engine und somit für die Darstellung der Webseite zuständig. Webkit wird in Apples Webbrowser Safari und Googles Webbrowser Chrome eingesetzt. Im Gegensatz zur Rendering Engine des Internet Explorers hält sich Webkit sehr an die Standards.

---

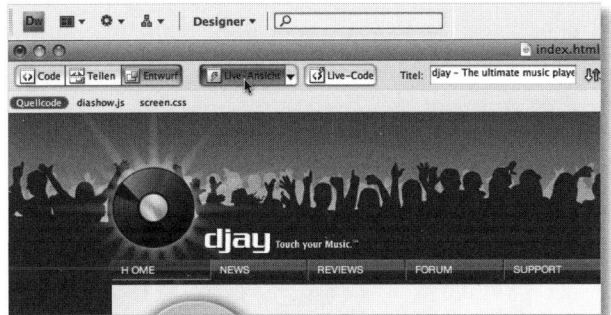

◄ **Abbildung 3.5**
Über einen Klick auf LIVE-ANSICHT stellt Dreamweaver die Webseite wie im Webbrowser dar.

### 3.2.3  Zugehörige Dateien

Eine Webseite besteht nicht nur aus HTML-Code und Bildern, sondern es werden auch andere externe Dateien, wie CSS- und JavaScript-Dateien eingebunden. In Dreamweaver CS4 werden alle Dateinamen im Dokumentfenster angezeigt, die im aktuellen Dokument verwendet werden. Durch Anklicken der Dateinamen wird der entsprechende Quelltext angezeigt. Mit dieser neuen Funktion spart man sich die Zeit, die Datei manuell öffnen zu müssen.

CS4

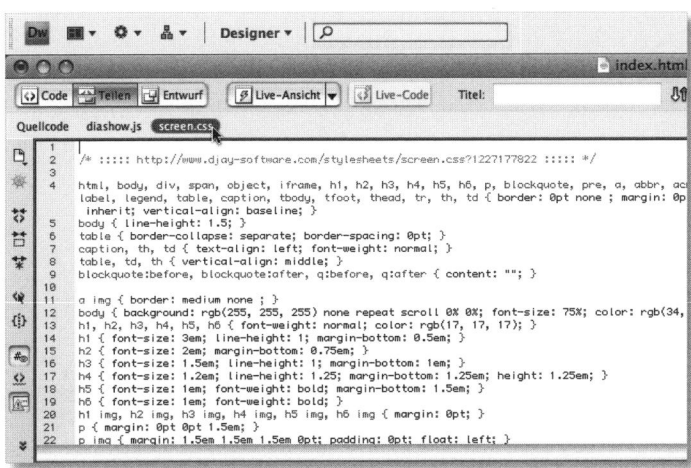

◄ **Abbildung 3.6**
Zu jeder Webseite werden automatisch die zugehörigen externen Dateien angezeigt

### 3.2.4  InContext Editing

CS4

Mit dem neuen Onlineservice InContext Editing ist es möglich, ähnlich wie in einem *Content-Management-System* (*CMS*), bestimmte Elemente einer Webseite ohne Dreamweaver zu bearbeiten. Sie können die jeweiligen Bereiche der Webseite, die editierbar sein sollen, selbst festlegen. Diese Bereiche können dann online im Webbrowser (ohne Dreamweaver) verändert werden. Somit können Sie anderen Benutzern, die sich nicht mit dem Designen von Websites auskennen, die Möglichkeit geben, Inhalte der Webseite zu ändern.

In Kapitel 11, »Websites testen, veröffentlichen und verwalten«, werden wir Schritt für Schritt die Verwendung der InContext-Editing-Funktion zeigen.

### 3.2.5 Photoshop-Integration in Perfektion

In Dreamweaver CS3 hat Adobe die Zusammenarbeit zwischen Photoshop und Dreamweaver begonnen. Erstmals war es möglich, Photoshop-Dateien direkt in eine Webseite einzufügen, ohne sie vorher aus Photoshop exportieren zu müssen. Wenn Sie eine Photoshop-Datei in ein Dreamweaver-Dokument ziehen, öffnet sich automatisch ein Dialogfenster, in dem Sie die Einstellungen für die Umwandlung in ein internettaugliches Format wie JPEG oder GIF vornehmen können.

In der neuen Version wurde die Zusammenarbeit zwischen Dreamweaver und Photoshop erheblich verbessert. Beim Einfügen merkt sich Dreamweaver, zu welcher original Photoshop-Datei das Bild gehört. Das hat z. B. den Vorteil, dass sich beim Klick auf die BEARBEITEN-Schaltfläche die originale Photoshop-Datei öffnet und Dreamweaver diese nach dem Speichern wieder in das Zielformat (JPEG oder GIF) exportiert. Diese Funktion wird als Adobe Photoshop Smart-Objects bezeichnet.

> **Updates und Bugfixes**
>
> Während Sie dieses Buch lesen, arbeitet Adobe schon an einem Update, das einige Probleme beheben soll. Überprüfen Sie am besten regelmäßig die Website *http://www.adobe.de* nach Aktualisierungen. Auch auf der Website zum Buch unter *www.dreamweaver-buch.de* finden Sie Hinweise auf etwaige Updates.

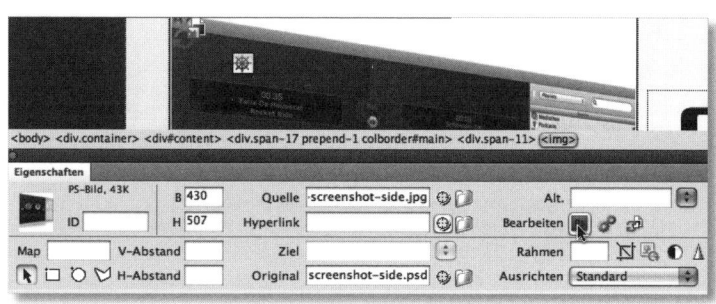

**Abbildung 3.7** ▶
Bilder können im Photoshop-Format aus Dreamweaver heraus geöffnet werden.

### 3.2.6 CSS-Eigenschaftsinpektor

CS4

In jeder Dreamweaver-Version wird die CSS-Funktionalität gesteigert. Dreamweaver CS4 verfügt nun über einen eigenen Eigenschaftsinpektor für CSS. Hiermit kann man noch einfacher neue Regeln erstellen und bearbeiten.

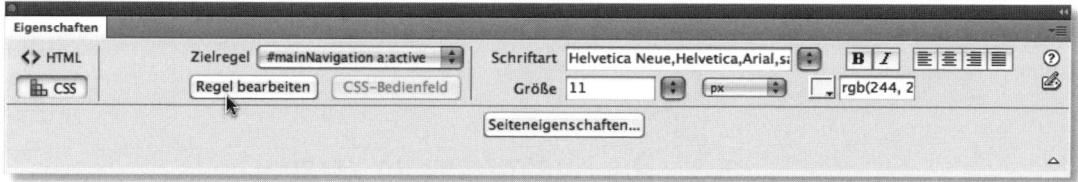

▲ **Abbildung 3.8**
Der neue CSS-Eigenschaftsinpektor

### 3.2.7  Weitere Funktionen, die nicht in diesem Buch behandelt werden

Dreamweaver arbeitet jetzt mit dem Versionskontrollsystem Subversion zusammen. Mit einem Versionskontrollsystem können mehrere Designer ohne Probleme gleichzeitig an einem Websiteprojekt arbeiten.

Mit der Funktion Spry-HTML-Datensätze können Sie dynamische Tabellen erstellen, ohne dass ein Datenbanksystem wie z. B. MySQL verwendet wird.

### 3.2.8  Funktionen, die entfernt wurden

In der neuen Dreamweaver-Version kamen nicht nur neue Funktionen hinzu, sondern es wurden auch veraltete Funktionen gelöscht:

▶ **Flash-Text**
Mit der Funktion Flash-Text konnten Texte im Flash-Fomat erstellt werden.

▶ **Flash-Schaltflächen**
Schaltflächen mit Rollover-Effekt konnten mit der Funktion Flash-Schaltflächen erstellt werden.

▶ **Layout**
Im Layoutmodus konnten Elemente wie Texte und Bilder mit HTML-Tabellen angeordnet werden. In der neuesten Version wird CSS für das Layout verwendet.

▶ **Sitemap-Ansicht**
In der Sitemap-Ansicht konnten die Webseiten in einem Diagramm dargestellt werden, wobei Linien zwischen den verlinkten Webseiten angezeigt wurden. Da diese Darstellung oft zu unübersichtlich war und daher kaum genutzt wurde, wurde diese Funktion aus dem Funktionsumfang entfernt.

▶ **Zeitleiste**
Mit der Funktion Zeitleiste konnten Animationen mit JavaScript erstellt werden. Die Funktion wurde zwar noch nicht entfernt, jedoch im Menüpunkt VERALTET in der VERHALTEN-Palette eingeordnet, weshalb sie nicht mehr verwendet werden sollte.

## 3.3 Die Konkurrenz im Vergleich

Obwohl Dreamweaver die meistgenutzte Software für die Erstellung von Websites ist, lohnt sich auch ein Blick auf die Konkurrenzprogramme. Vor allem dann, wenn man verschiedene Programme kombinieren möchte oder sich noch nicht ganz sicher ist, welche Software man einsetzen möchte, kann eine Gegenüberstellung sehr hilfreich sein.

### 3.3.1 Adobe GoLive 9

Adobe GoLive kommt Dreamweaver vom Funktionsumfang und Komfort der Bedienung her am nächsten. GoLive war vor der Übernahme von Macromedia das Flaggschiff von Adobe. Nach der Übernahme nimmt Dreamweaver diese Rolle ein. Im April 2008 hat Adobe deshalb bekannt gegeben, dass die Entwicklung von GoLive eingestellt wird.

### 3.3.2 RapidWeaver

**Rapid Prototyping**

RapidWeaver eignet sich hervorragend für das Rapid Prototyping, eine Technik aus der Softwareentwicklung. Deren Ziel ist es, schnell einen Prototyp zu erstellen, damit der Auftraggeber sich ein Urteil über die Software bilden kann. Ein Prototyp realisiert immer nur einen Teil der geforderten Funktionalitäten, ist dafür aber schon früh im Entwicklungsprozess verfügbar.

RapidWeaver ist ein reines Mac-Programm. Es hat den Vorteil, dass es perfekt auf das Apple-Betriebssystem abgestimmt ist und deshalb auch eine sehr leichte Bedienung erlaubt. RapidWeaver verfolgt einen ganz anderen Ansatz als die meisten anderen Programme: Aus einer großen Fülle von Designvorlagen wählt man das gewünschte Design und kann die Inhalte der Seite erstellen. Der HTML- und CSS-Code wird automatisch von RapidWeaver erstellt.

Für Dreamweaver-Entwickler kann RapidWeaver im Hinblick auf das Rapid Prototyping sehr nützlich sein. Man kann damit sehr schnell einen funktionierenden Prototyp der Website erstellen und diese anschließend in Dreamweaver fertigstellen.

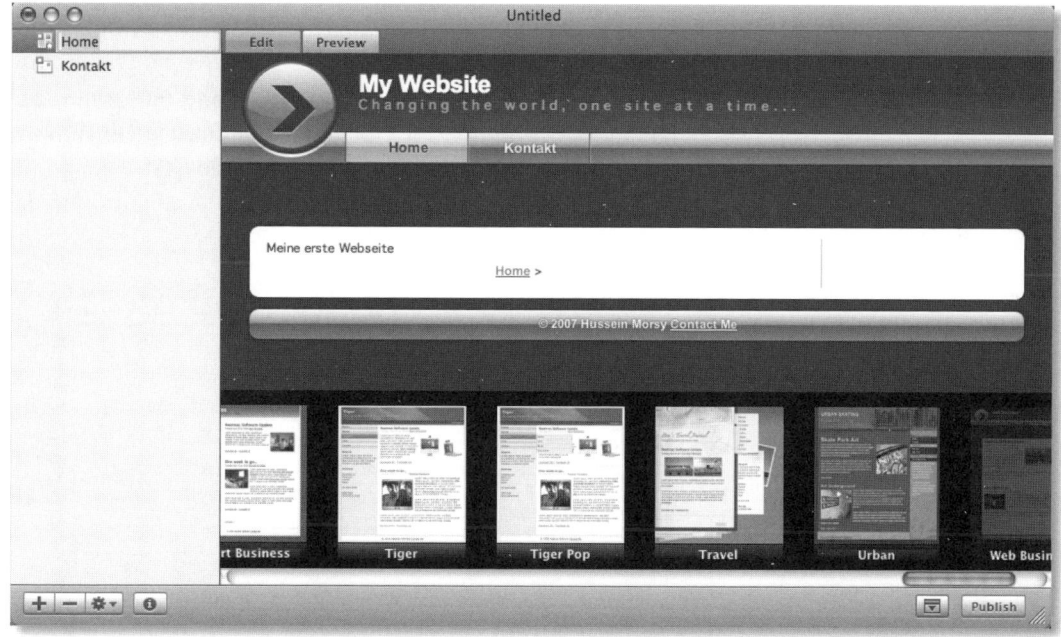

### 3.3.3 Microsoft Expression Web

Microsoft Expression Web ist ein Nachfolger von Frontpage. Im Gegensatz zu Frontpage richtet sich Expression Web an professionelle Anwender. Expression Web setzt wie Dreamweaver CS4 auf aktuelle Webstandards wie XHTML und CSS. Der Nachteil von Expression Web ist, dass es auf die Microsoft-eigenen Standards wie ASP (Konkurrent zu PHP) und Silverlight (Konkurrent zum Flash-Player) spezialisiert ist.

### 3.3.4 Reine Texteditoren wie UltraEdit, BBEdit und TextMate

Man benötigt nicht unbedingt spezielle Website-Publishing-Programme wie Dreamweaver, um Webseiten zu erstellen. Da diese nichts anderes sind als Textdokumente mit HTML-Code, kann man jede einfache Textverarbeitung, wie zum Beispiel den Editor von Windows, UltraEdit oder auch das für HTML optimierte BBEdit oder TextMate (nur auf dem Mac!), verwenden. Man benötigt dann jedoch sehr gute HTML- und CSS-Kenntnisse. Viele Profis steigen auf Texteditoren um, da sie damit schneller arbeiten und sauereren HTML-Code erstellen können. Für einige Profis ist

▲ **Abbildung 3.9**
Mit RapidWeaver können Websites sehr schnell zusammengeklickt werden.

**HTML von Hand schreiben**

Der Code von direkt in HTML erstellten Webseiten ist in den allermeisten Fällen wesentlich kompakter und lesbarer als der automatisch generierte Quelltext von Dreamweaver. Der Aufwand bei komplexeren Vorhaben, z. B. dem Erstellen einer Tabelle, ist jedoch erheblich größer. Aus diesem Grund hat Macromedia in Dreamweaver einen sehr guten Quelltexteditor integriert, mit dem sich sogar PHP-Code hervorragend bearbeiten lässt. Dreamweaver bietet darin Hilfsfunktionen wie das Syntax-Highlighting an, bei dem HTML-Tags, PHP, JavaScript usw. jeweils anders eingefärbt werden. Somit erhalten Sie eine bessere Übersicht im Quelltext.

es sogar verpönt, ein Programm wie Dreamweaver zu verwenden, das den HTML-Code automatisch generiert.

Auch der in Dreamweaver integrierte Code-Editor ermöglicht das direkte Arbeiten im Quelltext, bietet viele Hilfsfunktionen wie Syntax-Highlighting oder Code-Vervollständigung und ist auch für die Programmierung von PHP und JavaScript hervorragend geeignet.

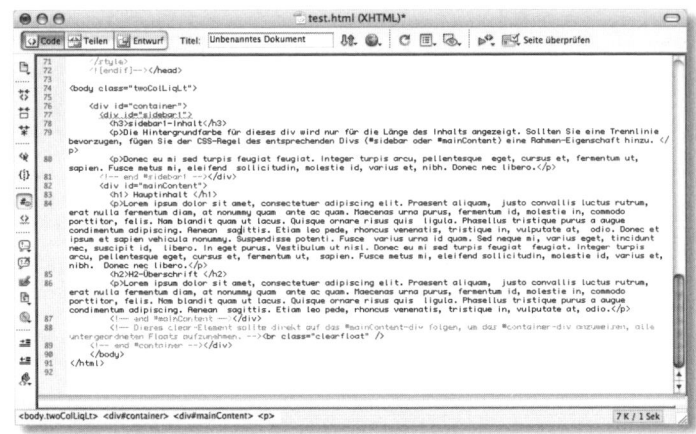

▲ **Abbildung 3.10**
Komfortable Quelltext-Bearbeitung für HTML- und PHP-Programmierung in Dreamweaver

## 3.4 Die Creative Suite 4

**Was ist mit Freehand?**

Freehand war ein unter Profis sehr beliebtes Illustrationsprogramm zur Erstellung von Vektorgrafiken. Die Software wird nicht mehr vertrieben, da die Weiterentwicklung von Freehand nach der Übernahme von Macromedia durch Adobe eingestellt wurde. Anstelle von Freehand müssen Sie nun auf die Software Illustrator CS4 zurückgreifen, die aber im Wesentlichen die gleichen Funktionen besitzt.

Sie können Dreamweaver entweder einzeln oder im Paket erwerben. Adobe bietet verschiedene Pakete (genannt Suiten) an, die neben Dreamweaver auch andere Programme enthalten, die zur Erstellung von Websites nützlich sind, denn in der Regel benötigen Sie auch ein Grafikprogramm wie Photoshop oder Fireworks, um Ihre Bilder für das Web aufzubereiten.

Dreamweaver ist den folgenden Paketen enthalten:

▶ Adobe Creative Suite Web Standard (u.a. Flash, Fireworks, Contribute)
▶ Adobe Creative Suite Web Professional (u.a. Flash, Photoshop, Fireworks, Illustrator, Acrobat Professional und Contribute)
▶ Adobe Creative Suite Design Premium (u.a. Photoshop, Fireworks, Illustrator, Indesign Flash und Acrobat)
▶ Adobe Creative Suite Master Collection (enthält alle Programme)

### 3.4.1  Flash CS4

Flash ist die Software Nummer eins für die Erstellung von Animationen und interaktiven Navigationen. Mit Flash lassen sich auch interessante Anwendungen wie zum Beispiel Spiele programmieren oder ganze Datenbankapplikationen wie etwa Shops erstellen. Der Vorteil von Flash besteht darin, dass die Inhalte auf jedem Browser mit entsprechendem Flash-Plug-in gleich aussehen. Mit Flash lassen sich zudem hervorragend Videos passend für das Internet konvertieren.

Dreamweaver CS4 bietet viele Funktionen, mit deren Hilfe Sie Flash-Filme einfach in Ihre HTML-Seiten integrieren können. Sogar in Dreamweaver selbst können in den Flashdateien noch Veränderungen vorgenommen werden.

### 3.4.2  Fireworks und Photoshop CS4

Neben Dreamweaver benötigen Sie für die Erstellung von Websites immer auch ein Programm für die Bildbearbeitung. Der Rolls-Royce unter den Grafikprogrammen ist Adobe Photoshop. Es bietet die besten Funktionen zum Bearbeiten von Fotos. Fireworks bietet jedoch Funktionen, die Photoshop nicht hat, wie zum Beispiel eine Bibliothek von Schaltflächen und anderen Elementen zur Gestaltung von Weboberflächen.

> **Photoshop und ImageReady**
>
> Die Entwicklung des Programms ImageReady wurde von Adobe eingestellt. Es wurde mit Photoshop ausgeliefert und bot spezielle Funktionen für den Webbereich an. Diesen Platz nimmt heute Fireworks ein.

Fireworks ist außerdem wesentlich schneller zu erlernen. Im Gegensatz zu Photoshop ist es speziell für die Bearbeitung und Erstellung von Webgrafiken konzipiert und erspart so viele Arbeitsschritte, etwa beim Anlegen transparenter Bildbereiche. Fireworks zeichnet sich besonders dadurch aus, dass man sowohl bearbeitbare Vektorgrafiken (wie bei Illustrator) als auch Bitmaps (wie bei Photoshop) für das Web erstellen kann. Man kann mit Fireworks hervorragend Prototypen der Website entwerfen, bevor diese dann in Dreamweaver konkret umgesetzt wird. Fireworks kann in der neuesten Version außerdem auch Photoshop-Dateien öffnen und speichern.

### 3.4.3  Contribute CS4

Mit der Software Contribute können die Inhalte einer Website direkt online bearbeitet werden. Dies ist gerade für Benutzer geeignet, die keine Kenntnisse in Dreamweaver haben. Damit nicht jeder die Seiten bearbeiten kann, ist ein Passwortschutz integriert. Für jeden Benutzer ist jedoch eine eigene Softwarelizenz erforderlich.

Mit dem neuen Onlineservice InContext Editing von Adobe können Inhalte der Website auch ohne Contribute direkt im Webbrowser geändert werden.

Alternativ zu Contribute und dem Onlineservice InContext Editing können Content-Management-Systeme eingesetzt werden, wie beispielsweise Typo3, Joomla und WordPress (ursprünglich nur für die Erstellung von Blogs geeignet). Kapitel 20, »Bloggen mit WordPress«, zeigt den Einsatz dieses Systems.

### 3.4.4 Adobe Bridge

Adobe Bridge CS4 wird mit Dreamweaver ausgeliefert, unabhängig davon, ob Sie Dreamweaver als einzelnes Produkt oder in einer Suite erworben haben. Adobe Bridge ist eine Applikation, mit der Sie Bilder und andere Dokumente komfortabel anzeigen und verwalten können. Es dient praktisch als Medienzentrale bzw. Medienmanager für Ihre Dokumente. In Adobe Bridge können auch Tutorials (meist auf Englisch) abgerufen werden.

**Abbildung 3.11** ▼
Adobe Bridge ermöglicht die komfortable Verwaltung von Fotos.

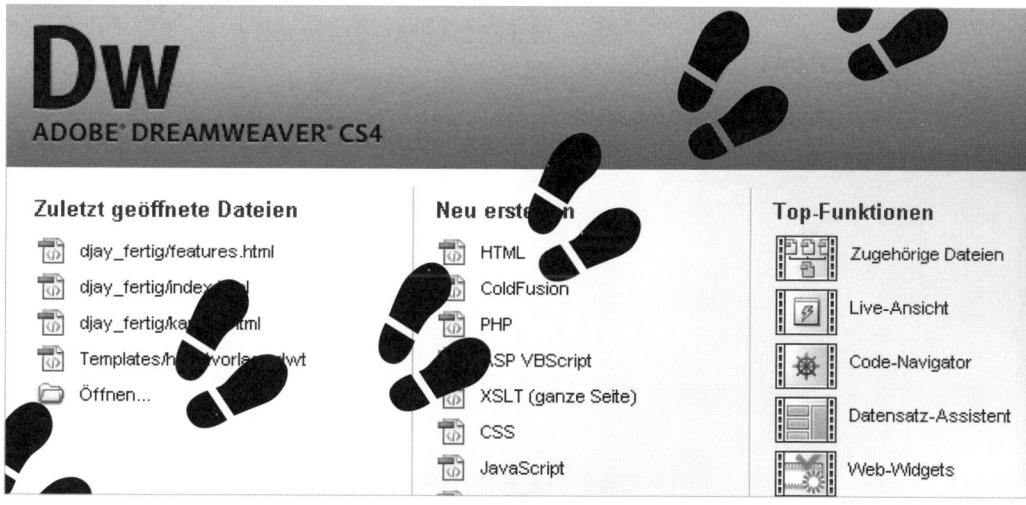

Kapitel 4

# Dreamweaver CS4 – los geht's

So installieren Sie Dreamweaver und unternehmen erste Gehversuche

- ▸ Wie meistere ich die Installation?
- ▸ Wie öffne und bearbeite ich bestehende Dokumente?
- ▸ Wie erstelle ich eine erste HTML-Seite?
- ▸ Wie verknüpfe ich Webseiten mit Hyperlinks?

# 4   Dreamweaver CS4 – los geht's

Falls Sie noch nie mit Dreamweaver gearbeitet haben, sind Sie hier genau richtig. Andernfalls wechseln Sie einfach schon zum nächsten Kapitel. Zum Einstieg werden wir hier zunächst eine sehr einfache Seite erstellen.

## 4.1   Dreamweaver installieren und aktualisieren

**Sie haben noch kein Dreamweaver?**

Das ist kein Problem. Sie können von der Adobe-Webseite eine 30-Tage-Test-Version herunterladen. Wenn Sie später dann die Software erwerben, können Sie Ihre Installations-CD ruhig im Karton belassen. Geben Sie einfach die mitgelieferte Seriennummer in die Testversion ein und schalten Sie sie als Vollversion frei.

Kommen wir nun endlich zum Wichtigsten, dem Startschuss für die Entwicklung einer eigenen Seite mit Dreamweaver. In diesem Kapitel wird erklärt, wie Sie eine einfache Seite erstellen und sie in Ihrem Browser anzeigen.

Ich gehe davon aus, dass Sie bereits Dreamweaver installiert haben. Falls nicht, legen Sie einfach die Installations-CD ein und folgen den Anweisungen auf dem Bildschirm. Sie können dabei nichts falsch machen. Falls Sie eine Adobe Creative Suite erworben haben, können Sie wählen, ob Sie nur bestimmte oder alle darin enthaltenen Programme installieren möchten. Wenn Sie genug Platz auf der Festplatte haben, wählen Sie ruhig ALLE PROGRAMME. Falls nicht, so installieren Sie neben Dreamweaver auf jeden Fall noch das Grafikprogramm Fireworks und/oder Photoshop. Während der Installation müssen Sie neben Ihrem Namen auch die Seriennummer eingeben. Daraufhin wird dann online geprüft, ob die Seriennummer bereits benutzt wurde und ob sie legal ist. Adobe schlägt bei der Lizenzpolitik also einen ähnlichen Weg wie Microsoft ein – auch bei Windows XP ist eine Zwangsaktivierung notwendig.

**Updates |** Falls eines der installierten Adobe-Produkte ein Update erfordert, startet der Adobe Updater, der Ihnen zeigt, für welche Komponenten ein Softwareupdate vorliegt. Sie sollten normalerweise alle Updates durchführen, da damit nicht nur Fehler in der Software, sondern oft auch Sicherheitslücken korrigiert werden.

◀ **Abbildung 4.1**
Der Adobe Updater lädt neue
Versionen herunter und instal-
liert sie.

## 4.2   Der Programmstart

Nachdem Sie Dreamweaver gestartet haben, werden Sie als Erstes mit einem Startfenster begrüßt.

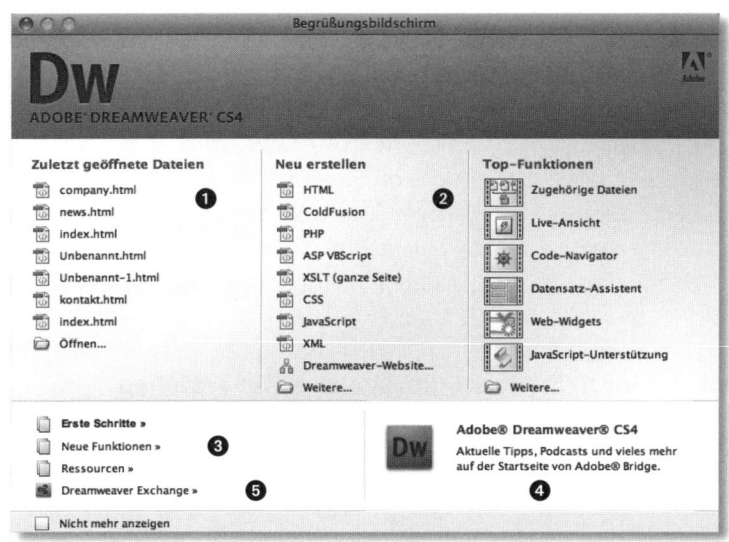

◀ **Abbildung 4.2**
Begrüßungsfenster zum
Erstellen oder Öffnen von
Dokumenten

Dieses Fenster bietet Ihnen folgende Funktionen zur Auswahl:

▶ Öffnen eines zuvor geöffneten Dokuments ❶
▶ Erstellen einer neuen Datei, wie zum Beispiel einer HTML-Datei
   für eine normale Webseite ❷

▶ Einführungsvideo zu den wichtigsten Funktionen (meist in englischer Sprache) ❸

▶ Öffnen von Tutorials, in denen Sie in die Grundfunktionen von Dreamweaver eingewiesen werden (meist in englischer Sprache) ❹

▶ Aufruf der Dreamweaver-Exchange-Website, auf der Erweiterungen (Extensions) für Dreamweaver angeboten werden ❺

Das Begrüßungsfenster öffnet sich nicht nur beim Programmstart, sondern auch immer dann, wenn gerade kein Dokument geöffnet ist. Sie können auch ohne dieses Fenster eine neue Datei erstellen, indem Sie DATEI • NEU wählen. Dann erscheint ein Fenster, in dem Sie in der Kategorie LEERE SEITE den Typ der neuen Datei wählen können. Der wichtigste Dateityp ist HTML, interessant ist aber auch PHP, mit dem sich u. a. datenbankbasierte Webseiten entwickeln lassen.

> **Kein Begrüßungsfenster vorhanden?**
>
> Sie können Dreamweaver so konfigurieren, dass kein Startfenster angezeigt wird. Deaktivieren Sie dazu unter BEARBEITEN • VOREINSTELLUNGEN unter Windows bzw. unter DREAMWEAVER • EINSTELLUNGEN auf dem Mac in der Kategorie ALLGEMEIN das Kontrollkästchen bei BEGRÜSSUNGSBILDSCHIRM.

## 4.3 Die erste HTML-Seite

Das erste Beispiel in fast jedem Einführungsbuch über Programmiersprachen und Entwicklungsumgebungen ist das berühmte Beispiel »Hallo Welt«. Dieses Programm hat eine einzige Funktion, nämlich die Ausgabe des Textes »Hallo Welt«. In der folgenden Übung soll eine Webseite mit diesem Satz erstellt werden. Da CSS eine zentrale Technologie für die Erstellung von Webseiten ist, werden wir bereits in diesem einfachen Beispiel eine CSS-Regel definieren, um zwei Textstellen einheitlich zu formatieren.

 **Schritt für Schritt: »Hallo-Welt«-Seite erstellen**

**1  Neue Seite öffnen**

Wählen Sie im Begrüßungsfenster HTML aus, um eine leere HTML-Seite zu erstellen, oder wählen Sie DATEI • NEU und dort aus der Kategorie LEERE SEITE den Seitentyp HTML und als Layout <kein> aus. Normalerweise sollten Sie vorher eine neue Website (siehe Kapitel 6, »Eine neue Website«) anlegen, bevor Sie die einzelnen Webseiten bauen. Doch für dieses kleine Beispiel ist dies nicht unbedingt notwendig.

## 2   Text eingeben und markieren

Tippen Sie im Dokumentenfenster einen Text und markieren Sie ein Wort. Dieses Wort soll fett hervorgehoben und mit einer Farbe versehen werden.

**▼ Abbildung 4.3**
Ein Wort wird markiert.

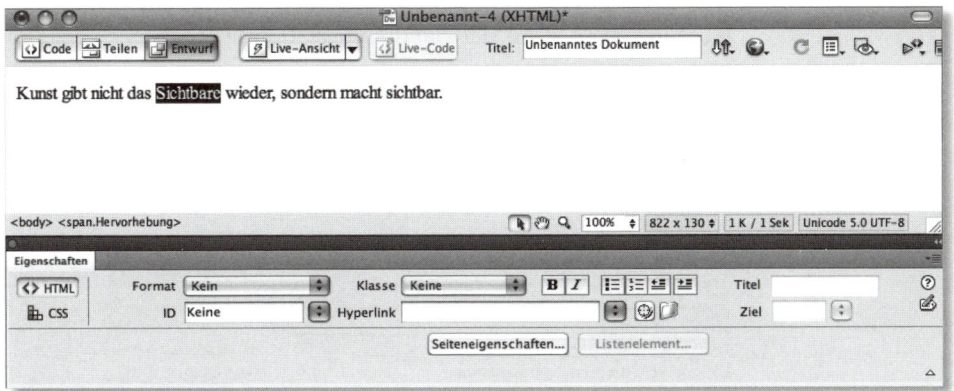

## 3   Eigenschaftsinspektor

Unter Ihrem Dokumentenfenster sollte sich der sogenannte Eigenschaftsinspektor befinden, in dem Sie unter anderem die Schrift und die Ausrichtung einstellen können. Um den Text zu formatieren, wählen Sie zunächst den CSS-Modus ❶ des Eingeschaftsinspektors aus.

## 4   Fett formatieren

Um den Text fett darzustellen, klicken Sie auf die Schaltfläche B (wie »Bold«) ❷.

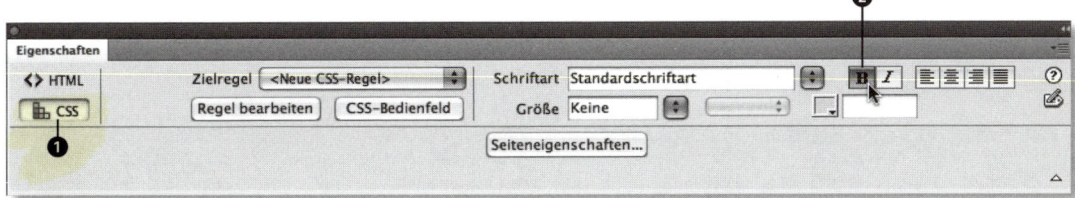

**▲ Abbildung 4.4**
Das »B« fettet den Text.

## 5   Neue CSS-Regel erstellen

Anschließend wird ein Fenster Neue CSS-Regel geöffnet in dem Sie einen Namen für Ihre Formatierung wählen können. Wir können dann später diese CSS-Regel auch auf andere Textstellen anwenden. In unserem Beispiel geben wir »wichtig« ein, um die CSS-Regel zu benennen. Es ist üblich, für den Namen nicht Formatierungsangaben, wie z. B. »fett« oder »groß« zu verwenden. Stattdessen sollte der Name die CSS-Regel beschreiben. In unserem Beispiel soll eine Textstelle als wichtig hervorgehoben werden. Es gibt verschiedene Typen von CSS-Regeln. In diesem Beispiel wurde eine sogenannte CSS-Klasse erstellt. Lassen Sie sich am Anfang nicht von den CSS-Regeln abschrecken, im Verlaufe des Buches werden Sie die Verwendung von CSS-Regeln intensiv kennen lernen.

**Abbildung 4.5** ▶
Neue CSS-Regel erstellen

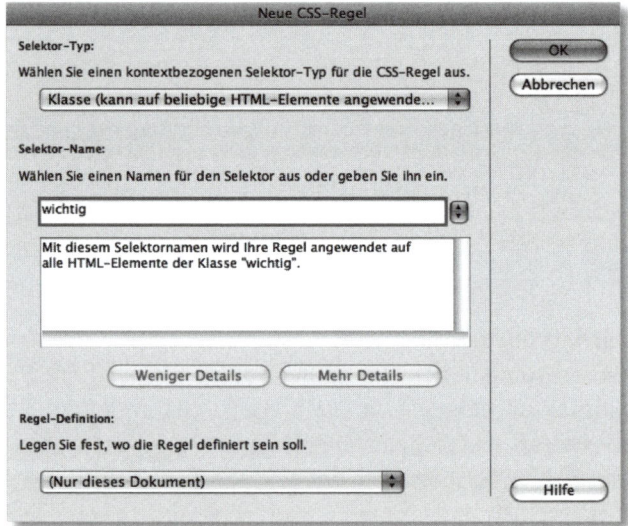

### 6 Farbe festlegen

Um die Farbe einzustellen, klicken Sie im Eigenschaftsinspektor auf das rechteckige Farbsymbol ❸. Nach Auswahl der Farbe öffnet sich diesmal nicht das Fenster zum Festlegen der neuen CSS-Regel, da Sie bereits im letzten Schritt einen Namen definiert haben.

**Abbildung 4.6** ▼
Diesmal öffnet sich ein anderes Fenster, da Sie den Namen bereits festgelegt haben.

### 7 CSS-Regel zuweisen

In den letzten Schritten haben wir die CSS-Regel WICHTIG erstellt, die wir nun einer anderen Textstelle zuweisen können. Markieren Sie dazu eine andere Textstelle und wählen aus dem Drop-down-

Menü ZIELREGEL ❹ die vorher definierte CSS-Klasse WICHTIG aus. Die zweite Textstelle wird nun auch fett und farbig dargestellt. Die Verwendung von CSS ist nicht nur eine Arbeitserleichterung, sondern führt auch zu einheitlichen Formatierungen.

▼ **Abbildung 4.7**
CSS heißt Einheitlichkeit und Einfachheit.

### 8   Seitentitel festlegen

Tragen Sie abschließend ins Feld TITEL ❺ einen Seitentitel ein. Dieser erscheint im oberen Fensterbalken des Browsers. Außerdem wird der Titel beim Speichern als Favorit im Internet Explorer bzw. als Bookmark in Netscape verwendet.

▼ **Abbildung 4.8**
Der Seitentitel

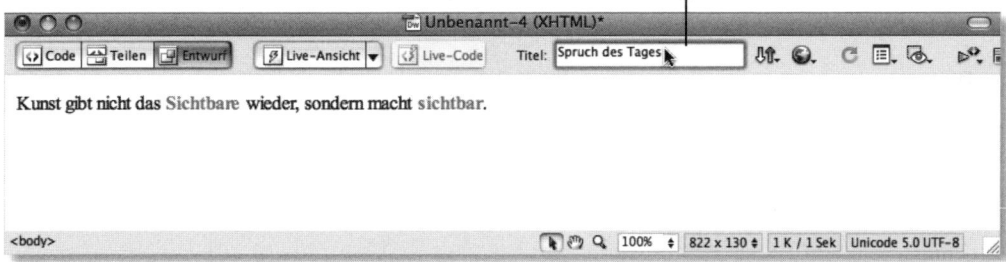

### 9   Live-Ansicht

Klicken Sie auf die Schaltfläche LIVE-ANSICHT, um die Seite in der sogenannten Live-Ansicht darzustellen. Diese zeigt die Webseite exakt so an, wie Sie im Webbrowser erscheint. In dieser Ansicht können jedoch immer noch Änderungen am Dokument vorgenommen werden. Klicken Sie erneut auf LIVE-ANSICHT, um wieder in den Bearbeitungsmodus zu gelangen.

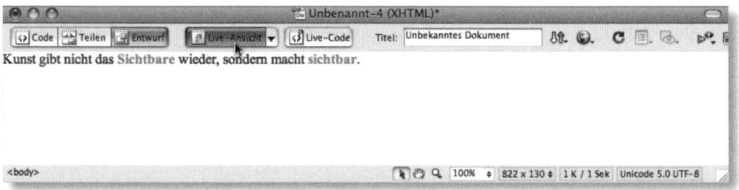

### 10   Seite abspeichern

Speichern Sie das Dokument ab, indem Sie DATEI • SPEICHERN wählen.

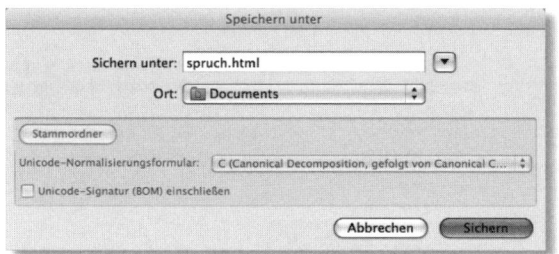

Achten Sie beim Speichern der Seite darauf, dass Sie keine Sonderzeichen, Umlaute oder Leerzeichen im Dateinamen verwenden, sondern nur Buchstaben von a bis z, Zahlen, Bindestriche
und Unterstriche. Außerdem ist es üblich, nur Kleinbuchstaben
zu benutzen.

Sie werden nun den Eindruck haben, dass die Formatierung
von Texten ähnlich wie in einer Textverarbeitung funktioniert.
Der Schein trügt jedoch. Wie Sie im späteren Verlauf des Buchs
sehen werden, verwendet Dreamweaver bei der Formatierung
von Texten Cascading Stylesheets. Dies ist eine Webtechnologie,
mit der Texte auf einer Seite oder auch über mehrere Dokumente
hinweg einheitlich gestaltet werden können.

### 11   Seite im Browser

Um Ihre Seite in einem externen Webbrowser zu betrachten, wählen Sie aus dem Menü, das sich hinter dem Erdkugel-Symbol ❻ versteckt, den gewünschten Browser (z. B. Firefox oder Opera) aus.

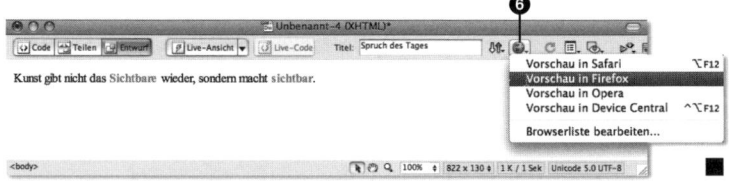

## 4.4 Eine Website mit Hyperlinks und Bildern

In dieser Übung werden wir eine Website mit drei Seiten erstellen, die miteinander verlinkt werden sollen. Jede Webseite soll außerdem mit einer Kopf- und Fußzeile versehen werden.

### Schritt für Schritt: Mehrere Seiten auf Basis eines Layouts erstellen

**1** Neue Site anlegen

Zunächst müssen Sie eine sogenannte Site anlegen, in der sämtliche Komponenten der Website, wie Bilder, HTML- und CSS-Dateien, gespeichert werden. Wählen Sie dazu im Menü SITE • NEUE SITE aus und klicken auf die Schaltfläche ERWEITERT ❶ ganz oben im Fenster. In diesem Site-Fenster nehmen Sie nun die weiteren Einstellungen vor.

Tragen Sie ins Feld SITE-NAME eine Bezeichnung für Ihre Website ein, zum Beispiel »Spruechesammlung«. Dieser Site-Name wird nirgends auf der Website angezeigt. Er dient lediglich zur Unterscheidung der Projekte.

Legen Sie nun den Ordner für die Site fest, indem Sie auf das Ordner-Symbol ❷ rechts vom Feld LOKALER STAMMORDNER klicken.

Alle anderen Einstellungen können Sie so belassen, wie sie sind. Schließen Sie das Dialogfenster mit Klick auf OK.

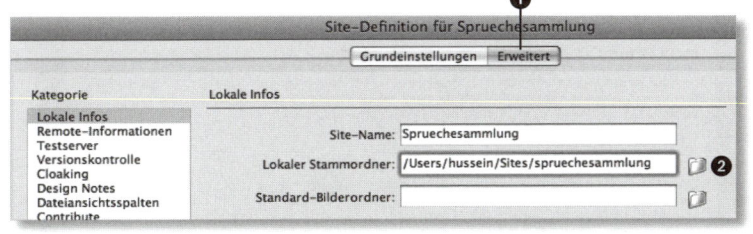

◄ **Abbildung 4.12**
Die erweiterten Einstellungen
im Menü NEUE SITE

**2** Auswahl des Layouts

Wählen Sie im Menü DATEI • NEU aus der Kategorie LEERE SEITE den Seitentyp HTML aus. In der Spalte LAYOUT haben Sie nun die Wahl zwischen 35 Layouts – in diesem Beispiel verwenden wir das LAYOUT 1 SPALTE FIXIERT ZENTRIERT, KOPF UND FUSSZEILE. Bevor Sie auf ERSTELLEN klicken, achten Sie darauf, dass unter LAYOUT-CSS der Eintrag »Zum Head-Bereich hinzufügen« ausgewählt ist.

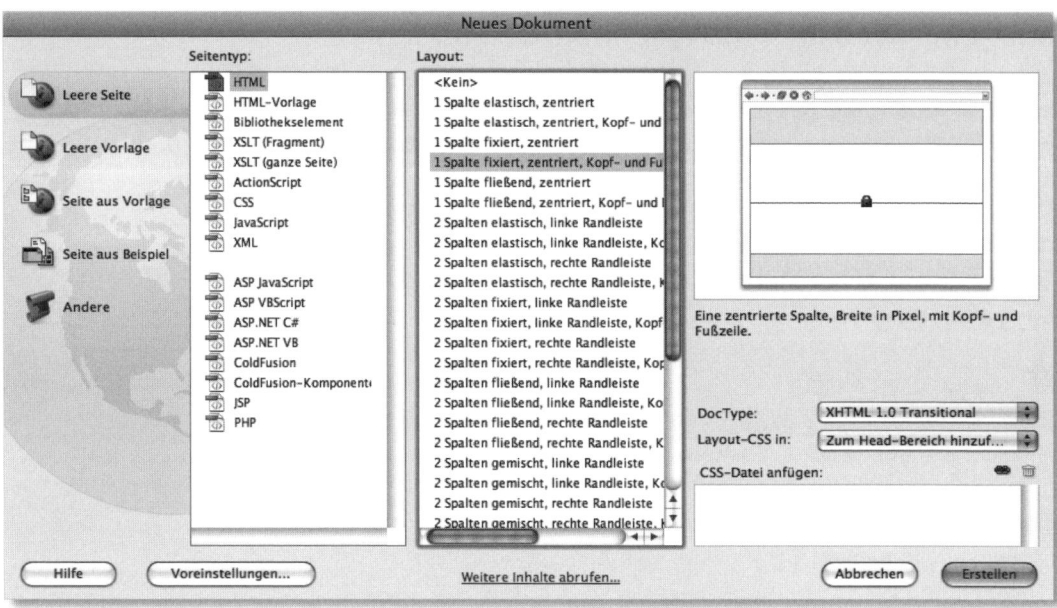

**Abbildung 4.13** ▲
Sie haben die Wahl aus mehreren vorgefertigten Layouts.

Das Layout enthält bereits Beispieltext, den wir im folgenden Schritt durch einen eigenen Text ersetzen werden.

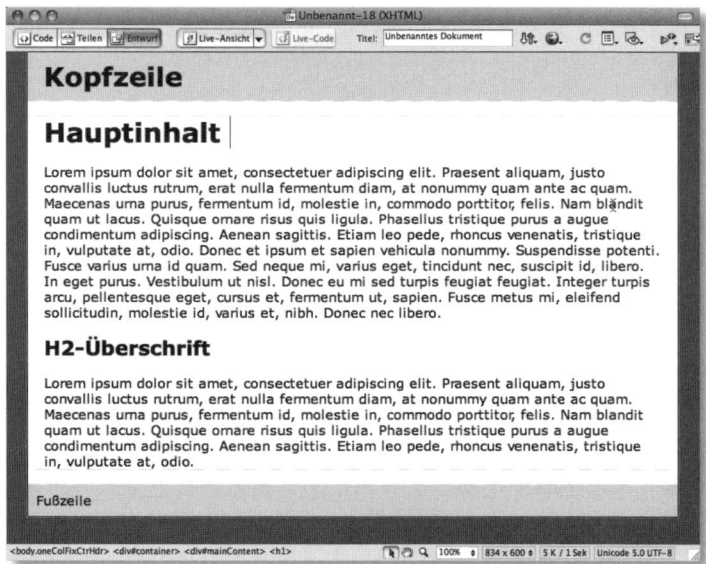

**Abbildung 4.14** ▶
Unser Beispiel-Layout

### 3  Text ändern

Beginnen Sie zunächst mit dem Austauschen der Texte auf der Beispielseite. Das Ändern der Texte erfolgt wie in einer gängigen

Textverarbeitung. Positionieren Sie die Einfügemarke an die gewünschte Stelle im Text und ändern Sie entsprechend die Texte ab. Sie können auch ganze Bereiche markieren und über die Zwischenablage austauschen.

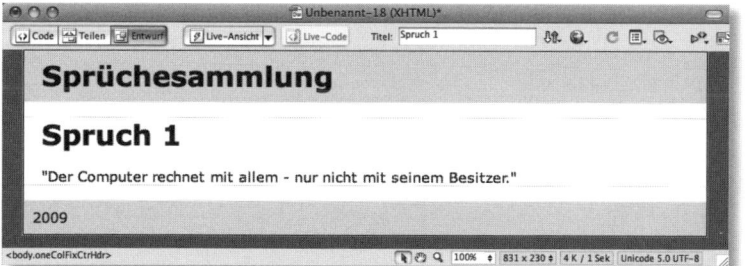

◀ **Abbildung 4.15**
Ganz einfach Texte ändern

### 4 Speichern
Speichern Sie das Dokument unter dem Namen *spruch1.html* ab.

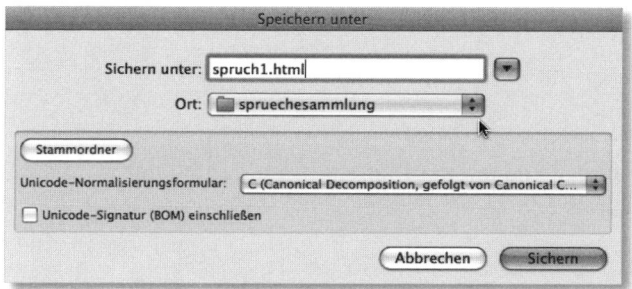

◀ **Abbildung 4.16**
Speichern unter *spruch1.html*

### 5 Neue Seite erstellen
Erstellen Sie eine weitere Datei mit dem gleichen Layout wie die erste Seite. Ändern Sie die Texte entsprechend ab und speichern die Datei unter *spruch2.html* ab.

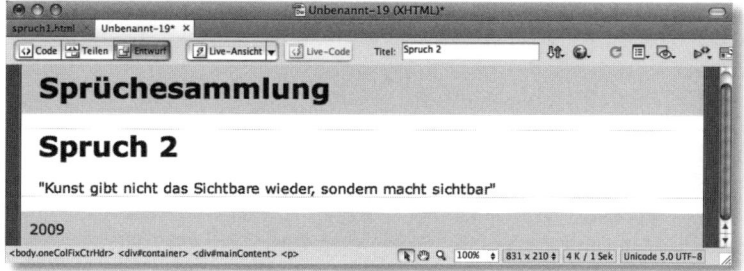

◀ **Abbildung 4.17**
Speichern unter *spruch2.html*

### 6 Bild einfügen

Um nun eigene Bilder einzufügen, klicken Sie mit der Maus an die entsprechende Stelle in der Webseite und wählen EINFÜGEN • BILD.

**Abbildung 4.18** ▸
Ebenfalls einfach:
Bilder einfügen

Wählen Sie das gewünschte Bild aus, und klicken Sie auf AUSWÄHLEN. Es öffnet sich dann ein Dialogfenster, das Sie mit JA bestätigen, damit das Bild an die richtige Stelle kopiert wird.

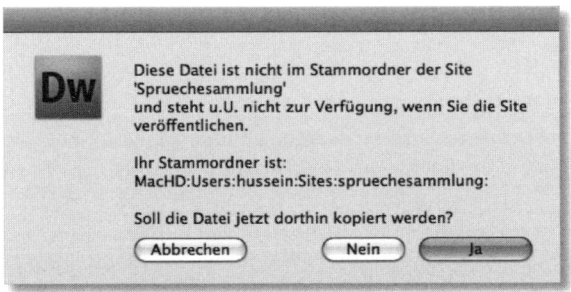

**Abbildung 4.19** ▸
Bestätigen Sie mit JA.

Geben Sie einen Namen für das Bild ein.

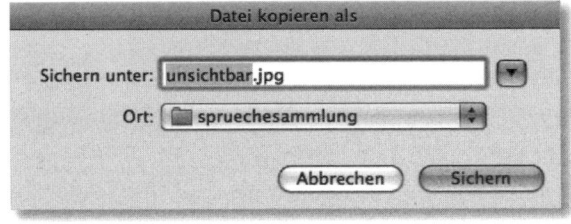

**Abbildung 4.20** ▸
Unter diesem Namen sichern
Sie das Bild.

**7** **Alternativtext wählen**

Wenn Bilder eingefügt werden, werden Sie automatisch nach einem Alternativtext für das Bild gefragt, der die Grafik in wenigen Worten beschreibt. Dieser Text wird verwendet, wenn die Bilder aus irgendeinem Grund im Browser nicht angezeigt werden können. Auch Suchmaschinen wie Google verwenden diesen Text für die Suche nach Bildern. Außerdem erfassen Lesesysteme für Sehbehinderte diese Texte. Achten Sie daher darauf, einen möglichst aussagekräftigen Text zu wählen.

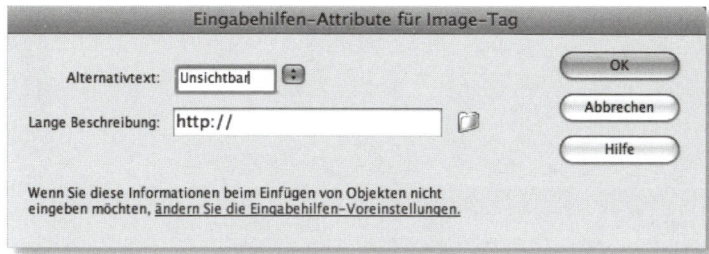

◄ **Abbildung 4.21**
So geben Sie einen Alternativtext für das Bild ein.

▼ **Abbildung 4.22**
Die Seite *spruch2.html* wird erneut abgespeichert.

Speichern Sie das Dokument erneut ab.

**8**  **Neue Seite »Verzeichnis« anlegen**

Anschließend legen wir eine weitere Seite mit dem Verzeichnis aller Sprüche an. Verwenden Sie die Listen-Schaltfläche ❶, um die Punktliste zu erstellen

**Abbildung 4.23** ▼
Eine Punktliste erstellen.

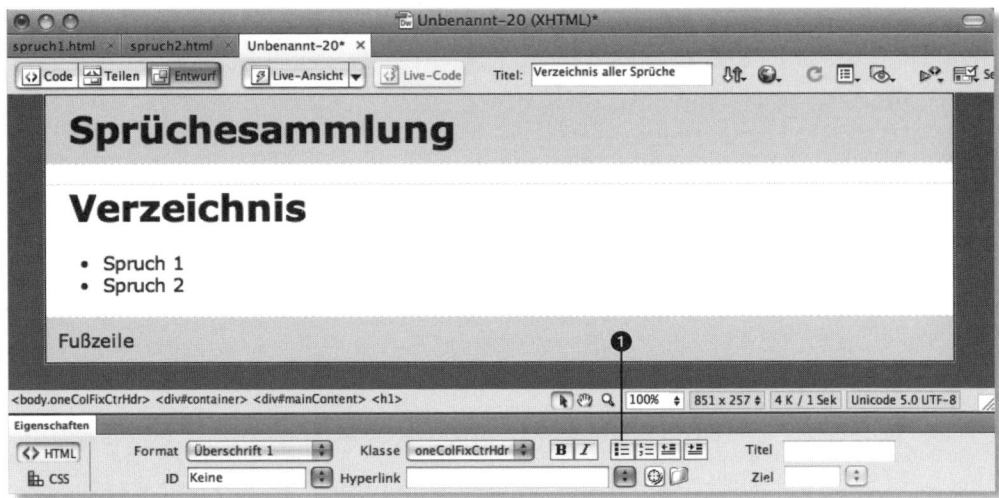

Speichern Sie anschließend die Webseite. Wählen Sie als Dateinamen für die Startseite »index.html«.

**9**  **Seiten verlinken**

Um die Textstellen zu verlinken, markieren Sie die Stelle und klicken auf das Ordnersymbol ❷.

**Abbildung 4.24** ▼
So verlinken Sie Textstellen.

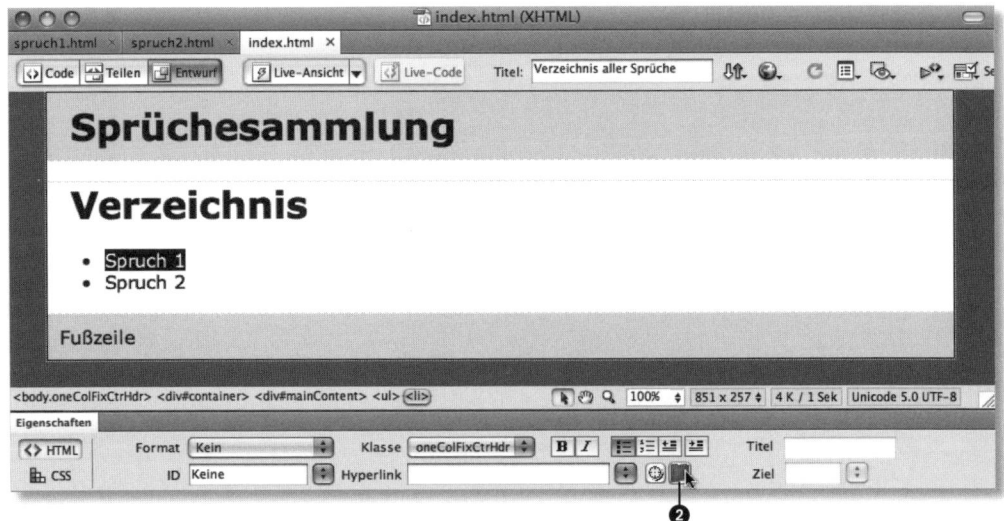

Wählen Sie die zu verlinkende Datei aus. Führen Sie diese Schritte auch für den zweiten Link aus.

▲ **Abbildung 4.25**
Die verlinkte Datei wird ausgewählt.

**10**   **Live-Ansicht**

Betrachten Sie nun die Webseite in der LIVE-ANSICHT ❸. Leider sind in in dieser Ansicht die Links nicht funktionsfähig.

▼ **Abbildung 4.26**
So sehen die Links aus.

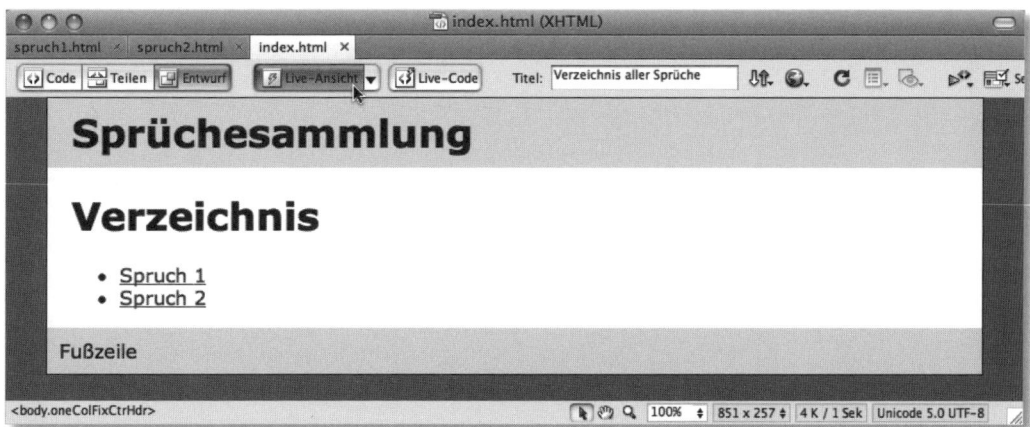

**11**   **Vorschau im Firefox**

Um die Verlinkung zu testen, öffnen Sie die Seite im Browser.

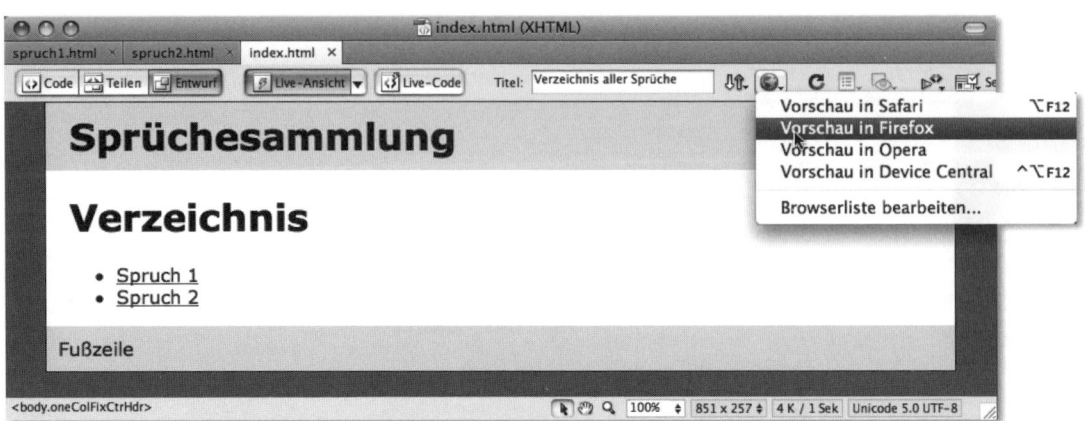

▲ **Abbildung 4.27**
Testen Sie die Verlinkungen. ■

Sie haben in diesem Kapitel bereits die grundlegenden Funktionen von Dreamweaver CS4 kennen gelernt. Im nächsten Kapitel werden wir uns näher mit der Arbeitsumgebung beschäftigen.

Kapitel 5

# Die Arbeitsumgebung

Die Oberfläche von Dreamweaver im Überblick

▶ Wie lasse ich mir Layout und Quelltext von Webseiten anzeigen?

▶ Wie gehe ich mit den Paletten und Fenstern um?

▶ Welche Aufgaben hat der Eigenschaftsinspektor?

▶ Wie wähle ich Arbeitsbereiche aus und wie lege ich sie an?

# 5   Die Arbeitsumgebung

In diesem Kapitel werden die wichtigsten Elemente und Fenster der Arbeitsoberfläche von Dreamweaver CS4 erklärt. Lassen Sie sich nicht von den zahlreichen Menüs und Paletten einschüchtern. Sie kommen in späteren Kapiteln alle noch ausführlicher zur Sprache.

## 5.1   Dokumentenfenster

> **Fenster oder Bedienfeld nicht sichtbar?**
>
> Falls eines der Fenster nicht sichtbar ist, so können Sie es über das Menü FENSTER anklicken und damit einblenden. Wenn Sie zum Beispiel das Fenster DATEIEN öffnen möchten, wählen Sie FENSTER • DATEIEN.

Das Dokumentenfenster ist Ihre Werkbank, auf der Sie eine Webseite direkt bearbeiten können. Es erscheint nur dann, wenn Sie eine Datei geöffnet haben oder eine neue erstellen.

Auf den ersten Blick ähnelt das Dokumentenfenster sehr dem einer Textverarbeitung. Jedoch besitzt es vier verschiedene Ansichtsmodi. In der linken oberen Ecke des Dokumentenfensters können Sie zwischen den Ansichten CODE ❶, TEILEN ❷, ENTWURF ❸ und LIVE-ANSICHT ❹ wechseln.

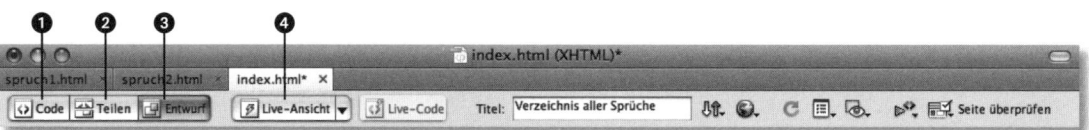

**Abbildung 5.1** ▲
Oberer Bereich des Dokumentenfensters, unter anderem zum Umschalten zwischen den Ansichtsmodi CODE, TEILEN, ENTWURF und LIVE-ANSICHT.

### 5.1.1   Entwurfsansicht

Die Entwurfsansicht ist die Standardansicht für den Webdesigner. Hier kann er Texte, Bilder, Tabellen usw. visuell erstellen und bearbeiten. Um die direkte HTML-Programmierung braucht er sich nicht zu kümmern, das übernimmt Dreamweaver.

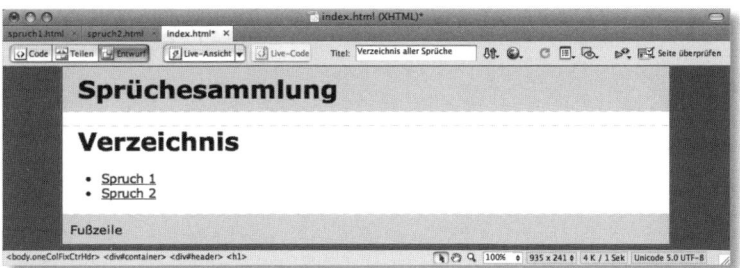

Die Entwurfsansicht zeigt jedoch nur ungefähr, wie die Seite hinterher im Browser aussieht. Im Fenster blendet Dreamweaver als
Hilfsmittel Tabellenlinien (auch mit einer Größe von 0 Pixel für
unsichtbare Ränder), Größenangaben usw. ein, die im Code nicht
enthalten sind und die der Browser nicht anzeigt.

**Was ist WYSIWYG?**

WYSIWYG ist die Abkürzung
für den englischen Ausdruck
»What You See Is What You
Get«. (»Was du siehst, ist
das, was du erhältst.«) Das
bedeutet, dass man bereits
bei der Entwicklung sieht,
wie die Seite später im
Browser erscheint.

### 5.1.2 Live-Ansicht

Um die Webseite so anzuzeigen, wie sie der Browser dargestellt
(sogenannte WYSIWYG-Darstellung), kann die LIVE-ANSICHT aktiviert werden. In diesem Modus ist jedoch eine Bearbeitung der
Seite nicht möglich. Um die Live-Ansicht zu verlassen, klicken Sie
erneut auf die Schaltfläche.

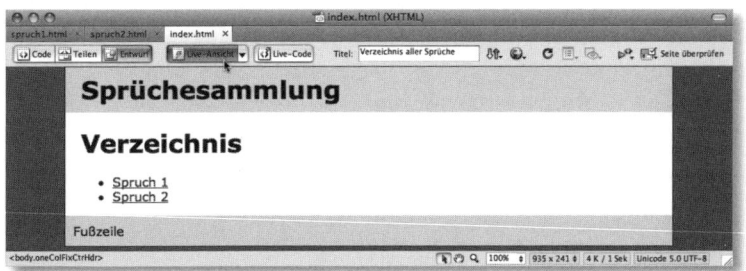

◄ **Abbildung 5.3**
Ein Klick auf LIVE-ANSICHT zeigt
die Seite so an, wie sie im
Webbrowser aussieht.

### 5.1.3 Codeansicht

In der Codeansicht können Sie »hinter« eine Seite schauen und
den HTML-Quelltext betrachten. So sehen Sie direkt, wie Dreamweaver den Code generiert. Man sollte jedoch mit der Bearbeitung von HTML-Quellen vorsichtig sein. Bereits kleine Änderungen
können dazu führen, dass die Seite nicht mehr korrekt dargestellt
wird. Diese Ansicht eignet sich also für erfahrene HTML-Entwickler, die den von Dreamweaver generierten Code noch optimieren

**Abbildung 5.4** ▼
Das Dokumentenfenster in der
Codeansicht

oder ergänzen möchten. Auch PHP-Programmierer nutzen diese
Ansicht, um PHP-Code zu schreiben.

### 5.1.4   Teilen-Ansicht

Wer sich für keine der beiden oben genannten Ansichten entscheiden möchte, kann auch beide zur gleichen Zeit anzeigen lassen. In der Teilen-Ansicht wird der Code im oberen Bereich und
das Entwurfsfenster im unteren Bereich angezeigt.

Dies hat den Vorteil, dass jede Änderung in der Entwurfsansicht unmittelbar auch in der Codeansicht gezeigt wird. Hier können Sie live sehen, wie Dreamweaver den HTML-Quelltext für
Sie generiert. Falls Sie auf dem Bildschirm genügend Platz haben,
kann es hilfreich sein, in diesem Ansichtsmodus zu arbeiten, weil
Sie dann sehr schnell an praktischen Beispielen HTML erlernen
bzw. kontrollieren können. Sie bearbeiten Ihr Dokument im unteren Fenster und beobachten, wie Dreamweaver Ihre Eingaben in
HTML umsetzt: Probieren Sie es einfach aus!

**Abbildung 5.5** ▼
Das Dokumentenfenster in der
Teilen-Ansicht: Oben ist der
Code zu sehen, unten die
WYSIWYG-Version der Seite.

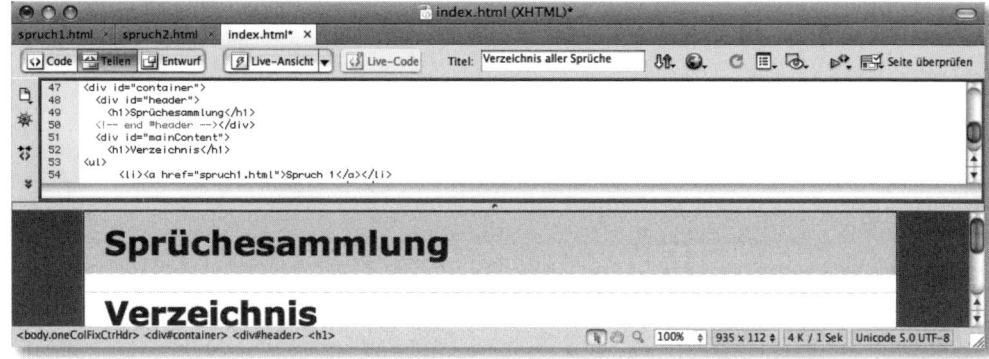

## 5.1.5 Statuszeile

Die Statuszeile befindet sich am unteren Dokumentenrand ❶. Sie bietet fünf sehr nützliche Funktionen. Die angezeigten HTML-Tags ❷ dienen dazu, auf schnelle Weise Bereiche wie Absätze und Tabellen zu markieren. Einige HTML-Kenntnisse sind aber für die Verwendung der Statuszeile notwendig. Wenn sich die Texteinfügemarke (Cursor) z. B. in einer Tabellenzelle befindet, so werden in der Statuszeile die umgebenden HTML-Tags angezeigt. Um etwa ein Bild zu markieren, klicken Sie auf <img>. Falls die Vorgehensweise Ihnen etwas merkwürdig vorkommt, markieren Sie Elemente auf die herkömmliche Weise, indem Sie mit der Maus einfach das Element in der Entwurfsansicht auswählen.

Mit dem Hand-Werkzeug ❸ können Sie durch Ziehen mit der Maus die Seite horizontal und vertikal scrollen.

Um die Seite zu vergrößern bzw. zu verkleinern, verwenden Sie entweder das Lupe-Werkzeug ❹ oder das Listenfeld ❺, mit dem Sie vorgegebene Werte wie zum Beispiel 200 % einstellen können.

Um die Zoom- oder Scroll-Funktion wieder zu deaktivieren, klicken Sie auf das Pfeilsymbol ❻. Sie können dann wieder wie gewohnt mit der Maus Elemente selektieren.

Die Größen-Anzeige stellt die Breite und die Höhe des aktuellen Fensters in Pixel dar. Diese Anzeige ist auch gleichzeitig ein Listenfeld, mit dem das Fenster auf eine vorgegebene Größe eingestellt werden kann. Das ist hilfreich, um z. B. zu überprüfen, wie die Webseite bei einem Benutzer mit einer Bildschirmauflösung von nur 800 × 600 Pixel aussieht, denn nicht jeder Surfer im Internet hat eine leistungsstarke Grafikkarte und einen großen, hochauflösenden Monitor.

Die letzte Anzeige in der Statuszeile präsentiert die Dateigröße der Seite mit den darin enthaltenen Bildern in KByte und die Anzahl der Sekunden, die ein Rechner mit einem einfachem Modem (56 k) benötigt, um die Webseite zu laden.

### Aktualisierung funktioniert nicht?

Änderungen in der Entwurfsansicht werden unmittelbar in der Codeansicht angezeigt. Wenn Sie jedoch Eingaben in der Codeansicht durchführen, aktualisiert Dreamweaver die Änderungen nicht automatisch. Klicken Sie dann auf die Schaltfläche Aktualisieren im Eigenschaftsinspektor.

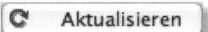

### Verbindungsgeschwindigkeit

Die Anzahl der Sekunden, die für das Laden der Webseite erforderlich ist, wird standardmäßig für ein Modem berechnet. Sie können diese Vorgabe auch ändern, wenn Sie im Voreinstellungsfenster (siehe Abschnitt 5.5) unter Statuszeile • Verbindungsgeschwindigkeit eine andere gewünschte Übertragungsgeschwindigkeit eintragen. »1024« entspricht z. B. einer einfachen DSL-Verbindung.

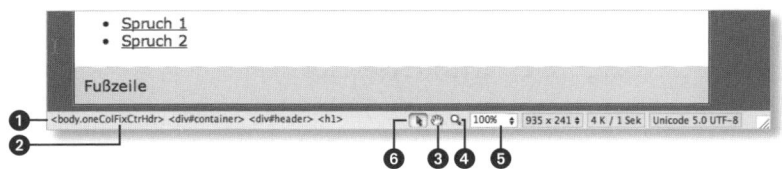

▲ **Abbildung 5.6**
Die Statuszeile dient zum Markieren von HTML-Bereichen wie z. B. Bildern.

### 5.1.6 Der Code-Navigator

**Abbildung 5.7** ▼
Der Code-Navigator wird angezeigt, wenn die Maus sich nicht
bewegt.

Sicherlich ist Ihnen schon das Steuerradsymbol aufgefallen, das ab und zu im Dokumentenfenster erscheint. Das Symbol taucht immer dann auf, wenn der Mauszeiger für ein paar Sekunden im Dokumentenfenster verweilt.

**Abbildung 5.7** ▼
Der Code-Navigator wird angezeigt, wenn die Maus sich nicht bewegt.

**Abbildung 5.8** ▼
Anzeigen der CSS-Regeln im Code-Navigator

Durch Anklicken dieses Symbols werden die CSS-Regeln angezeigt, die sich auf den Bereich beziehen, über dem sich der Mauszeiger befindet.

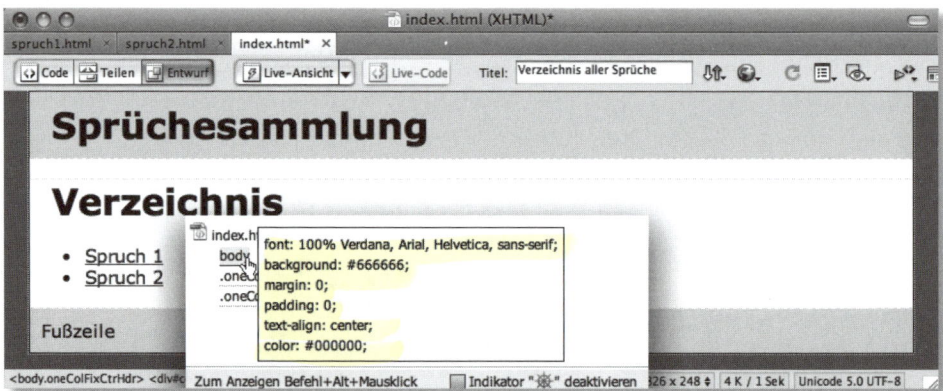

## 5.2   Der Eigenschaftsinspektor

Der Eigenschaftsinspektor unter FENSTER • EIGENSCHAFTEN befindet sich normalerweise unter dem Dokumentenfenster. Hier kann man die Eigenschaften von markierten Objekten verändern. Wie Sie vielleicht schon bemerkt haben, handelt es sich dabei um ein sich ständig veränderndes Fenster, das sein Aussehen immer an das markierte Objekt anpasst.

### 5.2.1  Texteigenschaften

Markieren Sie einen Text im Dokumentenfenster in der Entwurfs-ansicht, und Sie können etwa die Schriftart und die Schriftgröße verändern. Auch Verknüpfungen (Hyperlinks) zu anderen Web-seiten können hier eingestellt werden.

▼ **Abbildung 5.9**
Bei markiertem Text werden Texteigenschaften im Fenster EIGENSCHAFTEN (unten) ange-zeigt.

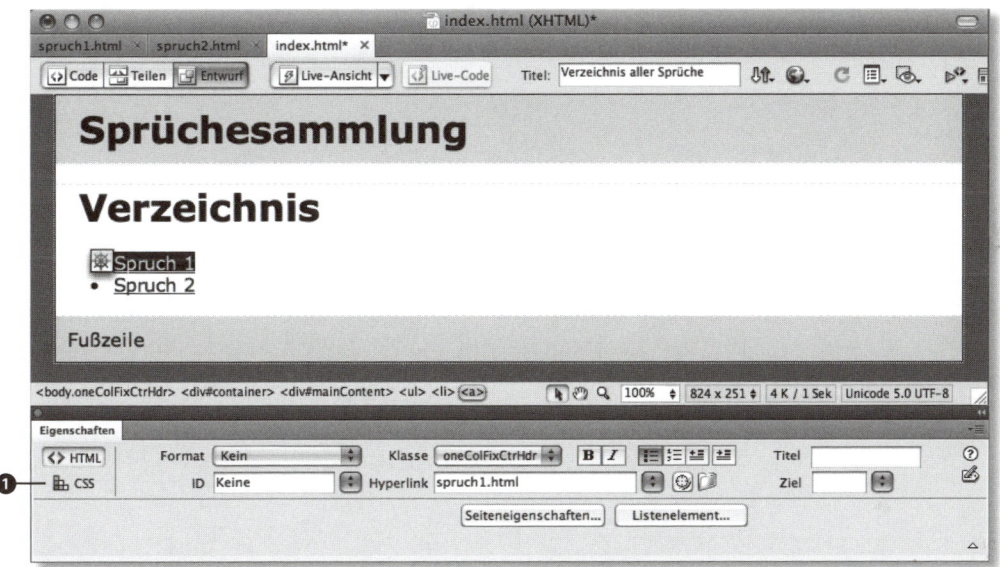

### 5.2.2  CSS-Eigenschaften

Der Eigenschaftsinspektor besitzt seit Dreamweaver CS4 auch ei-nen separaten CSS-Bereich, der durch Anklicken der CSS-Schalt-fläche ❶ zum Vorschein kommt. Wie Sie bereits in Kapitel 4, »Dreamweaver – los geht's«, erfahren haben, können Sie hier u. a. Formatierungen vornehmen.

### 5.2.3  Bildeigenschaften

Markieren Sie ein Bild in der Entwurfsansicht. Jetzt können Sie die Bildeigenschaften wie die Größe verändern. Sogar die Hellig-keit und die Schärfe des Bildes können hier eingestellt werden.

**Abbildung 5.10** ▲
Ist das Bild markiert, werden die Bildeigenschaften angezeigt.

### 5.2.4  Weitere Eigenschaften

Wie bei Text und Bildern werden entsprechend andere Eigenschaften angezeigt, wenn man Tabellen, Flash-Filme, Ebenen usw. im Dokumentenfenster markiert. Für fast jedes Element gibt es einen eigenen Eigenschaftsinspektor, mit dem man das Verhalten oder Aussehen des Elements verändern kann. Nach und nach werden wir in späteren Kapiteln die wichtigsten Eigenschaften der einzelnen Elemente behandeln.

### 5.2.5  Eigenschaftsfenster in zwei Darstellungen

**Abbildung 5.11** ▼
Über das kleine Dreieck in der rechten unteren Ecke kann zwischen den Ansichten des Fensters EIGENSCHAFTEN gewechselt werden.

Das Fenster EIGENSCHAFTEN enthält zwei Teile. Im oberen Teil werden die wichtigsten Einstellungen vorgenommen, und im unteren Teil finden Sie zusätzliche Konfigurationsmöglichkeiten. In der rechten unteren Ecke ist ein kleines Dreieck ❶, mit dem Sie die zusätzlichen Einstellungen ein- und ausblenden können.

## 5.3 Paletten

Auf der rechten Seite der Arbeitsumgebung befinden sich zahlreiche Paletten, die auch Bedienfelder genannt werden. Darunter gibt es eines, das eine Übersicht sämtlicher Dateien auf der
Seite bereithält und in dem man diese Dateien auch auf einen
Server hochladen kann. In einer anderen Palette können Cascading Stylesheets, z. B. für die Formatierung von Texten, angelegt
und bearbeitet werden.

Dreamweaver enthält über 25 Paletten, von denen nur wenige
eingeblendet sind. Sie können die Anzeige der Paletten über das
Menü FENSTER ein- und ausschalten.

Aufgrund des Platzmangels sind die Paletten über einen Pfeil
in der Kopfleiste ❷ auf- und zuklappbar. In der verkleinerten Darstellung passen dann über zehn Paletten gleichzeitig auf die Arbeitsfläche.

▲ **Abbildung 5.12**
Komfortables Arbeiten in
Dreamweaver dank Paletten

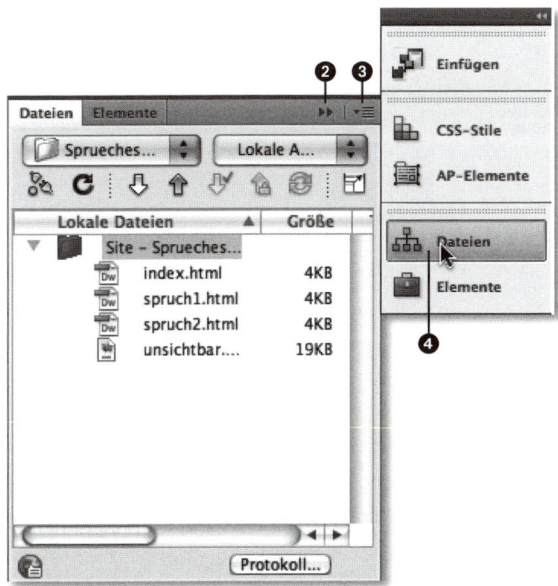

▲ **Abbildung 5.13**
Verkleinerte Darstellung der Paletten

Jede Palette besitzt ein eigenes Menü ❸, das sich ganz rechts in
der Leiste befindet. Über dieses können Sie Befehle, die sich auf
das Bedienfeld beziehen, aufrufen.

**Alle Paletten ein- und
ausblenden**

Wenn Sie besonders wenig
Platz auf Ihrem Bildschirm
haben, können Sie alle Paletten mit der Taste F4 ein-
und ausblenden.

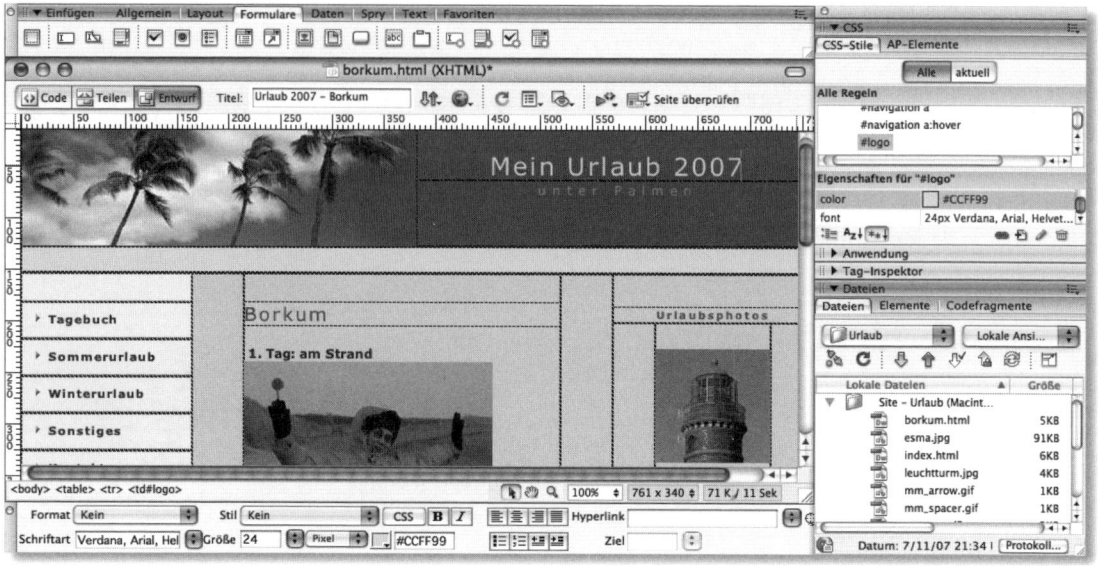

▲ **Abbildung 5.14**
Durch Klicken auf eines der Symbole klappt die Palette aus.

**Abbildung 5.15** ▶
Jedes Bedienfeld verfügt über
ein eigenes Menü.

Die meisten Paletten sind mit anderen Paletten gruppiert. Das Bedienfeld CSS-STILE zählt zum Beispiel zur selben Gruppe wie das Bedienfeld AP-ELEMENTE. Sie können die Anordnung der Paletten individuell an Ihre eigenen Wünsche anpassen, indem Sie das Bedienfeld einfach mit der Maus aus der Bedienfeldgruppe herausziehen und die Maustaste über einem anderen Bedienfeld loslassen. Auf diese Weise können Sie auch ein gruppiertes Bedienfeld als eigenständiges Fenster ablegen. Wollen Sie eine einzelne Palette wieder mit anderen gruppieren, fassen Sie sie mit der Maus im linken Bereich neben ihrem Namen ❸ an.

Achten Sie dabei immer auf die schwarzen Rahmen und Linien, die anzeigen, wo ein Fenster eingefügt bzw. losgelassen werden kann.

## 5.4 Die Einfügen-Palette

Mit der EINFÜGEN-Palette ist es möglich, neue Objekte, wie Bilder, Ebenen, Tabellen, Formulare, Flash-Filme, Navigationselemente usw., in die Webseite einzufügen. Sie befindet sich oberhalb des Dokumentenfensters.

Um zum Beispiel eine Tabelle einzufügen, platzieren Sie zunächst den Mauszeiger an der gewünschten Stelle im Dokument und klicken dann in der EINFÜGEN-Palette auf das Tabellensymbol ❶.

Einige Schaltflächen sind mehrfach belegt, hinter diesen befinden sich dann weitere Schaltflächen. Ein Beispiel ist die Bildschaltfläche ❷. Wenn Sie direkt daneben auf den Pfeil klicken, erscheint eine Liste mit weiteren Objekten, die man einfügen kann.

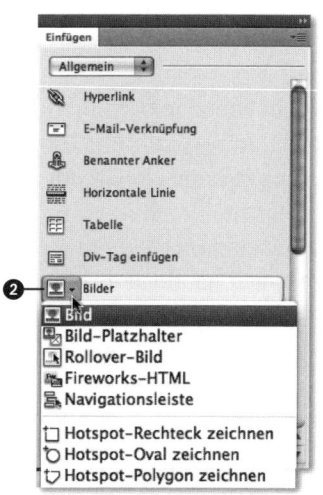

---

**Einfügen über Menüs und Maustaste**

Zum Einfügen von Objekten können Sie anstelle des EIN-FÜGEN-Fensters auch das Einfügen-Menü benutzen. Das geht meist schneller. Sie erreichen es im Dokumentenfenster, wenn Sie auf die rechte Maustaste klicken bzw. ⌘ und Maustaste zugleich drücken.

◄ **Abbildung 5.16**
Palette zum Einfügen von Objekten: Das erfolgt, wie hier bei Tabellen, durch Klicken auf das Icon, auf das der Mauszeiger zeigt.

◄ **Abbildung 5.17**
Weitere Objekte verbergen sich hinter Schaltflächen, hier z. B. im Drop-down-Menü BILDER.

**Rubriken |** Da es sehr viele verschiedene Objekte gibt (es sind insgesamt über Hundert), sind die Symbolleisten der Einfügen-Palette nach verschiedenen Rubriken, wie Allgemein, Layout, Formulare usw., gruppiert. Um in eine andere Rubrik zu wechseln, wählen Sie den entsprechenden Eintrag aus dem DropDown-Menü in der Einfügen-Palette aus

**Abbildung 5.18** ▶
Über das DropDown-Menü in der Einfügen-Palette kann man in eine andere Rubrik mit anderen Objekten wechseln.

## 5.5 Anpassen der Arbeitsumgebung

Wie fast jede Software kann auch Dreamweaver manuell konfiguriert werden, um es an die eigenen Wünsche anzupassen.

**Arbeitsbereiche |** Sie können sich Ihre Arbeitsbereiche nach Ihren Bedürfnissen konfigurieren, indem Sie z. B. nur bestimmte Paletten einblenden und diese nach Belieben positionieren. Dreamweaver merkt sich automatisch Ihre Einstellungen.

Dreamweaver enthält jedoch schon vorkonfigurierte Arbeitsbereiche, die Sie über das Menü Arbeitsbereiche abrufen können.

Der Standardarbeitsbereich ist Designer. Dieser richtet sich an Anwender, die weniger mit dem HTML-Quelltext arbeiten. Für Programmierer gibt es z. B. die Ansicht Coder.

▲ **Abbildung 5.19**
Dreamweaver bietet vorkonfigurierte Arbeitsbereiche für verschiedene
Anwendergruppen an.

Sie können auch einen neuen Arbeitsbereich anlegen, indem Sie
den Menüpunkt NEUER ARBEITSBEREICH wählen und dann einen
Namen festlegen.

Über den Menüpunkt ARBEITSBEREICHE VERWALTEN können Sie
u. a. Einstellungen löschen.

Sehr praktisch ist die Funktion zum Zurücksetzen. Der Menüpunkt 'DESIGNER' ZURÜCKSETZEN nimmt z. B. alle Ihre Änderungen
für diesen Arbeitsbereich zurück.

**Voreinstellungen |** Unter Mac OS X wählen Sie dafür DREAMWEA-
VER • EINSTELLUNGEN, unter Windows BEARBEITEN • EINSTELLUN-
GEN.

Sie können im Fenster VOREINSTELLUNGEN zahlreiche Einstellungen vornehmen, darunter auch, ob das Startfenster angezeigt
werden oder welche Farbe der HTML-Code haben soll.

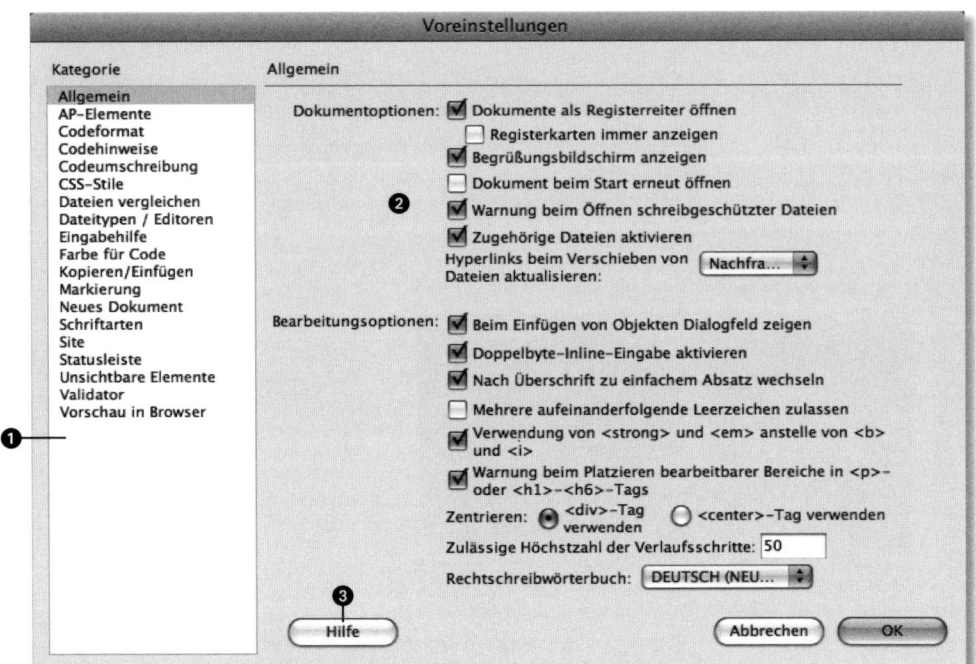

**Abbildung 5.20** ▲
Die Voreinstellungen von
Dreamweaver sind nach Kate-
gorien gruppiert

Augrund der vielen Optionen ist das Fenster in verschiedene
Kategorien eingeteilt. Um also eine Einstellung vorzunehmen,
wählen Sie zunächst im linken Bereich ❶ eine Kategorie aus. Anschließend können Sie im rechten Bereich ❷ die Konfiguration
vornehmen.

Die meisten Menüs und Optionen sind selbsterklärend. Klicken Sie auf die HILFE-Schaltfläche ❸, um die Programm-Doku-
mentation zu den Voreinstellungen zu öffnen.

# Teil II

# Ein Websiteprojekt

# Kapitel 6

# Eine neue Website

Erstellen und Konfigurieren einer neuen Website

- ▸ Welches Beispielprojekt wird im Buch beschrieben?
- ▸ Was ist der Unterscheid zwischen einer Website und einer Webseite?
- ▸ Wie lege ich eine neue Site an?
- ▸ Wie importiere ich bestehende Websites?

# 6    Eine neue Website

Bevor Sie mit der Erstellung der Webseiten endlich loslegen können, müssen Sie eine neue Site anlegen. Dieses Kapitel zeigt Ihnen, wie das geht.

## 6.1    Unser Beispielprojekt

In diesem Buch wird von der Erstellung der Site bis zur Realisierung der Inhalte durchgängig ein Beispielprojekt entwickelt. Das Besondere an diesem Beispielprojekt ist, dass es sich um eine reale Website handelt, die sogar tatsächlich online ist. Sie ist unter *http://www.djay-software.com* erreichbar. Da die Website ständig aktualisiert wird, weicht das Übungsprojekt in diesem Buch von der aktuellen Website ab. Es handelt sich um eine Site für eine DJ-Software zum virtuellen Auflegen von Musik.

Das Beispielprojekt ist für diejenigen unter Ihnen gedacht, die noch keine eigenen Grafiken und Inhalte haben, dennoch aber eine vollständige Website erstellen möchten. Sie müssen aber die Website nicht nur stur kopieren. Lassen Sie sich auch durch Ihre eigenen Ideen inspirieren.

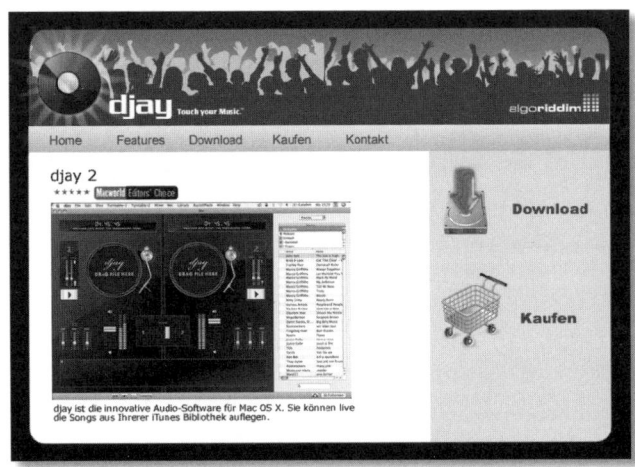

**Abbildung 6.1** ▶
Homepage unserer Beispielsite
*http://www.djay-software.com*

### 6.1.1   Beispielwebsite herunterladen

Damit Sie das Beispielprojekt auch selbst auf Ihrem Rechner nachvollziehen können, können Sie sich sämtliche Dateien der Beispielsite von *http://www.dreamweaver-buch.de/uebungen* herunterladen.

Dort werden Ihnen unter anderem zwei Downloads angeboten:

▶ *djay_bilder.zip*: das Archiv enthält nur Bilder, um die Website als Übung zu erstellen

▶ *djay_fertig.zip*: enthält die fertige Website mit allen Dateien (HTML, Bildern usw.)

Zuerst werden wir eine neue Website erstellen (genannt *djay Übungen*), die zunächst noch keine Dateien enthält. Die heruntergeladenen Dateien sollten separat und zunächst *nicht* im Ordner der Website abgelegt werden, da Bilder beim Einfügen in Dreamweaver automatisch in den Ordner der Website kopiert werden.

Des Weiteren werden wir eine neue Website anlegen (genannt *djay Fertig*), die bereits die fertige Website enthält. Damit können Sie leichter nachvollziehen, wie das Beispielprojekt erstellt wurde, und die Site mit Ihren eigenen Übungen vergleichen.

> **Was ist eine Site in Dreamweaver?**
>
> Um Verwechslungen zu vermeiden, werden zunächst einige wichtige Begriffe erläutert.
> Eine *Seite* bzw. *Webseite* bezeichnet immer eine einzelne (HTML-)Seite. Für alle Seiten gibt es genau eine Startseite, die *Homepage* genannt wird.
> Eine *Site* bzw. *Website* bezeichnet den gesamten Internetauftritt mit allen Webseiten und sonstigen Elementen, wie zum Beispiel Grafiken und Flash-Filmen.

### 6.1.2   Der Stammordner

In Dreamweaver wird der Ordner, in dem die Site gespeichert wird, als *Stammordner* bezeichnet. Dabei wird zwischen einem lokalen und einem entfernten Stammordner unterschieden. Der *lokale Stammordner* ist der Ordner, der auf Ihrer Festplatte gespeichert ist, wohingegen der *entfernte Stammordner* auf Ihrem Webserver liegt.

## 6.2   Neue Site anlegen und konfigurieren

Zur Vorbereitung sollten Sie einen Ordner anlegen, der alle (zukünftigen) Websites, die Sie erzeugen werden, beinhaltet. Erstellen Sie dazu einen Ordner *Websites* im Ordner *Eigene Dateien*. Unter Mac OS X liegt dafür bereits ein Ordner namens *Web-Sites* oder *Sites* in Ihrem Home-Verzeichnis. Nun kann es endlich mit der Erstellung der Site losgehen.

## Schritt für Schritt: Leere Site erstellen

### **1** Neue Site

Wählen Sie zuerst den Menüpunkt SITE • NEUE SITE. Alternativ können Sie auch den Menüpunkt SITE • SITES VERWALTEN auswählen und anschließend auf NEU und dann auf SITE klicken.

**Abbildung 6.2** ▶
Neue Site über SITE VERWALTEN anlegen

### **2** Erweitertes Register auswählen

Das Register GRUNDEINSTELLUNGEN wird nicht benötigt, da es sich hierbei um einen Assistenten handelt, mit dem man nur einige Einstellungen vornehmen kann. Klicken Sie deshalb auf ERWEITERT **❶**.

**Abbildung 6.3** ▼
Die Grundeinstellungen benötigen wir nicht.

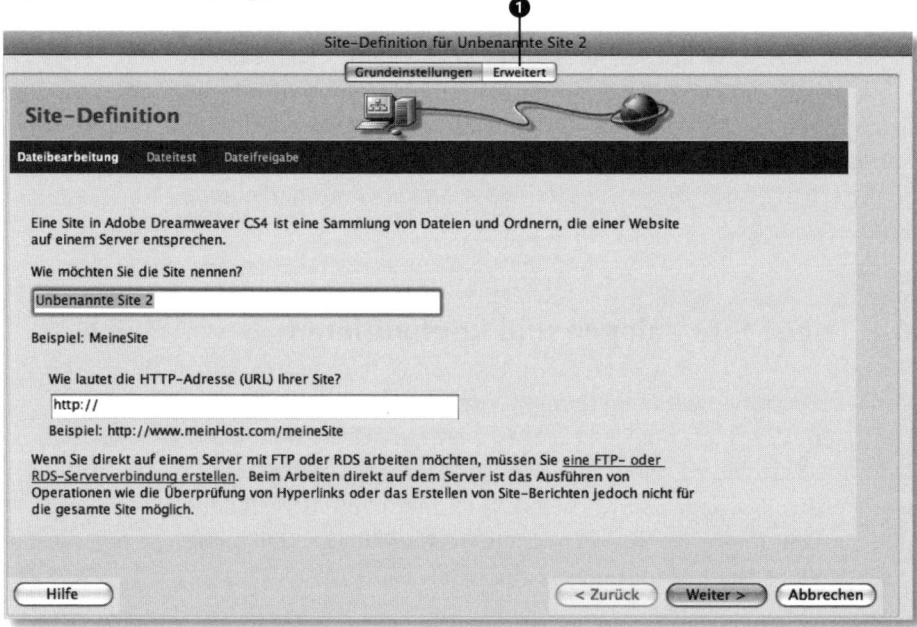

### ❸   Kategorie »Lokale Infos«

Aufgrund der vielfältigen Einstellmöglichkeiten für eine Site sind
die Menüs in verschiedene Kategorien unterteilt. Sie finden diese
auf der linken Seite. Die Kategorie LOKALE INFOS ist anfangs ausgewählt. Hier werden die wichtigsten Einstellungen vorgenommen.

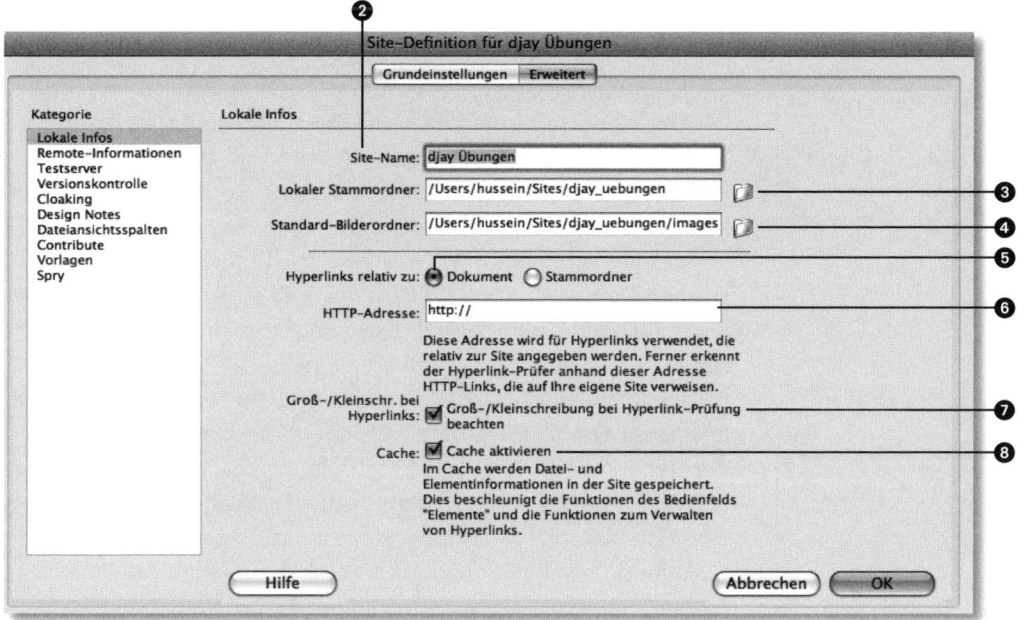

Geben Sie im Feld SITE-NAME ❷ einen passenden Namen für Ihre
Website an (z. B. »djay Übungen« für unser Beispielprojekt). Sie
dürfen Leerzeichen und Umlaute verwenden. Der Name der Site
ist für den Betrachter der Website nicht sichtbar.

   Unter LOKALER STAMMORDNER legen Sie den Ordner fest, in dem
Ihre Site gespeichert wird. Klicken Sie dazu auf das Ordnersymbol
❸ rechts neben dem Textfeld. Es erscheint ein Dialogfenster, in
dem Sie den Ordner festlegen können. Wählen Sie unter Windows den Ordner *Eigene Dateien/Websites* bzw. unter Mac OS X
den Ordner *Sites* aus und erstellen darunter einen neuen Ordner,
der ähnlich benannt ist wie Ihr Site-Name. Hier sollten Sie keine
Leerzeichen und Umlaute verwenden, sondern nur Buchstaben,
Zahlen, Unterstriche und Bindestriche. Für unser Beispielprojekt
wählen wir zum Beispiel »djay_uebungen«. Gewöhnen Sie sich
auch an, ausschließlich Kleinbuchstaben zu verwenden.

▲ **Abbildung 6.4**
Die erweiterten Einstellungen

**Zwischenspeicher (Cache)**

Im *Cache* werden alle Dateien gespeichert, die der Browser von aufgerufenen Seiten erhält. Ziel ist es, dadurch bei einem erneuten Besuch der Website die Zugriffszeit zu verkürzen. Beachten Sie jedoch, dass Sie durch Deaktivieren des Caches in den Site-Einstellungen von Dreamweaver nicht etwa den Cache Ihres Browsers deaktivieren.

**Warum eine neue Site anlegen?**

Es klingt merkwürdig, dass man in Dreamweaver eine neue Site auch dann erstellen muss, wenn man eine bereits vorhandene Website bearbeiten will. Das Erstellen einer neuen Site bedeutet in Dreamweaver lediglich, dass ein neues Projekt angelegt wird, in dem unter anderem der Ordner gespeichert wird, in dem sich die Dateien befinden. Dieses Verzeichnis muss nicht leer sein und kann auch bereits eine komplette Website enthalten. Auf diese Weise kann man Projekte in Dreamweaver importieren, auch wenn sie mit einem anderen Programm erstellt wurden.

Der Standard-Bilderordner ist der Ordner, in dem importierte Bilder automatisch abgespeichert werden. Um den Ordner anzulegen, klicken Sie auf das Ordnersymbol ❹ rechts neben dem Textfeld. Es erscheint ein Dialogfenster, in dem Sie den Bilderordner festlegen können. Wählen Sie dazu den eben erstellten Stammordner aus und legen einen neuen Ordner mit dem Namen »images« an. Sie können auch einen anderen Namen wie zum Beispiel »bilder« wählen. Für die Schreibweise des Bilderordners gelten die gleichen Regeln wie für den lokalen Stammordner.

Achten Sie unbedingt darauf, dass Sie im Bereich HYPERLINKS RELATIV ZU die Option DOKUMENT ❺ wählen, damit Hyperlinks zu Webseiten innerhalb derselben Website und Bilder so verknüpft werden, dass diese Links sowohl auf dem Webserver als auch lokal ohne Probleme funktionieren.

Falls Sie bereits eine Webadresse (URL) für Ihre Site besitzen, können Sie diese unter HTTP-ADRESSE ❻ eintragen. Dies ist aber nicht zwingend erforderlich. Eine mögliche Eingabe ist zum Beispiel »http://www.djay-software.com«.

Die Option GROSS-/KLEINSCHREIBUNG BEI HYPERLINK-PRÜFUNG BEACHTEN ❼ sollte aktiviert werden, damit bei der Überprüfung der Hyperlinks die Groß-/Kleinschreibung beachtet wird. Dies gewährleistet, dass die Hyperlinks auf den Webservern (meistens Unix/Linux-Serversysteme) korrekt funktionieren.

Außerdem sollte die Option CACHE ❽ auf jeden Fall aktiv sein, damit die Dateien der Website, an der Sie arbeiten, immer schnell aus dem Zwischenspeicher dargestellt werden. ■

## 6.3  Site für fertige Website erstellen

Im Folgenden werden wir eine neue Site für die bereits fertige Beispielwebsite erstellen, um diese in Dreamweaver bearbeiten zu können. Dieser Schritt ist durchaus sinnvoll, wenn Sie eine bestehende Website als Musterlösung benutzen möchten. Sie können diese Vorgehensweise auch dazu verwenden, um eine Website in Dreamweaver zu importieren, die Sie mit einem anderen Programm erstellt haben. Bevor man eine noch nicht in Dreamweaver angelegte Website bearbeitet, muss immer zunächst eine neue Site erstellt werden.

Laden Sie zuerst von der Webseite *http://www.dreamweaver-buch.de/uebungen/* die Datei *djay_fertig.zip* herunter. Entpacken

Sie diese mit WinZip oder einem anderen ZIP-Tool und kopieren Sie den Ordner *djay_fertig* in einen neuen Ordner unterhalb von *Eigene Dateien/Websites* (Windows) bzw. unter Mac OS X in den Ordner *Web-Sites* (oder *Sites*).

Legen Sie jetzt, wie bereits beschrieben, unter SITE • SITES VER-WALTEN und NEU • SITE eine neue Site an. Klicken Sie auf ERWEI-TERT, falls dies nicht schon automatisch aktiviert wurde, und wählen Sie aus den Kategorien links den ersten Eintrag LOKALE INFOS aus. Geben Sie im Feld SITE-NAME einen passenden Namen für Ihre Website an (z. B. »djay Fertig« für unser bereits fertiges Beispielprojekt).

Klicken Sie jetzt auf das Ordnersymbol in der Zeile LOKALER STAMMORDNER und wählen Sie den Ordner aus, in den Sie die fertige Website verschoben haben.

Weitere Einstellungen sind zunächst nicht notwendig. Klicken Sie auf OK, um die Site anzulegen.

## 6.4 Wechseln zwischen Sites

Wenn Sie später neue Vorlagen und Webseiten erstellen, ist es sehr wichtig zu wissen, welche Website jeweils aktiv ist, da sonst die Dateien unbeabsichtigt in der falschen Site landen können. Überprüfen Sie daher immer, in welcher Site Sie momentan arbeiten.

Im Bedienfeld DATEIEN (Menü FENSTER • DATEIEN) werden alle Dateien der aktiven Website angezeigt. Klicken Sie auf das Dreieck ❶ neben dem Ordnersymbol, um den Inhalt des Ordners anzeigen zu lassen. In der Liste ❷ können Sie erkennen, welche Site momentan aktiv ist.

> **Mehrere Sites**
>
> Sie haben jetzt zwei Sites erstellt: eine leere Site, in der Sie Ihre Übungen durchführen können, und eine weitere Site, in der sich das bereits fertige Projekt befindet. In Dreamweaver ist jedoch immer nur eine Site aktiv. Beim Erstellen neuer Webseiten wird automatisch der lokale Stammordner der aktiven Site zum Speichern gewählt. Beim Einfügen von Bildern werden auch die Bilddateien (ohne Sie zu fragen) automatisch in den Ordner *images* des lokalen Stammordners der aktiven Site kopiert, falls Sie diesen beim Erstellen der Site dafür angegeben haben.

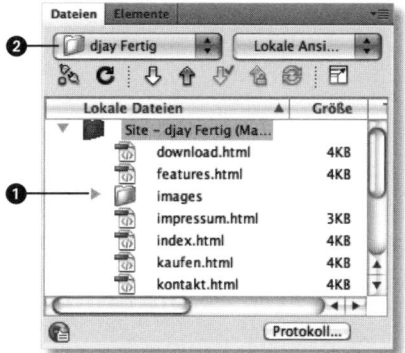

◀ **Abbildung 6.5**
Dateien der Site *djay Fertig*

Um eine andere Site (z. B. *djay Übungen*) zu bearbeiten, wählen Sie in der Liste ❷ die entsprechende Site aus.

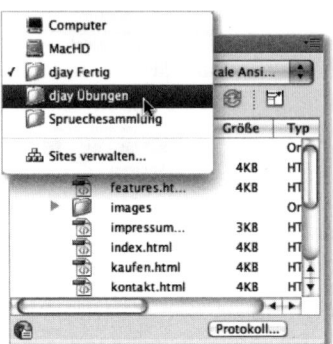

**Abbildung 6.6** ▶
Das Wechseln zu einer anderen Site erfolgt über das Listenfeld.

Da die Site *djay Übungen* noch nicht über fertig erstellte Webseiten verfügt, wird darin nur der Ordner *images* angezeigt.

**Abbildung 6.7** ▶
Ansicht der noch leeren Site *djay Übungen*

Details darüber, wie Sie Dateien umbenennen, löschen, kopieren und verschieben können, erfahren Sie in Kapitel 11, »Websites testen, veröffentlichen und verwalten«.

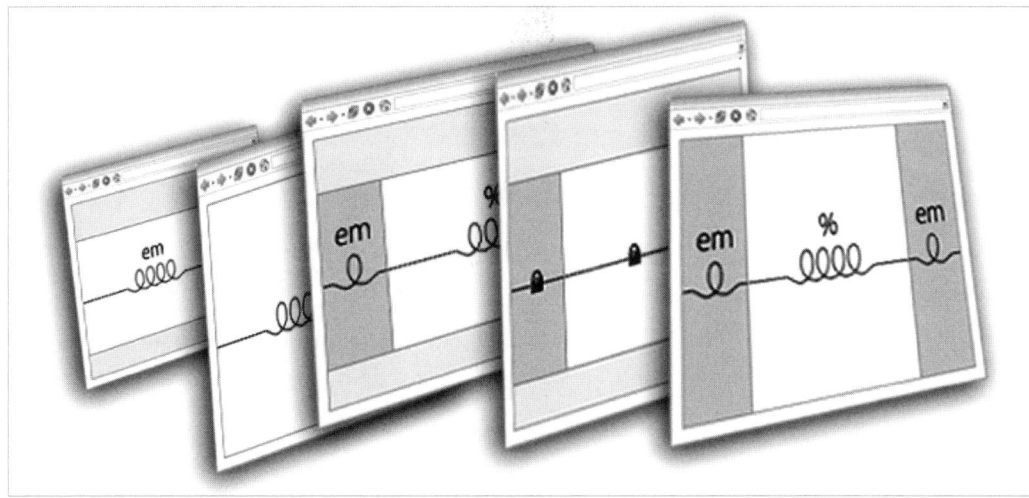

Kapitel 7

# Eine Vorlage anlegen

Ein Muster für alle Seiten erstellen

- ▸ Was ist eine Vorlage in Dreamweaver?
- ▸ Wie plane ich Vorlagen?
- ▸ Wie lege ich ein CSS-Layout an?
- ▸ Wie erstelle ich eine Vorlage für unser Beispielprojekt?

# 7 Eine Vorlage anlegen

Vorlagen, auch Templates genannt, gehören zu den wichtigsten Hilfsmitteln, um einheitliche und konsistente Webseiten zu erstellen. In diesem Kapitel erzeugen wir eine Vorlage und legen ein CSS-Layout fest, auf dem jede Seite unserer Website basiert.

## 7.1 Vorlage entwerfen

Eine Website kann aus einigen wenigen oder auch aus ein paar Tausend Seiten bestehen. Die Inhalte auf den Seiten sollten sich unterscheiden, der Aufbau und die Gestaltung sollten jedoch Gemeinsamkeiten haben, um den Surfer nicht zu verwirren.

### 7.1.1 Was ist eine Vorlage?

Gleichbleibende Navigationen, Layouts, Schriften und Farben auf einer Website ermöglichen es, dass sich beim Surfer ein Wiedererkennungseffekt einstellt; außerdem sind die Webseiten dadurch leichter bedienbar. Auch für die Erstellung und Pflege einer Website ist es leichter, wenn sich Aufbau und Platzierung der Elemente auf den einzelnen Webseiten nicht stark voneinander unterscheiden. Dies wird durch die Arbeit mit Vorlagen ermöglicht.

Wie zum Beispiel auch in Microsoft Word bildet eine Vorlage den Rahmen einer Seite. Um eine solche Vorlage zu erstellen, sind zuerst die Gemeinsamkeiten der Seiten herauszuarbeiten, um sie in die Vorlage aufzunehmen. Für unsere Beispielwebsite *djay-software.com* sind das:

▸ das Logo bzw. das Banner
▸ die Navigation
▸ der Inhaltsbereich

Eine Vorlage in Dreamweaver ist ein eigenes HTML-Dokument, das aus einem Grundgerüst besteht, das man auf andere Seiten anwenden kann. Wenn Sie nun eine neue Seite erstellen möch-

---

**Mehrere Vorlagen**

In einigen Fällen, gerade bei größeren Websites, ist es nicht sinnvoll, nur eine Vorlage zu erstellen, auf der dann alle Seiten der Website basieren. In Dreamweaver ist es möglich, auch mehrere Vorlagen zu erstellen. Wenn Sie dann eine neue Webseite anlegen, können Sie wählen, auf welcher Vorlage diese Seite basieren soll.

ten, können Sie ein neues Dokument aus einer Vorlage heraus erzeugen. Das Grundgerüst wird übernommen, und Sie können mit dem Einfügen des individuellen Inhalts der Webseite beginnen.

Einige Leser mögen jetzt einwenden, dass sie Vorlagen nicht benötigen, da sie das Grundgerüst ja auch einfach per Kopieren und Einfügen des Quelltexts auf jede neue Seite übertragen können. Das ist tatsächlich auch eine unaufwändige Arbeitsweise, geht aber nur so lange gut, bis Änderungen am Grundgerüst notwendig werden. Diese müssen Sie dann per Hand auf jede einzelne Seite übertragen, wenn Sie ohne Vorlage arbeiten.

Wenn Sie Änderungen an einer Vorlage vornehmen, um zum Beispiel einen Menüpunkt zu ergänzen, übertragen sich diese Änderungen automatisch auch auf alle Webseiten, die Sie auf der Grundlage dieser Vorlage erstellt haben. Diese ungemein praktische Funktion, mit der Sie in kürzester Zeit globale Änderungen auf Ihrer Site durchführen können, wollen wir nutzen. Sie macht einen der größten Vorteile von Dreamweaver aus. Bevor wir also die eigentlichen Seiten unserer Beispielwebsite bauen, planen und erstellen wir eine Vorlage.

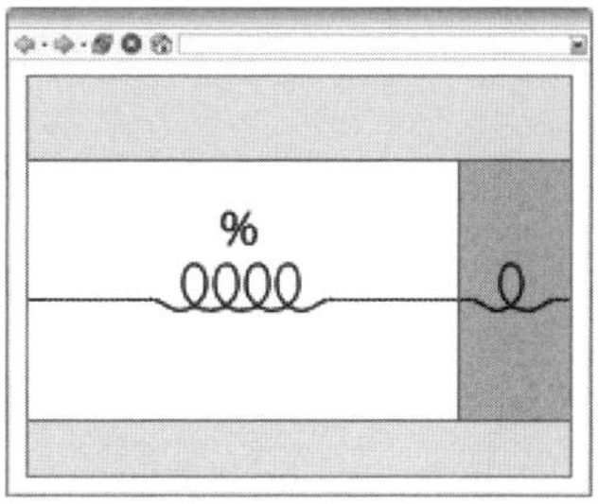

▲ **Abbildung 7.1**
So sieht eine Vorlage in Dreamweaver aus.

## 7.1.2 Beispiele im Web

Bevor Sie mit der Planung der Vorlage für Ihre Website beginnen, sollten Sie sich verschiedene bekannte Websites im Internet anschauen. Versuchen Sie herauszufinden, welche jeweils die gemeinsamen Elemente der einzelnen Seiten sind, und skizzieren Sie diese.

In den meisten Fällen lässt sich die Struktur der Websites in einem einfachen Schema darstellen.

Das folgende Beispiel besitzt einen Kopf- und einen Fußbereich. Im Kopfbereich ist neben Logo und Sitename oft auch ein Navigationsmenü platziert. Im Fußbereich werden häufig das Impressum und Copyright-Hinweise angezeigt. Der strukturelle Unterschied bei vielen Websites liegt meist im mittleren Inhaltsbereich.

Die Homepage des Verlags Galileo Press *http://www.galileo-press.de* besitzt neben dem Hauptbereich in der Mitte einen linken, einen rechten und einen oberen Bereich für Logo, Zusatzinformationen und Hyperlinks.

**Abbildung 7.2** ▶
**Abbildung 7.2** ▶
Die Webseite
*http://www.galileo-press.de*
besteht neben dem Kopfbe-
reich aus drei Spalten.

### 7.1.3 Vorlagen planen

Wir werden nun eine Vorlage für unser Beispielprojekt planen. In
einem Vorbereitungsschritt wurden die festen Bestandteile aller
Seiten zunächst in einem Bildbearbeitungsprogramm so zusam-
mengestellt, wie sie hinterher auf der Website aussehen sollen.
Wie Sie leicht erkennen können, hat die Vorlage einen Hauptbereich und einen rechten Bereich.

**Abbildung 7.3** ▼
Entwurf und Anordnung der
gemeinsamen Inhalte der Seiten unserer Beispielwebsite in
Fireworks

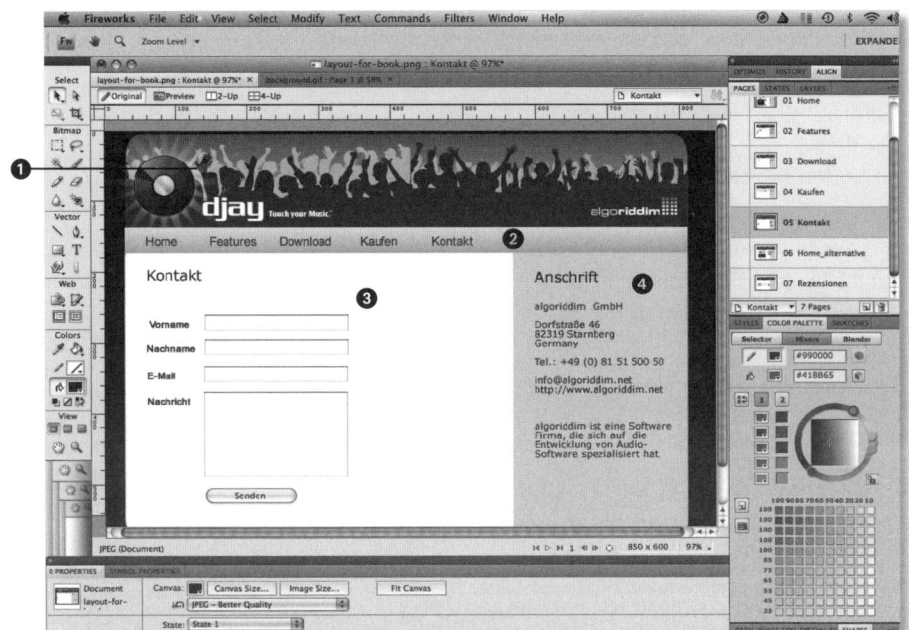

Die Vorlage besteht aus den folgenden Elementen:

- Titel und Logo der Site ❶
- Navigationsmenü ❷
- Hauptbereich ❸ in den die individuellen Inhalte der jeweiligen Einzelseiten eingefügt werden
- Rechter Bereich ❹ für Zusatzinformationen, wie Termine, Anschrift oder auch Werbung
- Fußbereich, in dem gegebenenfalls Copyright-Informationen dargestellt werden

Der Hauptbereich ❸ und der rechte Bereich ❹ werden auf jeder Webseite mit individuellen Inhalten gefüllt. Diese Bereiche werden in der Vorlage als sogenannte bearbeitbare Bereiche gekennzeichnet.

## 7.2 Ein Layout erstellen

Für die Realisierung der Vorlage benötigen Sie zunächst ein HTML-Dokument und eine CSS-Datei. In einem zweiten Schritt wird die HTML-Datei als Vorlagendatei gespeichert. Das HTML-Dokument definiert dabei das Layout, also den Aufbau der Seite. In der CSS-Datei wird festgelegt, wie die einzelnen Elemente auf der Seite aussehen sollen.

Die Erstellung eines Layouts ist relativ schwierig. Zum Glück verfügt Dreamweaver CS4 über 30 vorgefertigte Layouts, auf denen wir unsere Vorlage aufbauen können.

> **Layouts entwerfen**
>
> Mehr zum Gestalten von Layouts mit CSS in Dreamweaver CS4 erfahren Sie in Kapitel 10, »Ein Layout erstellen«.

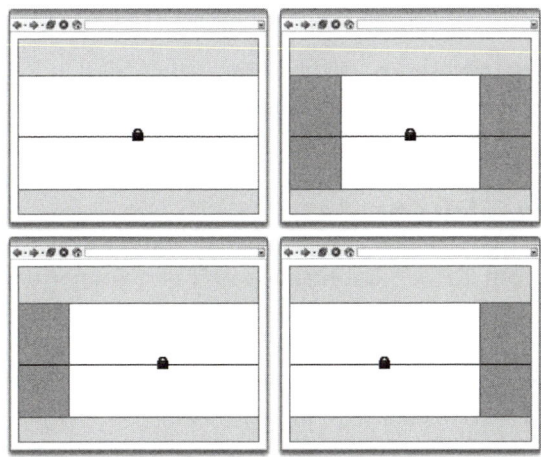

◄ **Abbildung 7.4**
Vier aus über 30 Layouts, die Dreamweaver CS4 anbietet: Für unsere Beispielwebsite verwenden wir das Layout unten rechts.

## Schritt für Schritt: Das Layout für die Vorlage definieren

### 1 Layout definieren

Wählen Sie zunächst DATEI • NEU aus, um das Dialogfenster für neue Dateien zu öffnen. Wählen Sie unter LEERE SEITE den Seitentyp HTML und unter LAYOUT den Eintrag 2 SPALTEN FIXIERT, RECHTE RANDLEISTE, KOPF- UND FUSSZEILE aus.

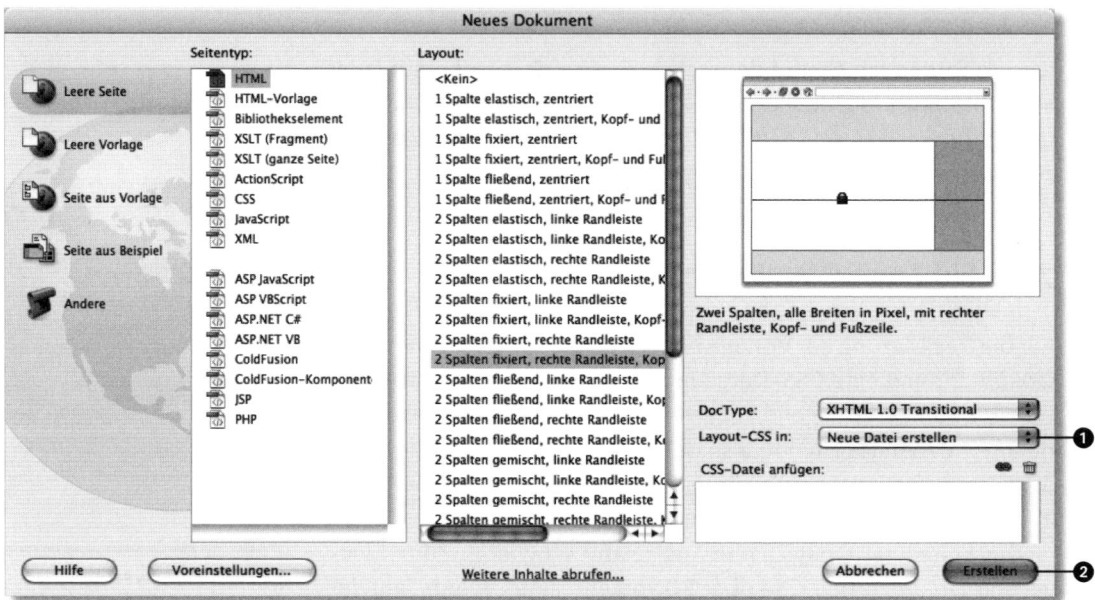

**Abbildung 7.5** ▲
Hier wählen Sie ein Layout aus.

Bevor Sie auf ERSTELLEN klicken, achten Sie darauf, dass unter LAYOUT-CSS IN der Eintrag NEUE DATEI ERSTELLEN ❶ ausgewählt ist.

### 2 Speichern der CSS-Datei

Nachdem Sie auf ERSTELLEN ❷ geklickt haben, öffnet sich ein Dialogfenster, in dem Sie den Dateinamen und den Ordner der neuen CSS-Datei festlegen. Dreamweaver schlägt Ihnen den Dateinamen *twoColFixRtHdr.css* und den Stammordner Ihrer Website vor. Empfehlenswert ist es jedoch, im Stammordner einen neuen Ordner *stylesheets* anzulegen und den Dateinamen *layout. css* zu verwenden.

◀ **Abbildung 7.6**
Speichern Sie Ihre CSS.

Nachdem Sie auf SICHERN geklickt haben, öffnet sich das neue Dokument mit dem gewählten Layout.

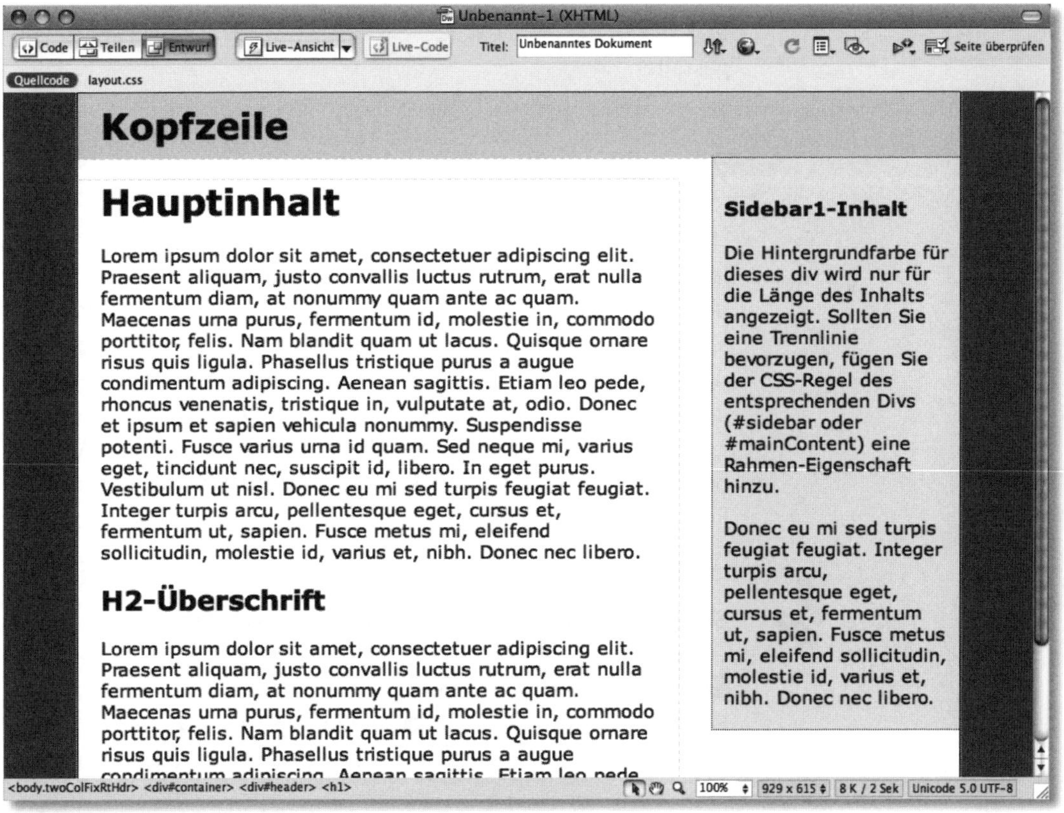

▲ **Abbildung 7.7**
So sieht das gewählte Layout aus.

Wir haben nun eine HTML-Seite mit einer passenden CSS-Datei erstellt. In der Palette DATEIEN sollten Sie den eben erstellten Ordner »stylesheets« und die neue CSS-Datei (»layout.css«) sehen.

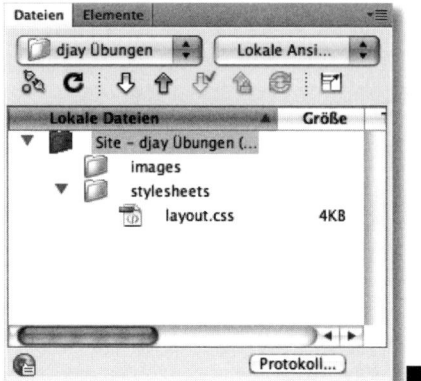

**Abbildung 7.8** ▶
In der DATEIEN-Palette finden Sie nun Ihre CSS-Datei.

In Kapitel 10, »Ein Layout erstellen«, werden wir unser Layout gestalten.

## 7.3   Beispielinhalte erstellen

Wir können nun damit beginnen, die Seite mit Inhalten zu füllen. Dreamweaver hat bereits Beispieltexte erstellt und dafür den lateinischen Blindtext »Lorem ipsum ...« genutzt, der natürlich nur als Platzhalter für den Inhalt fungiert. Wir konzentrieren uns zunächst nur auf die Überschriften und legen die Hierarchie der Überschriften auf unserer Seite fest. Der Vorteil dieser Vorgehensweise ist, dass Sie auf allen Seiten, die auf Ihrer Vorlage basieren, nur noch den Text ändern und sich nicht mehr um das Format kümmern müssen.

 **Schritt für Schritt: Überschriften festlegen**

**1  Kopfzeile bearbeiten**
Ersetzen Sie die Kopfzeile ❶, indem Sie den Text mit der Maus markieren und ihn zum Beispiel durch den Titel »djay« ersetzen.

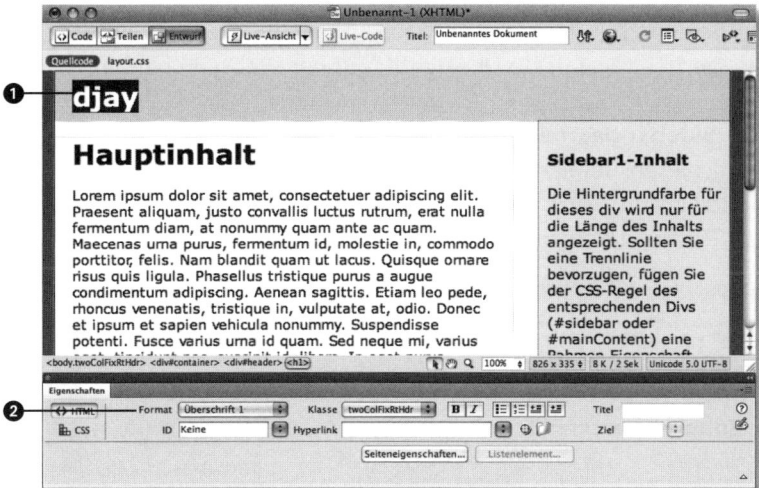

◀ **Abbildung 7.9**
Die Kopfzeile bearbeiten.

Achten Sie darauf, dass in der EIGENSCHAFTEN-Palette unter FOR-MAT ❷ ÜBERSCHRIFT 1 ausgewählt ist. Dieses Format nutzen wir für die Hauptüberschrift unser Seite.

### 2   Hauptinhalt bearbeiten

Im Prinzip ist es zunächst nicht wichtig, welchen Text Sie im Hauptinhalt eingeben, da dieser Bereich später auf den einzelnen Webseiten durch individuelle Inhalte gefüllt wird.

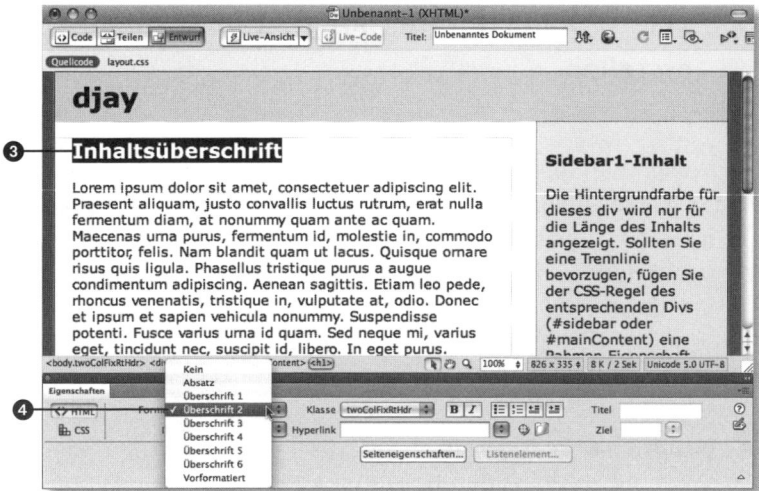

◀ **Abbildung 7.10**
Wir arbeiten zunächst mit Blindtext.

Was Sie jedoch hier bereits festlegen können, ist das Format des Überschriftentexts ❸. Stellen Sie in der EIGENSCHAFTEN-Palette das FORMAT ❹ auf ÜBERSCHRIFT 2, da es sich bei dieser Überschrift um die zweitwichtigste Überschrift auf der Webseite handelt.

### 3 Sidebar bearbeiten

Auch diesen Bereich können Sie individuell bearbeiten. Achten Sie lediglich darauf, dass für die Überschrift in der EIGENSCHAFTEN-Palette das Format ÜBERSCHRIFT 3 ❶ augewählt ist.

**Abbildung 7.11 ▶**
Wichtig: Wählen Sie das
Format ÜBERSCHRIFT 3.

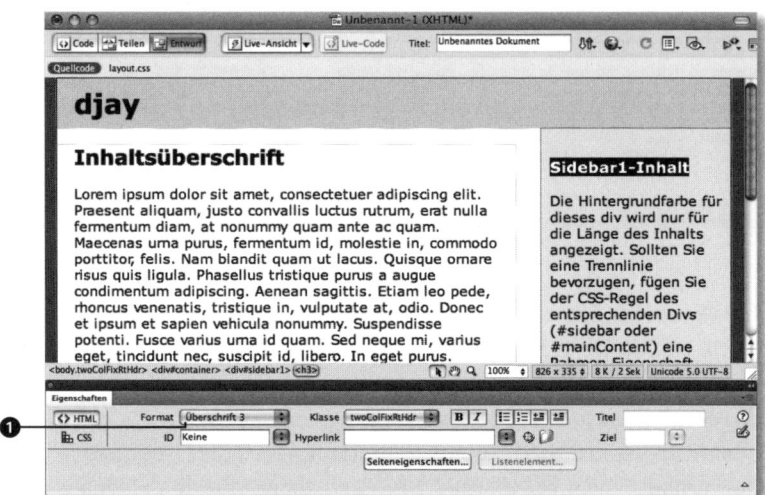

## 7.4 Eine Vorlage mit editierbaren Bereichen erstellen

Wir werden nun unsere HTML-Seite als Vorlage speichern. Dazu werden wir sogenannte editierbare Bereiche für den Hauptinhalt und die Sidebar erstellen, damit diese später auf den einzelnen Webseiten durch individuelle Inhalte ergänzt werden können.

### Schritt für Schritt: Vorlage erstellen

### 1 Hauptinhalt markieren

Markieren Sie zunächst den gesamten Hauptinhalt inklusive der Überschrift und des kompletten Textes in diesem Bereich. Achten Sie unbedingt darauf, dass Sie den gesamten Bereich einschließlich aller Absätze bis unten markieren.

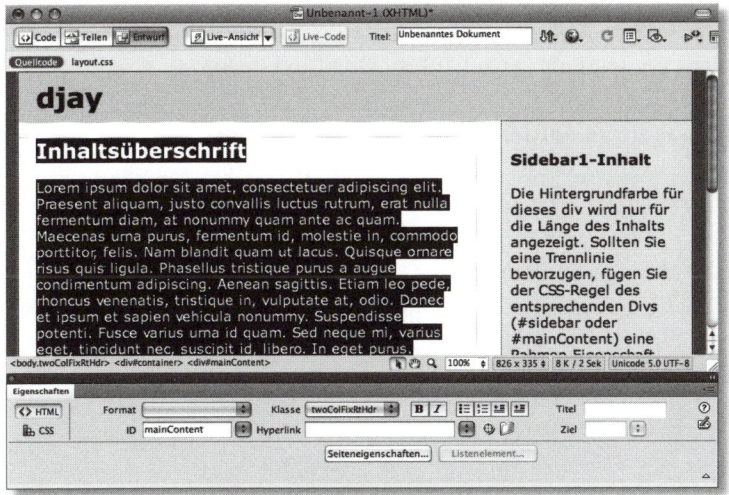

◀ **Abbildung 7.12**
Markieren Sie den gesamten
Text.

## 2 Editierbaren Bereich für Hauptinhalt festlegen

Wählen Sie im Menü Einfügen • Vorlagenobjekte • Bearbeitbarer Bereich aus. Es öffnet sich ein Dialogfenster, das Sie darauf aufmerksam macht, dass das Dokument in eine Vorlage umgewandelt wird. Bestätigen Sie diese Meldung durch Klick auf OK.

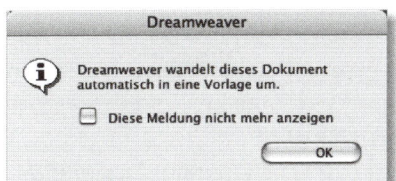

◀ **Abbildung 7.13**
Bestätigen Sie diese Frage mit
Ok.

Falls das Fenster bei Ihnen nicht erscheint, haben Sie vermutlich vorher auf das Kontrollkästchen Diese Meldung nicht mehr anzeigen geklickt.

Es öffnet sich ein weiteres Fenster, in dem Sie den Namen des editierbaren Bereichs festlegen können.

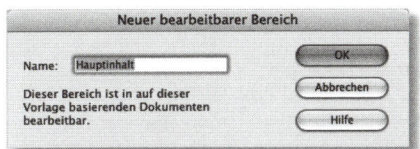

◀ **Abbildung 7.14**
Hier können Sie dem Bereich
einen Namen geben.

Ein passender Name wäre zum Beispiel »Hauptinhalt«. Der Name dient später nur zur Unterscheidung zwischen mehreren editierbaren Bereichen. Der Besucher der Webseite sieht diesen Namen nicht (es sei denn, er schaut im Quelltext nach).

### ▋3 Weitere editierbare Bereiche festlegen

Wiederholen Sie die Schritte 1 und 2 für die rechte Sidebar. Legen Sie »Sidebar« als Namen für den editierbaren Bereich fest.

### ▋4 Vorlage speichern

Speichern Sie die Vorlage, indem Sie DATEI • SPEICHERN auswählen. Geben Sie einen Namen ❶ für Ihre Vorlage ein, in unserem Beispiel wählen wir »hauptvorlage«.

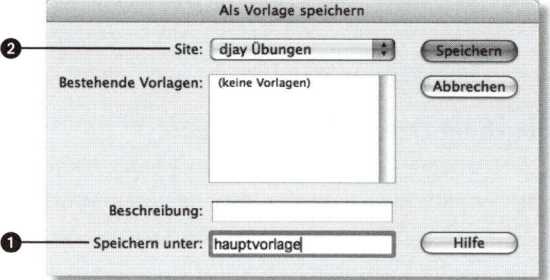

**Abbildung 7.15** ▶
Speichern als »hauptvorlage«.

Wenn Sie möchten, können Sie unter BESCHREIBUNG einen Text hinterlegen. Da wir jedoch nur eine Vorlage erstellen, benötigen wir keine Zusatzinformationen. Achten Sie darauf, dass unter SITE ❷ unsere Beispielwebsite ausgewählt ist.

Sie haben nun zwei editierbare Bereiche erstellt. Diese Bereiche sind jeweils von einem Rahmen umgeben und mit einer Beschriftung oben links ❸ gekennzeichnet.

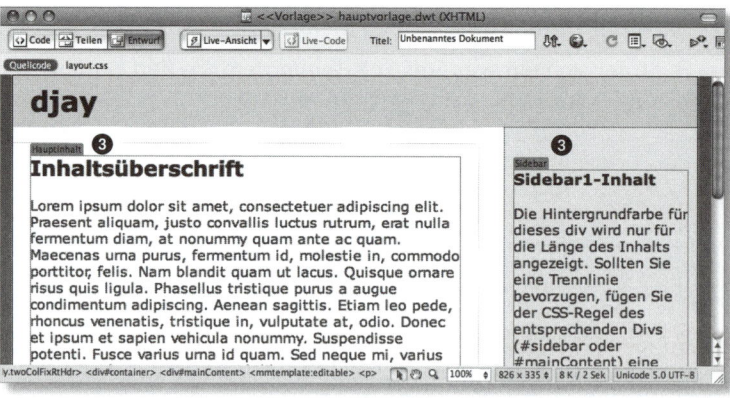

**Abbildung 7.16** ▶
Editierbare Bereiche in
Dreamweaver

Dreamweaver speichert alle Vorlagen einer bestimmten Site im Ordner *Templates* auf Ihrer Festplatte. Dieser wird automatisch im Verzeichnis der jeweiligen Site angelegt. Die Vorlage selbst wird mit der Dateiendung *dwt* gespeichert. Im DATEIEN-Fenster können Sie die erstellten Vorlagen betrachten und verwalten. Falls das Fenster DATEIEN bei Ihnen nicht angezeigt wird, können Sie es über das Menü FENSTER • DATEIEN einblenden. Wenn Sie auf die Vorlagendatei doppelklicken, öffnet sich die Vorlage, und Sie können die Bearbeitung fortsetzen.

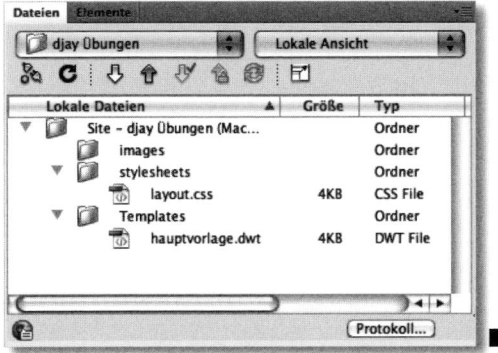

◄ **Abbildung 7.17**
Vorlagen werden im Ordner *Templates* gespeichert.

In den folgenden Kapiteln lernen Sie, wie Sie die Vorlage mit Inhalten füllen und wie Sie diese mittels CSS ansprechend gestalten können.

---

**Vorlagendateien in Dreamweaver**

Die Dateiendung *dwt* steht für »Dreamweaver-Template« und sollte nicht etwa in *html* geändert werden. Auch sollten die Vorlagen nie aus dem automatisch angelegten Ordner *Templates* verschoben werden. Dreamweaver akzeptiert sie dann nicht mehr.

*Lorem ipsum dolor ...*

*... sit amet, consectetuer adipiscing elit, sed diam nonummy nibh euismod tincidunt ut laoreet dolore magna aliquam erat volutpat. Ut wisi enim ad minim veniam, quis nostrud exerci tation ullamcorper suscipit lobortis nisl ut aliquip ex ea commodo consequat. Duis autem vel eum iriure dolor in hendrerit in vulputate velit esse molestie consequat, vel illum dolore eu feugiat nulla facilisis at vero et accumsan et iusto odio dignissim qui blandit praesent luptatum zzril delenit augue duis dolore te feugait nulla facilisi. Lorem ipsum dolor sit amet, consectetuer adipiscing elit, sed diam nonummy nibh euismod tincidunt ut laoreet dolore magna aliquam erat volutpat. Ut wisi enim ad minim veniam, quis nostrud exerci tation ullamcorper suscipit lobortis nisl ut aliquip ex ea commodo consequat. Duis autem vel eum iriure dolor in hendrerit in vulputate velit esse molestie consequat, vel illum dolore eu feugiat nulla facilisis at vero et accumsan et iusto odio dignissim qui blandit praesent luptatum zzril delenit augue duis dolore te feugait nulla facilisi. Nam liber tempor cum soluta nobis eleifend option congue nihil imperdiet doming id quod mazim placerat facer possim assum.*

Kapitel 8

# Seiten mit Inhalten füllen

Webseiten mit Texten, Bildern und mehr ausstatten

▸ Wie erstelle ich Webseiten aus einer Vorlage?

▸ Wie füge ich Texte und Listen ein und formatiere sie?

▸ Wie füge ich Seiten mit Bildern und Grafiken ein?

▸ Wann benutze ich Tabellen?

# 8   Seiten mit Inhalten füllen

In diesem Kapitel erstellen wir die Webseiten mit ihren Inhalten. Sie lernen, wie Sie eine Seite aus einer Vorlage erzeugen und wie Sie sie mit Texten, Listen, Bildern und Tabellen füllen.

## 8.1   Neue Webseite erstellen

**Die Struktur**

Machen Sie sich vor dem Erstellen einer Website immer ausführliche Gedanken darüber, welche Seiten Sie benötigen. Das spart Ihnen hinterher Arbeit.

Im vorigen Kapitel haben wir eine einfache Vorlage erstellt. Diese enthält bisher weder eine Navigation noch ein Design. Bevor Sie jedoch jetzt das Design erstellen, sollten Sie zunächst die Inhalte Ihrer Website zusammentragen und sich über die Struktur Gedanken machen. Wir benötigen für unsere Website die folgenden Seiten:

- **Home**
  Dies ist die Startseite mit den wichtigsten Informationen zu unserem Produkt.
- **Features**
  Hier werden die Funktionen der Software aufgelistet.
- **Download**
  Aus diesem Bereich kann die Software heruntergeladen werden.
- **Kaufen**
  Auf dieser Seite wird unter anderem eine Preistabelle angezeigt.
- **Kontakt**
  Über ein Kontaktformular kann der Kunde einfach eine Nachricht hinterlassen, die per E-Mail an den Betreiber der Website verschickt wird.
- **Impressum**
  Als Betreiber einer Website ist man verplichtet, eine Impressum-Seite zu erstellen.

## 8.1.1   Neue Dateien aus Vorlage erzeugen

Im Folgenden werden wir neue Webseiten erstellen, die auf unserer bereits angelegten Vorlage basieren. Es ist auch möglich, zunächst eine Webseite ohne Vorlage zu erstellen und die Vorlage erst später zuzuweisen. Das ist jedoch wesentlich komplizierter, wenn in der Webseite bereits Inhalte vorhanden sind.

## Schritt für Schritt: Neue Webseite aus der Vorlage erstellen

**1**   **Neues Dokument aus einer Vorlage erstellen**

Wählen Sie DATEI • NEU. Daraufhin erscheint das folgende Dialogfenster (Abb. 8.1). Wählen Sie darin die Rubrik SEITE AUS VORLAGE aus, dann Ihre Site (*djay Übungen*) und anschließend die gewünschte Vorlage, auf der die Seite basieren soll. Da wir in unserer Beispielsite lediglich eine Vorlage erstellt haben, wird uns hier nur *hauptvorlage* angeboten. Wählen Sie diese aus und achten Sie darauf, dass ein Häckchen bei SEITE BEI VORLAGENÄNDERUNG AKTUALISIEREN gesetzt ist. Damit ist gewährleistet, dass sich Änderungen, die Sie in der Vorlage vornehmen, auf diese Seite übertragen werden. Klicken Sie auf die Schaltfläche ERSTELLEN.

▼ **Abbildung 8.1**
Wählen Sie die Vorlage »hauptvorlage« aus »djay Übungen«.

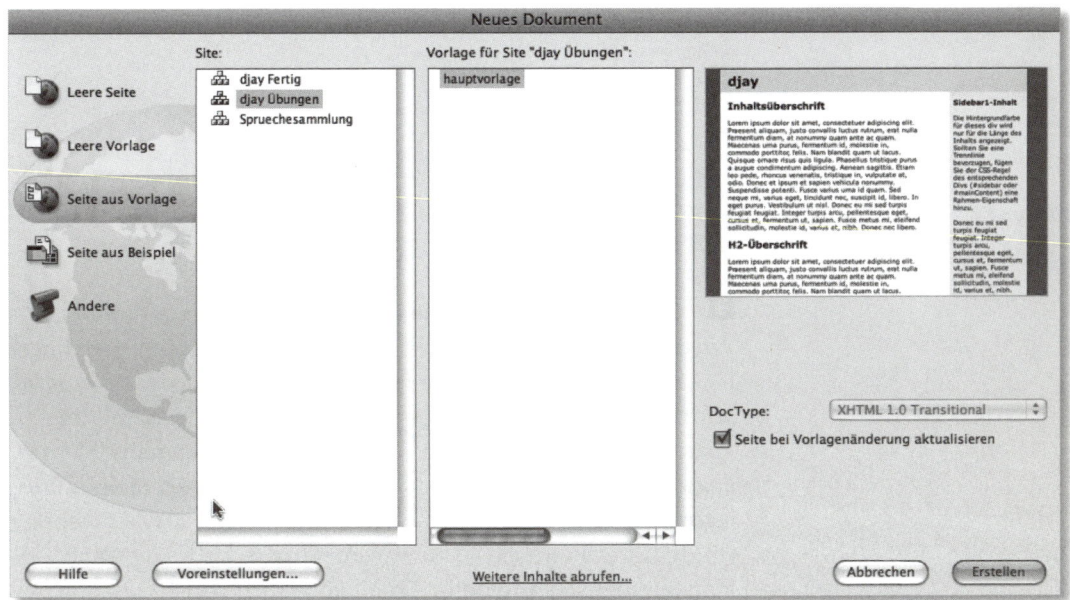

**2** **Speichern der Seite**

Auch wenn Sie noch keine Inhalte auf der Seite eingefügt haben, ist es ratsam, sie jetzt schon zu speichern, damit ihr Speicherort auf der Festplatte festgelegt ist. Es gibt danach keine Probleme mit dem Einfügen von Bildern.

Zum Speichern wählen Sie DATEI • SPEICHERN. Es öffnet sich ein Dialogfenster, in dem Sie den Namen der Datei eingeben können. Verwenden Sie für den Dateinamen nur Buchstaben, Zahlen, Unterstriche und Bindestriche. Benutzen Sie auf keinen Fall Leerzeichen, Sonderzeichen oder Umlaute. Die Datei sollte mit *.html*, *.htm* oder *.php* (für PHP-Dateien) enden.

Die Startseite bzw. Homepage sollte immer *index.htm* oder *index.html* (bzw. *index.php* für PHP-Dateien) heißen.

Achten Sie unbedingt auch darauf, dass der richtige Ordner gewählt ist. Für unser Übungsprojekt muss die Datei im Ordner *djay_uebungen* gespeichert werden.

**Abbildung 8.2** ▶
Sichern Sie die Datei.

**3** **Schritte 1 und 2 für die anderen Seiten wiederholen**

Wiederholen Sie die Schritte 1 und 2 für die anderen Seiten unserer Website. Verwenden Sie folgende Dateinamen: *features.html*, *download.html*, *kaufen.html*, *kontakt.html* und *impressum.html*.

Nach dem Speichern wird die Seite im Dokumentenfenster angezeigt. Sie enthält bereits das Grundgerüst aus unserer Vorlage. Jetzt fehlt nur noch ihr eigentlicher Inhalt. Da wir mehrere HTML-Dateien erstellt haben, werden diese als Reiter ❶ im Dokumentenfenster angezeigt. Somit kann man leicht zwischen den geöffneten Dokumenten wechseln.

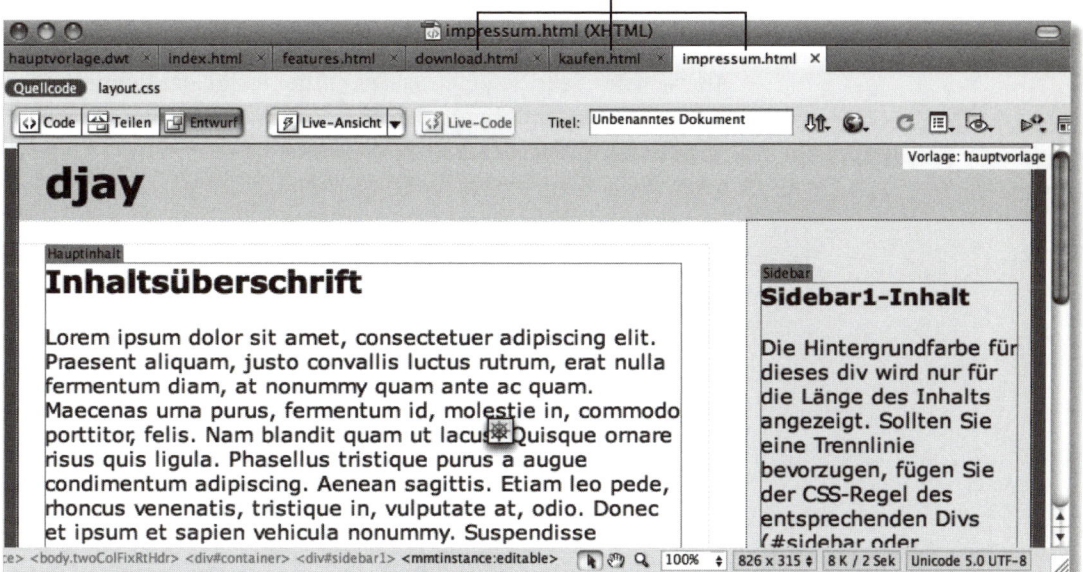

Die neu erstellte Seite sieht zunächst noch genauso aus wie die Vorlage, aus der sie erstellt wurde. Im Gegensatz zur Vorlage kann in der Webseite aber nicht mehr alles bearbeitet werden. Die folgende Liste gibt eine Übersicht, welche Bereiche innerhalb einer Webseite, die auf einer Vorlage basieren, modifizierbar sind:

▶ **Seitentitel**
Jede Seite sollte einen individuellen Titel besitzen. Diesen sehen Sie in der Statuszeile des Browsers.

▶ **Editierbare Bereiche**
In der Vorlage werden Bereiche definiert, in die man auf der Webseite beliebig Inhalte einfügen kann.

▶ **Verhalten**
Jeder Seite kann mit JavaScript ein individuelles Verhalten zugewiesen werden (siehe auch Kapitel 17, »Interaktivität mit JavaScript«).

▶ **Metatags**
Dies sind zusätzliche Schlagwort-Informationen für Suchmaschinen (siehe auch Abschnitt 21.2, »Tipps zur Suchmaschinenoptimierung«).

▶ **Cascading Stylesheets**
Für jede Seite kann man individuelle Stylesheets definieren, um spezielle Elemente zu formatieren (siehe auch Kapitel 13, »Arbeiten mit CSS«).

▲ **Abbildung 8.3**
In den Reitern oben werden alle geöffneten Dateien angezeigt. ∎

### 8.1.2 Seitentitel vergeben

Als nächster Schritt sollte der Seitentitel festgelegt werden. Dieser wird jeweils im oberen Balken des Browserfensters angezeigt. Auch wenn ein Besucher Ihrer Webseite ein *Lesezeichen* in Firefox bzw. einen *Favoriten* im Internet Explorer anlegt, wird der Seitentitel für die Benennung des Bookmarks verwendet. Der wichtigste Grund für die richtige Wahl des Seitentitels ist jedoch die Arbeitsweise von Suchmaschinen. Wenn ein User einen Suchbegriff eingibt, der im Seitentitel Ihrer Webseite vorkommt, wird diese höher in der Trefferliste angezeigt und dementsprechend besser gefunden.

Um einer Seite einen Titel zu verleihen, tragen Sie diesen in das Eingabefeld ❶ im oberen Bereich des Dokumentenfensters ein:

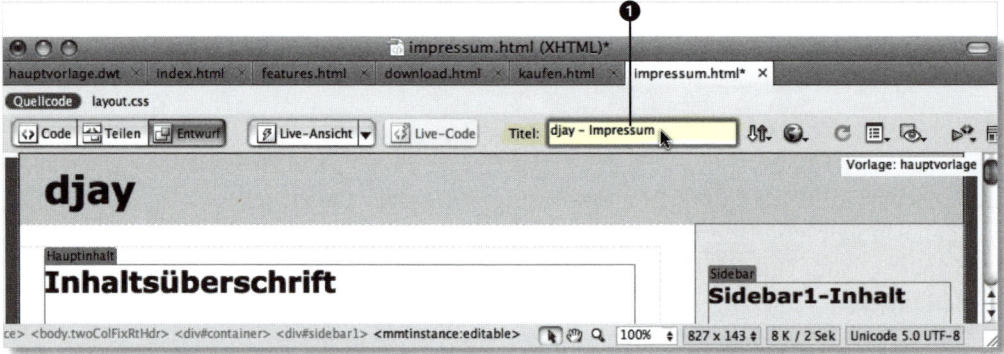

▲ **Abbildung 8.4**
Eingabe des Seitentitels im oberen Bereich des Dokumentenfensters

Den Titel für eine Webseite sollten Sie mit großer Sorgfalt bestimmen. Eine Kontaktseite sollte zum Beispiel nicht einfach nur *Kontakt* heißen, da man sonst nicht weiß, zu welcher Website diese Seite gehört. Deshalb sollte vor dem Namen der jeweiligen Seite auch immer der Titel der ganzen Website erwähnt werden. Beispiele für unsere Website könnten so aussehen:

▸ *djay – Home*
▸ *djay – Features*
▸ *djay – Download*
▸ *djay – Kaufen*
▸ *djay – Kontakt*
▸ *djay – Impressum*

## 8.2 Seiteninhalte einfügen

Jetzt kommen wir endlich zum wichtigsten Teil einer Webseite – dem Inhalt. Die Inhalte bestehen in der Regel aus Texten, einigen Grafiken, Tabellen und vielleicht auch aus Multimedia-Elementen, wie Flash-, Video- und Audiodateien.

Damit Sie mit dem Erstellen der Inhalte gleich loslegen können, werden die wichtigsten Funktionen kurz beschrieben. Detaillierte Beschreibungen dazu finden Sie in separaten Kapiteln dieses Buches, zum Beispiel zu Tabellen (Kapitel 15, »Tabellen erstellen«) und Grafiken und Multimedia (Kapitel 14, »Bilder einfügen«).

Sie können in einer Vorlage Inhalte immer nur innerhalb eines bearbeitbaren Bereichs einbinden. In unserem Übungsbeispiel liegen zwei bearbeitbare Bereiche vor, die durch grüne Umrandungen gekennzeichnet sind. Klicken Sie mit der Maus in den Bereich, um die Einfügemarke zu platzieren, und löschen Sie dann den Beispieltext »Lorem ipsum …«. Sie können dann damit beginnen, Text hineinzuschreiben oder Bilder einzufügen.

◀ **Abbildung 8.5**
Elemente können nur in grünen, bearbeitbaren Bereichen ❶ eingefügt werden.

◀ **Abbildung 8.6**
Außerhalb der bearbeitbaren Bereiche ❷ kann die Einfügemarke nicht platziert werden.

### 8.2.1 Texte erstellen

Das Erstellen von Texten ist recht einfach und hat große Ähnlichkeit mit dem Arbeiten in gängigen Textverarbeitungen. Der große Unterschied liegt jedoch in der Formatierung. Um z. B. die Schriftart, -farbe und -größe in einer Webseite festzulegen, müssen sogenannte CSS-Regeln erstellt werden (Kapitel 10, »Ein Layout erstellen«).

Texte können linksbündig, zentriert oder rechtsbündig ausgerichtet werden. Außerdem können Schriftart und -größe festgelegt werden. Jedoch hat man bei der Wahl der Schriftart nicht die gleichen Möglichkeiten wie in einer Textverarbeitung. Wenn Sie zum Beispiel eine spezielle Schriftart verwenden, die die Besucher Ihrer Webseite nicht auf ihren Rechner installiert haben, kann sie nicht angezeigt werden. Der Browser nimmt dann ersatzweise eine andere Schrift.

Man sollte nach Möglichkeit immer nur Schriften verwenden, bei denen man davon ausgehen kann, dass sie bei fast allen Benutzern installiert sind. Dazu gehören unter anderem Arial, Times New Roman, Courier New, Geneva, Verdana und Georgia. Da es aber dennoch vorkommen kann, dass eine Schrift auf dem Rechner eines Besuchers nicht vorhanden ist, gibt man nicht nur eine Schrift an, sondern gleich mehrere. Der Browser versucht dann zunächst, die erste Schrift darzustellen, im Falle des Misserfolgs dann die zweite usw. Dreamweaver weiß, welche Schriften ähnlich sind, und schreibt die passenden alternativen Schrifttypen gleich mit in den HTML-Tag hinein.

In Dreamweaver werden die Formatierungen im Eigenschaftsinspektor vorgenommen. Dieser befindet sich unterhalb des Dokumentenfensters. Falls er nicht sichtbar ist, klicken Sie ins Menü Fenster • Eigenschaften.

### Spezielle Schrift notwendig?

Falls Sie unbedingt eine spezielle Schrift einsetzen möchten und diese auch bei jedem Nutzer angezeigt werden soll, ist dies praktisch nur möglich, wenn Sie sie als Grafik oder Flash-Text einbinden. Dreamweaver hat die Funktion Einfügen • Medien • Flash–Text bereits eingebaut, um Texte im Flash-Format anzulegen. Diese beiden Techniken sollte man aber nur bei Überschriften anwenden, da Grafiken sehr viel Speicherplatz belegen. Zudem können sie von Suchmaschinen nicht gelesen werden.

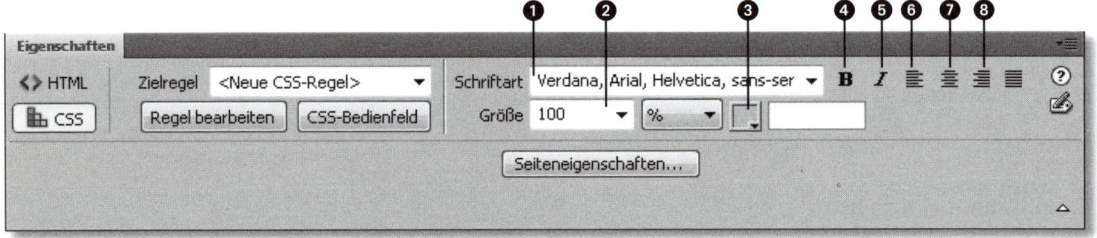

▲ **Abbildung 8.7**
Eigenschaften-Bedienfeld für die Einstellung der Schriftformatierungen etc.

▶ Unter ❶ wird die Schriftart festgelegt, indem in der Liste eine Schrift ausgewählt wird.

▶ In Feld ❷ wird die Grösse der Schrift in Pixeln angegeben.

▶ Klicken Sie auf das Quadrat ❸, um eine Farbe für den Text festzulegen. Wenn Sie keine Farbe wählen, wird Fließtext automatisch in Schwarz dargestellt bzw. in der Standardfarbe, die Sie unter MODIFIZIEREN • SEITENEIGENSCHAFTEN • ERSCHEINUNGSBILD festgelegt haben.

▶ Mit den Schaltflächen B (Bold) ❹ und I (Italic) ❺ können Sie den Text fett oder kursiv setzen.

▶ Der Text kann linksbündig ❻, zentriert ❼, rechtsbündig ❽ oder im Blocksatz ❾ ausgerichtet werden.

### 8.2.2 Überschriften

In unserer Vorlage haben wir jeweils eine Überschrift für den Hauptbereich und die Sidebar erstellt. Da alle unsere Seiten auf dieser Vorlage basieren, haben wir bereits Überschriften.

Jetzt müssen wir nur noch den Wortlaut der Überschrift auf jeder Seite ändern. Damit die Überschriften auf allen Seiten unserer Website gleich aussehen, haben wir in der Vorlage bereits die Überschriftenformate festgelegt. Achten Sie darauf, dass Sie nur die Texte ändern. Die Überschriftenformate sollten Sie nicht verändern.

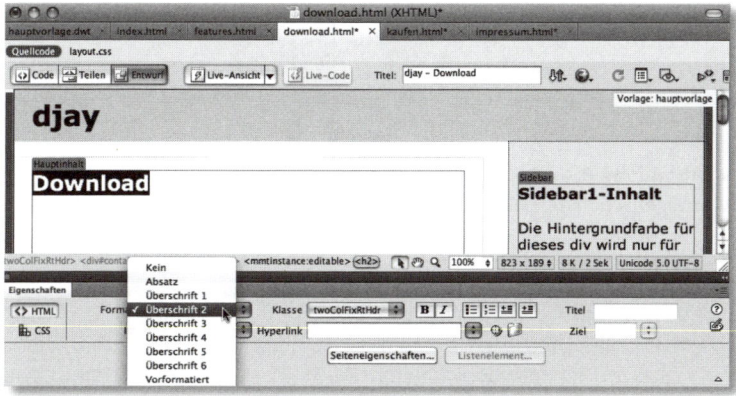

▲ **Abbildung 8.8**
Für alle Überschriften des Hauptbereichs wählen wir das Format ÜBERSCHRIFT 2 aus.

Über Stylesheets können wir anschließend das Aussehen, wie Textgröße, Textfarbe usw., für alle Überschriften einheitlich verändern (siehe dazu Kapitel 13, »Arbeiten mit CSS«).

---

**Formatieren mit Stilen**

Wenn Sie einem Text eine neue Formatierung, zum Beispiel eine Änderung der Schriftart und -größe, zuweisen, so erscheint im Eigenschaftsinspektor ein neuer Eintrag im Feld STIL, zum Beispiel STIL2. Wenn Sie eine andere Textstelle genauso formatieren möchten, können Sie den Eintrag einfach im Listenfeld auswählen. Besonders praktisch ist es, wenn Sie den Stil nach der Textgattung benennen, die er formatiert, zum Beispiel »Überschrift1« oder »Zwischenzeile«. Ein Stil steht für ein Cascading Stylesheet, das im Quelltext angelegt wird. Mehr dazu lesen Sie in Kapitel 13, »Arbeiten mit CSS«. Wenn Sie im Dokumentenfenster ⏎ betätigen, wird immer ein neuer Absatz erstellt. Absätze werden automatisch durch eine Leerzeile voneinander getrennt. Möchten Sie nur einen Zeilenwechsel erstellen, so drücken Sie ⇧+⏎.

### 8.2.3 Listen erstellen

Auf unserer Beispielwebsite sollen auf der Seite *features.html* die wichtigsten Funktionen der Djay-Software aufgelistet werden. Dazu erstellen wir eine Liste.

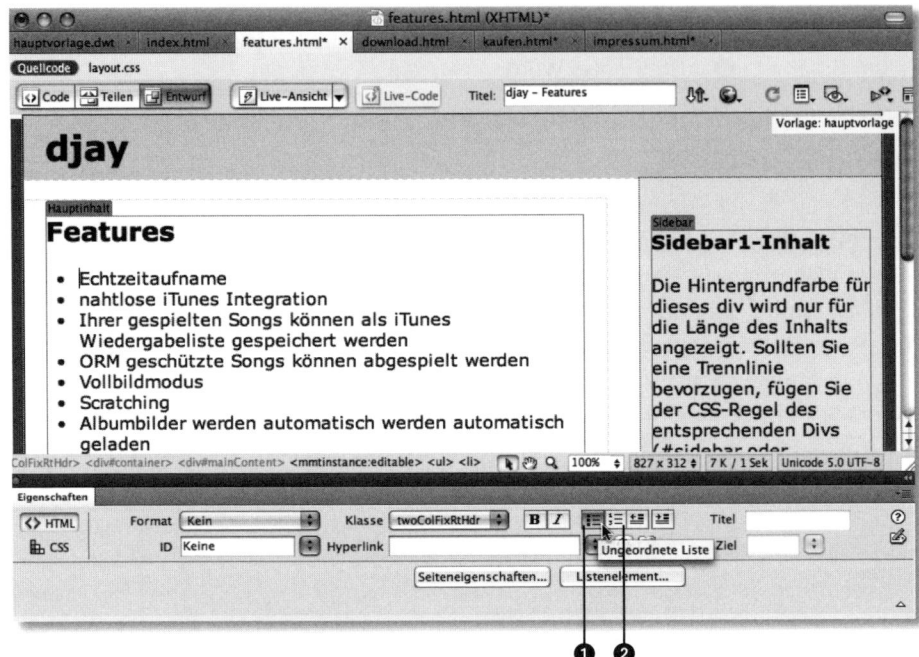

▲ **Abbildung 8.9**
Der Eigenschaftsinspektor dient bei Textelementen auch zur Einstellung der Listenart.

---

**Listenformat änderbar?**

Bei geordneten Listen können Sie auch die Art der Nummerierung festlegen und zum Beispiel Buchstaben oder römische Zahlen anzeigen lassen. Sie können bei einer ungeordneten Liste sogar Bilder für die Listenpunkte verwenden. Markieren Sie dazu die Liste im Dokumentenfenster und wählen Sie FORMATIEREN • LISTE • EIGENSCHAFTEN.

---

Die Erstellung von Listen ist ähnlich einfach wie in einem Textverarbeitungsprogramm wie MS Word. Die Einstellungsmöglichkeiten sind jedoch etwas eingeschränkt. Es gibt zwei verschiedene Arten von Listen:

▶ ungeordnete Liste mit Gliederungspunkten ❶
▶ geordnete Liste mit Aufzählungspunkten ❷

Haben Sie im Eigenschaftsinspektor eine der beiden Listenarten ausgewählt, können Sie anschließend direkt im Dokumentenfenster ein Listenelement einfügen. Wenn Sie ⏎ betätigen, können Sie weitere Listeneinträge eingeben. Um innerhalb eines Listeneintrags in die nächste Zeile zu wechseln, ohne einen neuen Listeneintrag zu erstellen, drücken Sie ⇧ + ⏎ .

### 8.2.4 Bilder einfügen

Bilder können in Dreamweaver nicht erstellt werden. Dazu benötigen Sie ein externes Programm, wie zum Beispiel Photoshop oder Fireworks. Falls Sie Dreamweaver CS4 im Paket erworben haben, ist auch Photoshop und Fireworks im Lieferumfang enthalten. Die Bilder für die Übungswebsite liegen bereits fertig bearbeitet vor. Wir werden nun ein Bild auf der Seite *index.html* einsetzen.

### Schritt für Schritt: Bilder einfügen

**1** **Einfügemarke platzieren**

Klicken Sie mit der Maus auf die Stelle, an der Sie die Grafik einfügen möchten (z. B. im Hauptbereich der Datei *index.html*). Entfernen Sie den kompletten Text bis auf die Überschrift, indem Sie ihn mit der Maus markieren und [Entf] drücken. Wählen Sie im Menü EINFÜGEN • BILD.

**2** **Bilddatei auswählen**

Suchen Sie die gewünschte Bilddatei aus. Es spielt dabei keine Rolle, in welchem Verzeichnis sie sich befindet. Dreamweaver kopiert die Bilddatei automatisch in das Verzeichnis *images* innerhalb Ihres Site-Ordners (Lokaler Stammordner). In unserem Übungsbeispiel wählen wir die Datei *djay-screen.jpg* aus.

Klicken Sie auf AUSWÄHLEN, um das Bild in die Webseite einzufügen.

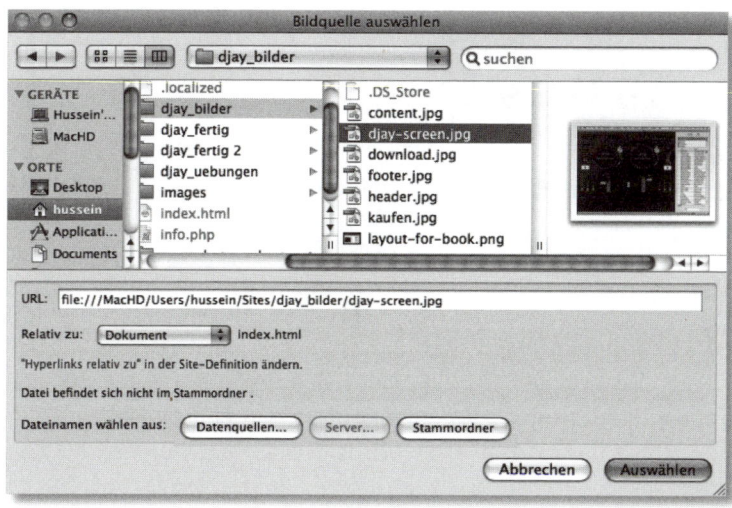

◄ **Abbildung 8.10**
Wählen Sie das Bild »djay-screen.jpg«.

### 3 Alternativtext für das Bild eingeben

Für Suchmaschinen ist es sehr hilfreich, wenn den Grafiken ein Text zugeordnet wird, der das Bild kurz beschreibt. Nach der Auswahl der Datei öffnet sich ein Fenster, in dem Sie den sogenannten ALTERNATIVTEXT eingeben können. Dieser Text wird unter anderem von Vorleseprogrammen für sehbeeinträchtigte Nutzer verwendet.

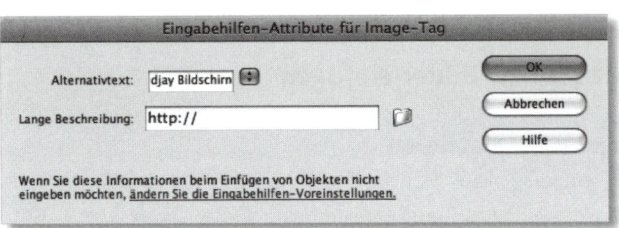

**Abbildung 8.11** ▶
Geben Sie einen Alternativtext ein.

### 4 Bild verkleinern

Mithilfe des Anfassers rechts unten ❶ am Bild können Sie das Bild verkleinern. Wenn Sie zusätzlich die Taste ⌂ drücken, werden die Proportionen des Bildes beibehalten.

**Abbildung 8.12** ▶
So ändern Sie die Größe des Bildes.

### 5 Bild neu auflösen

Klicken Sie anschließend auf die Schalfläche NEU AUFLÖSEN ❷, damit die Bilddatei mit der neuen Größe gespeichert wird.

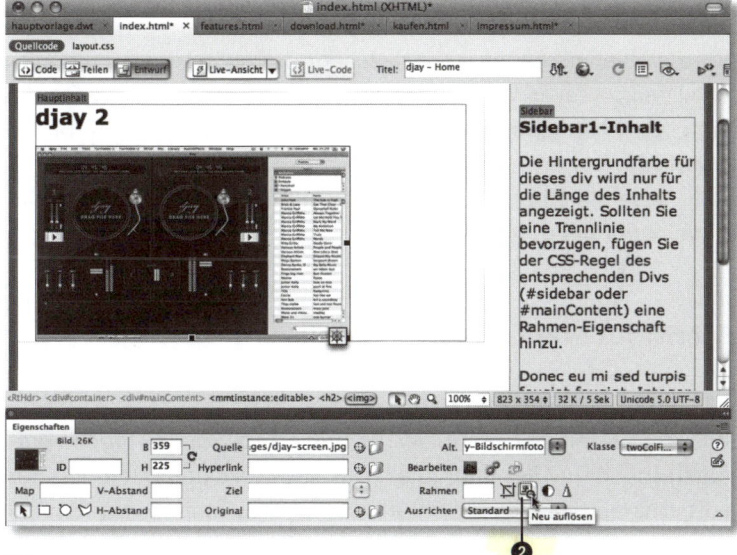

◄ **Abbildung 8.13**
Wichtig ist, dass Sie die Auflösung neu erstellen lassen, indem Sie Neu auflösen ❷ anklicken.

### ❻  Weitere Bilder einfügen

Zur Übung können Sie im rechten Seitenbereich die Bilder »download.jpg« und »kaufen.jpg« einfügen. Entfernen Sie dazu zunächst wieder den Text und wählen Sie erneut Einfügen • Bild. Um das zweite Bild einzufügen, platzieren Sie die Einfügemarke hinter dem ersten Bild und drücken ⏎. In der neuen Zeile gehen Sie dann wie gewohnt vor.

Das Ergebnis könnte wie folgt aussehen:

◄ **Abbildung 8.14**
Hier sehen Sie weitere Grafiken in der Sidebar unserer Beispielwebsite. ■

Sie können Bilder in Dreamweaver auch nachbearbeiten. Mehr darüber erfahren Sie in Kapitel 14, »Bilder einfügen«.

### 8.2.5 Tabellen erstellen

Die Tabellenerstellung gehört zu den komplexeren Funktionen von Dreamweaver. Wir werden hier nur eine ganz einfache Tabelle erstellen. Mehr zum Thema erfahren Sie in Kapitel 15, »Tabellen erstellen«.

In unserem Übungsprojekt wird eine Tabelle für die Webseite *kaufen.html* benötigt.

### Schritt für Schritt: Tabelle erstellen

**1** **Einfügemarke platzieren**

Klicken Sie mit der Maus an die Stelle, wo Sie die Tabelle einfügen möchten. Beachten Sie, dass Sie sich dabei innerhalb des editierbaren Bereichs befinden müssen. Den Text »Lorem ipsum« können Sie zunächst wieder entfernen und die Überschrift in »Kaufen« ändern.

**2** **Tabelle einfügen**

Wählen Sie EINFÜGEN • TABELLE. Es öffnet sich ein Dialogfenster, in dem Sie die Eigenschaften der neuen Tabelle einstellen können.

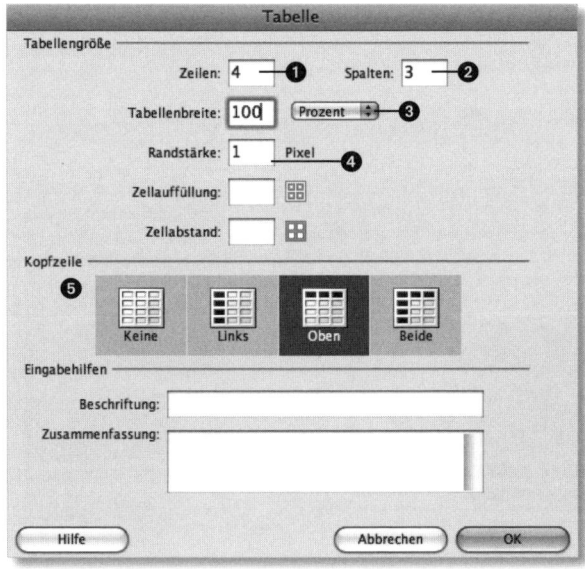

**Abbildung 8.15** ▶
Der Dialog TABELLE • EINFÜGEN.

Geben Sie die Anzahl der ZEILEN **1** und SPALTEN **2** an. Sie können später noch weitere hinzufügen oder sie wieder löschen.

Die TABELLENBREITE ❸ kann sowohl in Pixeln als auch in Prozent angegeben werden. Wenn Sie eine exakte Tabellenbreite benötigen, so wählen Sie PIXEL. Falls die Tabelle sich an die Größe des Browserfensters anpassen soll, wählen Sie PROZENT. Bei 100% füllt die Tabelle die gesamte Breite des Browserfensters aus und das unabhängig davon, wie groß das Fenster ist. Falls Sie unsicher sind, welche Größe Sie einstellen sollen, wählen Sie einfach 100%. Sie können das später auch noch im Eigenschaftsinspektor ändern.

Unter RANDSTÄRKE ❹ geben Sie die Liniendicke der Ränder an. Diese Einstellung bezieht sich nicht nur auf den äußeren Rand der Tabelle, sondern auch auf alle inneren Ränder. Wählen Sie unter KOPFZEILE ❺ aus, an welcher Stelle die Überschriften positioniert werden sollen. Klicken Sie auf die Schaltfläche OBEN, wenn die Überschriften in der obersten Zeile der Tabelle stehen sollen. Wenn Sie dann einen Text in der obersten Zeile einfügen, wird dieser automatisch fett und zentriert formatiert.

Weitere Einstellungen sind für einfache Tabellen nicht unbedingt notwendig. Die Tabelle wird mit einem Klick auf OK erstellt und im Dokumentenfenster angezeigt.

### ❸ Inhalte einfügen

Schreiben Sie den Text in die Kopf- und normalen Tabellenzellen. Dazu klicken Sie einfach mit der Maus in die gewünschte Tabellenzelle. Dreamweaver passt die Breite automatisch an den Inhalt an. Sie können auch Grafik- und andere Multimediaelemente einfügen. Sogar verschachtelte Tabellen finden in einer solchen Tabellenzelle Platz. Wenden Sie diese Methode aber nur für komplexe Layouts an.

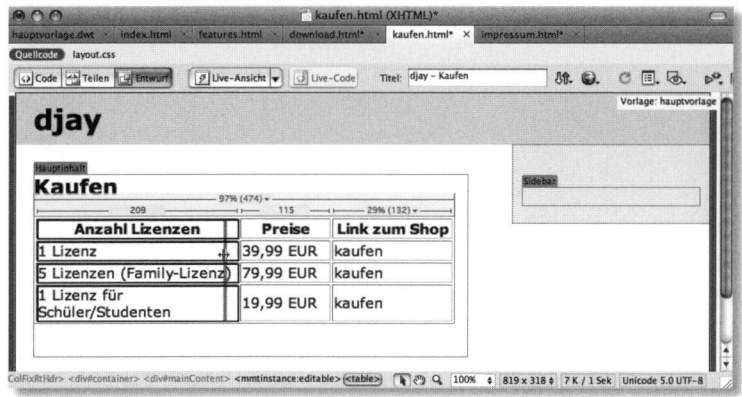

◀ **Abbildung 8.16**
Jetzt können Sie die Tabelle befüllen.

**4** **Spaltenbreiten verändern**

Sie können die Spaltenbreiten verändern, indem Sie auf eine vertikale Linie der Tabelle klicken und diese entweder nach links oder nach rechts verschieben.

Wie Sie die Tabelle weiter gestalten und zum Beispiel mit einer Hintergrundfarbe versehen, erfahren Sie in Kapitel 15, »Tabellen erstellen«.

Um eine neue Zeile am Ende der Tabelle einzufügen, platzieren Sie die Einfügemarke in der letzten Tabellenzelle unten rechts und drücken ⇆ .

Um eine Zeile oder Spalte an einer beliebigen Stelle einzufügen, setzen Sie die Einfügemarke an die entsprechende Stelle und wählen mit der rechten Maustaste bzw. beim Mac mit der Maustaste + Strg im Kontextmenü TABELLE und ZELLE EINFÜGEN oder SPALTE EINFÜGEN aus.

Wir haben in diesem Kapitel mehrere Webseiten aus unserer Vorlage erstellt und darin Texte, Bilder und eine einfache Tabelle auf unserer Seite untergebracht. Im nächsten Kapitel werden wir eine Navigation für unsere Website erstellen. ■

Kapitel 9

# Erstellen einer Navigation

Ein interaktives Menü für unsere Website

- ▶ Was ist eine Spry-Menüleiste?
- ▶ Wie erstelle ich eine Fußzeilennavigation?
- ▶ Wie verlinke ich die Navigation?
- ▶ Wie speichere und übertrage ich eine Vorlage?

# 9    Erstellen einer Navigation

Damit die Besucher sich auf einer Website zurechtfinden können, ist eine leicht bedienbare Navigation besonders wichtig. In diesem Kapitel wird gezeigt, wie Sie Menüs erstellen und die einzelnen Menüpunkte mit anderen Seiten verlinken.

In den vorherigen Kapiteln haben wir bereits eine Vorlage und basierend auf dieser Vorlage mehrere Seiten erstellt. Wir werden in diesem Kapitel der Vorlage eine Navigation hinzufügen.

Eine Website hat in der Regel mehr als nur eine Navigation. Wir werden eine Navigation im Kopfbereich ❶ der Website platzieren. Dort werden die wichtigsten Menüpunkte hinzugefügt. Außerdem werden wir in der Fußzeile ❷ eine kleine Navigation mit einfachen Textlinks erstellen, in der wir zum Beispiel einen Link zum Impressum erstellen. Das Impressum muss nämlich auf einer Website immer angegeben werden, jedoch nicht unbedingt in der Hauptnavigation erscheinen. Das gilt zum Beispiel auch für AGB.

**Lokale Navigationen**

Im rechten bzw. im linken Bereich der Website können auch lokale Navigationen hinzugefügt werden, die nur in bestimmten Situationen eingeblendet werden. Wenn zum Beispiel der Kunde in der Hauptnavigation den Menüpunkt *Produkte* gewählt hat, so könnten in der lokalen Navigation Produkt-Kategorien angezeigt werden.

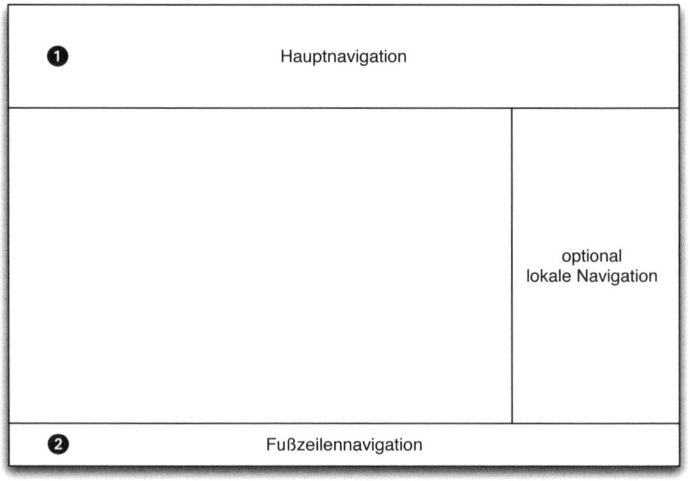

**Abbildung 9.1** ▶
Verschiedene Bereiche einer Website

# 9.1 Hauptnavigation

Für die Erstellung der Hauptnavigation im Kopfbereich der Website setzen wir die neue Dreamweaver-CS4-Funktion *Spry-Menüleiste* ein. Mit dieser Funktion kann man sehr schnell eine vertikale oder horizontale Navigation mit ausklappbaren Untermenüpunkten erstellen. Dazu generiert Dreamweaver automatisch den benötigten HTML-, CSS- und JavaScript-Code.

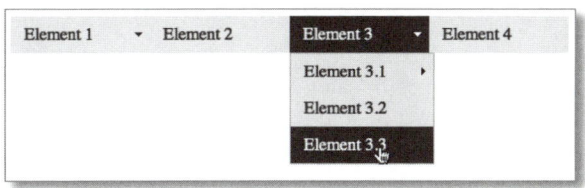

◄ **Abbildung 9.2**
Mit der Spry-Menüleiste können verschachtelte Menüs generiert werden.

Für unsere Beispielwebsite benötigen wir zwar keine Untermenüs und könnten auch ohne Spry-Menüleiste recht leicht eine Navigation erstellen. Wir werden dennoch auf die Funktion zurückgreifen, da sie uns Arbeit abnimmt und den entsprechenden HTML- und CSS-Code automatisch erstellt.

### Schritt für Schritt: Spry-Menüleiste in Vorlage einfügen

**1** **Vorlage öffnen**
Öffnen Sie zunächst die einzige Vorlage unser Beispielwebsite, indem Sie im Fenster DATEIEN auf die Datei *hauptvorlage.dwt* im Ordner *Templates* doppelklicken.

◄ **Abbildung 9.3**
Diese Datei enthält unsere Hauptvorlage.

**2 Einfügemarke platzieren**

**Abbildung 9.4** ▼
Klicken Sie an das Ende der
Überschrift.

Die Navigation werden wir direkt unter der Überschrift »djay«
platzieren. Positionieren Sie dazu die Einfügemarke an das Ende
der Überschrift.

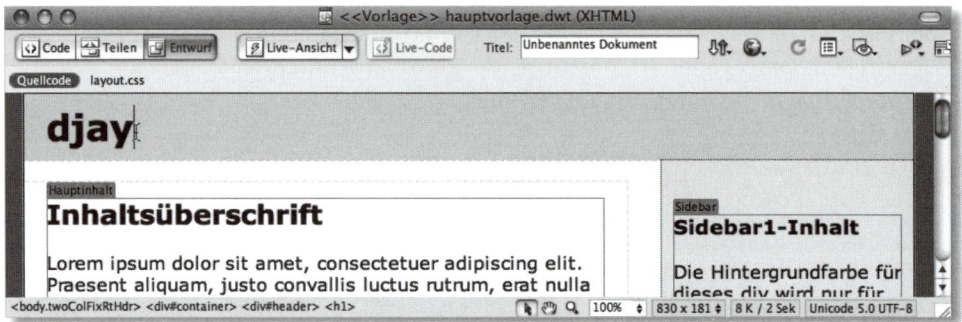

**3 Spry-Menüleiste einfügen**

Wählen Sie EINFÜGEN • SPRY • SPRY-MENÜLEISTE, um die Navigation einzufügen. Alternativ können Sie auch in der EINFÜGEN-Palette auf den Reiter SPRY ❶ und dann auf das Spry-Menüleisten-Symbol ❷ klicken.

**Abbildung 9.5** ▶
Das Spry-Dropdown-Menü

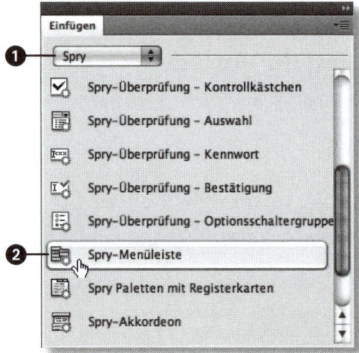

**4 Horizonale Menüleiste wählen**

Es öffnet sich automatisch ein Dialogfenster, in dem Sie ein horizontales oder vertikales Menü auswählen können. Wählen Sie für
unser Beipiel das horizontale Menü aus und klicken Sie auf OK.

**Abbildung 9.6** ▶
Wählen Sie das horizontale
Menü.

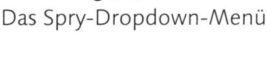

Die Menüleiste wurde nun mit einigen Beispiel-Menüeinträgen im Kopfbereich der Vorlage eingefügt.

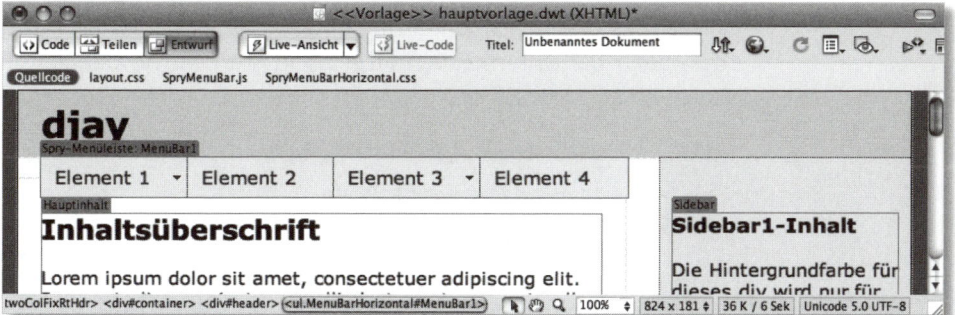

**Menüeinträge bearbeiten |** Wir werden nun die Menüeinträge bearbeiten, indem wir alle Untermenüs entfernen, die Beschriftungen anpassen und anschließend mit den entsprechenden Seiten verlinken.

▲ **Abbildung 9.7**
Nach dem Einfügen der Spry-Menüleiste wurden bereits einige Menüeinträge erstellt.

## Schritt für Schritt: Ändern der Menüeinträge

**1** **Eigenschaften-Palette für Spry-Menüleiste einblenden**
Klicken Sie zunächst auf die Beschriftung »Spry-Menüleiste: MenuBar1« ❶. In der EIGENSCHAFTEN-Palette ❷ können Sie dann die Spry-Einstellungen vornehmen.

▼ **Abbildung 9.8**
Die Spry-EIGENSCHAFTEN-Palette.

### 2 Vorhandene Elemente löschen

Löschen Sie alle vorhandenen Menüelemente, indem Sie zunächst auf ELEMENT 1 und dann auf das Minuszeichen ❸ oberhalb klicken. Es öffnet sich ein Dialogfenster, das Sie darauf hinweist, dass auch die Untermenüs mit gelöscht werden. Bestätigen Sie durch einen Klick auf OK.

**Abbildung 9.9** ▶
Bestätigen Sie diesen Dialog.

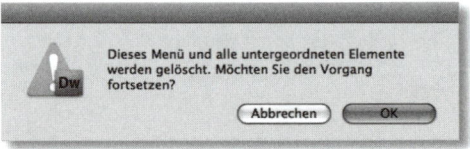

**Abbildung 9.10** ▼
Lassen Sie nur das letzte Element stehen.

Löschen Sie auf diese Weise auch die restlichen Elemente bis auf das letzte. Das letzte Element lässt sich nicht entfernen, da immer mindestens ein Menüelement vorhanden sein muss.

### 3 Beschriftung ändern

Legen Sie die Bezeichnung für das erste Menüelement fest, indem Sie in das Feld TEXT ❹ »Home« eingeben und mit ⏎ bestätigen. Dreamweaver übernimmt den Text automatisch in das Dokumentenfenster als Beschriftung für den Menüeintrag.

### 4 Hyperlink festlegen

Klicken Sie auf das Ordnersymbol ❺ im Feld HYPERLINK und wählen im Fenster die Seite *index.html* aus, um das Menüelement zu verlinken.

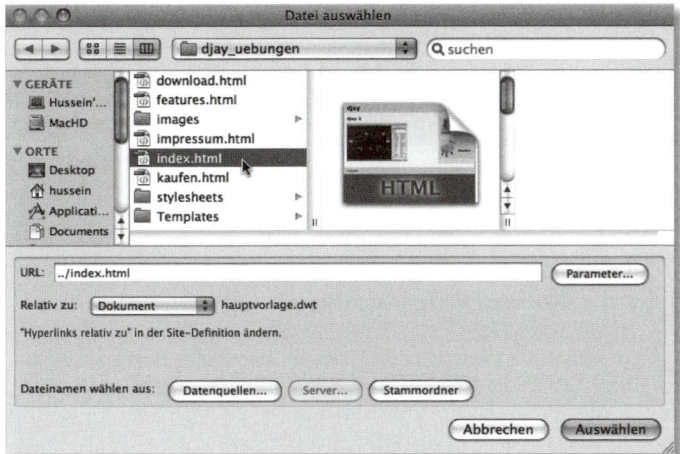

◄ **Abbildung 9.11**
Wählen Sie die zu verlinkende
Datei.

**5**   **Weitere Menüelemente anlegen**

Klicken Sie auf das Pluszeichen ❻ in der EIGENSCHAFTEN-Palette,
und wiederholen Sie die letzten beiden Schritte. Legen Sie für
unser Beispiel die Elemente »Features«, »Download«, »Kaufen«
und »Kontakt« zusätzlich zu »Home« an, und verlinken Sie sie mit
den entsprechenden Seiten.

▼ **Abbildung 9.12**
Die fertigen Menüelemente

## 9.2   Fußzeilennavigation

Im Fußbereich der Website fügen wir Links zum Impressum und
den Kontaktdaten hinzu. Auch wenn wir den Link zur *Kontakt-*

Seite bereits in der Hauptnavigation eingefügt haben, ist es üblich, diesen Link ein zweites Mal in der Fußzeile zu platzieren. Falls Sie eine AGB-Seite haben, können Sie hier ebenfalls einen entsprechenden Link setzen.

Zusätzlich zu den Links werden in der Regel auch Copyright-Information im Fußbereich der Website platziert.

### Schritt für Schritt: Links im Fußbereich hinzufügen

**1  Einfügemarke in Fußbereich platzieren**

Setzen Sie die Einfügemarke in den Fußbereich der Vorlage, und löschen Sie den dort vorhandenen Text.

**2  Copyright-Information hinzufügen**

Schreiben Sie zum Beispiel »© 2009 by Algoriddim GmbH • Impressum • Kontakt«. Das Copyrightsymbol © können Sie in Dreamweaver einfach einfügen, indem Sie EINFÜGEN • HTML • SONDERZEICHEN • COPYRIGHT im Menü auswählen. Um den Punkt hinzuzufügen, wählen SIE EINFÜGEN • HTML • SONDERZEICHEN • WEITERE und klicken dann auf das gewünschte Zeichen.

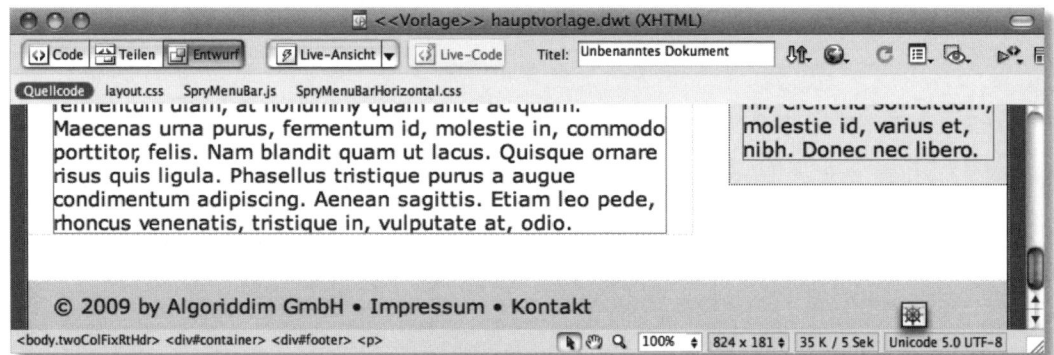

▲ **Abbildung 9.13**
Die mit Text gefüllte Fußzeile.

**3  Links hinzufügen**

Um das Impressum und den Kontakt mit den entsprechenden Seiten zu verknüpfen, markieren Sie zunächst das Wort »Impressum« ❶. Klicken Sie anschließend in der EIGENSCHAFTEN-Palette auf das Ordnersymbol ❷ im Feld HYPERLINK.

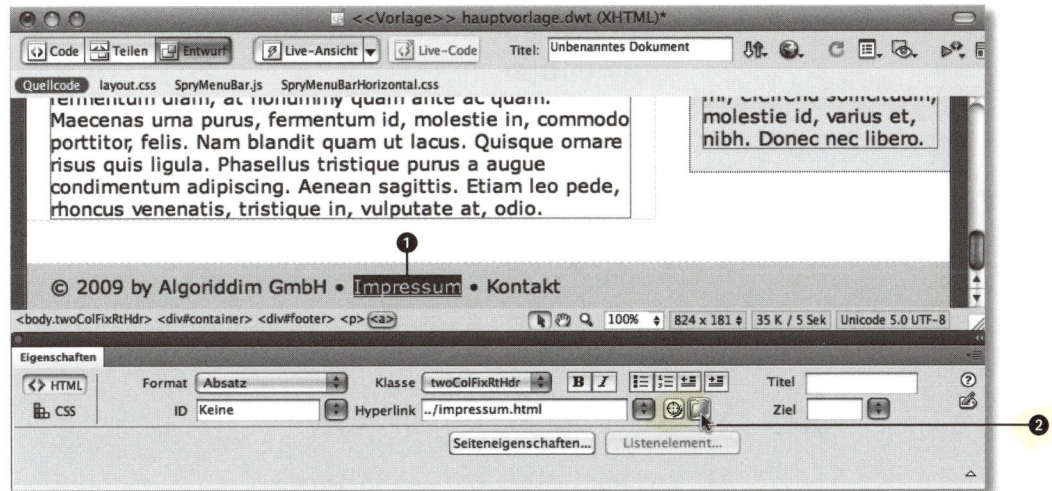

Es öffnet sich ein Dialogfenster, in dem Sie die Datei auswählen können, zu der Sie verlinken möchten. Wählen Sie in diesem Beispiel die Datei *impressum.html* aus. Verfahren Sie auf die gleiche Weise mit dem Kontakt.

▲ **Abbildung 9.14**
Der Link zum Impressum

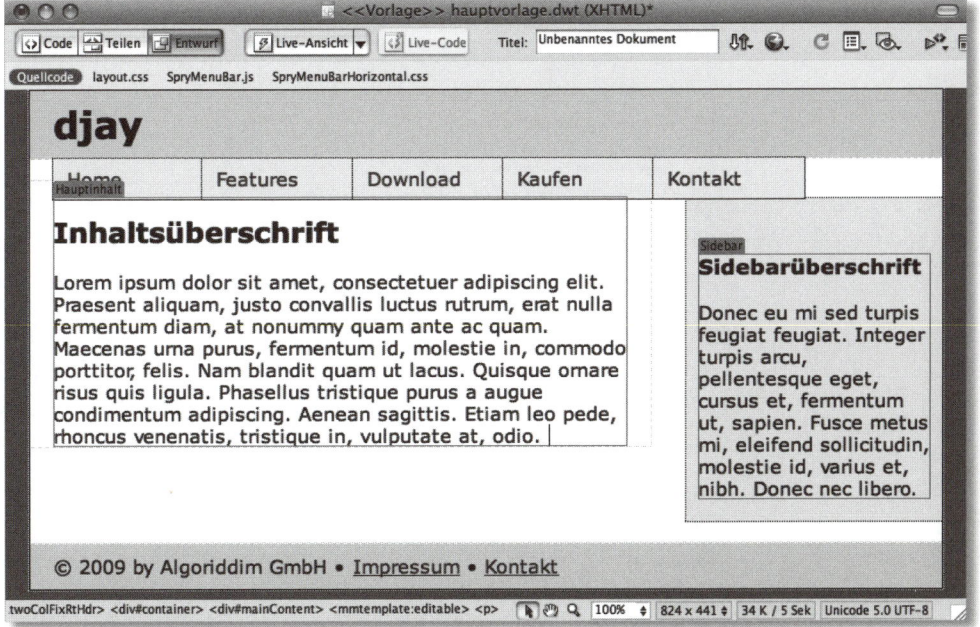

▲ **Abbildung 9.15**
Vorlage mit Haupt- und Fußzeilennavigation ∎

## 9.3    Vorlage speichern und auf Seiten anwenden

Nachdem wir nun unsere Menüelemente angelegt haben, können wir die Vorlage speichern. Dabei werden die Änderungen auf jede bereits angelegte Webseite übertragen. Und genau hier liegt der Vorteil von Vorlagen: Sie brauchen gemeinsame Elemente, wie zum Beispiel die Navigation, nur in der Vorlage einzufügen bzw. anzupassen, und den Rest erledigt Dreamweaver für Sie.

### Schritt für Schritt: Vorlage speichern

**1** **Abhängige Spry-Dateien speichern**
Speichern Sie die Vorlage durch Klicken auf DATEI • SPEICHERN. Daraufhin öffnet sich ein Dialogfenster, das Ihnen die Dateien auflistet, die für die Spry-Menüleiste erforderlich sind. Diese werden durch Klick auf OK automatisch in Ihre Website kopiert.

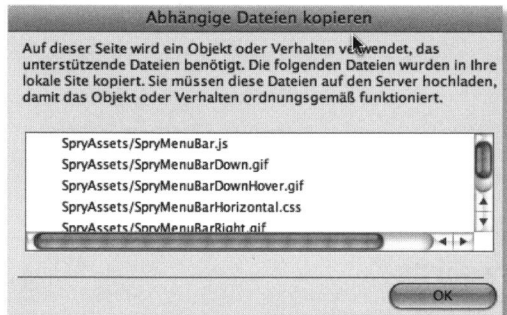

**Abbildung 9.16** ▶
Die abhängigen Spry-Dateien werden gespeichert.

**2** **Aktualisieren**
Im nächsten Dialogfenster wird Ihnen eine Liste der Webseiten gezeigt, die auf der Vorlage basieren. Durch einen Klick auf AKTUA-LISIEREN werden die Änderungen auf alle Seiten übertragen.

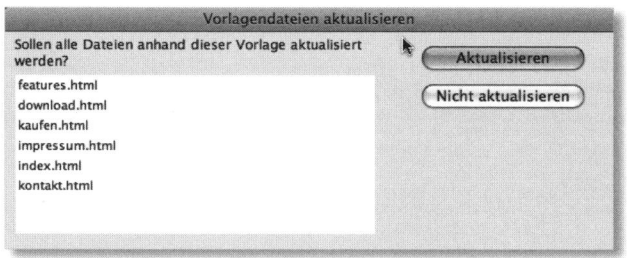

**Abbildung 9.17** ▶
Vorlagendateien aktualisieren

Anschließend öffnet sich ein drittes Dialogfenster, das den Status der Aktualisierung anzeigt. Wenn diese abgeschlossen ist (bei unserer kleinen Site dauert das nur wenige Sekunden), klicken Sie einfach auf SCHLIESSEN.

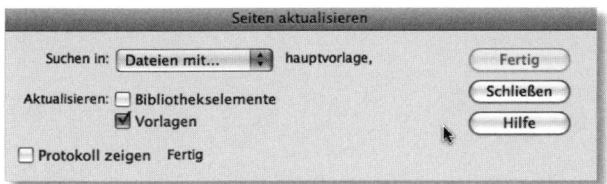

◄ **Abbildung 9.18**
Seiten aktualisieren

Wenn Sie jetzt zum Beispiel die Datei *index.html* öffnen, werden Sie feststellen, dass die Seite die beiden Navigationen enthält.

Im nächsten Kapitel werden wir die Website weiter gestalten, indem wir CSS-Stile bearbeiten und anwenden. ∎

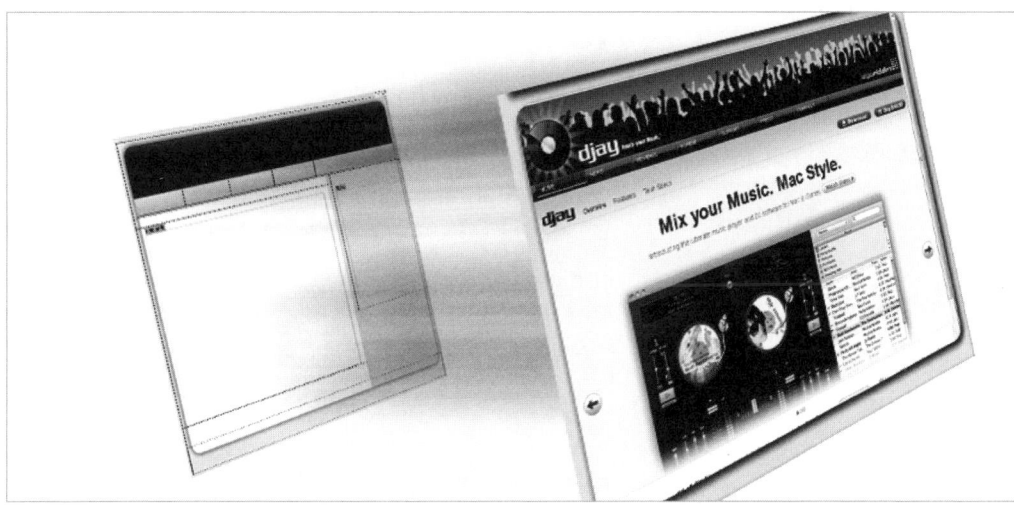

Kapitel 10

# Ein Layout erstellen

So gestalten Sie Ihre Website mit CSS

- ▸ Wie erstelle ich ein Layout für die gesamte Website?
- ▸ Wie lege ich bestimmte Bereiche fest?
- ▸ Wie gestalte ich eine Navigation?
- ▸ Wie erstelle ich eigene CSS-Regeln?

# 10 Ein Layout erstellen

In diesem Kapitel lernen Sie, wie Sie Ihrer Website ein eigenes Aussehen verpassen und die einzelnen Bereiche gestalten und korrekt positionieren. Hierfür setzen wir verschiedene Grafik-Segmente und die CSS-Technologie ein.

## 10.1 Erstellen von Grafik-Segmenten

In Kapitel 7, »Eine Vorlage anlegen«, wurde bereits das Design für unsere Beispielwebsite vorgestellt. Ihre Entwürfe können Sie entweder in Photoshop oder in Fireworks erstellen. Wir können die Grafiken als Ganzes jedoch in Dreamweaver nicht gebrauchen, sondern benötigen einzelne Bilder, wie zum Beispiel eins für den Kopfbereich der Website. Grafikprogramme stellen für diese Zweck Funktionen zur Verfügung, die Bereiche als sogenannte Slices oder Segmente markieren, die dann als einzelne Bilder exportiert werden können.

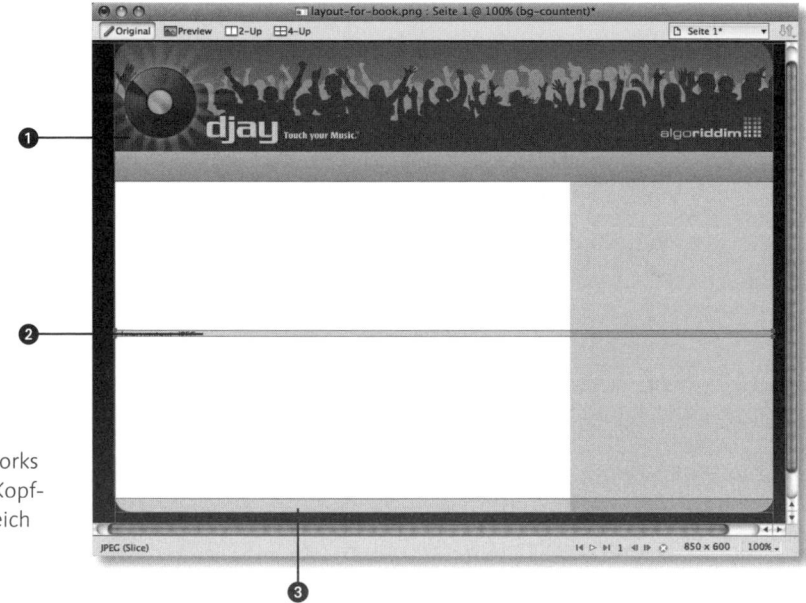

**Abbildung 10.1** ▶
Segmente werden in Fireworks durch grüne Bereiche (im Kopf- ❶, Inhalts- ❷ und Fußbereich ❸) hervorgehoben.

Für unsere Beispielwebsite benötigen wir die folgenden Grafik-Segmente:

- Kopf-Segment ❶ mit Logo (Datei *header.jpg*)
- Inhalts-Segment ❷ (Datei *content.jpg*)
- Fußbereich-Segment ❸ für den Abschluss (Datei *footer.jpg*)

Auf der Website zum Buch befinden sich sowohl die Fireworks-Datei als auch die einzelnen exportierten Grafik-Segmente.

### 10.1.1  Das Kopf-Segment

Da das Kopf-Segment als Grafik exportiert wurde, haben wir die Möglichkeit, beliebige Schriftarten einzusetzen, und sind nicht auf die Standardschriftarten wie Arial oder Helvetica beschränkt. Grafiken als Ersatz für Schrift eignen sich daher sehr gut für Logos und Slogans, die in einer besonderen Schriftart gesetzt werden sollen. Im Kopf-Segment eingeschlossen ist auch der Menü-bereich ❹, da dieser Bereich einen leichten Verlauf enthält. Wäre dieser einfarbig, müsste der Menübereich nicht in der Grafik eingeschlossen werden.

◄ **Abbildung 10.2**
Die Datei *header.jpg* inklusive Menübereich

### 10.1.2  Das Inhalts-Segment

Das Inhalts-Segment stellt einen besonderen Fall dar. Zwei Fragen drängen sich nämlich auf:

1. Benötigen wir überhaupt ein Grafik-Segment für den Inhalts-bereich?
2. Wenn ja, warum weist das Grafik-Segment eine so geringe Höhe auf?

Die erste Frage ist leicht beantwortet: Zum einen enthält das Design links und rechts an der Seite einen Schlagschatten, und zum anderen ist der Inhaltsbereich farbig in zwei Teile aufgeteilt. Solche komplexen Hintergründe lassen sich allein mit HTML und CSS nicht darstellen, weshalb wir hier auf eine Grafik zurückgreifen.

Abbildung 10.3 ▼
Das Grafik-Segment *content.jpg*
in vergrößerter (und verzerrter)
Darstellung

Und auch die zweite Frage ist schnell erklärt: Da der Inhaltsbereich auf jeder Seite anders ist, muss er seine Größe dynamisch
ändern können – abhängig von der Menge des Inhalts auf der
jeweiligen Seite. Dies kann man leicht erreichen, indem man ein
schmales Grafik-Segment erstellt und anschließend im CSS-Style-
sheet einstellt, dass diese Grafik vertikal gekachelt werden soll.
Diese Kachelung bewirkt, dass unsere Hintergrundgrafik für den
Inhaltsbereich wiederholt wird, bis der komplette Bereich mit ihr
gefüllt ist.

### 10.1.3 Das Fuß-Segment

Abbildung 10.4 ▼
Das Fuß-Segment *footer.jpg*
mit runden Ecken und Schlagschatten

Das Fuß-Segment wird benötigt, da unser Design mit runden
Ecken abschließt und auch wieder einen Schlagschatten enthält.
Den Copyright-Hinweis nehmen wir nicht in das Grafik-Segment
auf. Dieser Text wird als reiner Text im Dokument eingefügt.

## 10.2 Aufbau von CSS-Dateien

Anders als in einem Layout- oder Grafikprogramm werden wir
die Grafik-Segmente nicht mit der Maus an der richtigen Stelle
positionieren. Prinzipiell wäre das zwar möglich, jedoch wollen
wir uns an die modernen HTML- und CSS-Standards halten, und
dort bedient man sich einer anderen Methode: Möchten Sie also
CSS-Standards einsetzen, wird der Inhalt einer Webseite von ihrem Design getrennt. Konkret bedeutet dies, dass sich der strukturierte Inhalt in einer HTML-Datei befindet und das Design in
einer CSS-Datei festgelegt wird.

Wir haben bereits mehrere HTML-Dateien (*index.html*, *kon-
takt.html* etc.) basierend auf einer Vorlage erstellt. Wenn Sie einmal im Dateien-Fenster Ihrer Site in den Ordnern *stylesheets* und
*SpryAssets* nachschauen, werden Sie feststellen, dass außerdem
schon zwei CSS-Dateien vorhanden sind:

▸ Die Datei *layout.css* wurde von Dreamweaver automatisch zu
unserem Projekt hinzugefügt, weil wir eine CSS-Layoutvorlage

als Basis für unsere Beispielwebsite verwendet haben. In dieser Datei wird das Aussehen der Website festgelegt.

▸ Die zweite Datei *SpryMenueBarHorizontal.css* wurde von Dreamweaver automatisch erstellt, als wir das horizontale Menü hinzugefügt haben. In dieser CSS-Datei können Design-Einstellungen für die Navigation vorgenommen werden, um zum Beispiel die Schriftart zu ändern.

Die CSS-Dateien gelten in der Regel für alle HTML-Dateien. Das heißt, das Design wird an zentraler Stelle festgelegt und kann von dort auch zentral verwaltet und angepasst werden. Das folgende Diagramm zeigt diesen Zusammenhang schematisch:

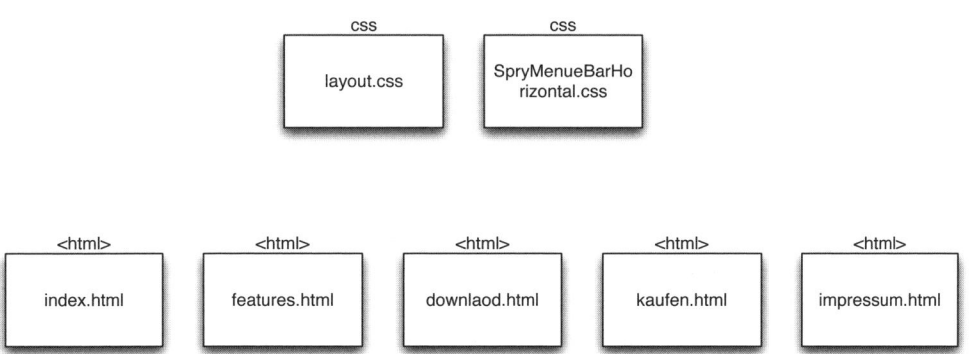

Wir wenden uns zunächst der CSS-Datei *layout.css* zu. In dieser CSS-Datei wird für jeden Bereich der Website (zum Beispiel für den Kopfbereich) das Design gesondert festgelegt. In den HTML-Dokumenten sind diese Bereiche dann durch Tags oder spezielle Markierungen – sogenannte ID- und Klassenattribute – gekennzeichnet. Wenn wir nun in der CSS-Datei das Design für den Fußbereich festlegen wollen, müssen wir wissen, dass dieser Bereich mit #footer gekennzeichnet ist. Diese Elemente werden Selektoren genannt.

Eine CSS-Datei besteht somit aus vielen CSS-Regeln, die auch CSS-Stile genannt werden. Eine CSS-Regel besteht dabei immer aus zwei Teilen:

▸ Einem Selektor, der angibt, auf welchen Bereich sich die CSS-Regel bezieht (z. B. #footer) und

▸ Eigenschaften, die Abstände, Farben, Textgrößen etc. festlegen.

▲ **Abbildung 10.5**
Alle HTML-Dateien verwenden die beiden CSS-Dateien.

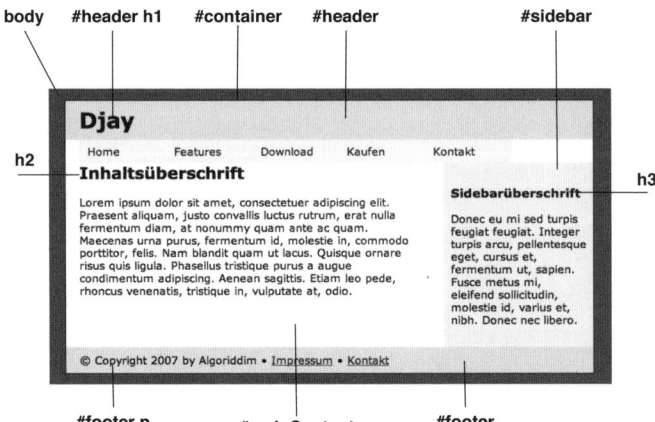

**Abbildung 10.6** ▶
Selektoren unserer Layoutseite

Die von Dreamweaver angelegte Datei enthält bereits eine Reihe von vordefinierten CSS-Regeln, die wir im Folgenden bearbeiten bzw. ergänzen werden.

### 10.2.1 CSS-Datei bearbeiten

Um eine CSS-Datei zu bearbeiten, klicken Sie zum Beispiel auf die Datei *layout.css* im Fenster DATEIEN. Gleichzeitig sollten Sie auch eine Webseite öffnen, die diese CSS-Datei verwendet. Jede Änderung an der CSS-Datei können wir dann im Dokumentenfenster sehen. Da wir das Layout in der Vorlage erstellt haben, hat Dreamweaver jede Seite mit dem Stylesheet *layout.css* verbunden.

### Schritt für Schritt: CSS-Datei bearbeiten

**1** **Webseite öffnen**
Öffnen Sie eine beliebige Seite unserer Beispielwebsite. Sie können beispielsweise entweder die Vorlagendatei *hauptvorlage.dwt* oder *index.html* öffnen.

**2** **Fenster »CSS-Stile«**
Öffnen Sie das Fenster CSS-STILE (FENSTER • CSS-STILE). In diesem Fenster werden zu allen CSS-Dateien, die der Webseite zugeordnet sind, die CSS-Regeln angezeigt. Durch einen Klick auf das Dreieck ❶ können Sie die CSS-Regeln zu den CSS-Dateien

ein- bzw. ausblenden. (Unter Windows weisen übrigens kleine Plus-und Minuszeichen darauf hin, dass hier ein Eintrag auf- bzw. zugeklappt werden kann.) Achten Sie darauf, dass die Schaltfläche ALLE ❷ gedrückt ist.

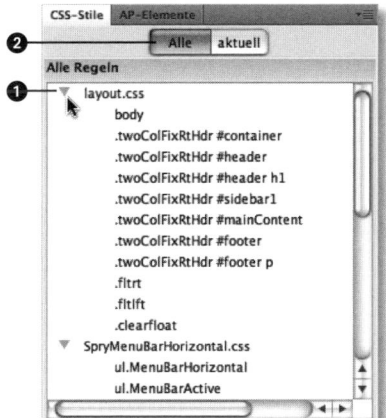

◄ **Abbildung 10.7**
Die CSS-Stile unserer layout.css im Überblick

### ❸ Details zu einer CSS-Regel anzeigen

Klicken Sie einmal auf eine CSS-Regel (z. B. BODY), um die Eigenschaften für diese CSS-Regel anzuzeigen.

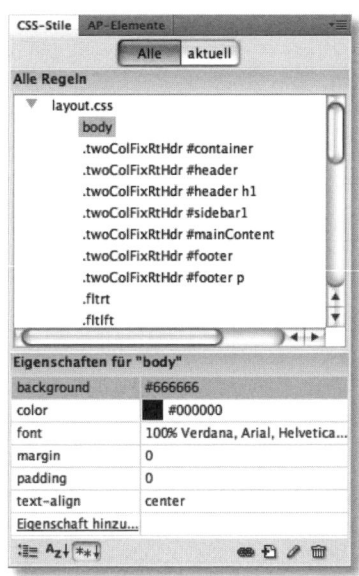

◄ **Abbildung 10.8**
CSS-Eigenschaften von <body>

Die Eigenschaften werden mit englischen Begriffen, wie zum Beispiel »background« für »Hintergrund«, beschrieben. Sie können in diesem Fenster direkt die Einstellungen vornehmen, indem Sie auf die Werte rechts neben dem Namen der CSS-Eigenschaft klicken.

Der folgende Schritt zeigt Ihnen eine Alternative zur Bearbeitung von CSS-Regeln.

### 4 Alternative: CSS-Regel-Definition

**Abbildung 10.9** ▼
Ein eigenes Fenster für die CSS-Eigenschaften

Doppelklicken Sie auf eine CSS-Regel im Fenster CSS-STILE, um ein separates Fenster zur Bearbeitung der Eigenschaften zu öffnen.

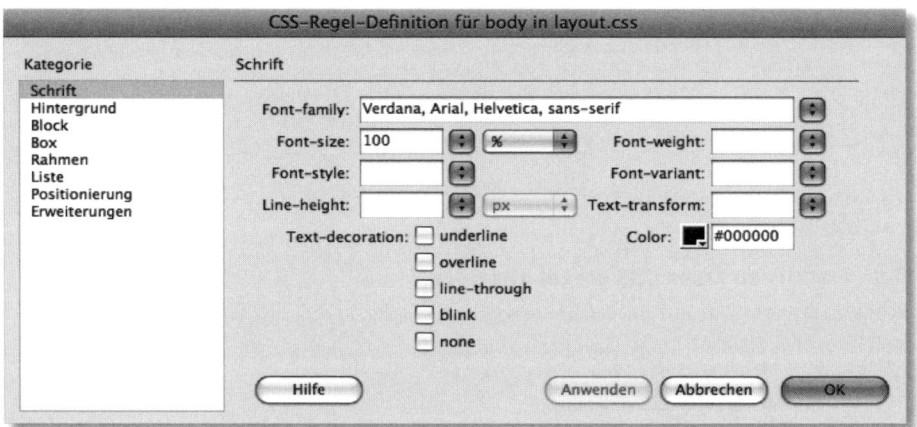

In diesem Fenster können Sie die Eigenschaften komfortabel bearbeiten. Das Fenster ordnet die zahlreichen Eigenschaften in verschiedene Kategorien ein, die Sie auf der linken Seite auswählen können. ■

---

**CSS-Attribute auf Englisch?**

Seit Dreamweaver CS4 werden die CSS-Bezeichnungen, wie z. B. *font-size* (Schriftgröße) nicht mehr ins Deutsche übersetzt, da es sich um Fachbegriffe handelt. Die englischen Bezeichnungen werden auch meist in deutschen Fachbüchern zum Thema CSS verwendet.

---

## 10.3 CSS-Regeln für das Layout der Beispielwebsite

Da wir unsere Website auf Basis einer CSS-Layoutvorlage erstellt haben, wurden bereits einige Regeln in der Datei *layout.css* definiert. Diese Regeln legen unter anderem die Anordnung der Seitenelemente wie Kopfzeile, Fußzeile etc. fest.

Schritt für Schritt werden wir nun einige der bereits vordefinierten CSS-Regeln anpassen, um aus der recht schlichten und grauen Vorlage ein ansprechendes Design zu erstellen.

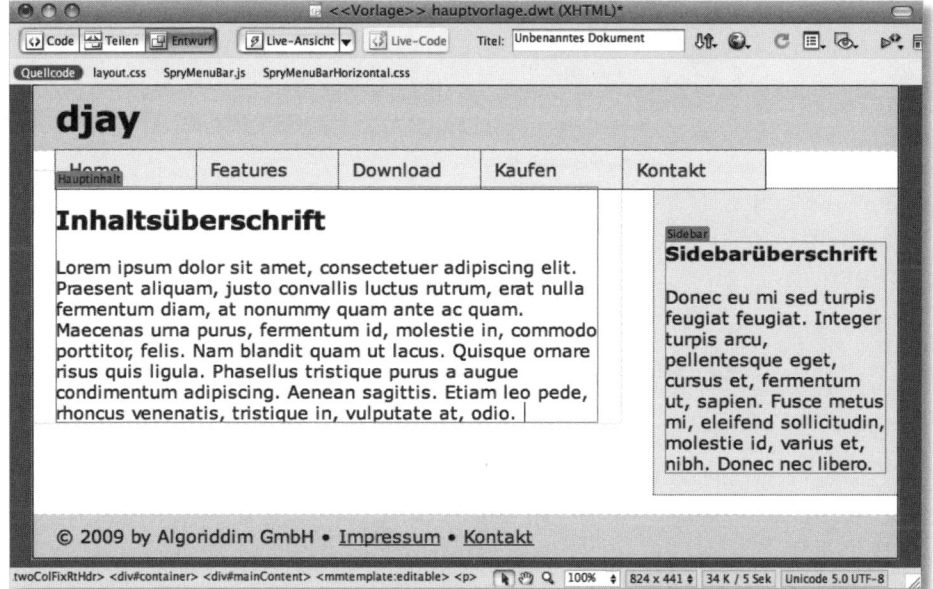

Folgende CSS-Regeln werden wir Schritt für Schritt bearbeiten:

- body für Hintergrundfarbe und Schrift der gesamten Website
- #container u.a. für die Einstellung der Seitenbreite
- #header für die Einstellungen des Kopfbereichs
- #header h1 für die Hauptüberschrift innerhalb des Kopfbereichs
- #mainContent für Einstellungen des Hauptbereichs
- #sidebar1 für Einstellungen des rechten Bereichs
- #footer für Einstellungen des Fußbereichs

▲ **Abbildung 10.10**
Durch Festlegen von CSS-Regeln wird aus dem einfachen Design ein ansprechendes Layout.

### 10.3.1 Die CSS-Regel body bearbeiten

Die CSS-Regel body definiert unter anderem die Standardschriftart und die Hintergrundfarbe für das gesamte Dokument. Wir werden folgende Einstellung vornehmen:

- Hintergrundfarbe: Schwarz (Farbcode #000)

### Schritt für Schritt: CSS-Regel body bearbeiten

**1** **Eigenschaften öffnen**

Klicken Sie doppelt auf die CSS-Regel body im Fenster CSS-STILE, um das Fenster mit den Eigenschaften zu öffnen.

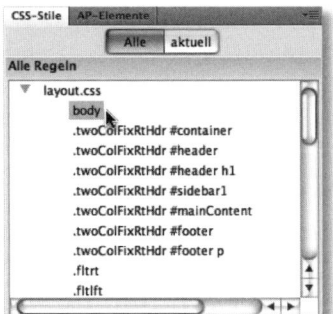

**Abbildung 10.11** ▸
Die body-CSS-Eigenschaften im
Dropdown-Menü

**2 Hintergrundfarbe festlegen**
Die Hintergrundfarbe legen Sie in der zweiten Kategorie HINTER-
GRUND ❶ fest, indem Sie entweder einen Farbwert (z. B. #000 für
unser Beispielprojekt) manuell eingeben ❷ oder eine Farbe in der
Farbpalette ❸ anklicken.

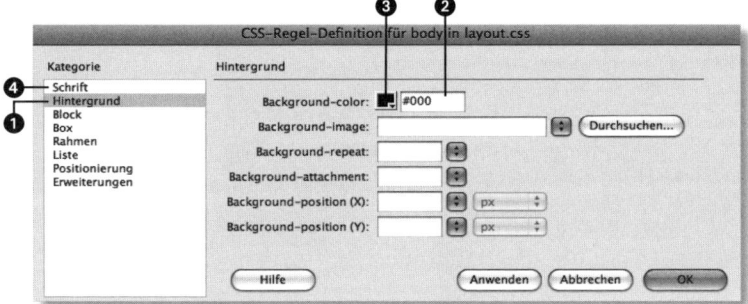

**Abbildung 10.12** ▸
Das Fenster für die CSS-Regel-
Definitionen.

**3 Weitere Einstellungen vornehmen**
Sie können in diesem Fenster darüber hinaus die Schriftart und
-größe einstellen. Wechseln Sie dazu im linken Bereich in die Kategorie SCHRIFT ❹.

**4 Bearbeitung anwenden und abschließen**
Um die Auswirkungen Ihrer Anpassungen direkt im Dokument zu
sehen, klicken Sie auf ANWENDEN. Sind Sie mit allem zufrieden,
klicken Sie auf OK, um die Bearbeitung abzuschließen. ◼

### 10.3.2 Die CSS-Regel #container bearbeiten

Dieser Bereich umfasst – bis auf den Body – alle anderen Elemente
der Website. Hier werden unter anderem die Gesamtbreite des
Layouts und die Hintergrundfarben bzw. Hintergrundgrafiken für
den gesamten Bereich festgelegt:

- ▸ Hintergrundbild: *content.jpg*
- ▸ Wiederholung des Hintergrundbildes: nur vertikal
- ▸ Breite: 782 Pixel
- ▸ Rand entfernen

## Schritt für Schritt: CSS-Regel #container bearbeiten

### 1 Eigenschaften öffnen

Klicken Sie doppelt auf die CSS-Regel #container im Fenster CSS-STILE, um das Fenster mit den Eigenschaften zu öffnen.

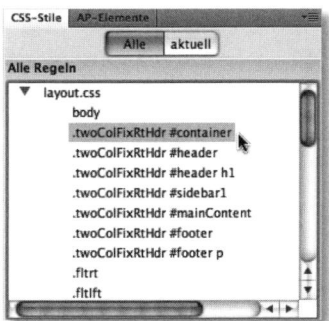

◄ **Abbildung 10.13**
Die CSS-Stile #container

### 2 Hintergrundbild festlegen

Wir richten nun als Hintergrundbild die Datei *content.jpg* ein. Sie soll vertikal gekachelt werden, damit sie die gesamte Seite unabhängig von der Länge des Seiteninhalts füllt.

Legen Sie dazu in der Kategorie HINTERGRUND das Hintergrundbild fest, indem Sie auf die Schaltfläche DURCHSUCHEN klicken und die Datei auswählen. Unter BACKGROUND-REPEAT wählen Sie die Einstellung REPEAT-Y aus.

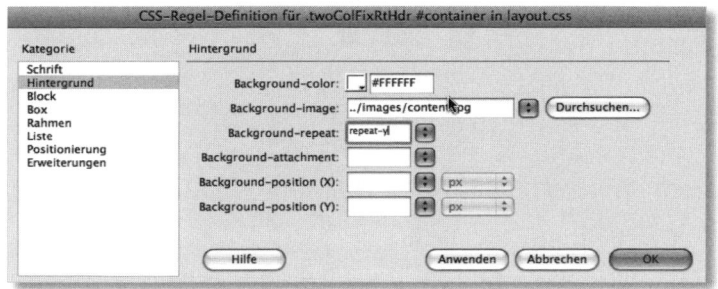

◄ **Abbildung 10.14**
Regel-Definitionen für den Hintergrund

155

### 3 Breite und oberen Rand festlegen

Legen Sie die Breite der Seite fest, indem Sie in der Kategorie Box unter WIDTH den Wert 782 eingeben. Dies entspricht der Breite unserer Grafik-Segmente im Kopf-Segment. Damit die Webseite nach oben hin einen Abstand hat, tragen wir unter MARGIN im Feld TOP ❶ den Wert 20 ein und wählen als Einheit PX (Pixel) ❷ aus.

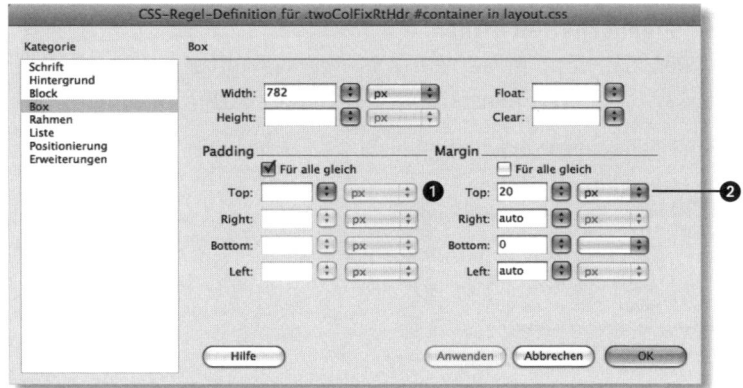

### 4 Ränder entfernen

Standardmäßig wird um den Container-Bereich ein schwarzer Rand eingeblendet. Um diesen zu entfernen, wechseln Sie in die Kategorie RAHMEN und entfernen dort für die erste Eigenschaft TOP in allen drei Spalten STYLE, WIDTH und COLOR die ersten Einträge. Setzen Sie dazu einfach Ihren Cursor in die Felder ❸ und ❹ und ❺ und drücken (Entf).

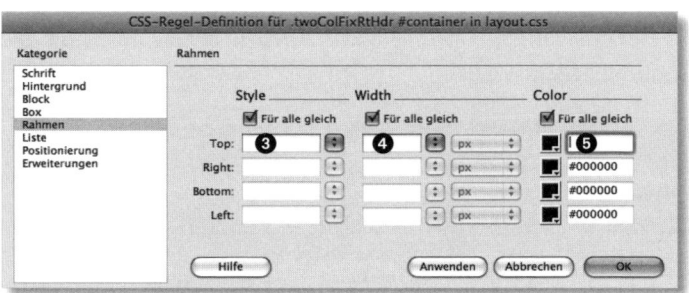

**Abbildung 10.15** ▶
Definieren Sie die CSS-Eigenschaften des Hintergrundes.

### 5 Bearbeitung abschließen

Klicken Sie anschließend auf OK, um die Bearbeitung abzuschließen. Wie Sie am Ergebnis sehen können, wird unsere Hintergrundgrafik horizontal gekachelt. Jedoch wird der Hintergrund im

Moment noch durch den Kopf-, Seiten- und Fußbereich überlagert. Diesen Fehler werden wir im Laufe der nächsten Schritt-für-Schritt-Anleitungen beheben.

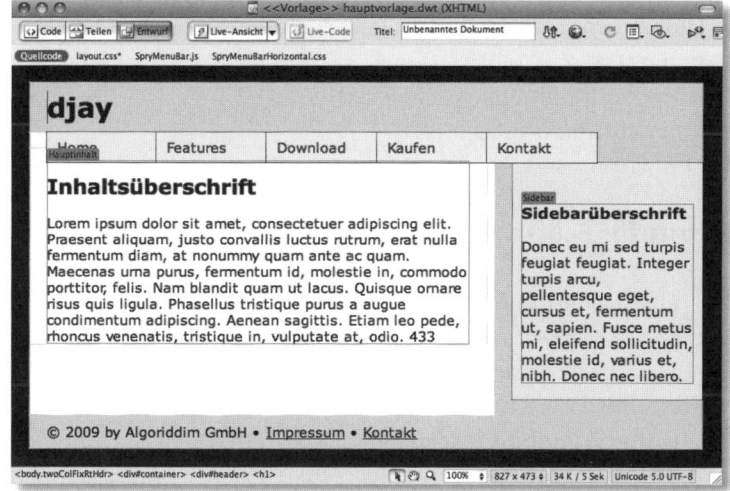

◀ **Abbildung 10.16**
Die Hintergrundgrafik wird horizontal gekachelt.

Zur besseren Darstellung können Sie auch die Live-Ansicht aktivieren.

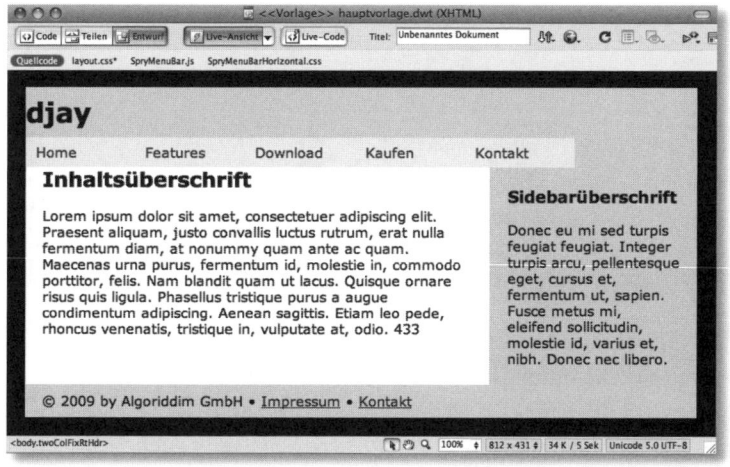

◀ **Abbildung 10.17**
Das Ergebnis in der Live-Ansicht ■

### 10.3.3 Die CSS-Regel #header bearbeiten

Die CSS-Regel #header legt das Design für den Kopfbereich fest. Der #header-Selektor umfasst in unserem Fall auch den Navigationsbereich. In den Eigenschaften zu diesem Bereich werden wir unter anderem unser vorbereitetes Grafik-Segment *header.jpg* als Hintergrundbild einsetzen. Folgende Einstellungen werden wir vornehmen:

▸ Hintergrundgrafik *header.jpg* festlegen
▸ Hintergrundgrafik soll nicht gekachelt werden (keine Wiederholung)
▸ Höhe des Kopfbereichs: 166 Pixel
▸ Innenabstände auf 0 setzen

### Schritt für Schritt: CSS-Regel #header bearbeiten

**1  Eigenschaften öffnen**
Klicken Sie doppelt auf die CSS-Regel #header im Fenster CSS-STILE, um das Fenster mit den Eigenschaften zu öffnen.

**2  Hintergrundbild festlegen**
Wählen Sie in der Kategorie HINTERGRUND das Hintergrundbild (BACKGROUND-IMAGE) *header.jpg* mit der Einstellung NO-REPEAT aus.

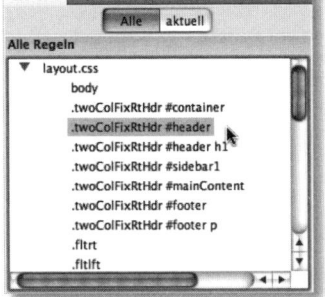

**Abbildung 10.18** ▲
Wir definieren die Eigenschaften von #header.

**Abbildung 10.19** ▶
Die Regel-Definitionen

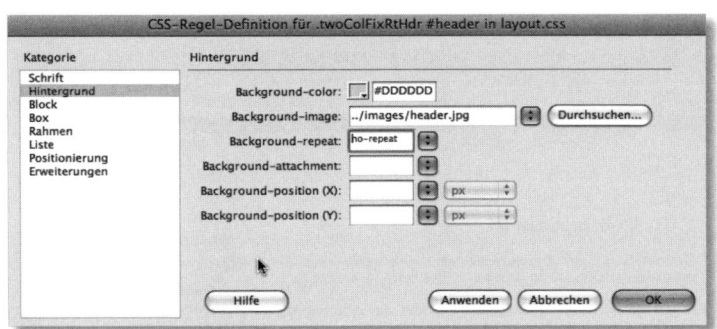

**3  Höhe und Innenabstände festlegen**
Legen Sie die Höhe des Kopfbereichs fest, indem Sie in der Kategorie BOX unter HEIGHT ❶ den Wert 166 eingeben. Dies entspricht der Höhe unseres Grafik-Segments. Die Breite brauchen wir nicht mehr einzustellen, da wir die Breite im #container-Bereich festgelegt haben, der alle Bereiche umschließt.

Setzen Sie außerdem alle Innenabstände (PADDING) ❷ und Ränder (MARGIN) ❸ in der Kategorie BOX ❹ auf 0. Dies ist später für die Positionierung der Navigation notwendig.

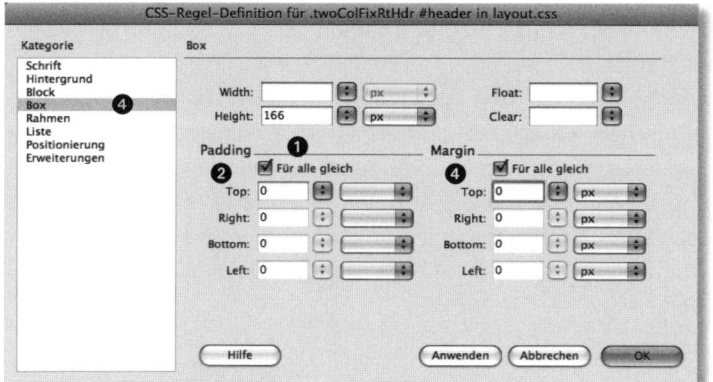

◂ **Abbildung 10.20**
PADDING und MARGIN müssen
auf 0 gesetzt werden.

## 4 Bearbeitung abschließen

Klicken Sie danach auf OK, um die Bearbeitung abzuschließen und
betrachten Sie das Ergebnis in der Live-Ansicht. Der Kopfbereich
enthält jetzt das gewünschte Grafik-Segment. Es wird im Moment
noch vom Haupttitel und der Navigation überlagert. Dieses Problem werden wir weiter unten beheben.

◂ **Abbildung 10.21**
Das Ergebnis sieht dann so
aus. ∎

### 10.3.4 Die CSS-Regel #header h1 bearbeiten

Die CSS-Regel #header h1 legt das Design für die Hauptüberschrift innerhalb des #header-Bereichs fest. Als Text haben wir
für unsere Hauptüberschrift »djay« in der Vorlage verwendet.
Dies ist eigentlich nicht mehr notwendig, da wir im Kopfbereich

**Fahrner Image Replacement**

Der Trick mit dem Ausblenden der Überschrift durch eine Texteinrückung wird Fahrner Image Replacement (kurz FIR) genannt. Für die Arbeit mit CSS gibt es zahlreiche Tricks, wobei allerdings nur die wichtigsten einen Namen besitzen.

ein Grafik-Segment eingefügt haben, das diesen Text bereits als Grafik enthält.

Wir sollten den Text der Hauptüberschrift dennoch nicht einfach löschen, da er für Suchmaschinen und Lesesysteme für Sehbehinderte nützlich ist. Wir können ihn scheinbar zum Verschwinden bringen, indem wir die Texteinrückung ganz weit nach links verschieben. Folgende Anpassungen nehmen wir vor:

▸ Texteinrückung auf eine hohen negativen Wert (z. B. -1000 px) setzen

## Schritt für Schritt: CSS-Regel #header-h1 bearbeiten

**1 Eigenschaften öffnen**

Klicken Sie doppelt auf die CSS-Regel #header h1 im Fenster CSS-STILE, um das Fenster mit den Eigenschaften zu öffnen.

**Abbildung 10.22** ▸
Diese Regel ist für die Überschrift 1 im Header.

**2 Texteinrückung festlegen**

Geben Sie im Feld TEXT-INDENT (TEXTEINZUG) -1000 in der Kategorie BLOCK ein. Dadurch wird der Text weit nach links aus dem Browserfenster hinaus verschoben.

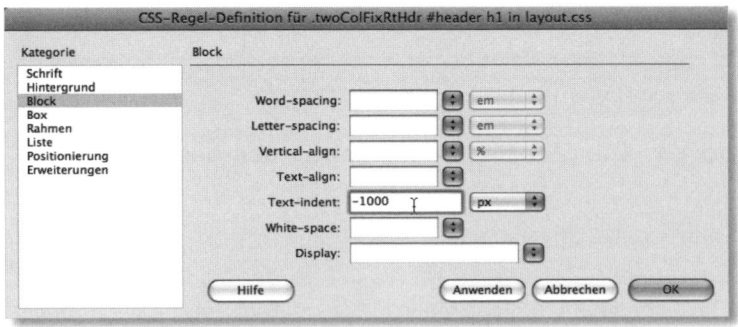

**Abbildung 10.23** ▸
Die Regel-Definition

### 3 Bearbeitung abschließen

Klicken Sie danach auf OK, um die Bearbeitung abzuschließen. Die Hauptüberschrift überdeckt nun nicht mehr den Kopfbereich. Es wird jetzt nur noch der Schriftzug innerhalb des Bildes angezeigt.

◀ **Abbildung 10.24**
Nur noch Schrift unter dem Bild wird angezeigt.

## 10.3.5 Die CSS-Regel #mainContent

Die CSS-Regel #mainContent legt das Design für den Hauptbereich fest. Sie können hier zum Beispiel eine andere Schriftart oder -farbe festlegen. Für unser Übungsbeispiel ist keine Einstellung erforderlich.

## 10.3.6 Die CSS-Regel #sidebar1

Der rechte Bereich neben dem Hauptinhalt wird über die CSS-Regel #sidebar1 festgelegt. Wir werden hier nur die beiden folgenden Anpassungen vornehmen:

- ▸ Hintergrundfarbe entfernen
- ▸ Innenabstände ändern

### Schritt für Schritt: CSS-Regel #sidebar1 bearbeiten

### 1 Eigenschaften öffnen

Klicken Sie im Fenster CSS-STILE doppelt auf die CSS-Regel #sidebar1.

### 2 Hintergrundfarbe entfernen

Löschen Sie den Farbwert im Feld BACKGROUND-COLOR ❶ in der Kategorie HINTERGRUND.

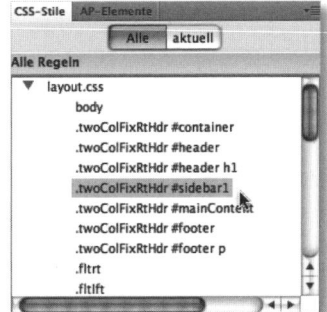

▲ **Abbildung 10.25**
Die Sidebar wird bearbeitet.

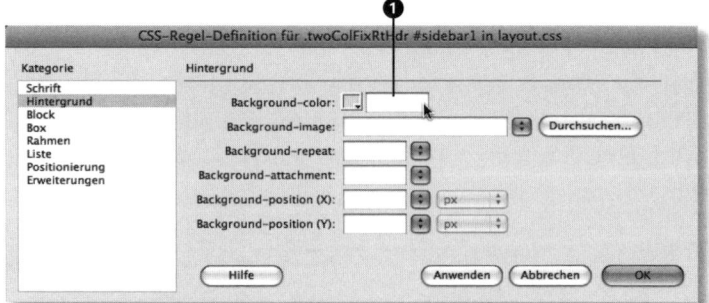

▲ **Abbildung 10.26**
Die Regel-Definition für die Sidebar

### 3   Ränder einstellen

Damit der Inhalt in der Sidebar richtig positioniert wird, deaktivieren Sie die Checkbox Für alle gleich ❷ und stellen die Innenabstände im Bereich Padding in der Kategorie Box wie folgt ein:

▶ Top : 5
▶ Right: 20
▶ Bottom: 5
▶ Left: 10

Achten Sie darauf, dass überall die Einheit px eingestellt ist.

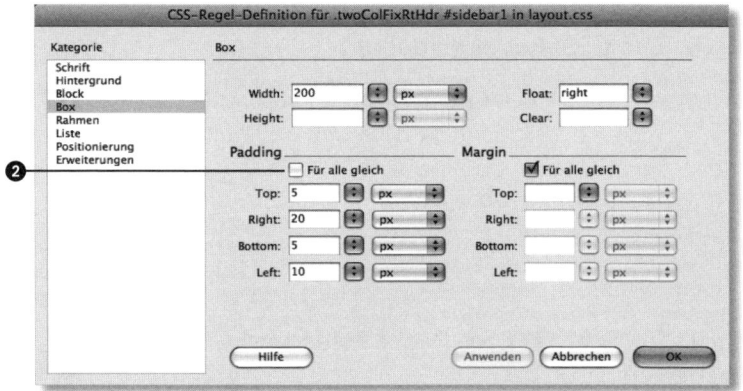

▲ **Abbildung 10.27**
Vergessen Sie nicht, als Maßeinheit px auszuwählen.

### 4   Bearbeitung abschließen

Klicken Sie danach auf OK, um die Bearbeitung abzuschließen.

### 10.3.7   Die CSS-Regel #footer

Folgende Eigenschaften werden wir für die CSS-Regel #footer
einstellen:

- ▶ Hintergrundfarbe auf Schwarz ändern
- ▶ Hintergrundgrafik *footer.jpg* festlegen
- ▶ Hintergrundgrafik soll nicht gekachelt werden (keine Wieder-
  holung)
- ▶ Innenabstände einstellen

### Schritt für Schritt: CSS-Regel #footer bearbeiten

**1** **Eigenschaften öffnen**

Klicken Sie doppelt auf die CSS-Regel #footer im Fenster CSS-
Stile.

**2** **Hintergrund einstellen**

Stellen Sie in der Kategorie HINTERGRUND die Hintergrundfarbe auf Schwarz (#000). Wählen Sie anschließend das Hintergrundbild *footer.jpg* aus und stellen Sie im Feld BACKGROUND-REPEAT den Wert NO-REPEAT ein.

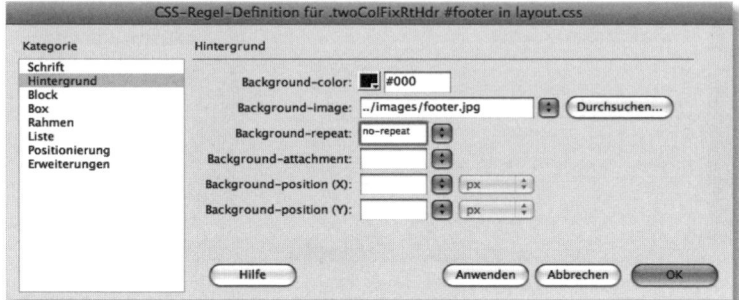

**Abbildung 10.30** ▶
Die CSS-Definition des Footers

**3** **Innenabstände und Ränder einstellen**

Setzen Sie sämtliche Innenabstände (PADDING) und Ränder (MARGIN) in der Kategorie BOX auf 0. Am schnellsten geht es, wenn Sie die Checkbox FÜR ALLE GLEICH aktiviert lassen, dann müssen Sie nur für den ersten Wert die 0 eintippen.

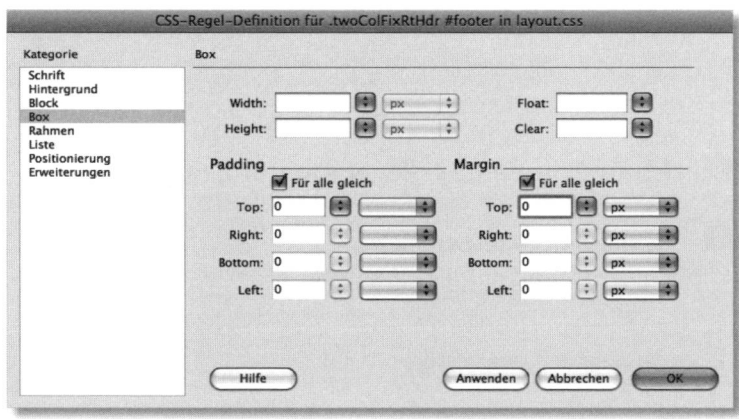

**Abbildung 10.31** ▶
Auch hier müssen Sie bei MARGIN und PADDING eine 0 eintragen.

**4** **Bearbeitung abschließen**

Klicken Sie danach auf OK, um die Bearbeitung abzuschließen. Der Text mit dem Copyrighthinweis ist im Moment noch etwas unschön platziert. Das werden wir mit der nächsten CSS-Regel ändern.

◄ **Abbildung 10.32**
Ein weiterer Zwischenschritt ■

## 10.3.8 Die CSS-Regel #footer p

Die CSS-Regel #footer p legt das Format für die Absätze im Footer fest. Wir werden folgende Einstellungen vornehmen:

▸ Schriftgröße: 12 Pixel
▸ Textfarbe: weiß
▸ Abstände erhöhen

## Schritt für Schritt: CSS-Regel #footer p bearbeiten

**1** Eigenschaften öffnen
Klicken Sie doppelt auf die CSS-Regel #footer p im Fenster CSS-STILE.

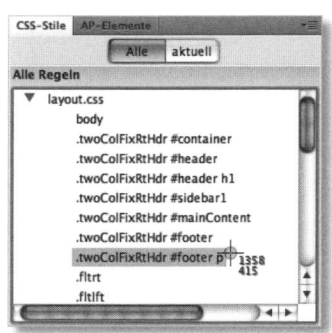

◄ **Abbildung 10.33**
Der Absatz innerhalb des Footers wird nun bearbeitet.

## 2  Schriftgröße einstellen

Stellen Sie die Schriftgröße (FONT-SIZE) in der Kategorie SCHRIFT auf 12 (Pixel) ein und wählen Sie Weiss (#FFF) für die Schriftfarbe aus (COLOR).

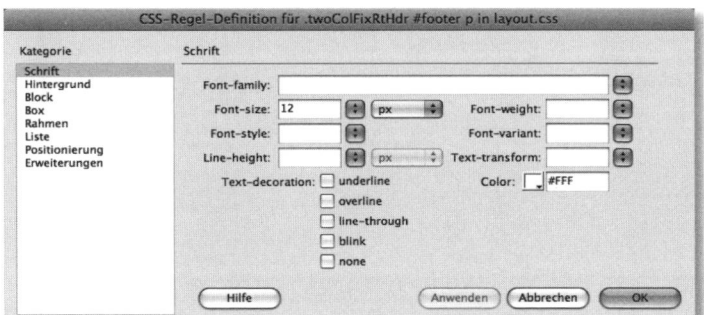

**Abbildung 10.34** ▶
Die CSS-Regel-Definitionen

## 3  Innenabstände einstellen

Damit der Inhalt im Footer richtig positioniert wird, stellen Sie die Innenabstände unter PADDING in der Kategorie BOX wie folgt ein:

- ▶ OBEN: 20
- ▶ RECHTS: 0
- ▶ UNTEN: 10
- ▶ LINKS: 20

Achten Sie darauf, dass überall die Einheit PX eingestellt ist. Nullwerte benötigen keine Einheit.

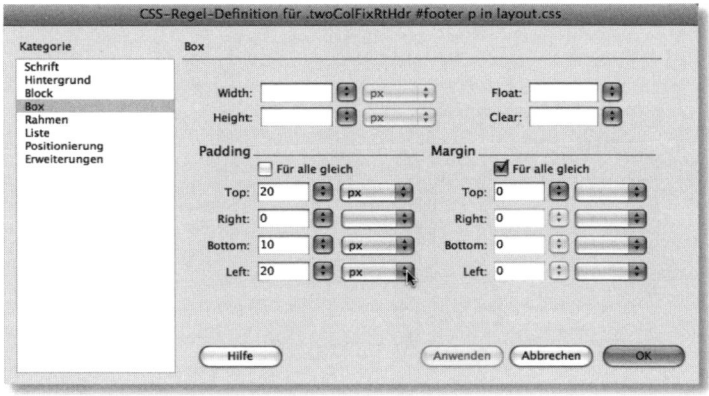

**Abbildung 10.35** ▶
Auch hier müssen Sie die
Einheit PX auswählen.

## 4  Bearbeitung abschließen

Klicken Sie danach auf OK, um die Bearbeitung abzuschließen.

▲ **Abbildung 10.36**
Sieht fast schon fertig aus, unsere Webseite. ■

Obwohl wir eine weiße Schrift eingestellt haben, werden die Links immer noch blau angezeigt, was auf einem schwarzen Hintergrund schlecht lesbar ist. Um die Farbe der Links einzustellen, muss eine neue CSS-Regel #footer p a angelegt werden, was wir am Ende des Kapitels nachholen werden.

Unser Layout ist nun fast fertig. Bis auf die Darstellung der Spry-Menüleiste stimmt das Layout genau mit dem von uns geplanten Design überein. Im nächsten Abschnitt werden wir nun noch das Aussehen der Navigation korrigieren, um das Layout der verschiedenen Bereiche auf der Beispielwebsite abzuschließen.

## 10.4  CSS-Regeln für die Navigation

Beim Einfügen des horizontalen Spry-Menüs hat Dreamweaver die CSS-Datei *SpryMenuBarHorizontal.css* angelegt. Damit die Navigation auch in unser Design passt, müssen wir zwei CSS-Regeln im Stylesheet *SpryMenuBarHorizontal.css* bearbeiten:

▶ Navigation an die richtige Stelle verschieben
▶ Hintergrundfarbe entfernen

## Schritt für Schritt: CSS-Regeln für Navigation anpassen

**Abbildung 10.37** ▲
Die MenuBar wird gestylt.

**1** **CSS-Regeln für das Spry-Menü anzeigen**

Blenden Sie zunächst durch einen Klick auf das Dreieck neben *layout.css* die CSS-Regeln für dieses Stylesheet aus. Sie sollten nun die CSS-Klassen der Datei *SpryMenuBarHorizontal.css* sehen. Falls nicht, klicken Sie auf das Dreieck neben dem Dateinamen.

**2** **Innenabstände ändern**

Doppelklicken Sie auf die CSS-Regel `ul.MenuBarHorizontal` und deaktivieren Sie in der Kategorie Box unter MARGIN (Rand) die Checkbox FÜR ALLE GLEICH ❶. Geben Sie anschließend Folgendes ein:

▸ TOP: 72
▸ RIGHT: 0
▸ BOTTOM: 0
▸ LEFT: 0

Achten Sie darauf, dass bei 72 die Einheit auf PX eingestellt ist. Klicken Sie anschließend auf OK.

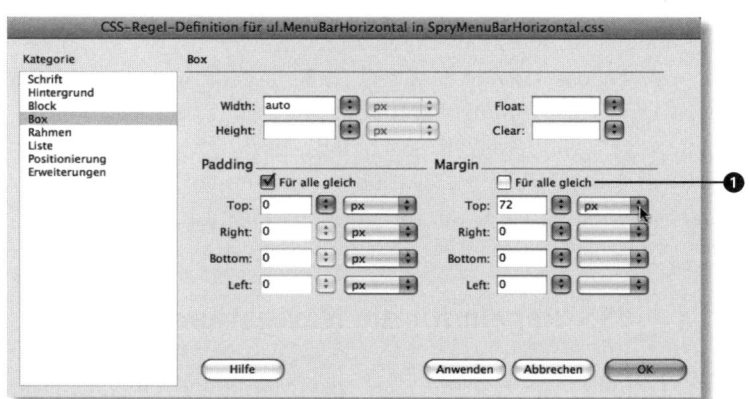

**Abbildung 10.38** ▸
Geben Sie diese Werte das CSS-Regel-Definition-Fenster ein.

**3** **Hintergrundfarbe entfernen**

Für die Hintergrundfarbe ist die CSS-Regel `ul.MenuBarHorizontal a` zuständig. Klicken Sie doppelt auf diese Regel und entfernen Sie den Farbcode im Feld BACKGROUND-COLOR ❷ in der Kategorie HINTERGRUND. Klicken Sie anschließend auf OK.

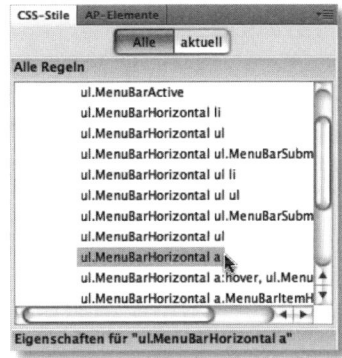

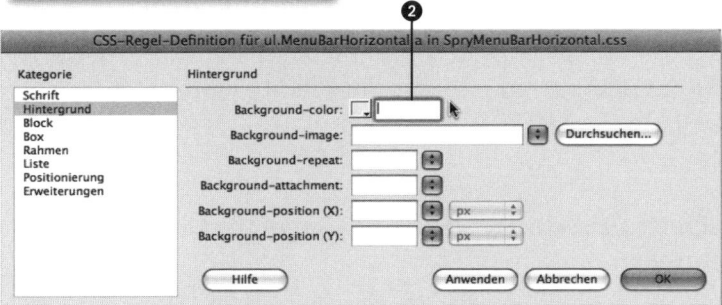

◄ **Abbildung 10.39**
Formatierung der Menu-Links

**4** **Speichern und testen**

Spätestens jetzt sollten Sie Ihr Ergebnis speichern und anschließend in verschiedenen Webbrowsern testen.

◄ **Abbildung 10.40**
Unsere Website in der Live-Ansicht.

## 10.5 Eigene CSS-Regeln erstellen

Bisher hat es ausgereicht, vorhandene CSS-Regeln zu bearbeiten und an Ihre Bedürfnisse und Designvorgaben anzupassen. Es gibt jedoch Fälle, wo Sie eigene CSS-Regeln erstellen müssen. Um zum Beispiel die Überschriften im Hauptbereich und in der Seitenleiste festzulegen, müssen wir eigene CSS-Regeln definieren, da hierfür keine passenden vorhanden sind.

### 10.5.1 CSS-Regel für die Überschrift erstellen

In der folgenden Schritt-für-Schritt-Anleitung wird gezeigt, wie die Schriftart für die Überschriften im Hauptbereich geändert wird.

**Schritt für Schritt: Neue CSS-Regel für Überschrift erstellen**

**1** **Einfügemarke positionieren**
Positionieren Sie die Einfügemarke im Dokumentenfenster der Datei in der Überschrift des Hauptbereichs.

**Abbildung 10.41** ▲
Klicken Sie auf den Hauptbereich.

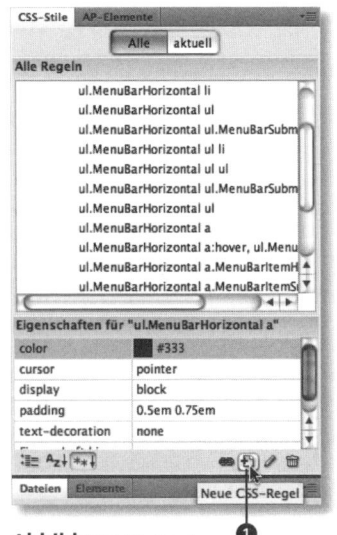

**Abbildung 10.42** ▲
Eine neue CSS-Regel

**2** **Neue CSS-Regel**
Klicken Sie im Fenster CSS-STILE auf das Symbol ❶, um eine neue CSS-Regel zu erstellen.

## 3 Einstellungen für die neue CSS-Regel

Um eine CSS-Regel zu erstellen, die auf Ihrer Auswahl beruht, wählen Sie in der Liste unter Selektor-Typ den Wert ZUSAMMEN-GESETZTER AUSDRUCK (BERUHT AUF IHRER AUSWAHL) ❷ aus.

Dreamweaver sollte nun automatisch den richtigen Selektor (SELEKTOR-NAME) ❸ wählen. Aufgrund eines Fehlers im Programm (dieser kann inzwischen bei Ihrer Version behoben sein) enthält der Selektor einen überflüssigen Namen. Falls dort »mmtemplate:editable« steht, löschen Sie dieses. Anschließend sollte das Feld SELEKTOR-NAME Folgendes enthalten: .twoColFixRtHdr #container #mainContent h2

Sie müssen außerdem festlegen, in welche CSS-Datei die neue CSS-Regel eingefügt werden soll. Wählen Sie »layout.css« ❹ aus und bestätigen Sie mit OK.

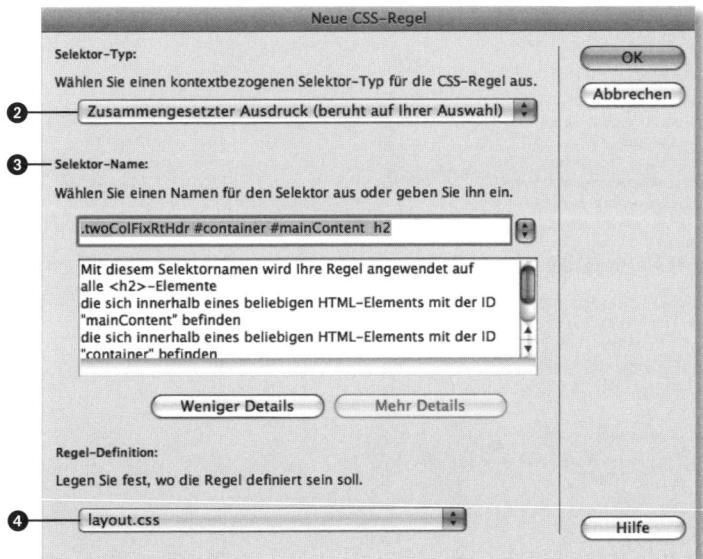

▲ **Abbildung 10.43**
Bestätigen Sie diesen Dialog mit OK.

## 4 Schriftgröße festlegen

Es öffnet sich wieder das gewohnte Fenster zum Festlegen der Eigenschaften dieser Regel. Legen Sie in der Kategorie SCHRIFT die gewünschte Schriftgröße – zum Beispiel »20 px« – fest (siehe Abbildung 10.44).

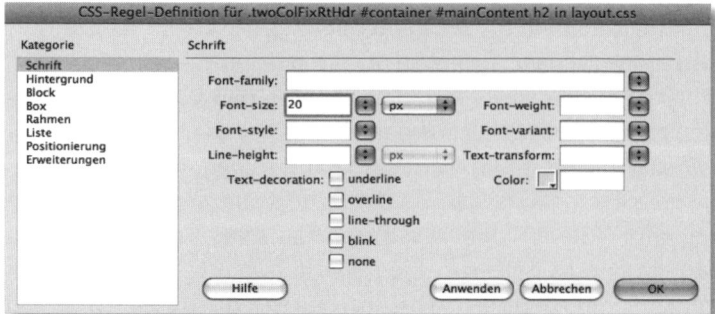

**Abbildung 10.44** ▶
Die Schriftgröße wird auf 20 px gesetzt.

**5 Bestätigen mit OK**

Durch Klick auf die OK-Schaltfläche wird die neue CSS-Regel angelegt und erscheint im Fenster CSS-STILE.

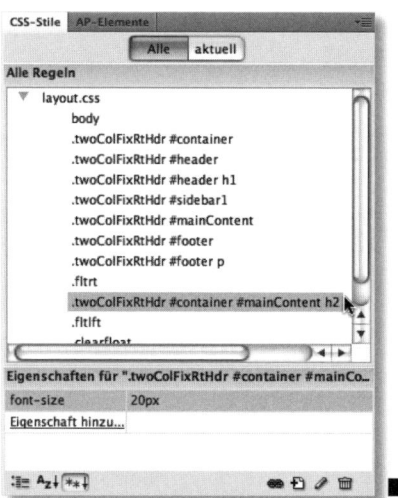

**Abbildung 10.45** ▶
So sieht die Übersicht über die bisher erstellten CSS-Regeln aus.

Genauso können Sie auch eine neue CSS-Regel für die Überschrift des rechten Seitenbereichs anlegen.

### 10.5.2 CSS-Regel für die Links in der Fußzeile erstellen

Um die Farbe der Links einzustellen, legen wir eine neue CSS-Regel an, die die Farbe der Links ausschließlich in der Fußzeile verändern soll. Folgende Einstellungen werden wir vornehmen:

▶ Schriftarbe auf Weiß setzen
▶ Unterschreichung deaktivieren

# Schritt für Schritt: Neue CSS-Regel für Links in der Fußzeile erstellen

## 1 Einfügemarke positionieren

Positionieren Sie die Einfügemarke genau innerhalb eines Links in der Fußzeile.

◄ **Abbildung 10.46**
Links in der Fußzeile

## 2 CSS-Regel erstellen

Um eine neue CSS-Regel zu erstellen, klicken Sie im Fenster CSS-STILE auf das Symbol ❶.

## 3 Einstellungen für die neue CSS-Regel

Im folgenden Fenster NEUE CSS-REGEL brauchen Sie keine Änderungen vorzunehmen. Bestätigen Sie die Einstellung durch einen Klick auf die OK-Schaltfläche.

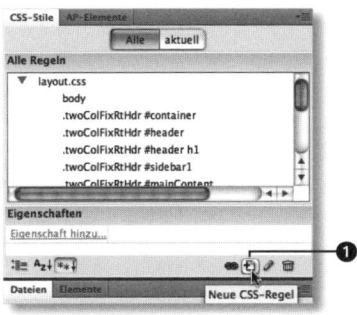

▲ **Abbildung 10.47**
Klicken Sie auf dieses Symbol.

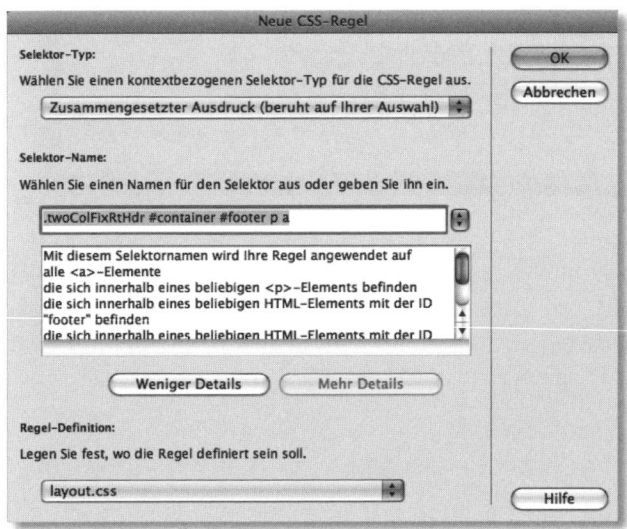

◄ **Abbildung 10.48**
Eine weitere CSS-Regel

## 4 Farbe einstellen und Unterstreichung deaktivieren

Legen Sie die Textfarbe fest, indem Sie im Feld COLOR die Farbe Weiß (#FFF) wählen. Um die Unterstreichung zu deaktivieren, setzen Sie ein Häckchen neben NONE.

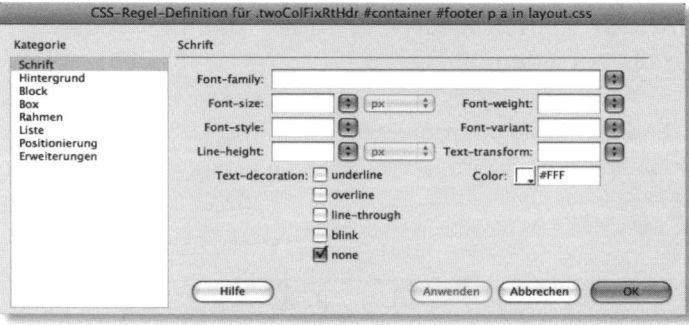

**Abbildung 10.49** ▶
Setzen Sie die Textfarbe auf #fff.

## 5 Fertig

**Abbildung 10.50** ▶
Die Beispielseite

In diesem Kapitel haben Sie gelernt, wie Sie ein professionelles Layout in CSS umsetzen. Dank der Layoutvorlagen in Dreamweaver CS4 mussten wir nur einige CSS-Regeln bearbeiten, um das gewünschte Ergebnis zu erzielen.

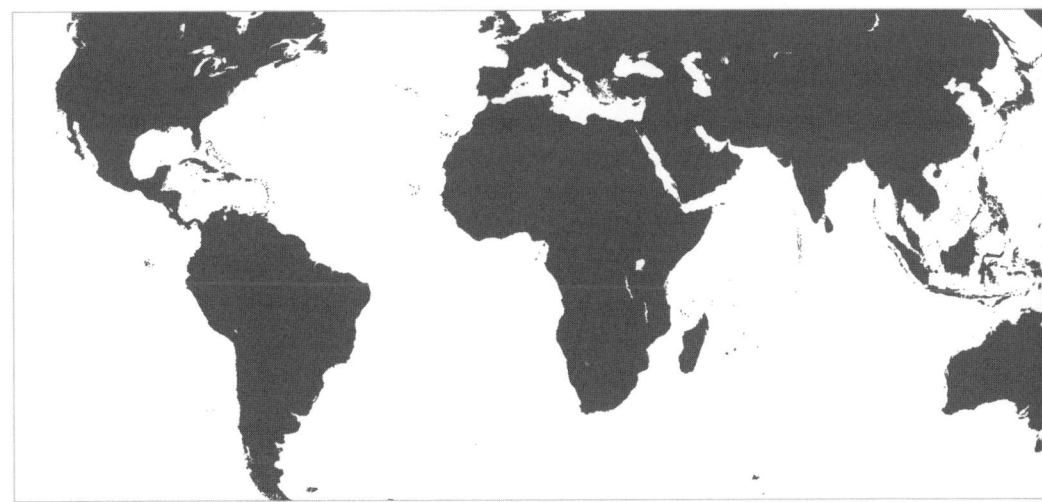

# Kapitel 11

## Websites testen, veröffentlichen und verwalten

So bringen Sie Ihre Website online

- ▶ Wie teste ich meine Website?
- ▶ Was ist FTP?
- ▶ Wie übertrage ich Dateien?
- ▶ Welche Vorteile bietet InContext Edititing?

# 11 Websites testen, veröffentlichen und verwalten

Eine Website, die nur auf Ihrer lokalen Festplatte liegt, kann sich noch kein Surfer anschauen. In diesem Kapitel lernen Sie, Ihre Site auf einen Webserver zu übertragen, sie zu testen und in Dreamweaver zu verwalten.

## 11.1 Website im Browser testen

Bevor Sie eine fertige Website veröffentlichen, sollten Sie sie zuerst ausgiebig testen. Nehmen Sie sich dafür genügend Zeit. Vernachlässigt man die Testphase, treten schnell die folgenden Fehler auf:

▶ Die Website funktioniert nicht auf allen bekannten Webbrowsern.

▶ Bilder werden nicht angezeigt, weil die Verweise in der Webseite falsch angelegt sind.

▶ Links führen ins Leere oder zu Webseiten, die nicht mehr existieren.

### 11.1.1 Browservielfalt

**Tests sind essentiell**

Sie sollten Ihre Website daher nicht nur im Internet Explorer, sondern möglichst auch mit den folgenden Browsern testen:
▶ Firefox
▶ Safari
▶ Opera

Der wichtigste Arbeitsschritt ist der Test sämtlicher Webseiten in diversen Browsern. Webseiten, die nur in einem bestimmten Browser funktionieren, sind unprofessionell.

Besonders wichtig ist der Browser *Firefox* (*http://www.mozilla-europe.org*). Er läuft auf allen üblichen Betriebssystemen, hält sich an die Webstandards und weist fast keine Sicherheitslücken auf. Inzwischen verwenden immer mehr Benutzer diesen Browser. Erst wenn Ihre Webseiten in Firefox funktionieren, sollten Sie Tests in den anderen Browsern vornehmen. So ist gewährleistet, dass Sie zum Beispiel nicht irgendeine Fehlfunktion des Internet Explorers nutzen, die nicht den Webstandards entspricht und nicht in anderen Browsern funktioniert.

Der *Internet Explorer* ist unter Windows-Betriebssystemen bereits vorinstalliert und hat dadurch einen sehr hohen Marktanteil. Sie sollten Ihre Websites also unbedingt für die aktuellste Version (Internet Explorer 7) testen, die auch weitgehend Webstandards unterstützt. Da auch die Vorgängerversion 6 noch sehr weit verbreitet ist, sollten Sie Ihre Website auch in dieser Version des Browsers testen. Da es inzwischen keinen aktuellen Internet Explorer mehr für Mac OS X gibt, sollten Mac-Anwender Ihre Webseiten auch unter Windows testen.

Safari von Apple ist ein sehr schneller Browser, der sich wie Firefox an die Standards hält. Seit Version 3 gibt es diesen Browser auch für Windows (*http://www.apple.com/de/safari/download/*). Windows-Nutzer sollten Ihre Webseiten sicherheitshalber trotzdem direkt auf einem Apple-Computer testen. In jedem Fall sollten Sie Safari bei Ihren Tests nicht außen vor lassen, denn gerade viele professionelle Anwender benutzen einen Mac.

Der Webbrowser *Opera* (*http://www.opera.com*) wird gerne von sogenannten Power Usern verwendet, die vor allem die Schnelligkeit und die besonderen Features dieses Browsers schätzen. Er ist jedoch nicht sehr weit verbreitet.

Der neue Webbrowser *Chrome* von Google (*http://www.google.com/chrome*) bietet ein schickes Design und komfortable Funktionen. Unter der Haube wird für die Darstellung der Website die gleiche Technik verwendet wie bei Safari (siehe Kapitel 2, Abschnitt »Webbrowser und Rendering Engines«).

> **Mehrere Internet Explorer**
>
> Der Internet Explorer lässt sich unter Windows normalerweise nur in einer Version installieren. Mit dem Programm Multiple IE können mehrere Internet-Explorer-Versionen gleichzeitig installiert werden. Die kostenlose Software kann von der Seite *http://tredosoft.com/Multiple_IE* heruntergeladen werden.

### 11.1.2 Browsershots

Unter der Adresse *http://browsershots.org* wird ein sehr praktischer Dienst angeboten, um eine Website in über 100 verschiedenen Browserversionen zu testen.

Geben Sie einfach die Adresse Ihrer Website an und klicken Sie die gewünschten Browserversionen an. Der Dienst erstellt daraufhin automatisch von jedem der ausgewählten Browser ein Bildschirmfoto.

Allerdings dauert es meist über eine Stunde, bis alle Bildschirmfotos angefertigt wurden. Auch kann man mit diesem Dienst nicht die Interaktivität (JavaScript) der eigenen Website testen. Es reicht jedoch aus, um zu sehen, ob das Layout der Website in den verschiedenen Browsern korrekt dargestellt wird.

> **Archiv**
>
> Auf der Website *http://browsers.evolt.org* findet man das größte Archiv aller Browser, die es jemals gab.

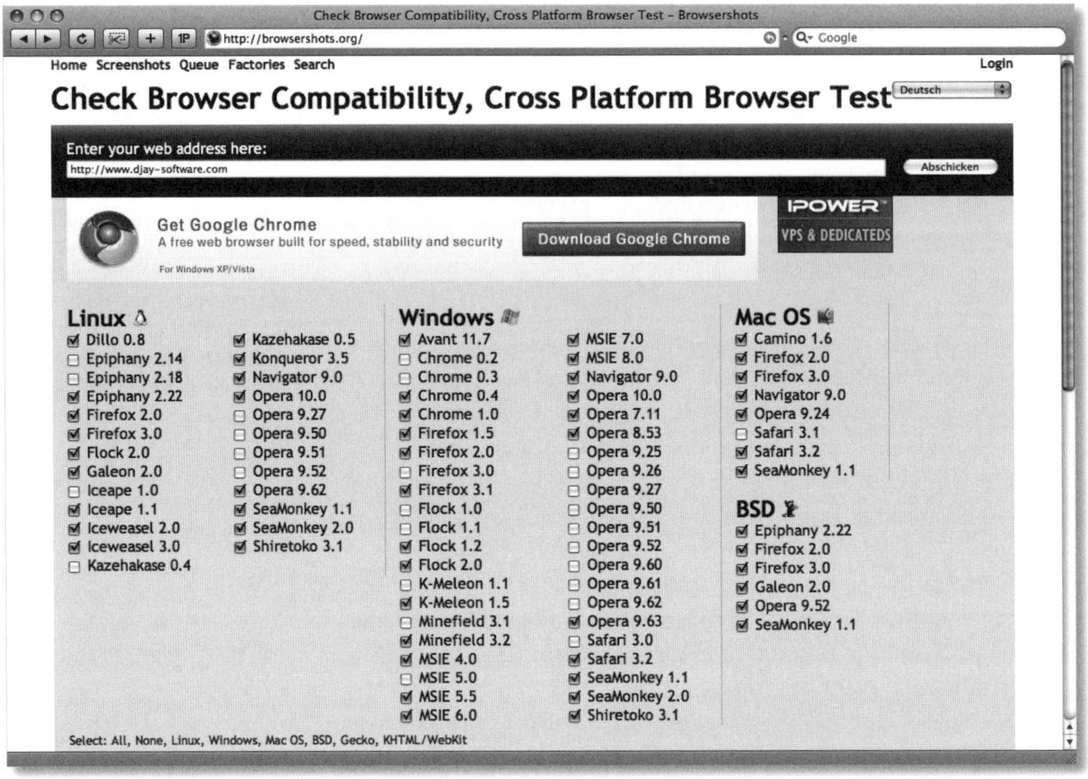

**Check Browser Compatibility, Cross Platform Browser Test – Browsershots**

http://browsershots.org/

Home  Screenshots  Queue  Factories  Search                                     Login

# Check Browser Compatibility, Cross Platform Browser Test

Enter your web address here:

http://www.djay-software.com                                          Abschicken

**Get Google Chrome**
A free web browser built for speed, stability and security

Download Google Chrome

For Windows XP/Vista

**IPOWER™**
VPS & DEDICATEDS

| Linux △ | | Windows | | Mac OS |
|---|---|---|---|---|
| ☑ Dillo 0.8 | ☑ Kazehakase 0.5 | ☑ Avant 11.7 | ☑ MSIE 7.0 | ☑ Camino 1.6 |
| ☐ Epiphany 2.14 | ☑ Konqueror 3.5 | ☐ Chrome 0.2 | ☑ MSIE 8.0 | ☑ Firefox 2.0 |
| ☐ Epiphany 2.18 | ☑ Navigator 9.0 | ☐ Chrome 0.3 | ☑ Navigator 9.0 | ☑ Firefox 3.0 |
| ☑ Epiphany 2.22 | ☑ Opera 10.0 | ☐ Chrome 0.4 | ☑ Opera 10.0 | ☑ Navigator 9.0 |
| ☑ Firefox 2.0 | ☐ Opera 9.27 | ☐ Chrome 1.0 | ☑ Opera 7.11 | ☑ Opera 9.24 |
| ☑ Firefox 3.0 | ☐ Opera 9.50 | ☑ Firefox 1.5 | ☑ Opera 8.53 | ☐ Safari 3.1 |
| ☑ Flock 2.0 | ☐ Opera 9.51 | ☑ Firefox 2.0 | ☐ Opera 9.25 | ☑ Safari 3.2 |
| ☑ Galeon 2.0 | ☐ Opera 9.52 | ☐ Firefox 3.0 | ☐ Opera 9.26 | ☑ SeaMonkey 1.1 |
| ☐ Iceape 1.0 | ☑ Opera 9.62 | ☑ Firefox 3.1 | ☐ Opera 9.27 | |
| ☑ Iceape 1.1 | ☑ SeaMonkey 1.1 | ☐ Flock 1.0 | ☐ Opera 9.50 | **BSD** 👹 |
| ☑ Iceweasel 2.0 | ☑ SeaMonkey 2.0 | ☑ Flock 1.1 | ☐ Opera 9.51 | ☑ Epiphany 2.22 |
| ☑ Iceweasel 3.0 | ☑ Shiretoko 3.1 | ☑ Flock 1.2 | ☐ Opera 9.52 | ☑ Firefox 2.0 |
| ☐ Kazehakase 0.4 | | ☑ Flock 2.0 | ☐ Opera 9.60 | ☑ Firefox 3.0 |
| | | ☐ K-Meleon 1.1 | ☐ Opera 9.61 | ☑ Galeon 2.0 |
| | | ☑ K-Meleon 1.5 | ☐ Opera 9.62 | ☑ Opera 9.52 |
| | | ☐ Minefield 3.1 | ☐ Opera 9.63 | ☑ SeaMonkey 1.1 |
| | | ☑ Minefield 3.2 | ☐ Safari 3.0 | |
| | | ☑ MSIE 4.0 | ☑ Safari 3.2 | |
| | | ☐ MSIE 5.0 | ☑ SeaMonkey 1.1 | |
| | | ☑ MSIE 5.5 | ☑ SeaMonkey 2.0 | |
| | | ☑ MSIE 6.0 | ☑ Shiretoko 3.1 | |

Select: All, None, Linux, Windows, Mac OS, BSD, Gecko, KHTML/WebKit

**Abbildung 11.1 ▲**
Mit dem Webdienst *http:// browsershots.org* können Sie von Ihrer Website Bildschirmfotos von über 100 Browsern anfertigen lassen.

## 11.1.3 Browservorschau einstellen

Dreamweaver bietet für den Browsertest eine Vorschaufunktion. Diese läuft zunächst nur mit bestimmten Browsern. Sie können die Voransicht aber auf weitere Browser ausdehnen. Diese müssen dann jedoch auf Ihrem System installiert sein.

Beachten Sie, dass für die Vorschaufunktion in Dreamweaver unter Mac OS X nicht etwa der Internet Explorer als Standard eingestellt ist, sondern der Browser Safari von Apple.

## Schritt für Schritt: Weitere Browser in die Vorschaufunktion einbinden

### 1 Browserliste bearbeiten

Wählen Sie zunächst den Menüpunkt DATEI • VORSCHAU IN BROWSER • BROWSERLISTE BEARBEITEN aus. Es öffnet sich ein Dialogfenster, in dem alle Browser angezeigt werden, die Dreamweaver kennt. Klicken Sie dann auf das Pluszeichen ❶, um weitere Programme hinzuzufügen.

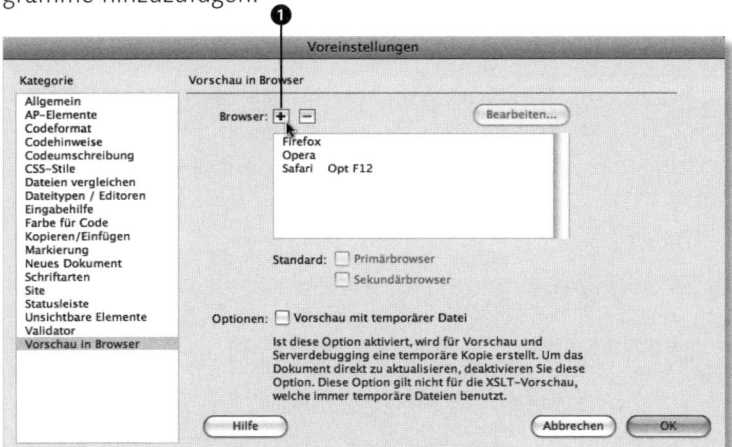

◄ **Abbildung 11.2**
Hier fügen Sie weitere Browser hinzu.

### ❷ Browser auswählen

Die folgende Dialogbox erscheint. Klicken Sie hier auf Durchsuchen und wählen Sie auf Ihrer Festplatte die ausführbare Datei (unter Windows die *.exe*-Datei) des gewünschten Browsers aus.

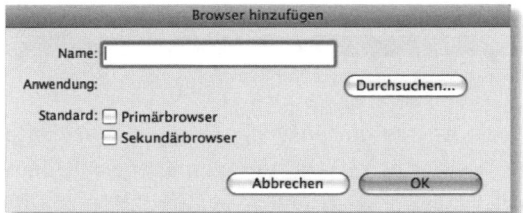

◄ **Abbildung 11.3**
Hier können Sie einen Namen und eine ausführbare Datei auswählen.

### ❸ Primär- oder Sekundärbrowser einstellen

Wenn Sie Primärbrowser wählen, so kann die Vorschau einer Webseite mit diesem Browser einfach über die Taste F12 (bzw. ⌘ + F12 am Mac) erfolgen. Firefox sollte als Primärbrowser eingestellt sein, da er die Standards sehr gut unterstützt.

Wenn Sie Sekundärbrowser wählen, kann der Browser über die Tastenkombination Strg/⌘ + F12 aufgerufen werden. Häufig wird der Internet Explorer oder Safari als Sekundärbrowser gewählt.

Wenn Sie weder Primär- noch Sekundärbrowser wählen, kann ein Browser zwar nicht über eine Tastenkombination aufgerufen werden, jedoch über das Menü Datei • Vorschau in Browser.

Klicken Sie auf OK, um einen Browser hinzuzufügen.

### 11.1.4　Website im Browser testen

Nachdem Sie die Einstellungen für die Browservorschau vorgenommen haben, drücken Sie zuerst die Taste F12 bzw. die Kombination ⌘ + F12 für den Primärbrowser und dann Strg / ⌘ + F12 für den Sekundärbrowser, um Ihre Website darin zu testen.

　　Sie können die Vorschau im Browser auch über ein Menü im Dokumentenfenster ausführen, indem Sie auf das Erdkugel-Symbol ❶ klicken und dann den gewünschten Browser aus der Liste auswählen.

**Abbildung 11.4** ▶
Hier wählen Sie einen Browser für die Vorschau.

Damit Sie für den Test der gesamten Website nicht jede Seite einzeln aufrufen müssen, ist es ratsam, die Homepage mit dem Namen *index.html* oder *index.htm* in der Vorschaufunktion zu öffnen. Ausgehend von dieser Seite können Sie über die Links in der Navigation auf alle Folgeseiten gelangen, wenn Ihre Website richtig aufgebaut ist.

### 11.1.5　Alle Hyperlinks testen

Nehmen wir an, Sie haben einen Link von der Webseite A zur Webseite X und von der Webseite B zur Webseite X erstellt. Später stellen Sie fest, dass Sie die Webseite X nicht mehr benötigen und löschen diese. Mit den Seiten A und B gibt es nun jedoch zwei Seiten, die einen Link zur nicht mehr existierenden Webseite X enthalten. Dreamweaver kann Sie mit einer Hilfsfunktion dabei unterstützen, solche Fehler zu identifizieren und zu reparieren.

## Schritt für Schritt: Links überprüfen

### 1 Website auswählen

Wählen Sie im Fenster Dateien (Menü Fenster • Dateien) die
Website aus, die Sie testen möchten (z. B. »djay Übungen«).

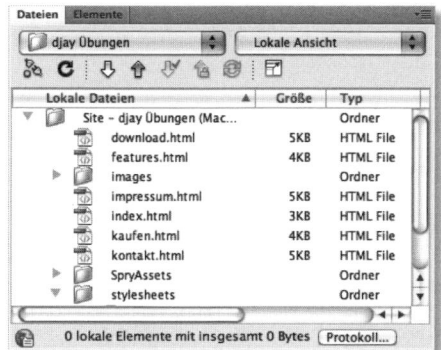

◄ **Abbildung 11.5**
Welche Seite wollen Sie
überprüfen?

### 2 Alle Links der Site prüfen

Wählen Sie Site • Hyperlinks auf der ganzen Site prüfen, um
alle Seiten Ihrer Website zu testen.

Falls im Fenster keine Dateien angezeigt werden, sind alle lokalen Links intakt, und der Test ist für Sie beendet. Externe Links,
die auf fremde Websites zeigen, werden hier nicht überprüft.

▼ **Abbildung 11.6**
Hier erscheinen die getesteten
Links.

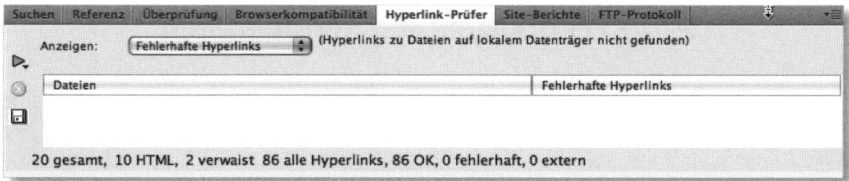

### 3 Fehler korrigieren

Wird Ihnen in der Liste der fehlerhaften Hyperlinks eine Datei
angezeigt, doppelklicken Sie diese, um sie direkt in Dreamweaver
zu öffnen. Korrigieren Sie den Fehler, indem Sie zum Beispiel die
Verknüpfung entfernen oder zur korrekten Seite verlinken.

▼ **Abbildung 11.7**
Die fehlerhaften Links werden
angezeigt.

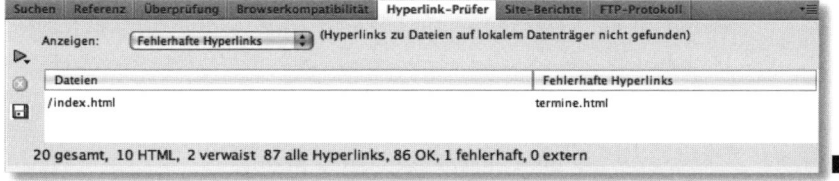

### 11.1.6 Browserkompatibilität und Zugänglichkeit prüfen

Dreamweaver bietet neben der Hyperlink-Überprüfung auch eine Funktion zur Browserkompatibilitäts-Überprüfung an. Bei diesem Test überprüft Dreamweaver, bei welchen Webbrowsern es zu Darstellungsproblemen kommen kann.

Leider läuft die Korrektur solcher Fehler nicht automatisch, so dass meist gute CSS-Kenntnisse benötigt werden.

Um die Browserkompatibilitäts-Überprüfung durchzuführen, wählen Sie im Dokumentenfenster das Symbol Seite überprüfen und dann Browserkompatibilität prüfen ❶ aus.

**Abbildung 11.8** ▼
Browserkompatibilität prüfen

Wählen Sie Zugänglichkeit überprüfen ❷ aus, um zu testen, ob Ihre Website barrierefrei ist.

## 11.2 FTP-Übertragung konfigurieren

**SFTP**

Die sicherere Variante *Secure FTP* (*SFTP*) wird auch von Dreamweaver unterstützt. Dieses Protokoll bietet u. a. den Vorteil, dass die Daten und damit auch das Passwort nur verschlüsselt übertragen werden.

Als Nächstes wollen wir die fertig erstellte und getestete Website auf den Webserver Ihres Providers übertragen, um sie im WWW zu veröffentlichen. Eine Möglichkeit, Daten im Internet zu übertragen, bietet das *File Transfer Protocol* (*FTP*). Ihr Provider hält dafür einen eigenen FTP-Server bereit. Um diesen zu kontaktieren und Daten dorthin zu übertragen, benötigen Sie besondere Zugangsdaten. Erfragen Sie diese bei Ihrem Provider.

Die Zugangsdaten für einen FTP-Server bestehen in der Regel aus

▸ der Adresse des FTP-Servers (z. B. *ftp.provider.de*),
▸ einem Benutzernamen (in Dreamweaver auch Anmeldung genannt),
▸ einem persönlichen Kennwort,
▸ einem Stammorder, auch Root-Ordner genannt, in dem Sie Dateien auf dem Server ablegen können.

▶ Um Dreamweaver dafür vorzubereiten, mit dem FTP-Server Ihres Providers Kontakt aufzunehmen und Daten dorthin zu übertragen, gehen Sie wie folgt vor:

## Schritt für Schritt: FTP-Server in Dreamweaver einrichten

### 1 Zu übertragende Site auswählen
Wählen Sie SITE • SITES VERWALTEN aus, um eine Übersicht der Sites zu erhalten.

Klicken Sie zuerst die Site an, für die Sie die FTP-Einstellungen vornehmen möchten (in unserem Beispiel »djay Übungen«) ❶ und wählen dann BEARBEITEN ❷.

### 2 Erweiterte Einstellungen auswählen
Wählen Sie ERWEITERT ❸ aus, um die FTP-Einstellungen für die Site vorzunehmen.

▲ **Abbildung 11.9**
»djay Übungen« bearbeiten

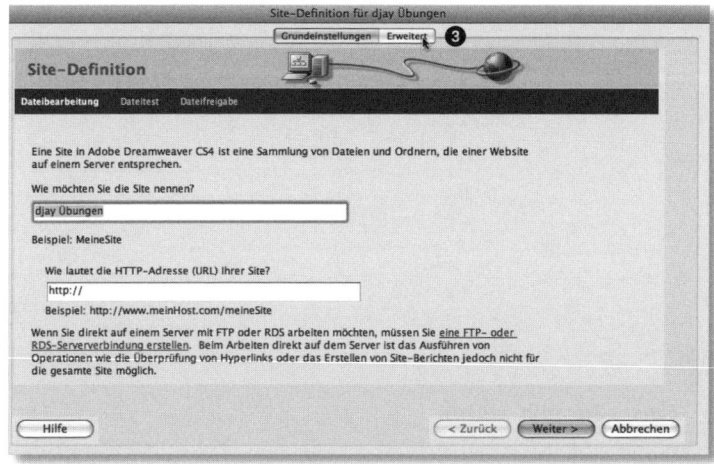

◀ **Abbildung 11.10**
Klicken Sie auf ERWEITERT.

### 3 Remote-Informationen
Im folgenden Menü sehen Sie in der linken Spalte alle Einstellungskategorien für Ihre Site.Wählen Sie hier REMOTE-INFORMATIONEN ❹ aus.

Es gibt mehrere Techniken, um Dateien auf einen Webserver zu übertragen. Im Normalfall wählen Sie FTP ❺. Wenn Ihr Webserver sich allerdings im lokalen Netzwerk befindet, wählen Sie LOKAL/NETZWERK aus.

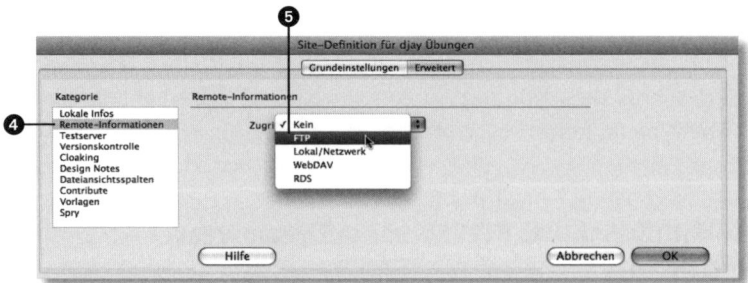

### 4 FTP-Benutzerdaten eingeben

Tragen Sie im folgenden Fenster die Benutzerdaten ein, die Sie
von Ihrem Provider erhalten haben. Damit Sie das Passwort nicht
bei jeder Übertragung erneut eingeben müssen, klicken Sie ins
Kontrollfeld SPEICHERN ❻. Abhängig von Ihrem FTP-Zugang müssen Sie gegebenenfalls die Kontrollkästchen PASSIVES FTP VER-
WENDEN oder SECURE FTP (SFTP) VERWENDEN ❾ mit einem Haken
versehen.

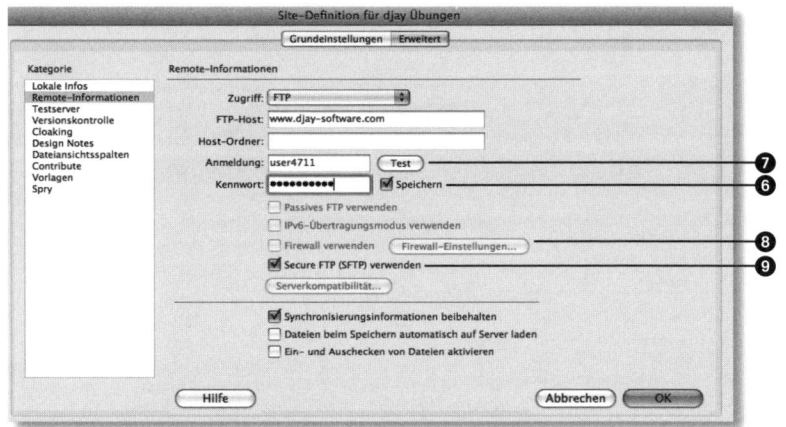

### 5 Einstellungen testen

Klicken Sie auf die Schaltfläche TEST ❼, um Ihre Einstellungen zu
überprüfen. Dreamweaver stellt dann probeweise eine Verbindung zu dem angegebenen FTP-Server her.

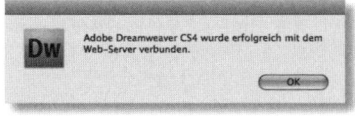

Falls die Verbindungsaufnahme fehlschlägt, überprüfen Sie außer
Ihren Benutzerdaten auch den Zugang zum Internet. Falls Sie kei-

nen Fehler gefunden haben und die Verbindung dennoch nicht zustandekommt, so liegt es vermutlich daran, dass auf Ihrem Rechner weitere Einstellungen vorgenommen werden müssen, wie zum Beispiel das Ausschalten einer Firewall.

### **6**  Firewall-Einstellungen und passives FTP

Viele Firewalls lassen mit der Einstellung PASSIVES FTP VERWENDEN eine FTP-Übertragung zu. Prüfen Sie die Verbindung, indem Sie erneut TEST anklicken.Wenn Ihr lokaler Rechner aus Sicherheitsgründen durch eine Firewall geschützt ist, klicken Sie auf FIREWALL-EINSTELLUNGEN ❽ und erfragen die richtigen Eingaben bei Ihrem Netzwerkadministrator.

### **7**  Fertig

Klicken Sie auf OK, um die Einstellungen zu speichern. Die Vorbereitungen für die Übertragung der Website auf den Webserver sind nun abgeschlossen. ■

## 11.3  Übertragen der Site auf den Server

Die Verbindung zum Webserver ist nun vorbereitet und kann jederzeit hergestellt werden. Nun übertragen wir die Dateien auf den Server. Dreamweaver bietet dafür grundsätzlich drei verschiedene Methoden an:

► Übertragen einer gesamten Site oder einzelner Dateien über das Fenster DATEIEN: So können mehrere Dateien oder sogar die ganze Site auf einmal übertragen werden.

► Übertragung direkt aus dem Dokumentenfenster heraus: Hiermit können Sie das Dokument, das Sie gerade bearbeiten, direkt auf den Server übertragen.

► Mit der Funktion SITE SYNCHRONISIEREN werden die Dateien Ihrer Site mit denen des Webservers automatisch abgeglichen.

### 11.3.1  Übertragen über das Fenster Dateien

Die Palette DATEIEN zeigt den Website-Ordner und alle enthaltenen Dateien der Website an, wie zum Beispiel HTML-Seiten, Vorlagen und Bilder. Es handelt sich also um einen integrierten Explorer für Dateien Ihrer Website.

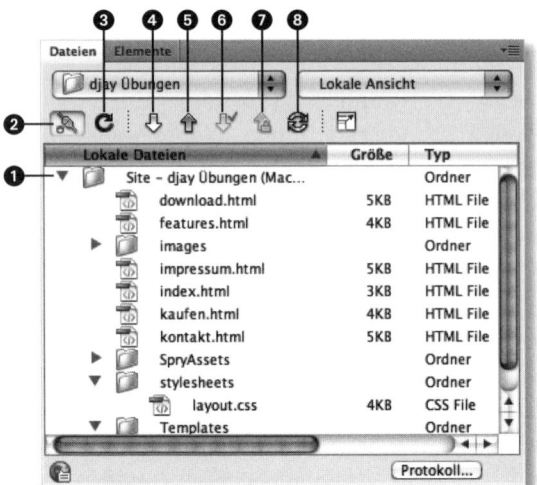

**Abbildung 11.14** ▶
Im Fenster DATEIEN sehen Sie alle Ordner und Dokumente der Site.

Wenn Sie den Inhalt eines Ordners anzeigen möchten, klicken Sie links neben dem Ordner auf das graue Dreieck ❶. Das Verzeichnis klappt auf und zeigt alle enthaltenen Dateien an.

Mit dem Icon VERBINDUNG ZUM ENTFERNTEN HOST ❷ können Sie eine Verbindung zum FTP-Server herstellen.

Mit der Schaltfläche ❸ können Sie die Ansicht im Bedienfeld DATEIEN aktualisieren. Dies ist zum Beispiel notwendig, wenn Sie ohne Dreamweaver, zum Beispiel mit dem Windows Explorer oder dem Finder, eine Datei zum Site-Ordner hinzugefügt haben.

Um die ausgewählten Dateien und Ordner vom Server auf den lokalen Rechner zu übertragen, wählen Sie den Pfeil nach unten ❹. Um die Dateien bzw. Ordner auf den Webserver zu übertragen, klicken Sie auf den Pfeil nach oben ❺.

Mit den Schaltflächen ❻ und ❼ können die Dateien ein- bzw. ausgecheckt werden. Ist eine Datei ausgecheckt, kann sie erst dann von jemand anders ausgecheckt und bearbeitet werden, wenn sie wieder eingecheckt worden ist. Mit diesen Funktionen kann sichergestellt werden, dass immer nur eine Person an einer Webseite arbeitet.

**Ein- und Auschecken aktivieren**

Um die Ein- und Auschecken-Funktion zu aktivieren, müssen Sie in dem Fenster, wo Sie bereits die FTP-Einstellungen für die Website vorgenommen haben, ein Häkchen bei EIN- UND AUSCHECKEN VON DATEIEN AKTIVIEREN setzen.

Das Fenster DATEIEN zeigt normalerweise nur die Dateien auf Ihrem eigenen Rechner an. Um jedoch auch gleichzeitig die Dateien auf dem FTP-Server einzublenden, klicken Sie auf das Icon ❽ ganz rechts im Fenster. Das Fenster wird dann in der vergrößerten Ansicht geöffnet, in der im linken Bereich zusätzlich die Dateien auf dem FTP-Server angezeigt werden. Klicken Sie erneut auf das Icon, um in die normale Ansicht zurückzuwechseln.

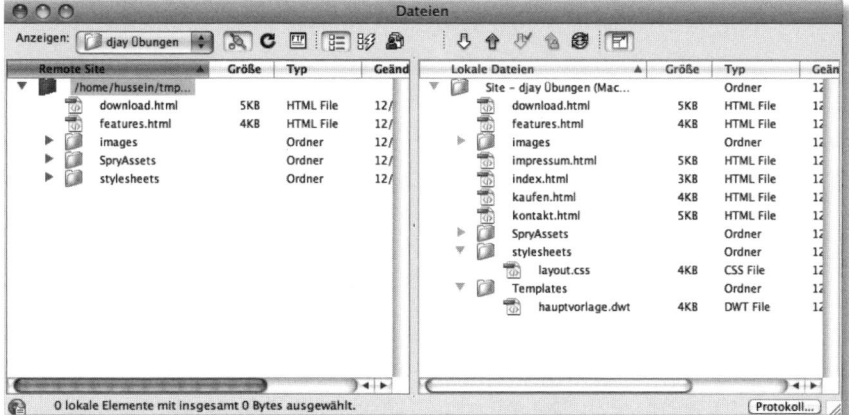

Im Folgenden werden wir unsere gesamte Website aus dem Bedienfeld DATEIEN auf den FTP-Server übertragen. Dafür sind nur wenige Schritte erforderlich.

▲ **Abbildung 11.15**
Anzeige der lokalen und entfernten Dateien

## Schritt für Schritt: Gesamte Website übertragen

### **1** Site auswählen

Öffnen Sie das Bedienfeld DATEIEN. Wenn es nicht sichtbar ist, blenden Sie es über FENSTER • DATEIEN ein.

Wählen Sie aus der Liste ❶ die Site aus, die Sie übertragen möchten. In unserem Übungsbeispiel ist dies »djay Übungen«.

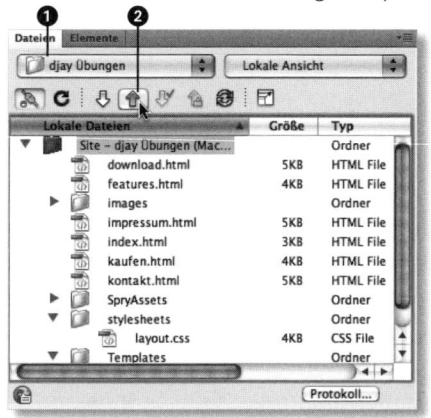

◄ **Abbildung 11.16**
Die ausgewählten Dateien werden übertragen.

### **2** Daten auf den Server übertragen

Markieren Sie den obersten Ordner im Bedienfeld und klicken Sie auf den nach oben weisenden blauen Pfeil ❷.

Es erscheint eine Dialogbox. Bestätigen Sie die Anfrage, indem Sie auf OK klicken. Diese Rückversicherung soll vermeiden, dass Sie aus Versehen die gesamte Website auf den Server übertragen.

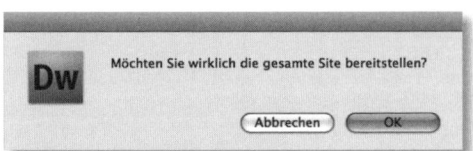

**3** **Übertragung prüfen**

Die Übertragung der gesamten Website kann, abhängig von Ihrer Internetverbindung und der Größe der Site, einige Minuten dauern. Öffnen Sie danach einfach einen Browser und geben Sie die Internetadresse ein. Wird Ihre Site hier auf dem neuesten Stand angezeigt, ist die Übertragung reibungslos verlaufen. Wird noch die alte Version angezeigt, leeren Sie zunächst den Cache Ihres Browsers und drücken dann AKTUALISIEREN. Wird die soeben übertragene Version Ihrer Site immer noch nicht angezeigt, überprüfen Sie alle Schritte der Übertragung und fragen zur Not bei Ihrem Provider nach. ■

### 11.3.2 Übertragung im Dokumentenfenster

Wenn Sie die gesamte Website bereits übertragen haben, kommt es sehr häufig vor, dass Sie noch Änderungen an der einen oder anderen Datei vornehmen möchten.

 **Schritt für Schritt: Einzelne Webseite übertragen**

**1** **Webseite herunterladen und bearbeiten**

Wenn auf dem Webserver eine neuere Version der Seite vorliegt als lokal auf Ihrem Rechner, müssen Sie die aktuellen Daten zunächst herunterladen. Klicken Sie dazu auf das Icon DATEIVERWALTUNG ❶ und wählen Sie aus dem Drop-down-Menü den Eintrag ABRUFEN ❷ aus. Sie erhalten dann die neueste Version der Webseite.

Nehmen Sie dann mit den Dreamweaver-Werkzeugen die gewünschten Veränderungen an der Seite vor.

◀ **Abbildung 11.18**
Nach der Änderung wählen Sie
dieses Menü.

## ❷ Übertragen der einzelnen Webseite

Wenn Sie mit den Änderungen fertig sind und die Seite auf Ihrer
Festplatte abgespeichert haben, können Sie sie direkt aus dem
Dokumentenfenster heraus wieder auf den Server übertragen.
Klicken Sie dafür einfach erneut auf die Schaltfläche DATEIVER-
WALTUNG ❶ und wählen Sie dann BEREITSTELLEN ❸.

## ❸ Abhängige Dateien mit übertragen

In der folgenden Dialogbox werden Sie gefragt, ob auch von der
Webseite abhängige Dateien mit übertragen werden sollen. Damit sind die im Dokument verwendeten Bilder, Flash-Filme oder
externen Stylesheets (falls vorhanden) gemeint.

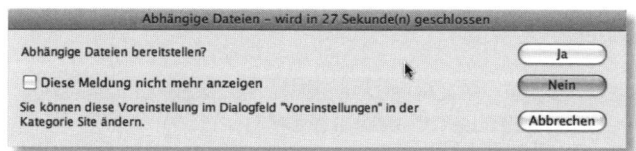

◀ **Abbildung 11.19**
Sollen auch abhängige Dateien
übertragen werden?

Wenn Sie nur den Text einer Seite geändert haben, können Sie auf
NEIN klicken. Wenn Sie ein neues Bild in das Dokument eingefügt
oder ein Bild bearbeitet haben, so klicken Sie auf JA.

Wenn Sie unsicher sind, klicken Sie am besten auf JA. Das kann
zwar etwas länger dauern, aber Sie können dann sicher sein, dass
die aktuellsten Dateien auf dem Server sind.

## ❹ Fertig

Die einzelne Webseite ist auf den Server übertragen und eingecheckt. ∎

## 11.3.3  Website synchronisieren

Bei den zwei bisher beschriebenen Methoden, eine komplette
Website bzw. nur Teile davon auf den Server zu übertragen,
müssen Sie darauf achten, dass auch immer wirklich alle Dateien
erfasst werden. Es kommt nicht selten vor, dass man kleine Än-

> **Immer abhängige Daten mit übertragen**
>
> Damit Sie nicht andauernd
> gefragt werden, ob Sie
> abhängige Dateien einschlie-
> ßen möchten, klicken Sie auf
> das Kontrollfeld DIESE MEL-
> DUNG NICHT MEHR ANZEIGEN
> und anschließend auf JA. Die
> Übertragung dauert mit die-
> ser Einstellung aber in jedem
> Fall länger, vor allem, wenn
> Sie nur eine analoge oder
> ISDN-Verbindung zum Inter-
> net benutzen. Sie können
> diese Einstellung später auch
> wieder rückgängig machen.

derungen an ein paar Seiten vorgenommen hat und dann unsicher ist, ob man auch wirklich alle wieder eingecheckt hat. Eine erneute Übertragung der gesamten Website über das Bedienfeld DATEIEN kann jedoch sehr lange dauern.

In einem solchen Fall hilft die Funktion SITE SYNCHRONISIEREN. Dreamweaver überprüft anhand des letzten Änderungsdatums und anhand der Größe jeder einzelnen Datei der Website, ob sie auf dem Webserver auch auf dem aktuellsten Stand ist. Falls nicht, wird sie automatisch mit übertragen. Um die Funktion zu nutzen, gehen Sie wie folgt vor:

### Schritt für Schritt: Website synchronisieren

**1** **Ganze Site synchronisieren**
Wählen Sie SITE • GANZE SITE SYNCHRONISIEREN. Es erscheint die Dialogbox DATEIEN SYNCHRONISIEREN. Um die gesamte Site abzugleichen, wählen Sie hier GESAMTE 'Sitename'-SITE aus. Aktivieren Sie diese Option nicht, werden nur ausgewählte Dateien einzeln synchronisiert.

**Abbildung 11.20** ▶
Die ganze Website soll übertragen werden.

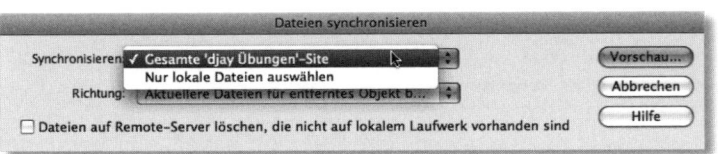

**2** **Richtung für Synchronisation festlegen**
Geben Sie jetzt die RICHTUNG an, in der die Dateien übertragen werden sollen. Wählen Sie hier AKTUELLERE DATEIEN FÜR ENTFERNTES OBJEKT BEREITSTELLEN aus, um die Dateien von Ihrem lokalen Rechner auf den Webserver zu übertragen. Klicken Sie dann auf VORSCHAU.

**Abbildung 11.21** ▶
Legen Sie die Richtung fest.

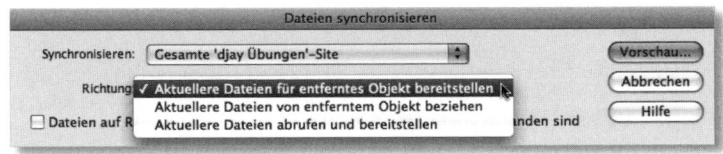

**3** **Vorschau der Synchronisation**
Dreamweaver überprüft nun, welche Dateien auf dem Webserver nicht mehr auf dem aktuellen Stand sind. Die Liste der Dateien

wird Ihnen im Vorschau-Fenster angezeigt. Sie können das Häkchen einzelner Dateien entfernen, um diese von der Übertragung auszuschließen. Klicken Sie auf OK, um die angezeigten Dateien zu übertragen.

◄ **Abbildung 11.22**
Das SYNCHRONISIEREN-
Fenster ■

Wenn Ihre Website online ist, ist es sicherlich von Vorteil, wenn sie von anderen Nutzern einfach gefunden werden kann. Wie Sie Ihre Website für Suchmaschinen optimieren, erfahren Sie im Kapitel 21, »Gesucht und gefunden bei Google«.

## 11.4 Website verwalten

Dreamweaver bietet die Möglichkeit, die Dateien Ihrer Site komfortabel zu verwalten. Im Bedienfeld DATEIEN (oder Menü FENSTER • DATEIEN) können Sie Dateien umbenennen, verschieben, kopieren, löschen und mehr, ähnlich wie im Windows Explorer oder im Finder beim Mac.

Sie sollten aber niemals Dateien direkt im Windows Explorer oder Finder umbenennen, verschieben usw., da dann die Links auf verschobene Seiten, Bilder und andere Objekte nicht mehr funktionieren. Wenn Sie zum Beispiel einen Link von der Seite *index.html* zur Seite *kontakt.html* erstellt haben und später die Datei *kontakt.html* in *kontakte.html* umbenennen, so führt der Link von der Seite *index.html* ins Leere. Sie müssen dann den Link manuell korrigieren. Wenn Sie jedoch die Dateien im DATEIEN-Fenster von Dreamweaver umbenennen oder verschieben, korrigiert Dreamweaver alle Links automatisch.

Über die rechte Maustaste bzw. über Mausklick + `Strg` stehen Ihnen einige Funktionen für die Verwaltung der Dateien und Ordner zur Verfügung. Hier die wichtigsten:

▶ BEARBEITEN • UMBENENNEN

Ein Cursor blinkt im markierten Dateinamen. Geben Sie jetzt einen neuen Namen ein. Achten Sie jedoch darauf, die Dateiendung nicht zu vergessen. Verwenden Sie für den Namen keine Umlaute, Leerzeichen oder sonstige Sonderzeichen (außer Unterstriche und Bindestriche).

▶ BEARBEITEN • LÖSCHEN

Die Datei ist dann verschwunden und kann nicht wiederhergestellt werden.

▶ NEUER ORDNER

Klicken Sie mit der rechten Maustaste den obersten Ordner an und wählen NEUER ORDNER. Geben Sie anschließend den neuen Namen für den Ordner ein.

Sie können auch Dateien verschieben: Ziehen Sie dafür eine Datei mit der Maus einfach in ein anderes Verzeichnis.

Wenn Sie eine Datei verändert haben (z. B. durch Umbenennen), fragt Dreamweaver in einem Dialogfenster nach, ob die Links in der betreffenden Datei und in verlinkten Dateien automatisch korrigiert werden sollen. Klicken Sie dafür auf AKTUALISIEREN.

**Immer mit Webserver synchronisieren**

Beachten Sie, dass diese Änderungen nur an den Dateien auf Ihrer Festplatte durchgeführt wurden. Um die Änderungen auch auf dem Webserver vorzunehmen, übertragen Sie am besten die gesamte Site erneut. Somit ist sichergestellt, dass alle Änderungen auf dem Webserver übernommen wurden. Sie können dazu auch die oben beschriebene Funktion SYNCHRONISIEREN verwenden.

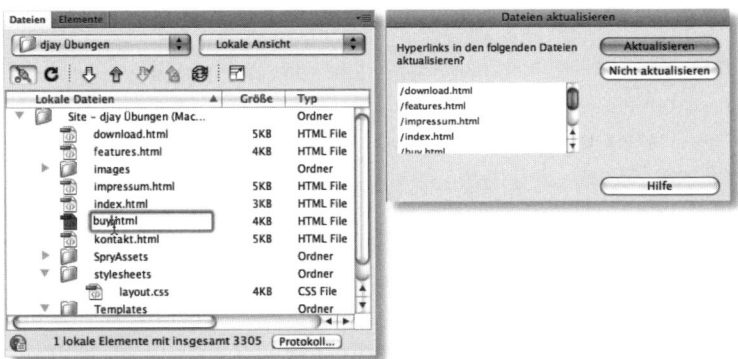

**Abbildung 11.23** ▲

Dieses Dialogfenster erscheint, wenn Sie zum Beispiel den Dateinamen verändert haben. Klicken Sie auf AKTUALISIEREN, damit Dreamweaver die Hyperlinks auf diese Datei automatisch korrigiert.

Unsere Website befindet sich nun auf dem Webserver und kann von Surfern auf der ganzen Welt besucht werden. Sie können die Website verändern und auf dem Server aktualisieren.

## 11.5 CMS mit Adobe InContext Editing

Wenn Sie Ihre Website mit Dreamweaver erstellen, hat das zunächst den Nachteil, dass Sie für jede Änderung an einer Webseite Dreamweaver öffnen, die Änderungen durchführen und anschließend die geänderten Seiten hochladen müssen. Mit dem neuen Adobe-InContext-Editing-Service können Sie online Änderungen an Ihrer Website vornehmen. Auf Ihrem Server müssen Sie dazu keine Content-Management-Software installieren, da die Änderungen von einem Adobe-Webserver ausgeführt werden. Der Nachteil ist jedoch, dass Sie auf dem Adobe-Webserver Ihren FTP-Zugang für Ihren Webserver hinterlegen müssen.

Damit Sie den Dienst nutzen können, müssen Sie folgende Schritte durchführen:

### Schritt für Schritt: InContext Editing für Ihre Website einrichten

### **1** Editierbaren Bereich festlegen

Öffnen Sie zunächst ein Dokument, das editierbar sein soll. Wenn das für alle Webseiten unserer Site gelten soll, öffnen Sie die Hauptvorlage. Im folgenden Beispiel werden wir nur die Seite *features.html* editierbar machen. Markieren Sie den Bereich, der editierbar sein soll, und klicken auf die Schaltfläche BEARBEITBAREN BEREICH ERSTELLEN in der EINFÜGEN-Palette in der Rubrik INCONTEXT EDITING.

▼ **Abbildung 11.24**
InContext Editing

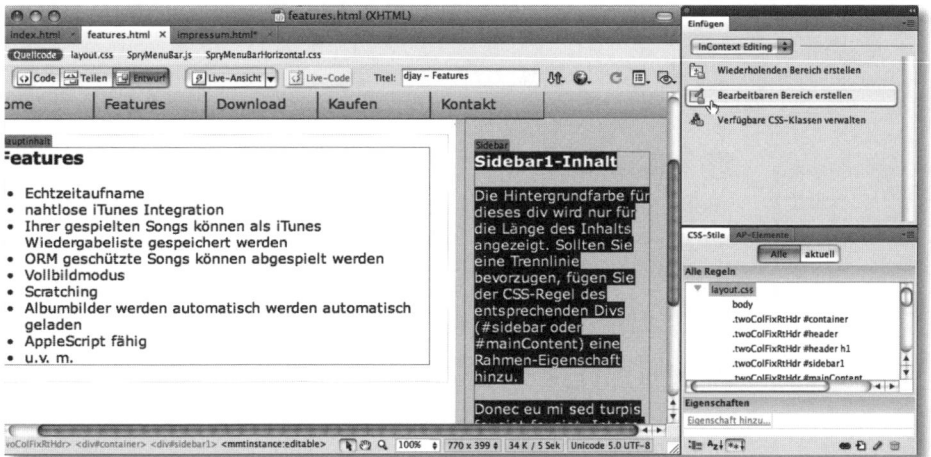

### 2 Bearbeitbaren Bereich erstellen

Da editierbare Bereiche immer in einem Div-Tag eingeschlossen sein müssen, werden Sie gefragt, ob Dreamweaver für Sie automatisch den Bereich mit einem `<div>`-Tag umschließen soll. Bestätigen Sie die Dialogbox mit OK.

**Abbildung 11.25** ▶
Klicken Sie auf OK.

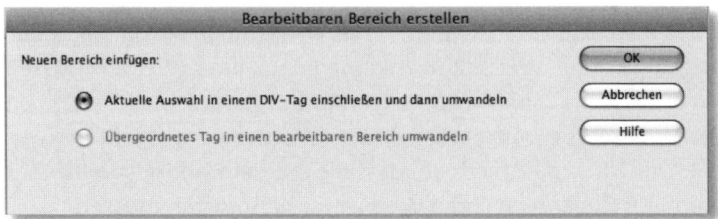

Falls eine Fehlermeldung erscheint, klicken Sie in der Fußzeile auf einen Tag, um den Bereich vollständig zu markieren.

**Abbildung 11.26** ▶
Markieren Sie den Bereich vollständig.

### 3 Einstellungen vornehmen

Im Eigenschaftsinspektor können Sie festlegen, welche Art der Formatierungen zulässig sind. Standardmäßig ist alles erlaubt. Wenn nur der Text editierbar sein soll, so deaktivieren Sie alle Kontrollkästchen.

**Abbildung 11.27** ▼
Der Eigenschafteninspektor

**Abbildung 11.28** ▲
Auch die abhängigen Dateien müssen übertragen werden.

### 4 Speichern

Wenn Sie das Dokument speichern, werden Sie darauf hingewiesen, dass zusätzliche Dateien für das InContext Editing hinzugefügt worden sind. Diese Datein müssen unbedingt übertragen werden, damit die Seite online editierbar ist.

### 5 Übertragen der Website

Damit alle Dateien korrekt übertragen werden, wählen Sie am einfachsten die Synchronisierungsfunktion.

◄ **Abbildung 11.29**
Am einfachsten ist es über die
Synchronisierungsfunktion.

## 6 Anmelden und Registrieren Ihrer Website

Um den Dienst InContext Editing zu nutzen, melden Sie sich zunächst kostenlos auf der Website *http://incontextediting.adobe.
com* an und registrieren Sie anschließend Ihre Website, indem Sie
dem Link REGISTER WEBSITE folgen.

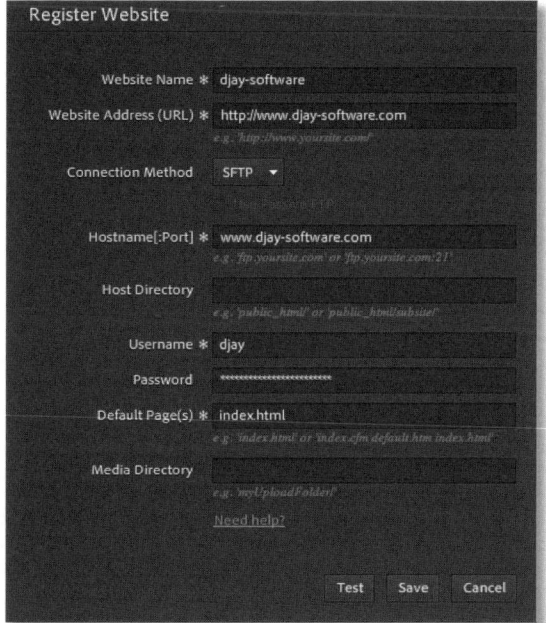

◄ **Abbildung 11.30**
Hier können Sie Ihre Website
registrieren.

Füllen Sie das Formular mit den gleichen Werten aus, die Sie auch
schon im Abschnitt 11.2, »FTP-Übertragung konfigurieren«, vorgenommen haben. Tragen Sie zusätzlich im Feld Default Page(s)
»index.html« ein. Bevor Sie auf die Schaltfläche SAVE klicken,
sollte Sie vorher auf TEST klicken und sich vergewissern, dass Ihre

Einstellungen korrekt sind. Die Einrichtung von InContext Editing ist damit abgeschlossen. ■

Der schwierigste Teil ist nun geschafft. Im Folgenden wird gezeigt, wie einfach es ist, Ihre Website online zu bearbeiten.

## Schritt für Schritt: Inhalte online bearbeiten

### **1** Editierungs-Ansicht aktivieren

Öffnen Sie nun Ihre Webseite im Browser. Achten Sie darauf, dass Sie die Webseite nicht lokal öffnen, sondern über den Domainnamen. Mit der Tastenkombination ⌘ + E bzw. Strg + E schalten Sie in den InContext-Editing-Modus um.

**Abbildung 11.31** ▶
Ihre Website online im Browser

### **2** Änderungen vornehmen

Sie können nun die editierbaren Bereiche ändern und auch Formatierungen vornehmen.

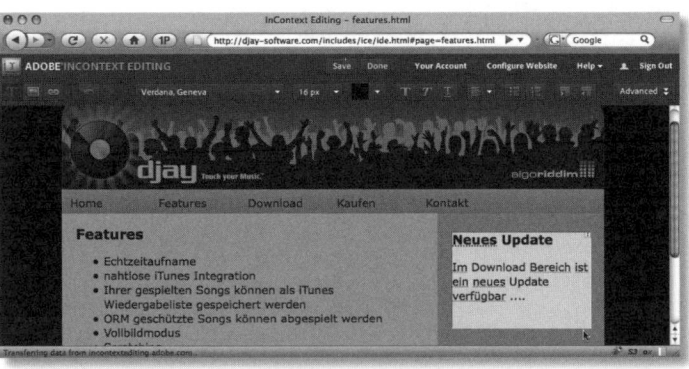

**Abbildung 11.32** ▶
So können Sie die editierbaren Bereiche ändern.

**3**   **Speichen**

Um die Änderungen zu speichern, klicken Sie zunächst auf die Schaltfläche SAVE und anschließend auf DONE.

**4**   **Veröffentlichen**

Ihre Seite ist damit jedoch noch nicht veröffentlicht, sondern befindet sich im sogenannten Draft-Modus. Um die Webseite zu veröffentlichen, klicken Sie auf PUBLISH.

▼ **Abbildung 11.33**
Nach dem PUBLISH

Sie sind also am Ziel angekommen und können jetzt selbst mit eigenen Projekten loslegen. In den folgenden Kapiteln lernen Sie, wie Sie bessere Seiten als bisher entwickeln, welche Möglichkeiten Dreamweaver CS4 dafür bietet und wie Sie sie effizient einsetzen.

Teil III

# Dreamweaver im Detail

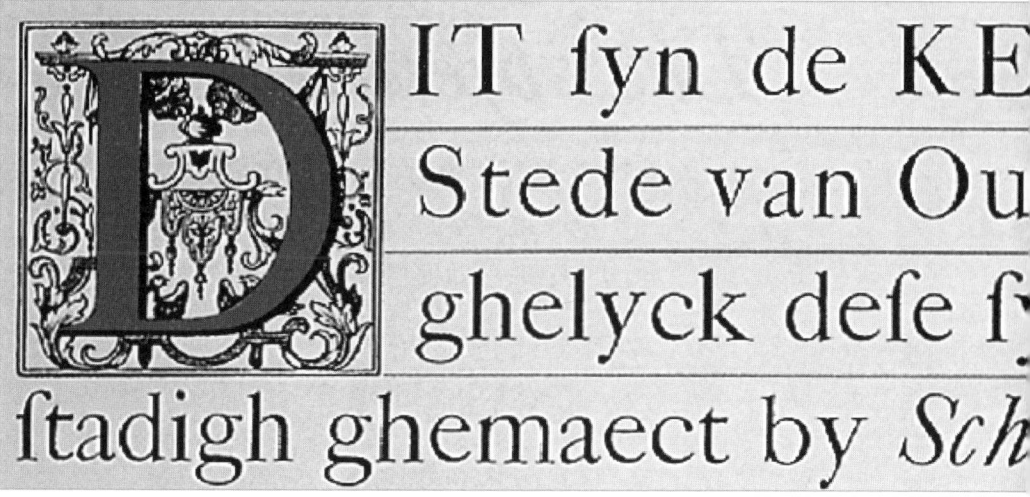

Kapitel 12

# Texte eingeben und strukturieren

So erstellen Sie Überschriften, Absätze und Listen

- ▸ Wie füge ich Text in die Seite ein?
- ▸ Wie sollte ich meine Inhalte strukturieren?
- ▸ Wann benutze ich Überschriften, Absätze, Listen oder Hervorhebungen?
- ▸ Wie importiere ich Texte aus Word?

# 12 Texte eingeben und strukturieren

Im Folgenden lernen Sie, wie Sie mit Dreamweaver Textinhalte für Ihre Webseiten erstellen, ordnen und mit HTML-Tags strukturieren. Erst in Kapitel 13, »Arbeiten mit CSS«, wird der Text mit Cascading Stylesheets formatiert und gestaltet.

## 12.1 Textinhalte erstellen

Bevor Sie einen Text im Dokumentenfenster eingeben, sollten Sie darauf achten, dass Sie die Ansicht ENTWURF aktiviert haben.

Alternativ können Sie auch in die Ansicht TEILEN wechseln. In dieser Ansicht wird im oberen Teil der HTML-Code und im unteren Teil das Layout angezeigt.

### 12.1.1 Text eingeben

Achten Sie unbedingt darauf, dass sich die Einfügemarke ❶ im Entwurfsbereich ❷ befindet, da wir hier nicht im Quelltext arbeiten möchten.

**Abbildung 12.1** ▶
Das Dokumentenfenster in der Ansicht ENTWURF zeigt die Seite, wie sie in etwa auch im Browser aussieht.

**Abbildung 12.2** ▶
Das Dokumentenfenster in der Teilen-Ansicht: Oben befindet sich der HTML-Bereich und unten der Enfwurfsbereich.

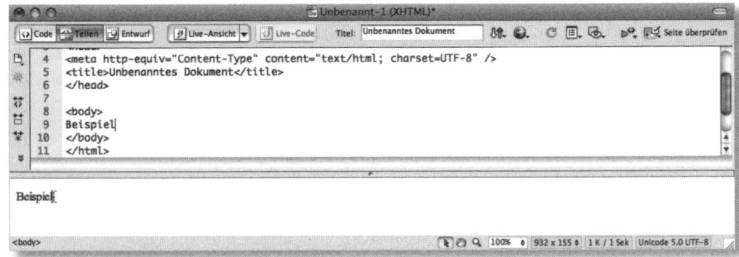

Die Teilen-Ansicht hat den Vorteil, dass, wenn Sie im unteren Bereich Inhalte eingeben oder bearbeiten, im oberen Bereich angezeigt wird, wie Dreamweaver Ihre Eingaben automatisch in HTML umsetzt.

Sie können nun mit der Eingabe eines Textes im Entwurfsbereich beginnen. Die einzelnen Elemente des Textes schauen wir uns jetzt an.

### 12.1.2 Sonderzeichen eingeben

In älteren Dreamweaver-Versionen wurden Sonderzeichen, wie zum Beispiel die deutschen Buchstaben ä, ü, ö und ß oder auch das Euro-Zeichen, bei der Eingabe automatisch in HTML-Entities umgewandelt. So schreibt man zum Beispiel »Müller« als M&uuml;ller in HTML.

Dies ist jetzt nicht mehr notwendig, da Dreamweaver die HTML-Dokumente im sogenannten *Unicode-Zeichensatz* erstellt. Im Unicode-Format können fast alle Zeichen aller bekannten Schriftkulturen und Zeichensysteme eingegeben werden. Es können also nicht nur deutsche Umlaute, sondern zum Beispiel auch arabische Schriftzeichen direkt eingegeben werden (vorausgesetzt, Ihre Tastatur ist entsprechend eingestellt).

Sonderzeichen, die nicht über die Tastatur erreichbar sind, können Sie über EINFÜGEN • HTML • SONDERZEICHEN eingeben.

Alternativ können Sie den Reiter TEXT ❶ der EINFÜGEN-Palette öffnen. Ein Klick auf das letzte Symbol öffnet ein Menü mit einer Auswahl an Sonderzeichen.

> **HTML-Entities**
>
> Eine HTML-Entity stellt in HTML ein Sonderzeichen dar. HTML-Entities beginnen immer mit einem &-Symbol und enden mit einem Semikolon, wie zum Beispiel &euro;. Auf diese Weise lassen sich viele internationale Symbole und Sonderzeichen auf Webseiten anzeigen.

`CS4`

▼ **Abbildung 12.3**
Über die Schaltfläche ZEICHEN ❷ können Sie die gewünschte Entity auswählen.

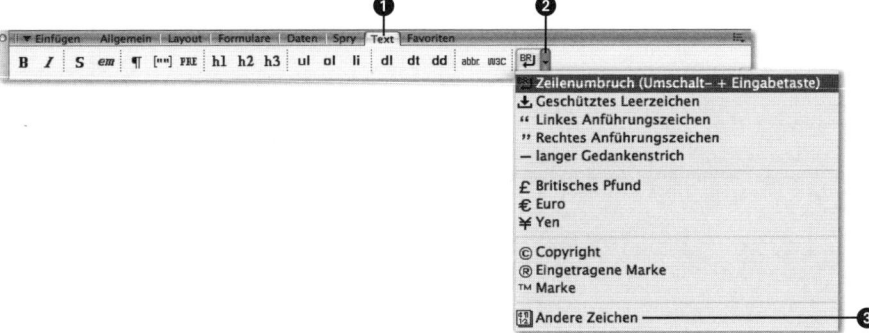

Falls das gesuchte Sonderzeichen hier nicht eingetragen ist, so können Sie über den Menüpunkt ANDERE ZEICHEN ❸ das gewünschte Sonderzeichen in einem Fenster auswählen und einfügen.

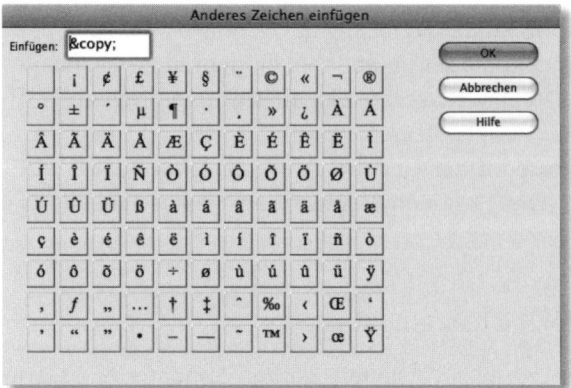

**Abbildung 12.4** ▶
Über den Menüpunkt ANDERE
ZEICHEN können Sie ein Sonderzeichen im Dialogfenster
auswählen und einfügen.

### 12.1.3 Leerzeichen eingeben

Die Eingabe eines normalen Leerzeichens geschieht wie in jedem
Programm über die Leertaste. Die Eingabe von zwei Leerzeichen
hintereinander lässt Dreamweaver allerdings nicht zu. Dies ist
aber keine Beschränkung von Dreamweaver, sondern von HTML.
Mehrere Leerzeichen oder sogar Zeilenumbrüche interpretiert
ein Browser immer nur als ein Leerzeichen.

**Abbildung 12.5** ▼

Mehrfache Leerzeichen im
HTML-Code werden von den
Browsern ignoriert. Mit der
HTML-Entity   können
dennoch mehrere Leerzeichen
hintereinander eingegeben
werden.

Für die Eingabe von mehreren Leerzeichen kann ein *geschütztes Leerzeichen* verwendet werden. Dazu wird in HTML die Entity
  verwendet. Im Webbrowser wird das Sonderzeichen einfach als Leerzeichen angezeigt. Damit können Sie beliebig viele
Leerzeichen hintereinander eingeben.

Wählen Sie dazu im Menü EINFÜGEN • HTML • SONDERZEICHEN
• GESCHÜTZTES LEERZEICHEN aus.

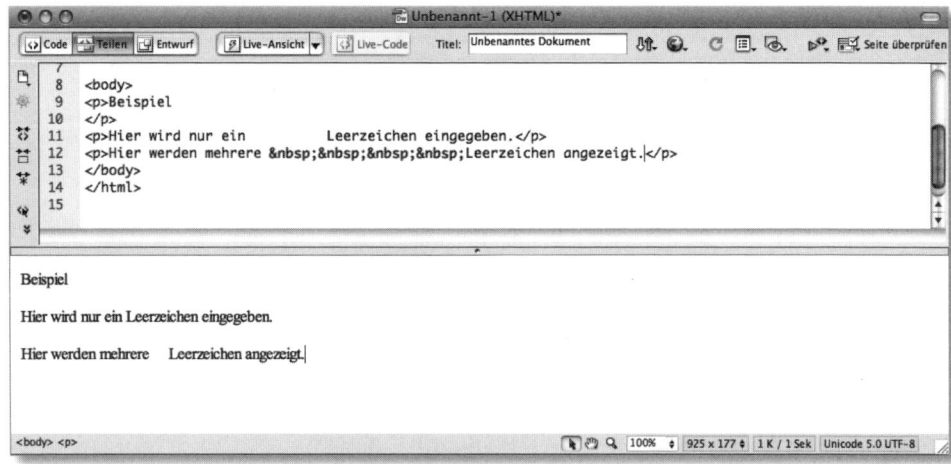

## 12.2 Inhalte strukturieren

Die Verwendung von HTML zur Gestaltung von Texten wird nach wie vor von den Browsern unterstützt, ist jedoch veraltet und nach dem letzten HTML-Standard nicht mehr gültig. Insbesondere die Verwendung des `<font>`-Tags ist nicht mehr zu empfehlen.

Im neuesten Standard XHTML wird HTML nur noch zum Strukturieren von Inhalten verwendet. Es wird also damit beschrieben, ob ein Text eine Überschrift, ein Absatz, eine Liste oder eine Tabelle darstellt. Mit Cascading Stylesheets (siehe Kapitel 13, »Arbeiten mit CSS«) kann man dann festlegen, wie die Überschriften, Absätze usw. aussehen sollen.

In diesem Abschnitt wollen wir uns den wichtigsten HTML-Befehlen zur Strukturierung von Texten widmen.

### 12.2.1 Überschriften

In HTML gibt es nicht nur einen Überschrift-Tag, sondern sechs verschiedene: `<h1>`, `<h2>`, `<h3>`, `<h4>`, `<h5>` und `<h6>`. Für die oberste Ebene, also die Überschrift erster Ordnung, sollten Sie in Ihrem Dokument `<h1>` verwenden. Für eine Überschrift, die der Hauptüberschrift direkt untergeordnet (also zweiter Ordnung) ist, wählen Sie `<h2>` usw.

▼ **Abbildung 12.6**
Im Eigenschaftsinspektor kann das Überschriften-Format gewählt werden. ÜBERSCHRIFT 1 entspricht dem HTML-Tag `<h1>`.

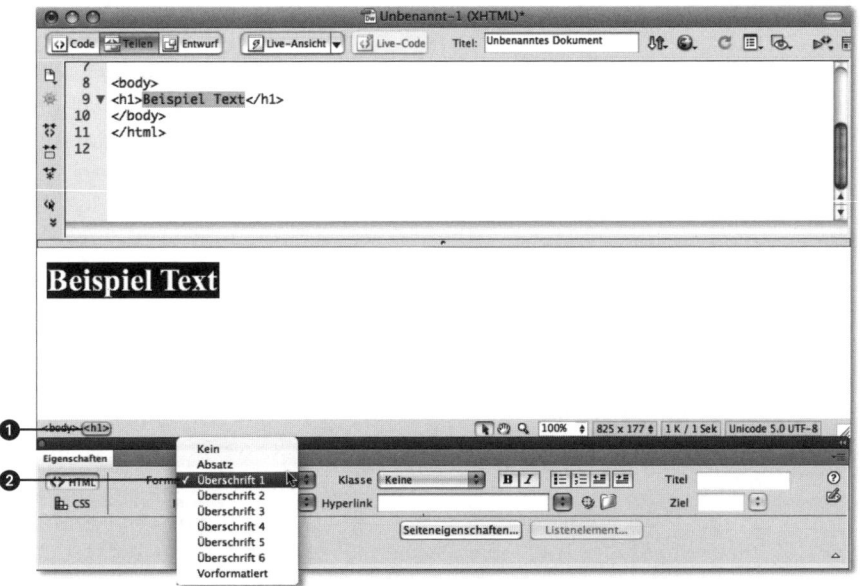

**Grafiken als Überschriften**

Auf vielen Webseiten werden Grafiken als Überschriften verwendet. So können zum Beispiel besondere Schriftarten oder Effekte (wie Schlagschatten usw.) eingesetzt werden, was sich mit HTML entweder gar nicht oder nur schwer bewerkstelligen lässt. Dennoch kann beispielsweise für einen Untertitel als Text, der unterhalb der Überschriften-Grafik steht, der ⟨h2⟩-Tag verwendet werden. Es muss dafür keine ⟨h1⟩-Überschrift im Dokument existieren.

Um einen Text in Dreamweaver als Hauptüberschrift zu strukturieren, klicken Sie auf H1 ❶ im Reiter TEXT der EINFÜGEN-Palette oder wählen im Eigenschaftsinspektor unter FORMAT ❷ die Option ÜBERSCHRIFT 1 (siehe Seite 205).

Überschriften können über den Eigenschaftsinspektor zudem linksbündig, zentriert oder rechtsbündig ausgerichtet werden.

Ohne Verwendung von Cascading Stylesheets werden die Überschriften 1 bis 6 vom Browser eigenständig formatiert. Später können Sie dann in der Stylesheet-Datei zum Beispiel ihre Größe und Schriftart ändern. Abbildung 12.7 zeigt Ihnen alle Überschriftenklassen an.

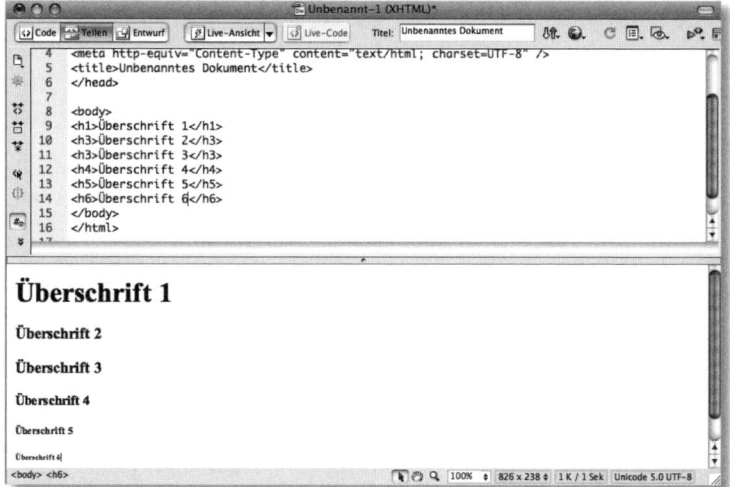

▲ **Abbildung 12.7**
Alle Überschriften-Formate in der Übersicht: Die Formatierungen, wie Größe, Schriftart und Farbe, werden erst später mit Cascading Stylesheets definiert.

### 12.2.2 Absätze

Wenn Sie ⏎ betätigen, legt Dreamweaver automatisch einen Absatz mit doppeltem Zeilenumbruch an. In HTML wird ein Absatz vom HTML-Tag ⟨p⟩ umgeben. Ein Absatz kann einen oder mehrere Sätze oder beliebig viele HTML-Elemente und Objekte enthalten.

Zwischen den Absätzen wird normalerweise immer eine Leerzeile eingefügt. Auch die Größe des Abstands wird nicht mit HTML, sondern mit Cascading Stylesheets eingestellt.

Im Webbrowser wird Text innerhalb eines Absatzes automatisch umgebrochen, wenn die Fensterbreite des Browsers zu klein ist.

Wenn das Browserfenster wieder vergrößert wird, werden die Umbrüche flexibel neu gesetzt. Man nennt diese anpassbaren Umbrüche auch *weiche Umbrüche* ❶.

Um an einer Stelle innerhalb eines Absatzes einen Umbruch zu erzwingen, muss man ⌂ und ⏎ gleichzeitig betätigen. Hierdurch wird der HTML-Tag <br /> in den Quelltext eingefügt. Ein solcher Umbruch wird auf jeden Fall an derselben Stelle angezeigt, egal, wie groß das Browserfenster ist; er wird *harter Umbruch* genannt ❷.

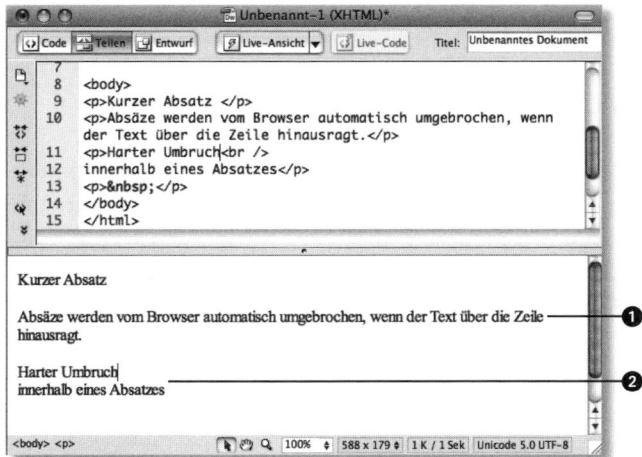

▲ **Abbildung 12.8**
Drei Absätze im Dokumentenfenster: Im letzten Absatz wurde mit dem <br />-Tag der Text innerhalb des Absatzes hart umgebrochen.

### 12.2.3 Einrückungen

Absätze können mit dem <blockquote>-Tag eingerückt werden. Dieser Tag wird üblicherweise für Zitate verwendet. Markieren Sie dazu den Absatz und klicken im Eigenschaftsinspektor auf die Schaltfläche ❸ (siehe Seite 208).

Um die Einrückung wieder rückgängig zu machen, klicken Sie auf die Schaltfläche ❹ für die Ergänzung eines negativen Einzugs. Im Browser wird der Absaz dann um ca. 40 Pixel eingerückt. Über Cascading Stylesheets können Sie den Abstand später nach Ihren Wünschen einstellen.

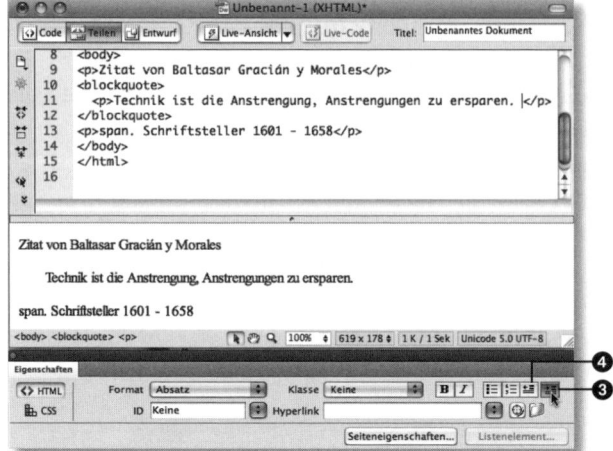

**Abbildung 12.9** ▶
Der HTML-Tag `<blockquote>`
rückt einen oder mehrere
Absätze ein.

### 12.2.4 Vorformatierte Absätze

Diese Art des Absatzes ist nützlich, um HTML- oder Programmier-
code anzuzeigen. Alle gesetzten Tabulatoren, Leerzeichen und
Leerzeilen in vorformatieren Absätzen werden von HTML exakt
übernommen. Im Browser wird die Schriftart Courier für die Anzeige vorformatierter Absätze verwendet. Der Font hat eine feste
Breite und entspricht somit der Quelltextanzeige in Entwicklungsumgebungen.

Um einen vorformatierten Absatz zu erstellen, wählen Sie im
Eigenschaftsinspektor unter FORMAT ❶ die Option VORFORMA-
TIERT aus.

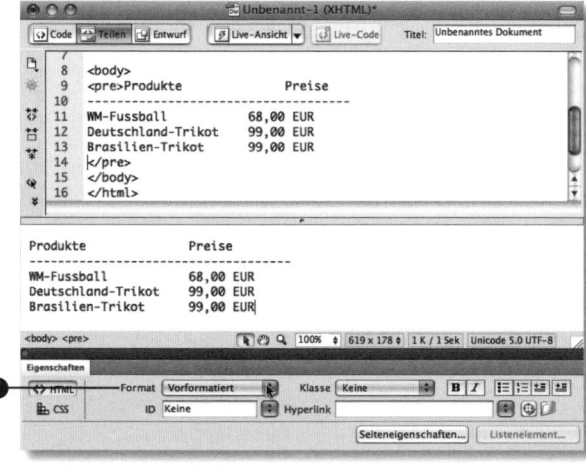

**Abbildung 12.10** ▶
Vorformatierte Absätze eignen
sich besonders zum Darstellen
von Programmcode und für
Texte, die mit Leerzeichen
angeordnet werden sollen,
wie zum Beispiel einfache Text-
tabellen.

### 12.2.5  Listen

In HTML gibt es zwei Arten von Auflistungen:

▶ ungeordnete Listen, bei denen die Listenelemente nicht mit Zahlen, sondern mit Punkten oder anderen Symbolen gegliedert werden

▶ geordnete Listen, bei denen die Listenelemente durchnummeriert werden. Das ist z. B. mit arabischen Zahlen oder alphabetisch möglich.

Mit Cascading Stylesheets können Sie die Formatierung von Listen beeinflussen. Sie können zum Beispiel die Nummerierung der geordneten Listen auf römische Zahlen umstellen oder die Kreise bei ungeordneten Listen durch kleine Grafiken ersetzen.

### Schritt für Schritt: Erstellung einer Liste

**1**  **Einfügemarke setzen**
Positionieren Sie die Einfügemarke im Entwurfsbereich des Dokumentenfensters an eine beliebige Stelle.

**2**  **Listentyp bestimmen**
Um eine Liste zu erstellen, klicken Sie im Eigenschaftsinspektor entweder auf die Schaltfläche ❶ zur Erstellung einer ungeordneten Liste oder auf ❷ zur Erstellung einer geordneten Liste.

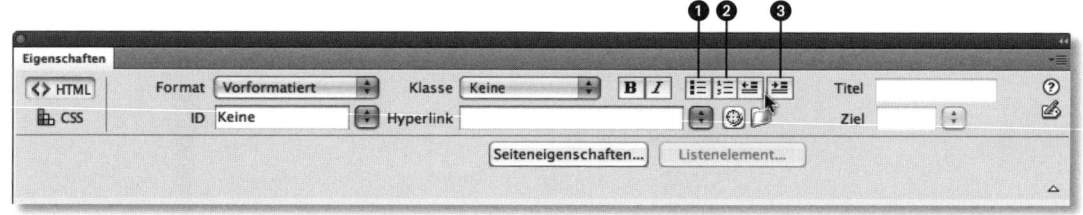

**3**  **Elemente eingeben**
Geben Sie nun den Text für das erste Listenelement ein. Wenn Sie ⏎ drücken, wird ein neues Listenelement angefügt.

Um in die nächste Zeile zu wechseln, ohne ein neues Listenelement zu erstellen, drücken Sie gleichzeitig ⇧ + ⏎ .

▲ **Abbildung 12.11**
Hier erstellen Sie Listen.

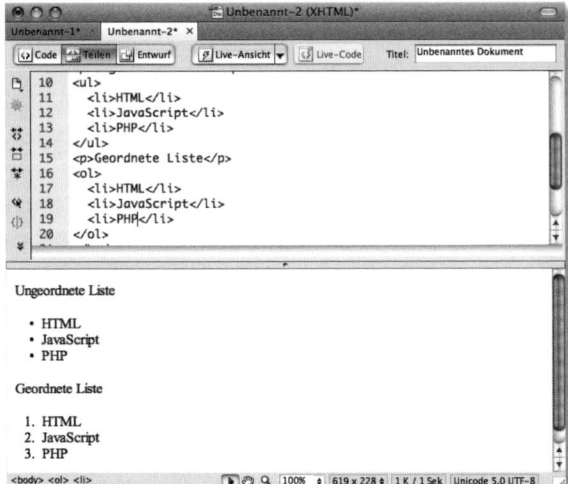

**Abbildung 12.12** ▶
Per Eingabe wird ein neues
Listenelement eingefügt.

**4** **Verschachtelte Liste einfügen**

Um eine verschachtelte Liste anzulegen, rücken Sie den Text nach
rechts ein, indem Sie im Eigenschaftsinspektor auf die Schaltfläche ❸ (siehe Abbildung 12.11) klicken.

**Abbildung 12.13** ▶
Die Liste wird beendet, wenn
Sie zweimal Eingabe drücken.

**5** **Fertig**

Wenn Sie zweimal ⏎ drücken, wird die Liste beendet und automatisch eine neue Absatzmarke erstellt. ∎

## 12.2.6   Hervorhebungen

HTML stellt zum Hervorheben von Textstellen gleich zwei Möglichkeiten zur Verfügung. Markieren Sie den gewünschten Teil Ihres Textes und klicken auf die Schaltfläche B ❶ bzw. I ❷ im Eigenschaftsinspektor.

Mit dem <strong>-Tag wird der Textbereich stark hervorgehoben. Im Browser wird der Textbereich **fett** dargestellt, falls dem <strong>-Tag kein Cascading Stylesheet zugeordnet wurde, das die HTML-Formatierung überschreibt. Daher stammt auch die Bezeichnung der Schaltfläche: B steht für »bold« (Englisch für »fett«).

Mit dem <em>-Tag wird der Textbereich hervorgehoben. Wenn Sie zu diesem Tag kein Stylesheet definieren, wird der Textbereich *kursiv* dargestellt. Auch hier spiegelt die Bezeichnung der Schaltfläche im Eigenschaftsinspektor die Darstellung im Browser wider: I steht für »italic« (Englisch für »kursiv«).

▼ **Abbildung 12.14**
Mit der Schaltfläche B wird der markierte Bereich fett und mit I kursiv hervorgehoben.

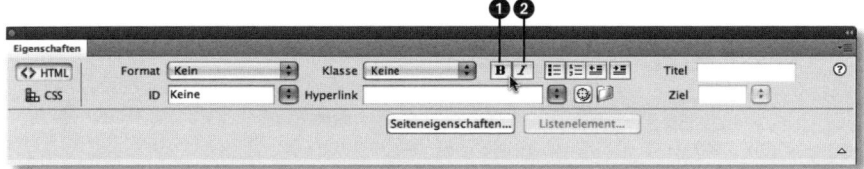

Nachdem wir nun verschiedene Arten von Textinhalten in unseren Webseiten angelegt haben, werden wir uns im nächsten Kapitel anschauen, wie wir sie mit Cascading Stylesheets gestalten.

## 12.3   Importieren aus Word

Sehr häufig liegen Texte, die auf einer Webseite veröffentlicht werden sollen, bereits in Word vor. Es gibt mehrere Möglichkeiten, Word-Dokumente in Dreamweaver zu importieren.

### 12.3.1   Word-HTML optimieren

Word selbst bietet die Möglichkeit, Word-Dokumente ins HTML-Format zu exportieren. Sie können dann die exportierte HTML-Datei einfach in Dreamweaver über den Menüpunkt DATEI • ÖFFNEN aufrufen.

**Tags <b> und <i> sind nicht mehr empfohlen**

Verwenden Sie nicht mehr die Tags <b> für Fett- und <i> für Kursivschreibung. Der Unterschied zu den Tags <strong> und <em> besteht darin, dass diese nicht die Formatierung im Namen festlegen. Das <b>-Tag ist eine Abkürzung für »bold« und muss deshalb fett dargestellt werden. Das <strong>-Tag heißt einfach nur »stark«. Wie das interpretiert wird, ist den Browsern überlassen. Bildschirmleseprogramme für Blinde lesen diese Textstellen zum Beispiel etwas lauter vor.

Auf den ersten Blick mag diese Funktion sehr praktisch sein. Beim näheren Hinsehen erkennt man jedoch schnell, dass der HTML-Code sehr viele unnötige Tags enthält.

Dreamweaver bietet für einen solchen Fall eine sehr nützliche Funktion, die den HTML-Code aus Word optimiert. Wählen Sie BEFEHLE • WORD-HTML OPTIMIEREN aus, nachdem Sie die aus Word exportierte HTML-Datei geöffnet haben.

Da Sie in der Regel sämtliche Aspekte des Dokumentes optimieren möchten, aktivieren Sie alle Optionen und klicken auf OK, um die Optimierung zu starten.

**Abbildung 12.15** ▶
Mit der Word-HTML-Optimierungsfunktion wird der unnötige Ballast aus dem HTML-Code entfernt.

### 12.3.2 Texte aus der Zwischenablage einfügen

Wenn Sie statt eines gesamten Dokumentes nur Textbereiche aus Word oder einem anderen Programm importieren möchten, so können Sie dafür die Zwischenablage verwenden.

Im Gegensatz zu den meisten anderen Programmen bietet Dreamweaver die Möglichkeit, zu entscheiden, inwiefern die Formatierungen des Textes aus der Zwischenablage übernommen werden. Wenn Sie BEARBEITEN • INHALTE EINFÜGEN wählen, stehen Ihnen dafür vier Optionen zur Verfügung.

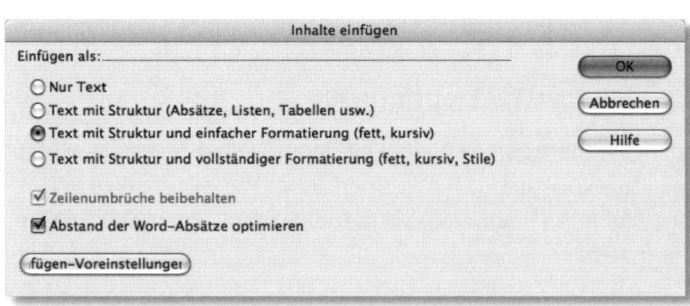

**Abbildung 12.16** ▶
Hier können Sie entscheiden, wie die Formatierungen eines Textes aus der Zwischenablage in Dreamweaver eingefügt werden.

Die Einstellungsmöglichkeiten werden am folgenden Beispiel demonstriert. Angenommen, wir haben eine Tabelle mit einer Überschrift aus Word in die Zwischenablage kopiert.

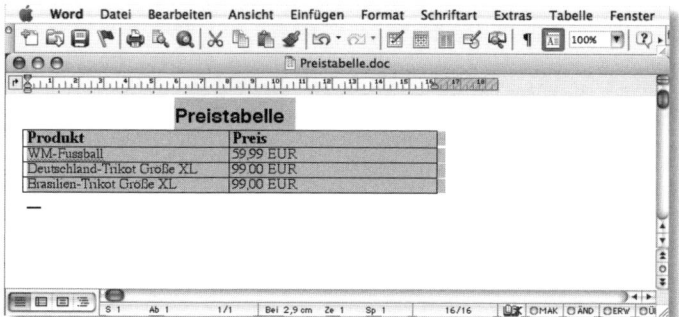

◄ **Abbildung 12.17**
Eine Tabelle mit Überschrift wird in Word über die Zwischenablage kopiert.

Wählen Sie Nur Text, wenn der Text ohne Formatierungen übernommen werden soll. Die Strukturen wie Tabellen und Listen werden in diesem Fall nicht übernommen.

◄ **Abbildung 12.18**
Die Word-Tabelle wurde mit der Option Nur Text eingefügt.

Um Strukturen, wie Listen, Tabellen und Überschriften, aber nicht Formatierungen wie fett oder kursiv zu übernehmen, wählen Sie die Option Text mit Struktur. Wenn Sie das Beispiel betrachten, so erscheint es etwas widersprüchlich, dass die Überschrift fett erscheint. Dies liegt jedoch daran, dass sie einfach standardmäßig größer und fett im Browser bzw. in Dreamweaver dargestellt wird.

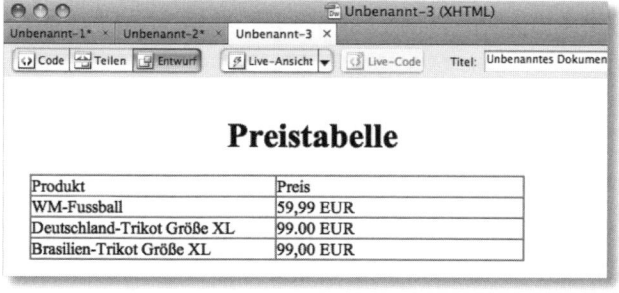

◄ **Abbildung 12.19**
Die Word-Tabelle wurde mit der Option Text mit Struktur eingefügt.

Wenn Sie die Option TEXT MIT STRUKTUR UND EINFACHER FORMA-
TIERUNG wählen, werden zusätzlich die Formatierungen wie fett
und kursiv beim Einfügen aus der Zwischenablage übernommen.
Diese Option wird automatisch gewählt, wenn Sie den Befehl BE-
ARBEITEN • EINFÜGEN verwenden.

**Abbildung 12.20** ▶
Die Word-Tabelle wurde mit
der Option TEXT MIT STRUKTUR
UND EINFACHER FORMATIERUNG
übernommen.

Um auch Formatierungen wie Schriftart und Schriftgröße aus
Word zu übernehmen, wählen Sie die Option TEXT MIT STRUKTUR
UND VOLLSTÄNDIGER FORMATIERUNG aus.

**Abbildung 12.21** ▶
Die Word-Tabelle wurde mit
der Option TEXT MIT STRUKTUR
UND VOLLSTÄNDIGER FORMATIE-
RUNG eingefügt.

### 12.3.3 Stylesheets und Word

Dreamweaver versucht, die Formate von Word mit Cascading
Stylesheets zu übernehmen, wenn Sie die Option TEXT MIT STRUK-
TUR UND VOLLSTÄNDIGER FORMATIERUNG wählen. Diese Stile wer-
den jedoch nicht in einer getrennten Stylesheet-Datei gespei-
chert, sondern direkt im eingefügten Text mit dem Style-Attribut.
Dieses sollte man nach Möglichkeit unterlassen, da interne Style-
sheets schnell zu fehlerhaften Formatierungen führen. Die beste
Methode für das Einfügen ist daher die Option TEXT MIT STRUKTUR
UND EINFACHER FORMATIERUNG.

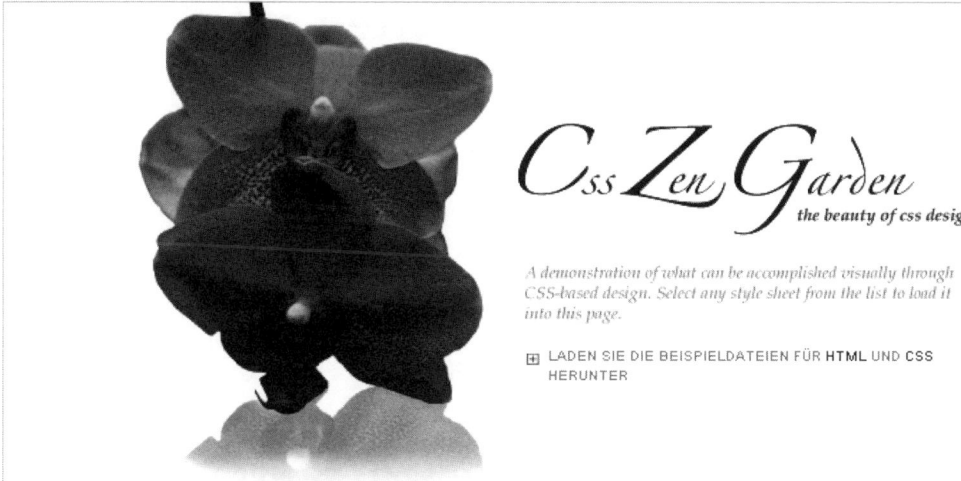

Kapitel 13

# Arbeiten mit CSS

So meistern Sie Cascading Stylesheets

- ▸ Wie erstelle ich CSS?
- ▸ Wie gehe ich mit CSS-Stilen um?
- ▸ Wie verschiebe ich CSS-Stile?
- ▸ Welche fortgeschrittenen Techniken gibt es?

# 13   Arbeiten mit CSS

In Kapitel 10, »Ein Layout erstellen«, haben Sie bereits intensiv mit CSS gearbeitet, um das Design für die Beispielwebsite zu erstellen. In diesem Kapitel werden wir noch weiter in die Welt von CSS eindringen.

## 13.1   Was sind Cascading Stylesheets?

Zur Formatierung von Seitenelementen wurde früher HTML eingesetzt. Heute benutzt man dafür CSS (Cascading Stylesheets). Mit dieser Sprache können Sie sogenannte *CSS-Stile* oder *CSS-Regeln* anlegen, die die Formatierung einzelner Elemente oder auch Tags übernehmen.

Man kann CSS entweder nur für die Formatierung der Schrift oder auch für das gesamte Layout einer Website einsetzen. Vieles ist damit möglich. Die hohe Kunst des CSS-Designs kann man auf der Website *http://www.csszengarden.com* von Dave Shea bewundern. Der Autor zeigt dort, wie man nur durch Austausch der Stylesheets das Design total verändern kann. Die HTML-Datei, die nur die Struktur (wie Überschriften und Absätze) und den Inhalt der Seiten enthält, bleibt dabei unverändert.

Bei CSS-Websites ist die Verwendung von Tabellen zum Erstellen des Layouts absolut tabu. Das Layout wird allein durch die CSS-Datei definiert. Das hat folgende Vorteile:

▸ Erfüllung der aktuellen Webstandards (siehe *http://w3c.org*)
▸ Redesign allein durch Austausch der CSS-Datei möglich
▸ HTML-Datei erheblich kleiner, dadurch schnellerer Aufbau der Seite
▸ Druckversion kann ein ganz anderes Aussehen haben
▸ Suchmaschinen können die Inhalte der Webseite besser erfassen
▸ Site ist barrierefrei (und zum Beispiel von Screenreadern erfassbar)

**Literaturhinweise**

Da CSS so ein komplexes Thema ist, sollten Sie weitere Bücher zu Rate ziehen. Folgende weiterführende Bücher zum Thema CSS kann ich Ihnen empfehlen:
▸ »Der CSS-Problemlöser« von Rachel Andrew, dpunkt.verlag
▸ »Zen und die Kunst des CSS-Designs« von Dave Shea, Addison-Wesley
▸ »CSS Design« von Heiko Stiegert, Galileo Design
▸ »Fortgeschrittene CSS-Techniken« von Ingo Chao und Corina Rudel, Galileo Computing
▸ »CSS-Praxis« von Kai Laborenz, Galileo Computing

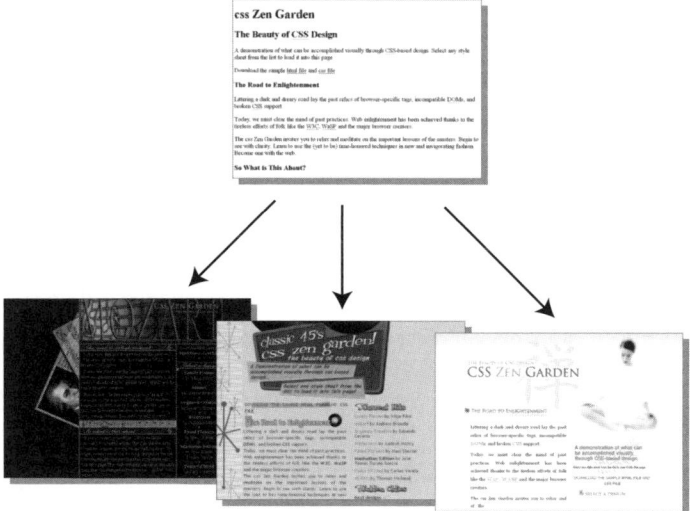

◄ **Abbildung 13.1**
Alle drei Webseiten verwenden die gleiche HTML-Datei (oberes Bild). Sie unterscheiden sich nur durch die Verwendung unterschiedlicher CSS-Dateien.

### 13.1.1 Externe und interne CSS

Stile können sowohl innerhalb (intern) einer Webseite definiert werden als auch außerhalb (extern) in einer extra dafür angelegten Stylesheet-Datei. *Interne Stile* sind nur innerhalb der Webseite gültig, in der sie angelegt wurden. Ihr Einsatz ist zum Beispiel sinnvoll, wenn eine Überschrift nur auf einer Webseite blau dargestellt werden soll.

*Externe Stile*, die für mehrere Webseiten gelten sollen, werden nicht in einer Webseite, sondern in einer separaten Stylesheet-Datei definiert.

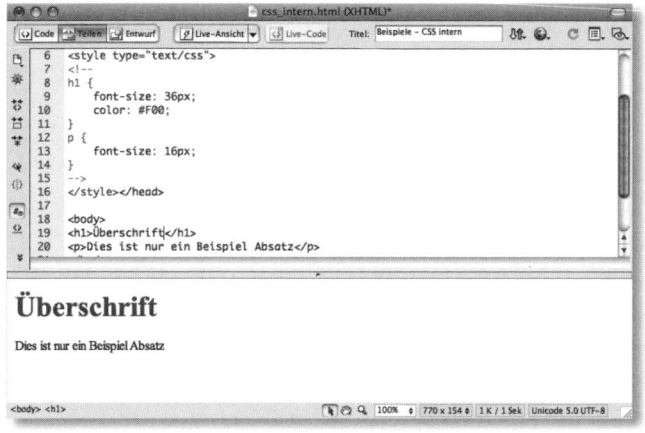

◄ **Abbildung 13.2**
Der interne Stil für `<h1>` zählt nur für Überschriften auf der Webseite, in die er eingebunden wird.

**Interne und externe CSS kombinieren**

Es ist auch möglich, interne und externe Stylesheets zusammen zu verwenden. Wenn ein Stil sowohl im internen als auch im externen Stylesheet definiert wird, hat immer der interne Stil Vorrang. Wenn zum Beispiel der <h1>-Tag in der externen Stylesheet-Datei als grau und intern als blau definiert wird, so wird die Überschrift in blauer Schrift angezeigt.

Die Erstellung von internen Stilen ist in Dreamweaver CS4 sehr einfach. Wie alle anderen Einstellungen für HTML-Elemente können auch sie über den Eigenschaftsinspektor erstellt werden.

Externe Stylesheets werden in einer separaten Datei formuliert und auf dem Webserver abgelegt. Der Vorteil daran ist, dass sie ganz einfach in mehreren Webseiten eingesetzt werden können. Gleichzeitig wirken sich Änderungen in der CSS-Datei automatisch auf alle betroffenen Webseiten aus: Angenommen, Sie möchten die Farbe aller Überschriften Ihrer Website von Grün zu Grau ändern, so müssen Sie nur den CSS-Stil in der Stylesheet-Datei anpassen.

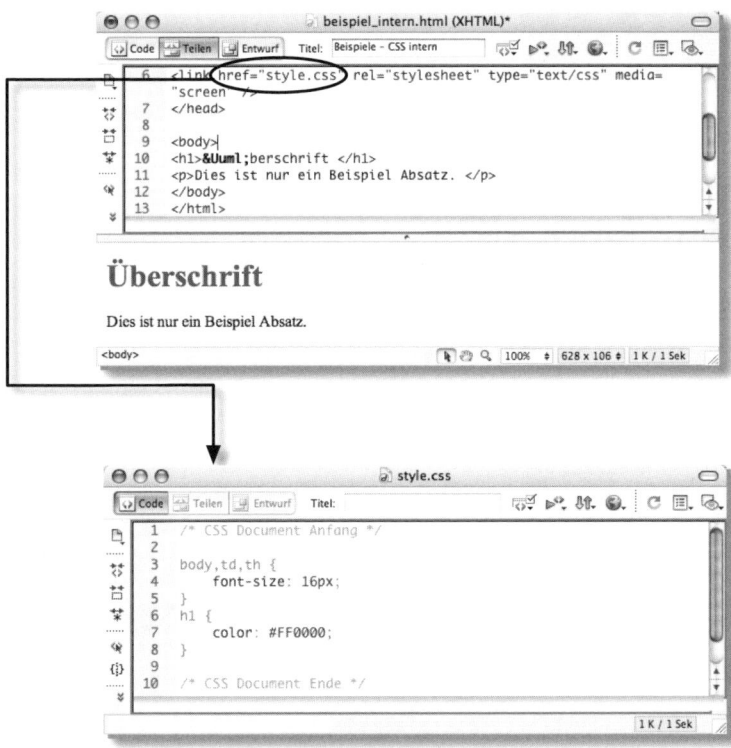

**Abbildung 13.3** ▶
Oben sehen Sie den Link zu einer separaten CSS-Datei, in der die Stile für das HTML-Dokument extern gespeichert werden.

### 13.1.2    CSS in Vorlagen einsetzen

Interne Stile beziehen sich normalerweise immer nur auf ein Dokument. Wenn Sie sie jedoch in eine Vorlage integrieren, so werden sie auf alle Webseiten übertragen, die auf der Vorlage basieren.

### 13.1.3 Methoden zur CSS-Erstellung

In Dreamweaver gibt es verschiedene Möglichkeiten zur Erstellung von Cascading Stylesheets:

▶ **Manuell im Quelltext**

In der Quelltextansicht können Sie Stile selbst manuell eingeben. Dafür sind sehr gute Kenntnisse in CSS erforderlich. Diese Methode wird in diesem Buch nicht behandelt, da wir uns nur über die weniger aufwändigeren Menüs bewegen wollen.

▶ **Im Bedienfeld »CSS-Stile«**

Im Fenster CSS-STILE können sowohl interne als auch externe Stile angezeigt und verwaltet werden. Diese Methode ist die optimale, um Stile in Dreamweaver zu erstellen und zu bearbeiten.

▶ **Im Eigenschaftsinspektor**

Über das Fenster EIGENSCHAFTEN können neue Stile sehr einfach durch die Definition von Schriftfarben und Schriftgrößen erstellt werden. In Dreamweaver CS4 wurde der Eigenschaftsinspektor stark erweitert.

▶ **In den Seiteneigenschaften**

Über das Menü MODIFIZIEREN • SEITENEIGENSCHAFTEN können Sie komfortabel Hintergrundfarbe, Standardschriftart und Hyperlinks-Stile einstellen. Auch bei dieser Methode werden die Stile nur intern angelegt.

Am einfachsten ist es, Stile zunächst nur über den Eigenschaftsinspektor und die Seiteneigenschaften zu erstellen. Wenn Sie mit der Zeit etwas mehr Erfahrung mit CSS gesammelt haben, können Sie die Stile über das Bedienfeld CSS-STILE verwalten.

## 13.2 CSS für Einsteiger

Wir werden für die Erstellung von CSS-Stilen zunächst ausschließlich den Eigenschaftsinspektor und die Funktion MODIFIZIEREN • SEITENEIGENSCHAFTEN verwenden. HTML- oder CSS-Kenntnisse sind dafür nicht erforderlich.

Die Stile werden intern abgespeichert. Glücklicherweise besteht in Dreamweaver CS4 auch die Möglichkeit, interne Stile in externe zu exportieren. Sie können die Formatierungen somit später auch für eine ganze Website gültig machen. Wir werden am Ende dieses Kapitels genauer darauf eingehen.

---

**CSS automatisch erzeugt**

Schon in der Version 1.0 gab es in Dreamweaver den Menüpunkt MODIFIZIEREN • SEITENEIGENSCHAFTEN. Bis einschließlich Dreamweaver MX (Version 6) wurden die Einstellungen, die der Anwender dort vornahm, im `<body>`-Tag als Attribute abgespeichert. Diese Methode hat aber mehrere Nachteile. Zum Beispiel kann damit nicht die Textgröße oder Schriftart festgelegt werden. Seit Dreamweaver MX 2004 (Version 7) werden die Seiteneigenschaften automatisch als interne Stylesheets angelegt.

### 13.2.1 CSS über Seiteneigenschaften

Die wichtigsten Stile werden in Dreamweaver über die Seiteneigenschaften (Menü MODIFIZIEREN • SEITENEIGENSCHAFTEN) definiert. Folgende Eigenschaften können dort eingestellt werden:

▶ Schriftart, Schriftfarbe und Schriftgröße
▶ Hintergrundfarbe und Hintergrundbild und Einstellungen des Seitenrands
▶ Hyperlink-Stile und Rollover-Effekte

Wenn Sie die Seiteneigenschaften in einer Vorlage (Template) konfigurieren, so werden alle daraus erstellten Seiten automatisch damit formatiert. Wenn Sie hingegen die Seiteneigenschaften einer Webseite einrichten, so gelten die Einstellungen nur für diese Seite.

## Schritt für Schritt: Seiteneigenschaften festlegen

**1  Neue Seite erstellen**
Erstellen Sie für die Übungen in diesem Kapitel eine neue HTML-Datei, indem Sie DATEI • NEU wählen und anschließend die Kategorie LEERE SEITE, den SEITENTYP HTML und unter LAYOUT den Eintrag KEINE wählen. Speichern Sie die Datei zum Beispiel unter dem Dateinamen *css_uebung.html* ab.

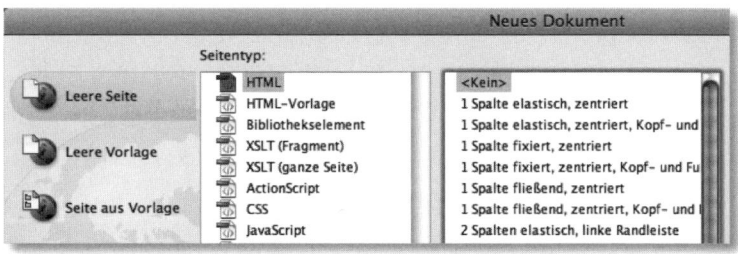

**Abbildung 13.4** ▶
Erstellen Sie zunächst eine leere HTML-Seite.

**2  Text eingeben**
Um die Auswirkungen der Stile zu sehen, muss Ihre Seite erst einmal Text enthalten. Erstellen Sie eine Überschrift mit dem Format ÜBERSCHRIFT 1 und fügen darunter einen kurzen Absatz ein. Da wir gleich auch noch einen Stil für Datumsangaben erstellen, benötigen wir noch eine solche Datumsangabe. Erstellen Sie außerdem noch einen leeren Hyperlink (siehe Kapitel 16, »Hyperlinks einsetzen«).

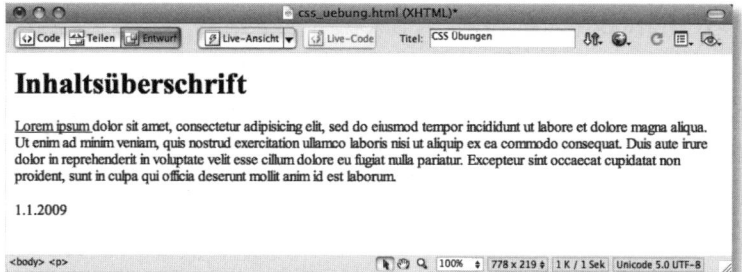

◀ **Abbildung 13.5**
*css_uebung.html* – unsere
Übungsdatei

## **3** Menü »Seiteneigenschaften« öffnen

Wählen Sie MENÜ • MODIFIZIEREN • SEITENEIGENSCHAFTEN, oder
klicken Sie im Eigenschaftsinspektor auf die Schaltfläche SEITEN-
EIGENSCHAFTEN.

▼ **Abbildung 13.6**
Klicken Sie auf Seiteneigenschaften.

## **4** Kategorie »Erscheinungsbild (CSS)«

Es öffnet sich ein Einstellungsfenster, das in mehrere Kategorien
unterteilt ist. Sie können in der ersten Kategorie ERSCHEINUNGS-
BILD (CSS) die Eigenschaften der Schrift festlegen. Auch der Seitenrand lässt sich hier einstellen.

▼ **Abbildung 13.7**
Hier legen Sie die Schrifteigen-
schaften fest.

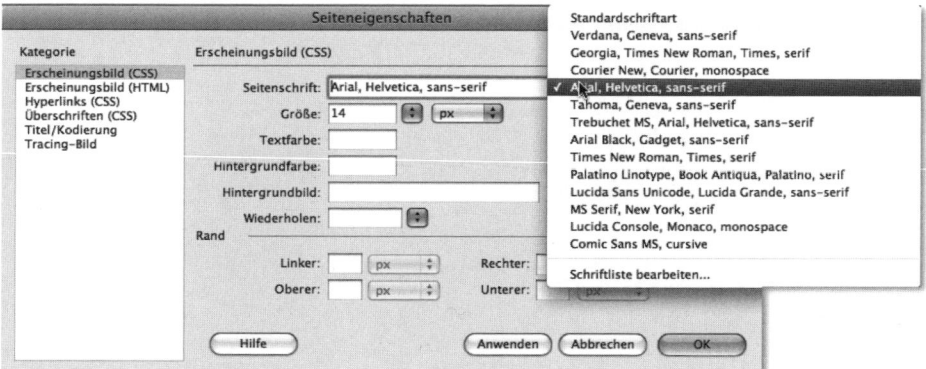

Die Kategorie ERSCHEINUNGSBILD (HTML) sollten Sie möglichst nicht
verwenden, da hiermit die Formatierungseigenschaften ohne CSS
definiert werden.

**5  Kategorie »Hyperlinks (CSS)«**

In der Kategorie HYPERLINKS (CSS) können Sie die Darstellung der Hyperlinks bestimmen.

Falls gewünscht, können Sie hier abweichend von der Standardschrift auch eine andere Schriftart und Schriftgröße einstellen.

Bei den Farbeinstellungen ist zu beachten, dass ein Hyperlink insgesamt vier Zustände aufweisen kann. Für jeden Zustand können Sie eine eigene Farbe definieren:

▶ FARBE FÜR HYPERLINK
bestimmt die Farbe für Links, die noch nicht besucht worden sind.

▶ BESUCHTE HYPERLINKS
legt die Farbe für Hyperlinks fest, die man vorher schon angeklickt hat.

▶ AKTIVE HYPERLINKS
legt die Farbe fest, die in dem Moment angezeigt wird, wenn man mit der Maustaste auf den Hyperlink klickt.

▶ ROLLOVER-HYPERLINKS
definiert die Farbe, die angezeigt wird, wenn sich der Mauszeiger über dem Link befindet.

In der Liste UNTERSTREICHUNGSSTIL können Sie festlegen, ob überhaupt und, wenn ja, in welchen Fällen Unterstriche unter den Hyperlinks angezeigt werden sollen.

**Abbildung 13.8** ▶
Sollen Links unterstrichen werden?

**6  Kategorie »Überschriften (CSS)«**

Neben der Schriftart können Sie für jedes Überschriftenformat auch eine individuelle Größe und Farbe definieren.

◄ **Abbildung 13.9**
Eigenschaften für Überschriften

## 7 Änderungen überprüfen

Die weiteren Kategorien beziehen sich nicht auf die CSS-Stile. Klicken Sie auf OK, um die vorgenommenen Einstellungen wirksam zu machen.

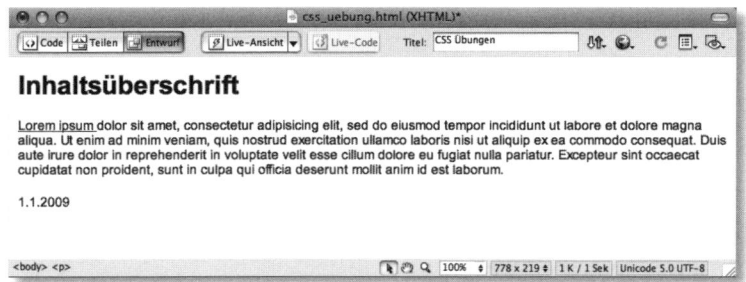

◄ **Abbildung 13.10**
Die Änderungen sind jetzt
wirksam. ■

### 13.2.2 CSS über den Eigenschaftsinspektor

In Dreamweaver CS4 wurde der Eigenschaftsinspektor stark erweitert. Er besitzt nun zwei Modi.

Im HTML-Modus werden Einstellungen vorgenommen, die den HTML-Code betreffen. Dazu gehört z. B. die Einstellung der Formate (wie z. B. Überschrift 1 oder Absatz).

◄ **Abbildung 13.11**
Der HTML-Modus des Eigenschaftsinspektors

Im CSS-Modus können die wichtigsten Stileigenschaften, wie z. B. Schriftart, Schriftgröße und Schriftfarbe eingestellt werden.

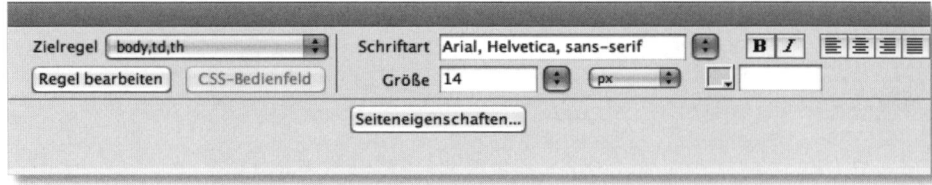

Diese Angaben beziehen sich auf die im Feld ZIELREGEL angegebenen Elemente. In unserem Beispiel beziehen Sie die Stileigenschaften auf BODY, TD, TH. Im letzten Abschnitt wurde durch Einstellen der Seiteneigenschaften u. a. diese Regel automatisch angelegt.

Mit dem Eigenschaftsinspektor können Sie einen Textbereich markieren und ihm anschließend Schriftart, Schriftgröße, Schriftfarbe und andere Attribute zuweisen. Daraufhin erstellt Dreamweaver einen neuen CSS-Stil. Diesen können Sie auch auf andere Textstellen anwenden, ohne die Schrifteinstellungen erneut durchführen zu müssen.

 ### Schritt für Schritt: Neuen Stil im Eigenschaftsinspektor erstellen

**1  Datei öffnen**
Öffnen Sie die Datei *css_uebung.html* aus der vorigen Schritt-für-Schritt-Anleitung oder erstellen Sie eine neue HTML-Datei, indem Sie DATEI • NEU wählen und anschließend die Kategorie LEERE SEITE, den SEITENTYP HTML und unter LAYOUT den Eintrag KEINE wählen.

**2  Textstelle markieren**
Markieren Sie eine Textstelle, die Sie formatieren möchten. Im folgenden Beispiel soll das Datum im Fließtext umgestaltet werden.

**3  Schriftart, Schriftfarbe usw. einstellen**
Im Eigenschaftsinspektor können Sie im Modus CSS die SCHRIFTART ❶, GRÖSSE ❷ und FARBE ❸ einstellen. Da wir eine neue CSS-Regel für die Auswahl erstellen möchten, achten Sie darauf, dass unter ZIELREGEL NEUE CSS-REGEL ❹ ausgewählt ist.

Sobald Sie eine Einstellung, wie z. B. die Schriftfarbe, verändern, öffnet sich ein neues Dialogfenster, in dem Sie den Namen der neuen CSS-Regel festlegen können.

◄ **Abbildung 13.13**
Wir fügen ein Datum ein.

### 4   Neuen Namen eingeben

Geben Sie im Dialogfenster einen Namen ein. Der Name sollte dabei nicht die Einstellungen des Stils beschreiben sondern seinen Anwendungszweck. Wenn Sie zum Beispiel einen Termin in Rot formatieren möchten, so sollten Sie die CSS-Regel `termin` oder `datum` nennen und nicht etwa `rot`. Der Vorteil liegt darin, dass Sie später leichter das Format ändern können (zum Beispiel in die Farbe Blau), ohne dass auch der Name der CSS-Regel geändert werden muss.

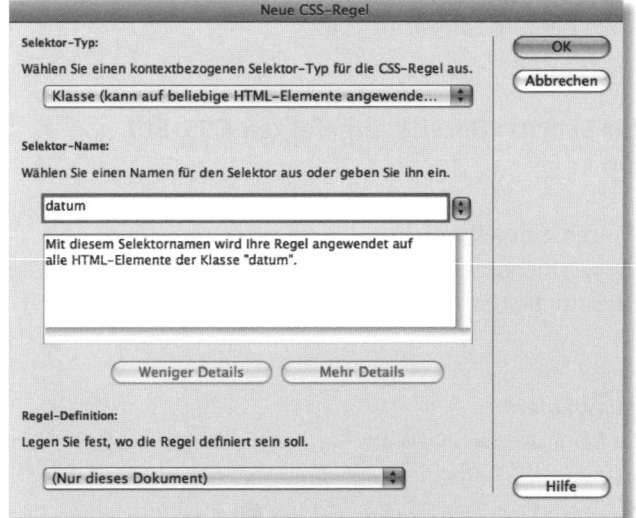

◄ **Abbildung 13.14**
Für das Datum legen wir eine CSS-Regel fest.

Unter Selektor-Typ sollte Klasse eingestellt werden, damit Sie einen Namen festlegen können.

**5   Fertigstellen**

Klicken Sie auf OK, um die CSS-Regel fertigzustellen. In der Liste ZIELREGEL wird nun ».datum« angezeigt. Wenn Sie nun weitere Einstellungen, wie z.B. das Ändern der Größe, vornehmen, so werden diese direkt für die CSS-Regel .datum übernommen, ohne dass sich das Dialogfenster erneut öffnet.

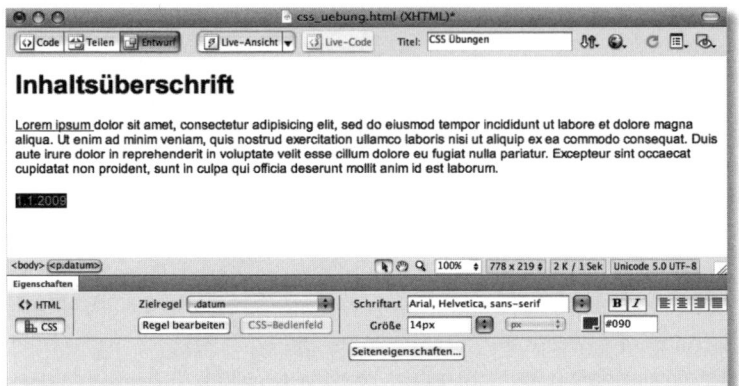

**Abbildung 13.15** ▶
Diese Darstellung können Sie nun mehrfach anwenden.

Wenn Sie die CSS-Regel angelegt haben, ist es möglich, sie auf derselben Webseite mehrfach einzusetzen. Wenn Sie die CSS-Regel in einer Vorlage erstellt haben, so steht sie auch auf jeder anderen Seite der Site zur Verfügung.

## Schritt für Schritt: Bereits angelegten CSS-Stil anwenden

**1   Markieren eines Bereichs**

Markieren Sie eine Textstelle in unserem Übungsdokument *css_uebung.html*, auf die der zuvor erstellte CSS-Stil angewendet werden soll.

**2   Stil auswählen**

Da wir nun keine Änderungen am Stylesheet durchführen wollen sondern nur eine CSS-Regel anwenden möchten, wählen wir im Eigenschaftsinspektor den HTML-Modus ❶. Wählen Sie in der Liste KLASSE den gewünschten Eintrag (wie z.B. DATUM in unserem Beispiel) aus. Wenn Sie auf den Eintrag KEINE klicken, wird die CSS-Regel (Klasse) von der markierten Stelle wieder entfernt. Die CSS-Regel selbst wird damit nicht gelöscht.

**▲ Abbildung 13.16**
Die Regel lässt sich leicht auch auf andere Texte anwenden.

Wenn Sie bereits Kapitel 10, »Ein Layout erstellen«, gelesen haben, wird Ihnen auch das Bearbeiten von CSS-Regeln nicht schwerfallen. Aber auch für alle Leser, die sich hier zunächst über die Grundlagen von CSS informieren, sei gesagt: Dreamweaver nimmt Sie auch bei dieser Aufgabe an die Hand, und Sie müssen nicht etwa im Quellcode der CSS-Dateien arbeiten. Im folgenden Abschnitt werden wir darauf näher eingehen.

Über die Seiteneigenschaften festgelegte Stile können Sie jedoch ohne Probleme genauso verändern, wie Sie sie angelegt haben. Beachten Sie jedoch dabei, dass Sie bei Webseiten, die auf einer Vorlage basieren, die Seiteneigenschaften nur in der Vorlage ändern sollten.

## 13.3    Fortgeschrittene Techniken

In diesem Abschnitt erfahren Sie, wie Sie sowohl interne als auch externe Stile erstellen und verwalten. Im Gegensatz zum vorherigen Abschnitt, in dem die Seiteneigenschaften und der Eigenschaftsinspektor für das Erstellen von Stilen verwendet wurden, werden die Stile hier über das Bedienfeld CSS-STILE verwaltet.

Für die Erstellung von Stylesheets in diesem Kapitel sind grundlegende HTML-Kenntnisse hilfreich. Werfen Sie dazu ggf. einen Blick in Kapitel 2, »Die Sprachen des Web«, und Kapitel 10, »Ein Layout erstellen«.

### 13.3.1 Das Fenster CSS-Stile

Im Bedienfeld CSS-STILE oder FENSTER • CSS-STILE werden sowohl alle internen als auch alle externen Stile einer Site angezeigt. Sie finden hier auch die Stile, die Sie über den Eigenschaftsinspektor und die Seiteneigenschaften erstellt haben. Die CSS-Stile werden in Dreamweaver auch CSS-Regeln genannt. Eine CSS-Regel besteht aus einem Selektor (wie zum Beispiel h2 oder .datum) und den Eigenschaften (wie zum Beispiel der Farbe).

**Abbildung 13.17** ►
Im Bedienfeld CSS-STILE können Sie alle internen und externen Stile verwalten.

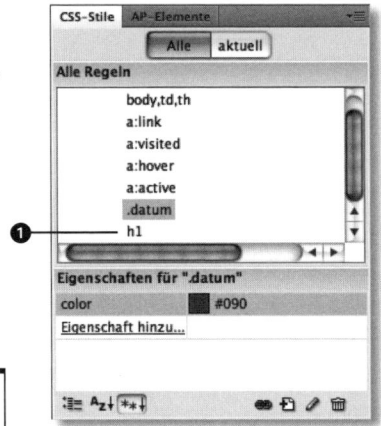

Die CSS-Regeln für die Elemente body, a, h1 usw. wurden hier bereits in den Seiteneigenschaften und in der CSS-Regel .datum über den Eigenschaftsinspektor eingestellt.

Die CSS-Regel mit dem Selektor h1 ❶ legt das Design für den HTML-Tag <h1> fest, der für die Beschreibung von Überschriften vom Format ÜBERSCHRIFT 1 dient. Solche Selektoren werden *Tag-Selektoren* genannt.

Die Selektoren, die mit einem Punkt beginnen, heißen *Klassen-Selektoren*. Die CSS-Regel mit dem Klassen-Selektor .datum haben wir mit dem Eigenschaftsinspektor erstellt. Der Selektor wurde bereits für die Formatierung von Datumswerten definiert. Klassen-Stile können im Gegensatz zu Tag-Stilen auf beliebige Textstellen angewandt werden.

### 13.3.2 Neuen CSS-Stil erstellen

Über das Bedienfeld CSS-STILE können Sie CSS-Regeln sowohl mit Tag- als auch mit Klassen-Selektoren erstellen. Gehen Sie dabei vor wie in der folgenden Anleitung:

---

**Anders als HTML: CSS-Syntax**

Im Bedienfeld CSS-STILE werden die Formatierungen der Stile angezeigt. Um die Einstellungen zu verstehen, sind Kenntnisse in CSS erforderlich. Alle Angaben zu Eigenschaften, die mit dem Zeichen # beginnen, definieren Farben. Die Abkürzung »px« steht für die Größeneinheit Pixel, sie wird unter anderem für Schriftgrößen und Abstände verwendet. Es gibt noch viele weitere Attribute. Wenn Sie Ihre Kenntnisse in diesem Bereich vertiefen möchten, empfehle ich Ihnen das ebenfalls bei Galileo Computing erschienene Buch »CSS-Praxis« von Kai Laborenz (ISBN 978-3-8362-1134-5).

## Schritt für Schritt: Neuen CSS-Stil erstellen

### 1 Fenster »CSS-Stile« öffnen

Öffnen Sie das Bedienfeld CSS-STILE oder wählen Sie FENSTER •
CSS-STILE. Klicken Sie dann darin auf das Plussymbol ❷, um einen
neuen Stil zu erstellen.

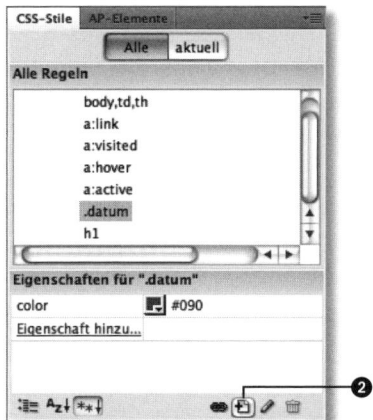

◄ **Abbildung 13.18**
So erstellen Sie einen neuen
Stil.

### 2 Stilnamen und Stiltyp bestimmen

Es öffnet sich ein neues Fenster. Bevor Sie hier den Stilnamen
eingeben, sollten Sie sich für einen Stiltyp (hier SELEKTOR-TYP ❸
genannt) entscheiden.

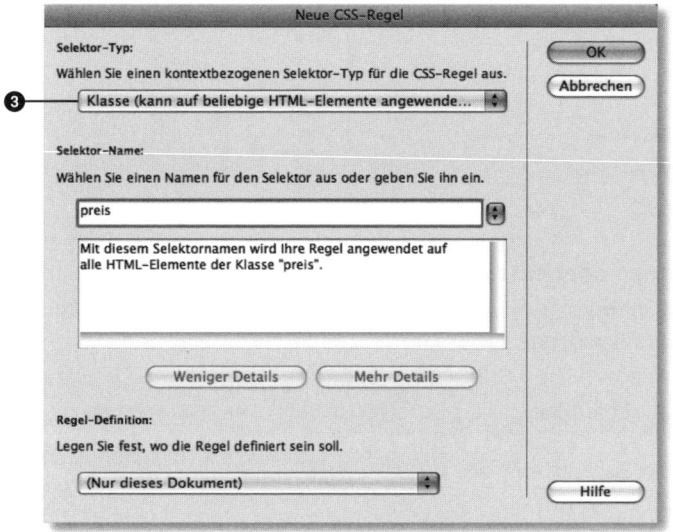

◄ **Abbildung 13.19**
Wählen Sie in diesem Dialog
zunächst den Selektor-Typ ❸
aus.

Wenn Sie einen Klassen-Typ erstellen möchten, wählen Sie Klasse aus und geben unter Name eine Bezeichnung ein, die mit einem Punkt beginnt. Um beispielsweise einen Stil zum Formatieren von Preisangaben zu erstellen, geben Sie .preis ein. Sie können den Punkt in Dreamweaver auch weglassen, da der Punkt intern automatisch hinzugefügt wird.

Um einen Tag-Stil zu erstellen, wählen Sie Tag aus und geben dementsprechend unter Name einen Tag ein (ohne < >), den Sie formatieren möchten. Beispiele hierfür sind h1 oder strong. Anstatt diesen manuell einzugeben, können Sie auch auf die Pfeile neben dem Eingabefeld klicken und einen Tag aus der aufklappenden Liste auswählen.

Der Stiltyp Erweitert ist für spezielle Stiltypen geeignet, die wesentlich komplexer sind und auf die wir deshalb hier nicht näher eingehen.

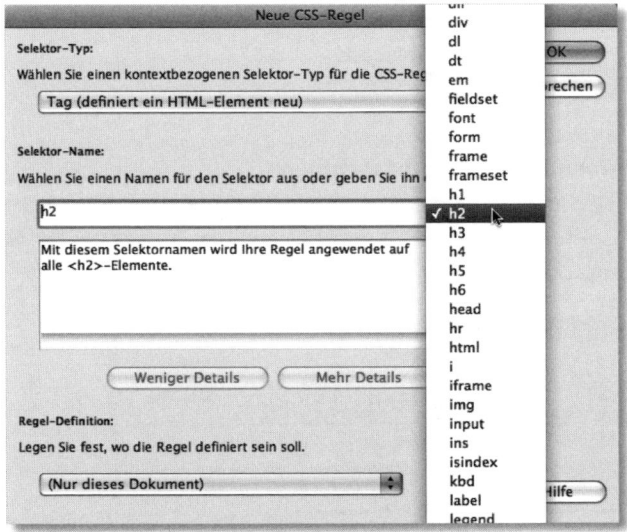

**Abbildung 13.20** ▶
Wählen Sie den Tag aus, den Sie formatieren möchten.

**3** **Internen oder externen Stil bestimmen**

Wenn Sie einen internen Stil erstellen möchten, wählen Sie die Einstellung Nur dieses Dokument.

Um einen externen Stil in einer separaten Stylesheet-Datei zu erzeugen, wählen Sie die Option (Neue Stylesheet-Datei) aus.

Falls Sie bereits eine Stylesheet-Datei erstellt haben, erscheint im ersten Optionspunkt der Name dieser Datei.

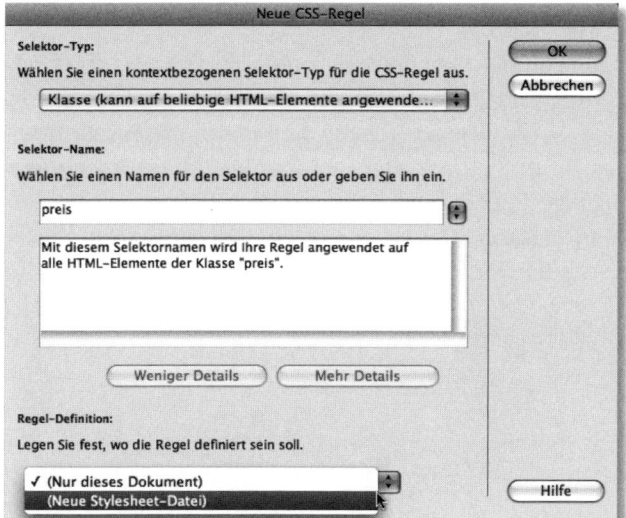

## 4 CSS-Datei speichern

Klicken Sie auf die Schaltfläche OK. Falls Sie die Option (Neue Stylesheet-Datei) gewählt haben, öffnet sich ein Fenster, in dem Sie den Namen und Speicherort der neuen Stylesheet-Datei wählen können. Der Name muss die Endung *.css* besitzen, und es dürfen keine Sonderzeichen, Leerzeichen und Umlaute darin verwendet werden. Anschließend öffnet sich ein Dialogfenster, in dem Sie die CSS-Eigenschaften ändern können.

◄ **Abbildung 13.22**
Speichern Sie die CSS-Datei.

### 5 Kategorie »Schrift«

In der Kategorie SCHRIFT können Sie unter anderem die Schriftart, die Schriftgröße und die Schriftfarbe einstellen. Als Erstes fällt in der neuen Dreamweaver-Version auf, dass die Beschriftungen nicht ins Deutsche übersetzt worden sind. Wenn Sie andere deutschsprachige Bücher zum Thema CSS heranziehen, werden Sie feststellen, dass dort auch nur die englischen Fachbezeichnungen verwendet werden.

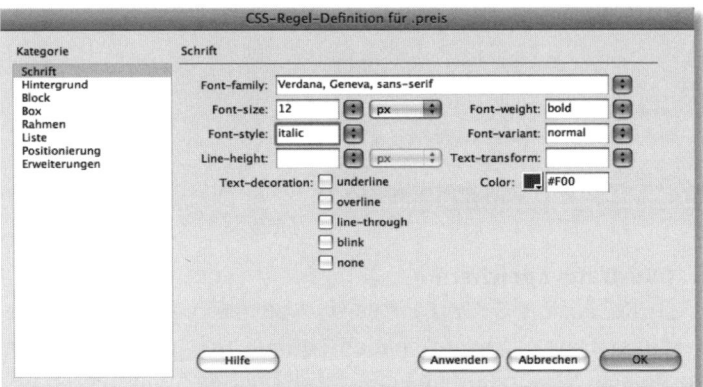

**Abbildung 13.23** ▶
Die CSS-Regel-Definition für
.preis.

### 6 Kategorie »Hintergrund«

Wählen Sie die Kategorie HINTERGRUND aus, um eine Hintergrundfarbe oder ein Hintergrundbild anzulegen.

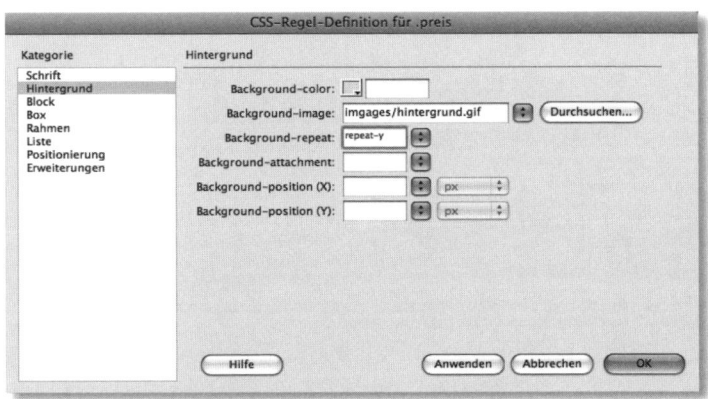

**Abbildung 13.24** ▶
So stellen Sie den Hintergrund
ein.

### 7 Kategorie »Block«

In der Kategorie BLOCK können Sie die Wort- und Zeichenabstände festlegen. Es ist auch möglich, Einzüge und die Ausrichtung festzulegen. Die Einstellungen sind hier weitaus umfassender als in HTML und können auch viel exakter vorgenommen werden.

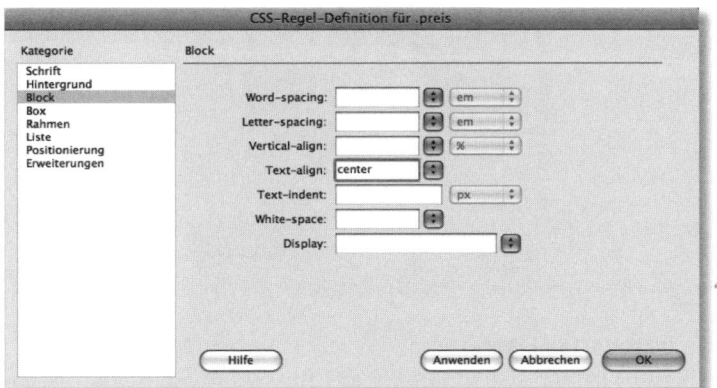

◀ **Abbildung 13.25**
Die Wort und Zeichenabstände legen Sie unter BLOCK fest.

**8** **Kategorie »Box«**

Die Kategorie BOX bestimmt Abstände, die ein Seitenelement zu seinen Nachbarelementen und zum Seitenrand einhalten soll. Am wichtigsten sind die MARGIN- und PADDING-Einstellungen. Wenn Sie FÜR ALLE GLEICH deaktivieren und unter LINKS einen Wert von 10 eingeben, so werden neben dem Element immer 10 Pixel Platz gelassen.

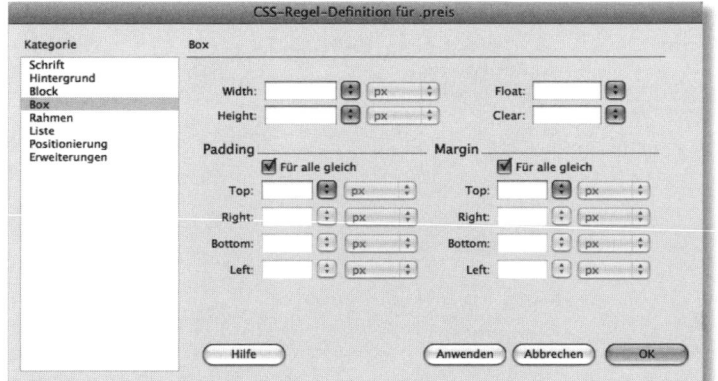

◀ **Abbildung 13.26**
Bearbeiten Sie hier die Einstellungen für Margin und Padding.

**9** **Kategorie »Rahmen«**

Hier können Sie für ein HTML-Element einen sichtbaren Rahmen in einem Stil festlegen. Neben Rahmenbreite und -farbe kann auch der Darstellungstyp (zum Beispiel gepunktet) gewählt werden.

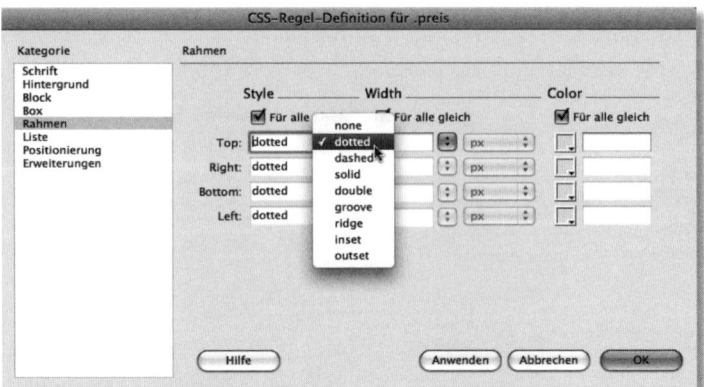

**Abbildung 13.27** ▶
Ein Rahmen wird festgelegt.

### 🔟 Kategorie »Liste«

In dieser Dialogbox können Sie das Aussehen von Listen beeinflussen. Bei geordneten Listen können Sie zum Beispiel mit der Option UPPER-ROMAN die Art der Nummerierung festlegen.

Bei ungeordneten Listen können Sie sogar ein eigenes Symbol für die Gliederungspunkte am Anfang der Listenelemente definieren. Erstellen Sie dazu in einem Grafikprogramm ein kleines Symbol, speichern Sie es als GIF ab, und wählen Sie es unter LIST-STYLE-IMAGE aus.

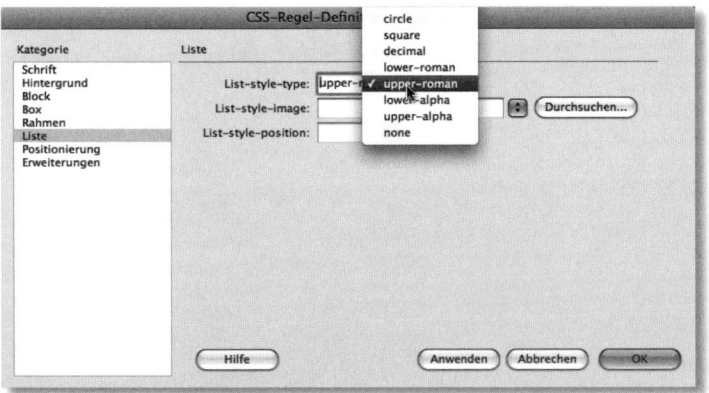

**Abbildung 13.28** ▶
Der List-Style-Type wird
gewählt.

### 1️⃣1️⃣ Kategorie »Positionierung«

Mit dieser Kategorie können Sie die exakte Position eines Elements auf der Seite bestimmen. Dies ist nur von Interesse, wenn Sie Ihre Website komplett mit CSS layouten oder eine der CSS-Layoutvorlagen von Dreamweaver nutzen.

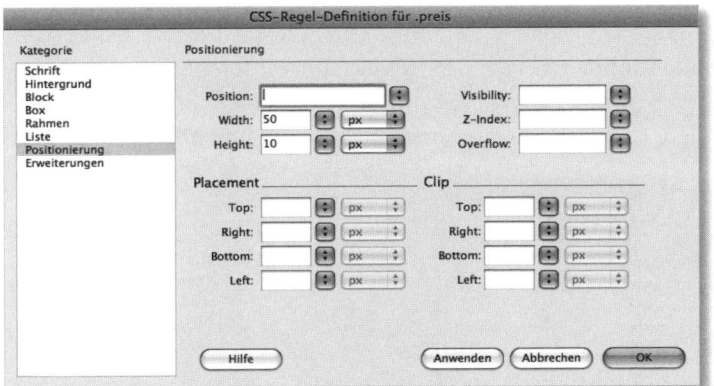

◄ **Abbildung 13.29**
Hier können Sie die Position festlegen.

## 12  Kategorie »Erweiterungen«

Die Kategorie ERWEITERUNGEN sollte aufgrund der Inkompatibilität zu den verschiedenen Browsern nicht eingesetzt werden. Sie können dort zum Beispiel das Aussehen des Mauszeigers verändern, was aber nur in höheren Versionen des Internet Explorers funktioniert.

Klicken Sie auf OK, wenn Sie Ihre Einstellungen für den CSS-Stil vorgenommen haben.

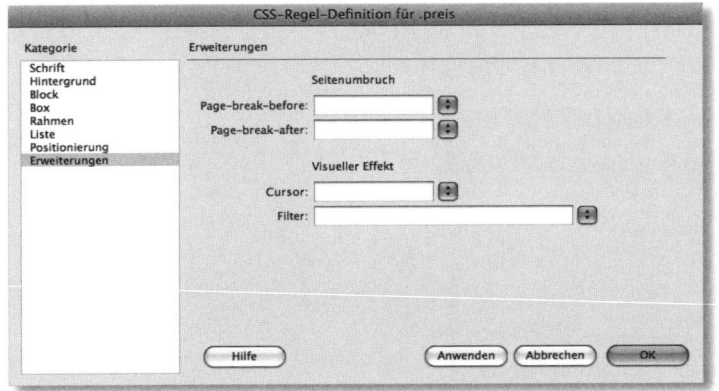

◄ **Abbildung 13.30**
Die erweiterten Eigenschaften ■

### 13.3.3  CSS-Stile bearbeiten

Stile können sowohl über das Bedienfeld CSS-STILE als auch über das Bedienfeld TAG (erreichbar über FENSTER • TAG-INSPEKTOR) modifiziert werden.

Um einen Stil zu bearbeiten, markieren Sie zunächst im Bedienfeld CSS-STILE den zu verändernden Stil. Nun stehen Ihnen zwei Möglichkeiten zur Verfügung, um den Stil anzupassen.

Die erste Möglichkeit besteht darin, auf das Symbol BEARBEITEN ❶ oder doppelt auf die CSS-Regel (zum Beispiel .datum) im Fenster CSS-STILE zu klicken. Es öffnet sich dann ein Fenster mit Kategorien, in denen Sie die Änderungen vornehmen können.

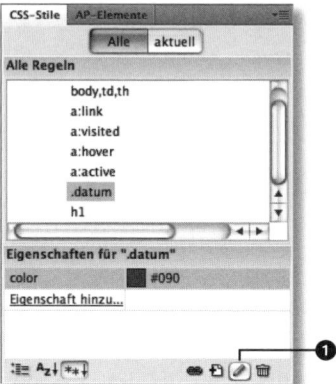

**Abbildung 13.31** ▶
Stile können durch Klick auf das Symbol BEARBEITEN verändert werden.

### 13.3.4   CSS-Stile-Eigenschaften

Stile können auch direkt im unteren Bereich des Fensters STILE unter EIGENSCHAFTEN bearbeitet werden. Klicken Sie dazu einfach auf einen der Werte (zum Beispiel auf die Zahl für die Größe) und geben Sie einen neuen Wert ein.

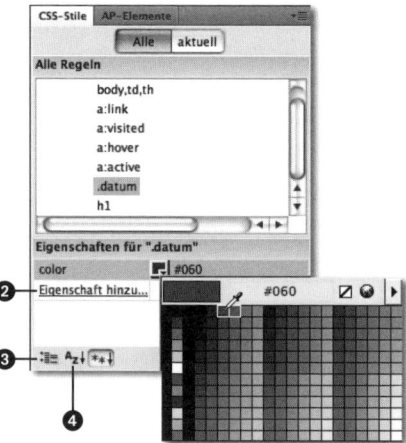

**Abbildung 13.32** ▶
Alternativ können Sie die Werte des markierten Stils auch direkt bearbeiten.

Im Fenster CSS-STILE können Sie auch direkt neue Eigenschaften (wie zum Beispiel die Hintergrundfarbe) eingeben, indem Sie auf EIGENSCHAFTEN HINZUFÜGEN ❷ klicken.

Im unteren Bereich des Fensters werden normalerweise nur die Stile angezeigt, die mit einem Wert belegt sind. Um jedoch alle möglichen Eigenschaften direkt im Fenster CSS-STILE anzuzeigen, klicken Sie entweder auf das Symbol LISTENANSICHT ❹, um eine alphabetische Liste aller Eigenschaften, oder auf das Symbol KATEGORIENANSICHT ❸, um eine kategorisierte Liste aller Eigenschaften zu erhalten.

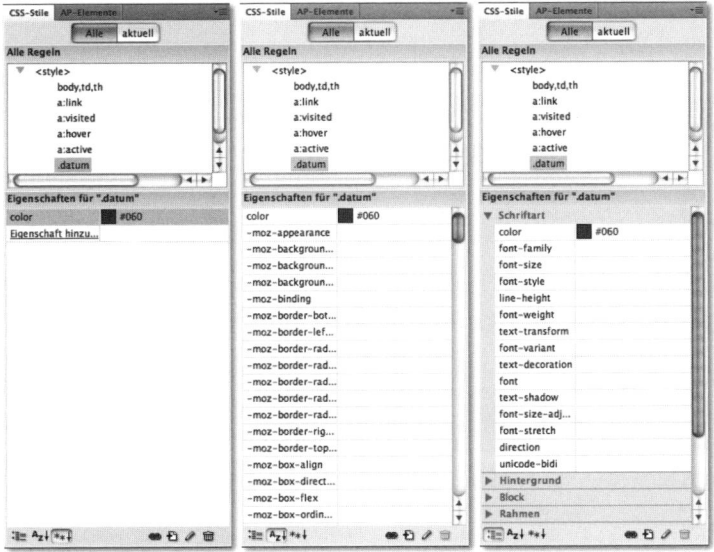

**Fehlende Übersetzung?**

Bei näherem Hinsehen mag sich der eine oder andere Leser fragen, warum sich Adobe nicht die Mühe gemacht hat, die Namen der Eigenschaften (wie zum Beispiel FONT-SIZE) zu übersetzen. Der Grund ist ganz einfach: Die Namen der hier angezeigten CSS-Eigenschaften sind die Original-CSS-Attributnamen, so wie sie im Quelltext stehen. Dies ist insbesondere für fortgeschrittene Anwender sehr sinnvoll.

◀ **Abbildung 13.33**
Normale, alphabetische und kategorisierte Ansicht der CSS-Eigenschaften

### 13.3.5 CSS-Regeln löschen

Um eine CSS-Regel zu löschen, wählen Sie sie im Fenster CSS-STILE aus und klicken auf den Papierkorb. Die CSS-Regel wird dann gelöscht. Bitte beachten Sie, dass sie dann nur noch über BEARBEITEN • RÜCKGÄNGIG wiederhergestellt werden kann und nicht über eine Wiederherstellen-Funktion, wie sie der Papierkorb unter Windows oder Mac OS X bietet.

### 13.3.6 Klassen-Selektoren umbenennen

Wir haben in diesem Kapitel zwei Typen von CSS-Selektoren kennengelernt: Tag-Selektoren, die sich auf einen HTML-Tag wie zum Beispiel <h2> beziehen, und Klassen-Selektoren, die einen individuellen Namen besitzen und mit einem Punkt beginnen. Diese Klassen-Selektoren können Sie umbenennen, indem Sie mit der

▲ **Abbildung 13.34**
Ein CSS-Stil wird mit einem Klick auf das Papierkorb-Symbol gelöscht.

rechten Maustaste auf den entsprechenden Selektor klicken und KLASSE UMBENENNEN auswählen. Über das Kontextmenü können Sie auch weitere Befehle ausführen, wie zum Beispiel die CSS-Regel duplizieren oder verschieben.

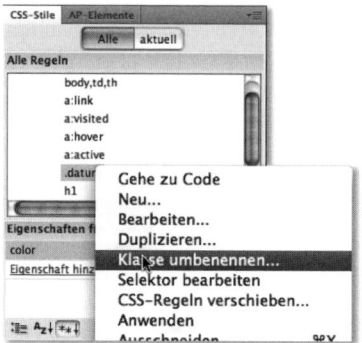

**Abbildung 13.35** ▶
Umbenennen einer CSS-Klasse

### 13.3.7 CSS-Stile an Texte zuweisen

Es gibt mehrere Möglichkeiten, um Seitenelementen CSS-Stile vom Typ KLASSE zuzuweisen. Eine besteht darin, einen Bereich im Dokumentenfenster zu markieren und den Stil anschließend im Fenster EIGENSCHAFTEN (im HTML-Modus) auszuwählen.

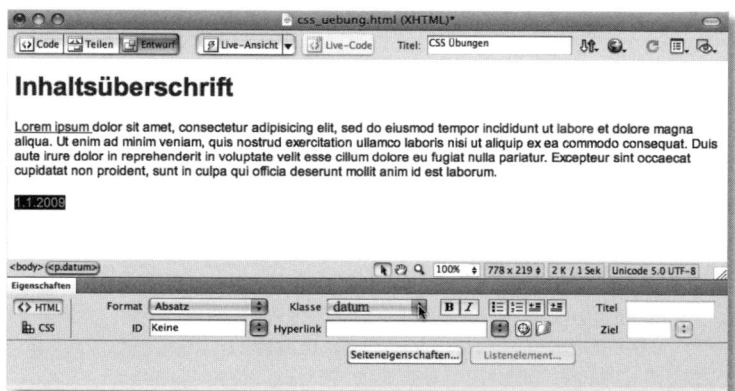

**Abbildung 13.36** ▶
Stil zuweisen im Fenster
EIGENSCHAFTEN

Alternativ können Sie den Stil auch über das Kontextmenü auswählen, indem Sie mit der rechten Maustaste auf die markierte Stelle klicken und dann unter CSS-STILE den gewünschten Stil aussuchen.

▲ **Abbildung 13.37**
Zuweisung des CSS-Stils über das Kontextmenü

Sie können Stile auch über die Statuszeile zuweisen. Wenn Sie zum Beispiel dem ganzen Absatz einen Stil zuweisen möchten, können Sie mit der rechten Maustaste auf <p> (steht für »paragraph« = »Absatz«) klicken und unter KLASSE EINRICHTEN den gewünschten Stil auswählen.

Wählen Sie hingegen KEINE auswählen, so wird die CSS-Zuweisung wieder entfernt.

◀ **Abbildung 13.38**
Zuweisen eines Stils über die
Statuszeile

### 13.3.8   Externe Stylesheets verknüpfen

Damit eine Webseite auf die Formatierungen in externen CSS-Stilen zugreifen kann, muss ihr zuerst die separate CSS-Datei mit den Stilen zugewiesen werden.

## Schritt für Schritt: Externe CSS-Datei in Seite einbinden

### 1 Webseite öffnen und vorbereiten

Öffnen Sie zuerst eine Webseite, der noch keine externe Stylesheet-Datei zugeordnet ist. Klicken Sie dann im Bedienfeld CSS-STILE auf das Symbol STYLESHEET ANFÜGEN ❶.

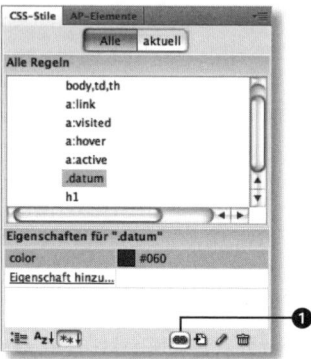

**Abbildung 13.39** ▶
Stylesheet anfügen

### 2 CSS-Datei auswählen

Wählen Sie eine vorhandene CSS-Datei aus Ihrem Site-Ordner aus. Verwenden Sie dafür *nicht* die Option IMPORT, da sonst die Stile der externen Stylesheet-Datei als interne Stile übernommen werden.

Nur durch die Option VERKNÜPFUNG wird sichergestellt, dass sich die Stile aus der externen Stylesheet-Datei auch von dort aus auf die Webseiten auswirken. Unter MEDIEN kann man einstellen, ob die Stylesheet-Datei zum Beispiel nur für die Darstellung auf dem Bildschirm oder für den Ausdruck mit dem Drucker bestimmt ist.

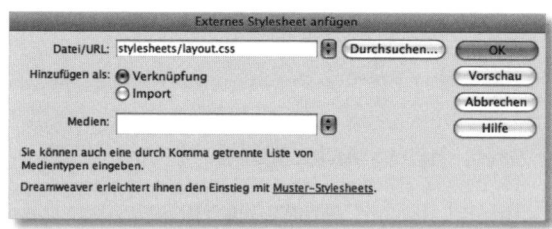

**Abbildung 13.40** ▶
Eine externe CSS-Datei wird ausgewählt.

### 3 Änderungen überprüfen

Klicken Sie auf OK, um den Vorgang abzuschließen. Im Fenster CSS-STILE werden der Name der CSS-Datei und die darin enthaltenen CSS-Stile angezeigt.

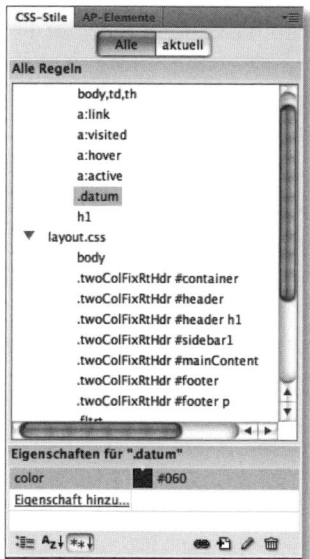

◄ **Abbildung 13.41**
Die Eigenschaften der *layout.css*
werden angezeigt. ■

### 13.3.9 Stylesheets verschieben

In Dreamweaver ist es auch möglich, Stile in andere Dateien zu verschieben bzw. zu kopieren. Ziehen Sie dazu einfach mit der Maus die CSS-Regel im Fenster CSS-STILE an die gewünschte Position. So können Sie auch ganz leicht einen internen Stil Ihres Dokumentes in eine externe Stylesheet-Datei einfügen.

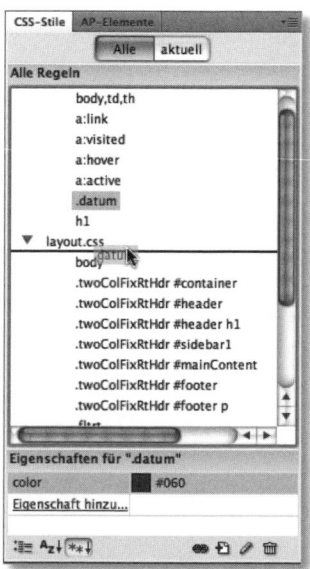

◄ **Abbildung 13.42**
CSS-Stile können leicht von einer zur anderen CSS-Datei verschoben werden.

Mit den CSS-Techniken aus diesem Kapitel können Sie Ihre Inhalte nicht nur optisch strukturieren, sondern auch ansprechend gestalten. CSS gibt Ihnen dafür viele Möglichkeiten an die Hand, die schon fast denen in richtigen Textverarbeitungen und Desktop-Publishing-Programmen entsprechen. Probieren Sie am besten über die beschriebenen Wege alles aus, was Ihnen Dreamweaver anbietet.

In den nächsten Kapiteln werden wir nun noch einmal einen gründlichen Blick auf die Seitenelemente werfen, die Sie in Ihre Webseiten und Vorlagen einfügen können. Den Anfang machen Grafiken und Bilder.

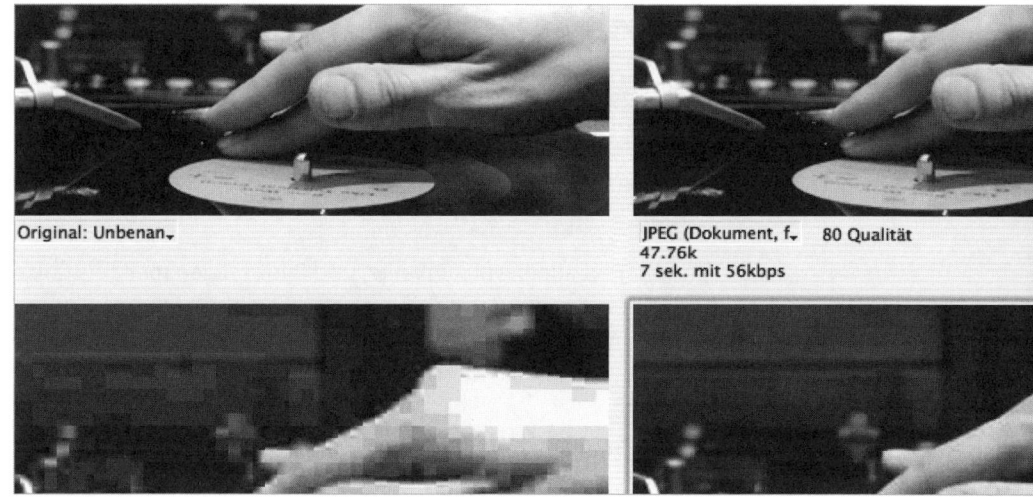

Original: Unbenan.

JPEG (Dokument, f. 80 Qualität
47.76k
7 sek. mit 56kbps

## Kapitel 14

# Bilder einfügen

So bringen Sie Farbe auf Ihre Webseiten

▶ Welches Bildformat nutze ich für welchen Zweck?

▶ Wie füge ich Grafiken und Platzhalter ein?

▶ Wie arbeite ich mit Hintergründen?

▶ Wie schneide ich Bilder zu, schärfe sie oder richte sie aus?

# 14  Bilder einfügen

Text allein ist langweilig, und Bilder sagen mehr als tausend Worte. In diesem Kapitel lernen Sie, wie Sie grafische Elemente in Ihre Webseiten einfügen und sie in Dreamweaver nachbearbeiten.

## 14.1  Bilder bearbeiten

Wenn Sie zum Beispiel Fotos mit Ihrer Digitalkamera machen, eignen sich die Bilder in der Regel noch nicht, um auf eine Webseite gestellt zu werden. Sie sollten sie zuerst in einem Bildbearbeitungsprogramm nachbessern, um etwa die Bildgröße anzupassen und ein wenig mehr Helligkeit und Schärfe in die Bilder zu bringen.

Wenn Sie Dreamweaver in einem der diversen Creative-Suite-Pakete erworben haben, sind Sie bereits im Besitz von Photoshop CS4 und Fireworks CS4. Beide Programme bieten hervorragende Werkzeuge, um Bilder zu bearbeiten und für die Darstellung auf Webseiten zu optimieren.

Interessant ist, dass in Dreamweaver Bilder direkt nachbearbeitet werden können, ohne dafür ein anderes Programm einsetzen zu müssen. Sie können zum Beispiel ein Foto aus Ihrer Digitalkamera jetzt auch direkt mit Dreamweaver in eine Webseite einfügen und dort das Bild verkleinern, Ausschnitte daraus freistellen und Helligkeitskorrekturen durchführen.

**Ist Photoshop wirklich immer besser?**

Adobe Photoshop ist die führende Software zum Bearbeiten von Fotos und Bildern aller Art. Aufgrund der vielfältigen Funktionen und der komplexen Bedienung ist die Einarbeitung in Photoshop jedoch ungleich schwieriger als in Fireworks. Für Webgrafiken ist Fireworks durchaus ausreichend und zudem leichter zu bedienen.

## 14.2  Bildformate für das Web

Bevor Sie Bilder in eine Webseite einfügen können, müssen Sie sie zunächst erstellen, bearbeiten und in einem Format abspeichern, das ein Webbrowser lesen kann.

Die Wahl des richtigen Formats entscheidet über die Qualität des Bildes. Für das Web ist jedoch auch die Dateigröße relevant.

Je kleiner die Datenmengen der Bilder, desto geringer sind die Wartezeiten für den Internetnutzer beim Laden der Seiten.

Jedes Grafikformat hat seine Vor- und Nachteile. Ich werde Ihnen die drei wichtigsten und gebräuchlichsten Formate für Webseiten kurz vorstellen.

### 14.2.1 GIF

Das GIF (*Graphics Interchange Format*) ist ideal für Bilder geeignet, die höchstens 256 Farben enthalten. Gezeichnete Grafiken fallen häufig darunter, insbesondere Illustrationen ohne Farbverläufe, die in einem Grafikprogramm wie Adobe Illustrator erstellt worden sind.

GIF wird gern auch für Überschrift- und Textgrafiken verwendet, wenn diese Schriften enthalten, die nicht bei jedem Benutzer installiert sind.

**◄ Abbildung 14.1**
Als Überschriften werden GIF-Bilder in einer Webseite verwendet, wenn der Text typografisch gestaltet werden soll.

Für Fotos ist GIF wegen der wenigen Farben in der Regel ungeeignet. Auch Fotos, die scheinbar nur wenige Farben enthalten, kommen für dieses Format meist nicht in Frage, da zumindest einige Stellen darin, besonders Farbverläufe, in schlechter Qualität dargestellt werden.

**Pixel- und Vektorgrafiken**

Im Gegensatz zu Pixelgrafiken bestehen Vektorgrafiken nicht aus einzelnen Pixeln, sondern basieren auf elementaren Formen wie Linien, Kurven, Kreisen, Rechtecken usw. Das Besondere an Vektorgrafiken ist, dass sie auflösungsunabhängig immer neu skaliert werden können.

**◄ Abbildung 14.2**
Auf der linken Seite befindet sich das Originalbild und auf der rechten das Foto als GIF-Datei mit 64 der verfügbaren 256 Farben (bearbeitet in Fireworks CS4). Die Probleme beim Einsatz von GIF liegen oft in den Farbverläufen.

**1-Bit-Transparenz**

GIF bietet nur eine soge-
nannte 1-Bit-Transparenz.
Das heißt, die Bildpunkte
sind entweder transparent
(durchsichtig) oder nicht.
Genau das sind die beiden
Zustände eines Bits. Das
PNG-Format unterstützt
sogar 8-Bit-Transparenz.
Damit können Bildpunkte
auch halbtransparent eingestellt werden. Insgesamt gibt
es 256 (2 hoch 8) Abstufun-
gen zwischen vollständig
sichtbar und unsichtbar. Mit
GIF und PNG lassen sich
dadurch unsichtbare Stellen
in einem Bild festlegen, was
etwa freigestellte Bilder auf
Webseiten ermöglicht.

Grafikprogramme wie Photoshop oder Fireworks bieten Funktionen an, mit denen die Qualität der GIF-Bilder optimiert werden
kann. Allerdings steigt dann meist auch die Dateigröße.

GIF-Bilder können transparente Bereiche enthalten, die den
Hintergrund durchscheinen lassen. Die Ergebnisse sind aber meistens nicht sehr hochwertig, da die Ränder der transparenten Bereiche oft pixelig aussehen.

Es können sogar mehrere Einzelbilder innerhalb eines GIF-Bil-
des gespeichert und hintereinander in einer Animation abgespielt
werden. GIF-Animationen eignen sich allerdings nur für kleinere
Bilder (bis zu einer Größe von etwa 150 × 150 Pixeln), da sonst
die Datenmenge zu groß wird. Für aufwändigere Animationen
ist es besser, das Flash-Format zu wählen (siehe Abschnitt 19.4,
»Adobe Flash CS4«).

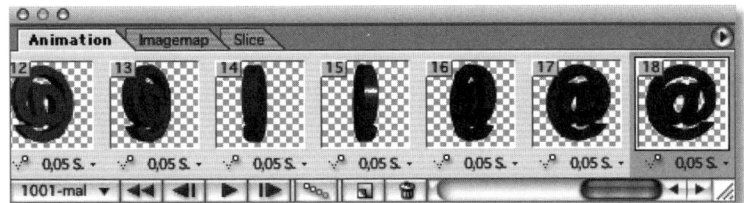

▲ **Abbildung 14.3**
Eine GIF-Animation mit ihren Einzelbildern in Fireworks

### 14.2.2  JPEG

Das *JPEG*-Format (*Joint Photographic Experts Group*) ist das ideale
Format für die Darstellung von Fotos. Die Bilder können damit
naturgetreu mit 16,7 Millionen Farben als JPEG-Datei gespeichert
werden. Damit die Dateien nicht zu groß werden, werden die Bilder komprimiert. Die Kompression ist immer mit Verlust von Bild-
informationen verbunden. Den Grad der Kompression kann man
im Grafikprogramm einstellen. Je stärker die Kompression, desto
schlechter ist die Qualität des Fotos.

Viele Digitalkameras speichern die Fotos bereits im JPEG-Format ab. Somit müssen die Bilder nicht einmal mehr umgewandelt
werden, um auf einer Webseite eingesetzt zu werden.

Transparente Bereiche und Animationen werden vom JPEG-
Format nicht unterstützt.

Die übliche Dateiendung von JPEG-Bildern ist nicht etwa *jpeg*
sondern *jpg*.

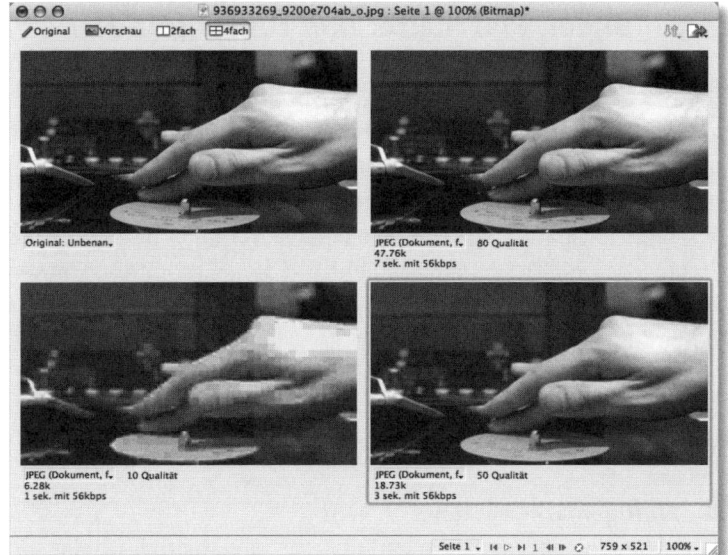

◀ **Abbildung 14.4**
Das Originalfoto (oben links) hat oben rechts eine Qualität von 80 %, unten links 10 % und unten rechts 50 %. Das Bild links unten hat zwar eine kleine Dateigröße (6,28 KByte), ist aber aufgrund der schlechten Qualität nicht zu gebrauchen (bearbeitet in Fireworks CS4).

### 14.2.3 PNG

Das *PNG*-Format (*Portable Network Graphics*) vereint die Vorteile von JPEG und GIF. Die Bilder können damit verlustfrei mit mehreren Millionen Farben gespeichert werden.

Im Gegensatz zu GIF und JPG unterstützt PNG sogar 256 Transparenzstufen (8-Bit-Transparenz). Diese Transparenz erlaubt es zum Beispiel, Bilder mit weichen Schlagschatten unabhängig vom Hintergrund zu erstellen.

Beachten Sie dabei, dass der Internet Explorer bis einschließlich Version 6 bei PNG keine Transparenzen anzeigen kann. Microsoft hat dieses Problem erst mit dem Internet Explorer 7 in den Griff bekommen. Andere Browser-Hersteller wie Apple, Mozilla und Opera sind da vorbildlicher und unterstützen Transparenzen schon lange.

Die Größe von PNG-Dateien ist in der Regel ein Vielfaches höher als bei GIF- und JPEG-Bildern. Daher wird das PNG-Format meist nur eingesetzt, wenn Transparenzen notwendig sind.

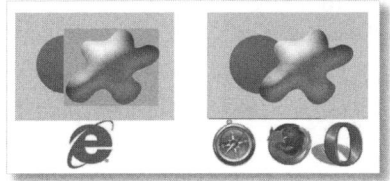

◀ **Abbildung 14.5**
Im Internet Explorer (links) werden Transparenzen von PNG-Bildern bis einschließlich Version 6 nicht korrekt dargestellt.

## 14.3 Bilder, Platzhalter und Hintergründe

### 14.3.1 Bilder einfügen

Wir werden nun ein Bild mit dem Format JPEG in unsere Seite einfügen. Erstellen Sie für die folgenden Übungen eine neue Datei *bilder.html* in unserer Site *djay Übungen*. Diese Datei wird nicht in der Hauptnavigation unserer Beispielsite verlinkt, da sie nur als »Spielwiese« für dieses Kapitel dient. Wenn Sie möchten, können Sie natürlich auch auf einer der Seiten der Djay-Site ein weiteres Bild einfügen.

### Schritt für Schritt: Bild einfügen

**1 Einfügemarke setzen**

Setzen Sie die Einfügemarke im Entwurfsbereich an die Stelle, wo das Bild eingefügt werden soll.

**2 Bild auswählen**

Wählen Sie EINFÜGEN • BILD. Es erscheint ein Dialogfenster, in dem Sie die einzufügende Grafik voranzeigen und auswählen können. Im Vorschaufenster finden Sie auch alle wichtigen Informationen zu dem Bild.

Alternativ können Sie ein Bild auch aus dem DATEIEN-Fenster mit der Maus direkt in das Dokumentenfenster ziehen.

**Abbildung 14.6** ▼
Sie können auch über das DATEIEN-Fenster Bilder einfügen.

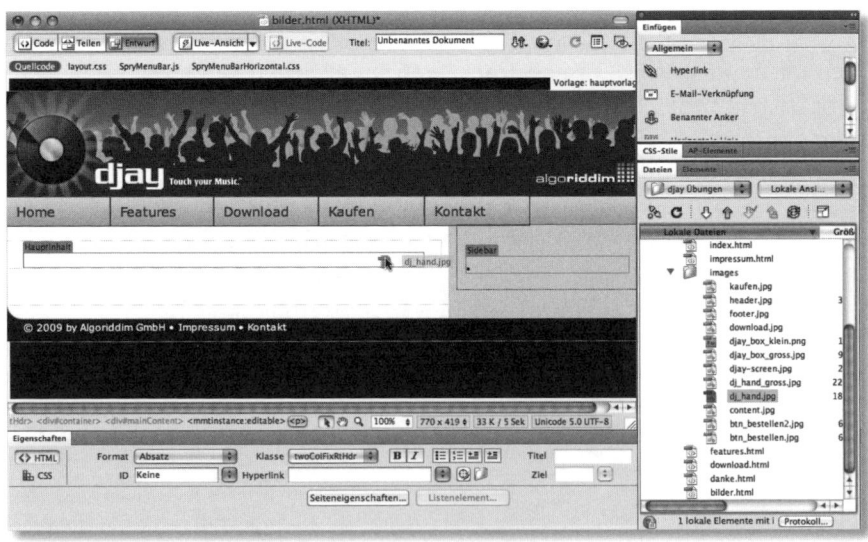

## 3 Eingabehilfen

Es öffnet sich anschließend ein weiteres Fenster, in dem Sie einen Alternativtext eingeben können, der anstelle des Bildes angezeigt wird, falls dieses beim Benutzer nicht dargestellt werden kann.

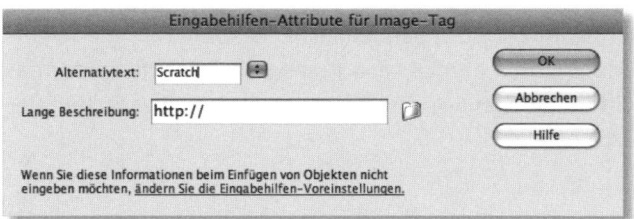

◄ **Abbildung 14.7**
Geben Sie einen Alternativtext für das Bild ein.

## 4 Überprüfen der Änderungen

Nachdem Sie das Bild eingefügt haben, sehen Sie in der Teilen-Ansicht von Dreamweaver, wie es im Quelltext mit Pfad und Größenangaben angelegt worden ist. Im Eigenschaftsinspektor können Sie nun weitere Einstellungen vornehmen. Dazu kommen wir noch später in diesem Kapitel.

> **Bilder in CSS**
>
> Bilder können auch in einem Cascading Stylesheet als Hintergrundgrafiken verwendet werden. Je nach Einstellungen können sie dort dann auch wiederholt aneinandergelegt (gekachelt) werden.

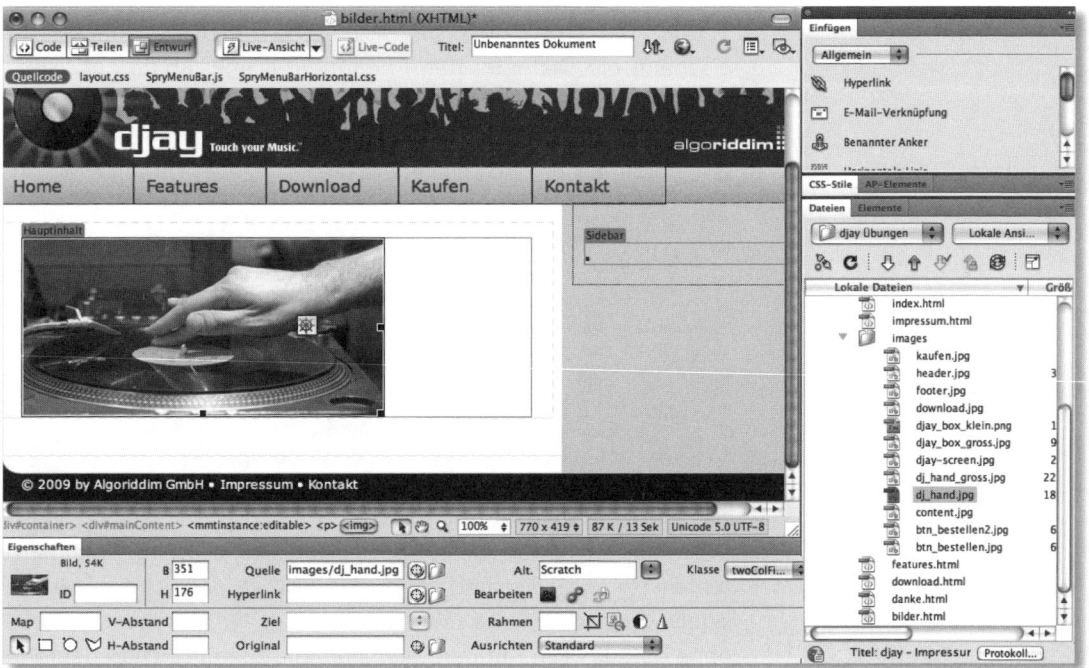

▲ **Abbildung 14.8**
Der Eigenschafteninspektor für Bilder ■

### 14.3.2   Bild-Platzhalter einsetzen

Es kommt nicht selten vor, dass Sie eine Webseite erstellen, für die das eine oder andere Bild noch nicht verfügbar ist. Anstatt nun die Stelle, in der das Bild platziert werden soll, freizulassen, können Sie mit Dreamweaver auch einen Bild-Platzhalter einsetzen. Dieser ist im Entwurfsbereich als rechteckiger Bereich sichtbar und in der Größe an das Layout anpassbar. Wenn später das richtige Bild für die Stelle vorliegt, können Sie den Platzhalter einfach dadurch ersetzen.

### Schritt für Schritt: Bild-Platzhalter einfügen

**1** **Einfügemarke setzen**
Setzen Sie, wie beim Einfügen eines normalen Bildes, zunächst die Einfügemarke an die Position im Entwurfsbereich, an der das Bild später angezeigt werden soll.

**2** **Bild-Platzhalter einfügen**
Wählen Sie EINFÜGEN • GRAFIKOBJEKTE • BILD-PLATZHALTER. Es erscheint ein Dialogfenster, in dem Sie Name, Breite und Höhe des später einzufügenden Bildes eingeben und eine Farbe für den Platzhalter auswählen. Unter ALTERNATIVTEXT sollten Sie eine Beschreibung für das Bild eingeben.

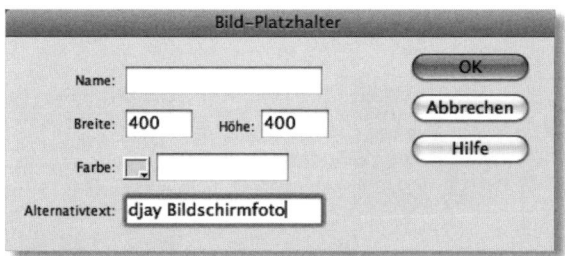

**Abbildung 14.9** ►
Das Dialogfenster BILD-PLATZHALTER

**3** **Bild-Platzhalter überprüfen**
Der Bild-Platzhalter wird in der gewählten Farbe im Dokumentenfenster angezeigt und kann später durch das richtige Bild ersetzt werden. Die Seite kann aber so schon weitergebaut werden, ohne dass sie sich mit dem richtigen Bild später noch bedeutend verändert.

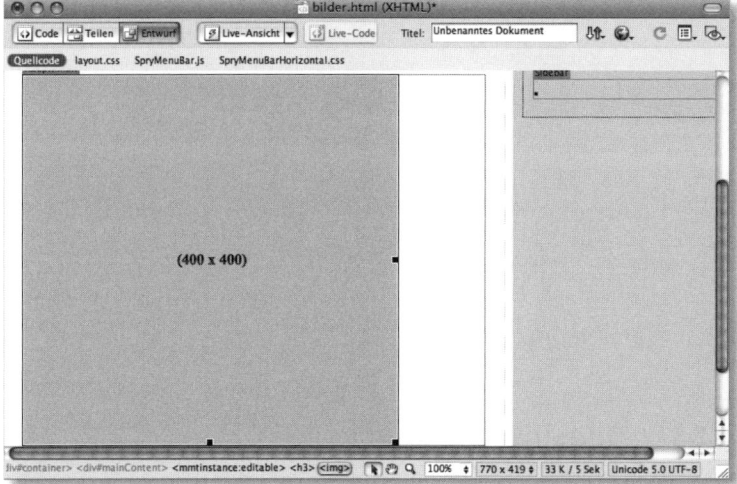

◀ **Abbildung 14.10**
So sieht der Platzhalter aus.

### 14.3.3   Bilder oder Platzhalter austauschen

Um ein bereits eingebautes Bild oder einen Bild-Platzhalter durch ein anderes Bild zu ersetzen, können Sie entweder das alte Bild oder den Platzhalter löschen und das neue Bild einfügen, oder Sie markieren das Bild im Dokumentenfenster und klicken im Eigenschaftsinspektor auf das Ordnersymbol rechts neben QUELLE ❶. Wählen Sie dann einfach eine neue Bilddatei aus.

▼ **Abbildung 14.11**
Ein altes Bild oder den Platzhalter können Sie im Eigenschaftsinspektor durch ein neues Bild ersetzen.

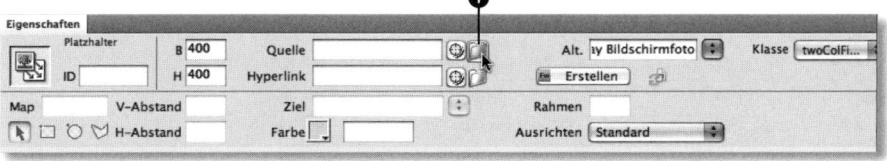

### 14.3.4   Rollover-Bilder einsetzen

Ein Rollover-Bild besteht immer aus zwei Bildern. Je nachdem, ob der Mauszeiger sich über dem Rollover-Bild befindet oder nicht, wird entweder das eine oder das andere Bild angezeigt. Rollover-Bilder werden gern in Navigationen eingesetzt.

Für die Funktion ROLLOVER-BILD benötigen Sie zwei Bilder mit der gleichen Höhe und Breite: Die Ausgangsgrafik soll angezeigt werden, wenn sich der Mauszeiger nicht über dem Menüpunkt befindet. Die Rollover-Grafik wird angezeigt, wenn sich der Mauszeiger über dem Menüpunkt befindet.

**Abbildung 14.12** ▶
Links befindet sich der Mauszeiger außerhalb des Rollover-
Bildes. Der Button wird normal
angezeigt. Rechts befindet sich
der Mauszeiger über dem Rollover-Bild, und das Bild wech-
selt die Darstellung.

Die genauen Einstellungen in der darauffolgenden Dialogbox werden im Abschnitt »Rollover-Bilder« in Abschnitt 17.3, »JavaScript
über Menüs einfügen«, erklärt.

## 14.4    Bildeinstellungen

Auch wenn man sich bereits Mühe gegeben hat, ein Bild für eine
Webseite vorzubereiten, möchte man oft noch Kleinigkeiten daran verändern, nachdem man es tatsächlich in das Layout eingefügt hat. In Dreamweaver können Sie die wichtigsten Arbeitsschritte direkt durchführen, ohne das Programm dafür wechseln
zu müssen.

**Abbildung 14.13** ▼
Eigenschaftsinspektor bei
ausgewähltem Bild

Klicken Sie einfach das Bild im Dokumentenfenster an, und
Sie finden alle Werkzeuge für Bildbearbeitungen im Eigenschaftsinspektor.

### 14.4.1    Bild ausrichten

Wenn das Bild in einem eigenen Absatz steht, können Sie eine
der drei Schaltflächen ❶ nutzen, um das Bild linksbündig, mittig
oder rechtsbündig zu positionieren. Wenn sich im selben Absatz
sowohl ein Bild als auch Text befindet, kann mit der Liste Ausrichten ❷ bestimmt werden, ob der Text das Bild umfließen soll.
Wenn Sie in der Liste Links wählen, wird das Bild links positioniert, und der Text umfließt das Bild rechts. Um das Bild rechts zu
positionieren, wählen Sie in der Liste Rechts aus.

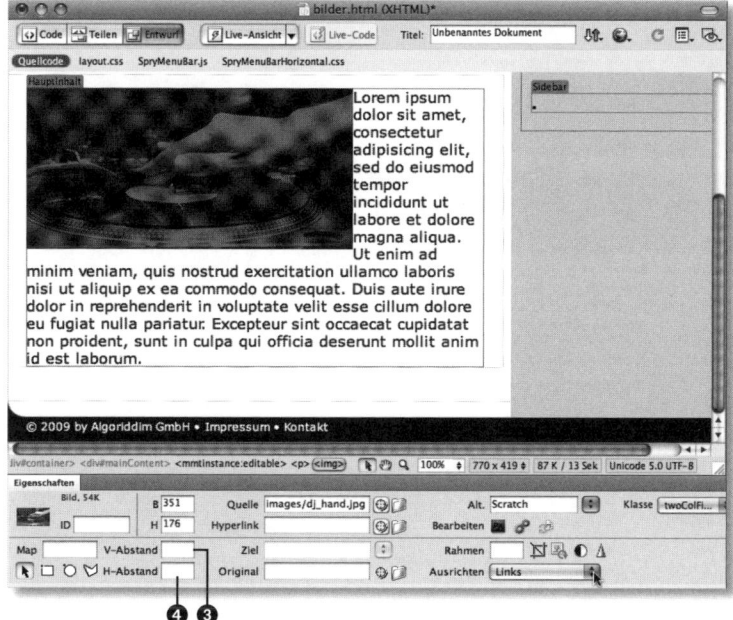

▲ **Abbildung 14.14**
Mit der Einstellung AUSRICHTEN • LINKS umfließt der Text das Bild auf der
rechten Seite.

Sie können hier auch den Abstand von der Grafik zum umgebenden Text oder zu anderen Seitenelementen festlegen. Mit
V-ABSTAND ❸ legen Sie den vertikalen und mit H-ABSTAND ❹ den
horizontalen Abstand fest.

## 14.4.2 Alternativtext eingeben

Geben Sie unter ALT. ❺ einen passenden Namen für den Alternativtext ein, der das Bild aussagekräftig beschreibt. Eine Suchmaschine wie zum Beispiel Google kann den Alternativtext dann
seinem Index hinzufügen. Der Eintrag ist auch für Browser wichtig, die keine Bilder anzeigen können, beispielsweise in Vorleseprogrammen für sehbeeinträchtigte Benutzer.

Wenn Sie eine Überschrift als Grafik in eine Webseite integrieren, sollten Sie unbedingt den Text der Überschrift als Alternativtext eintragen. Dasselbe gilt für Fotos, Schaltflächen, Menüs usw.
Auch im Hinblick auf den XHTML-Standard sollten Sie immer einen Alternativtext für jedes Bild hinterlegen.

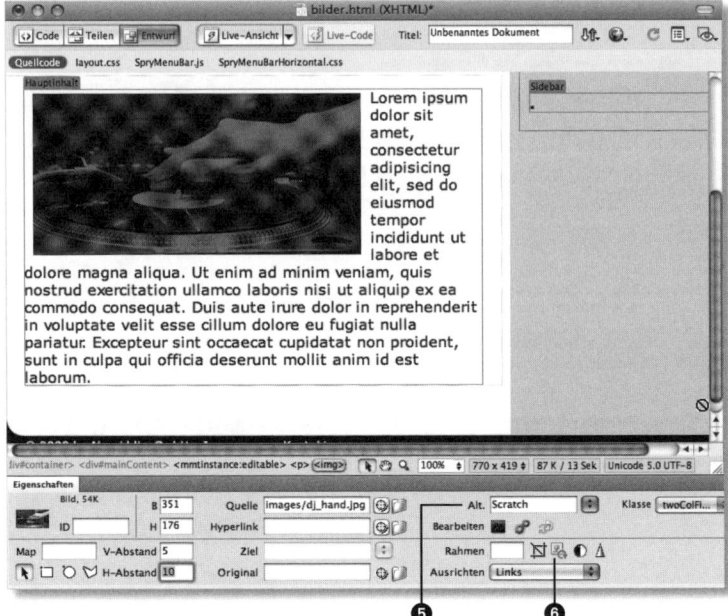

◄ **Abbildung 14.15**
In diesem Beispiel hat der Text einen Abstand von mindestens 10 Pixeln zum nebenstehenden Bild.

### 14.4.3 Bildgröße einstellen

Es gibt zwei Möglichkeiten, die Größe eines Bildes zu verändern. Ziehen Sie entweder den Fensterrahmen mit der Maus auf das gewünschte Format, oder geben Sie die Breiten- und Höhenwerte im Eigenschaftsinspektor ein.

Anschließend muss die Grafik über ❻ neu aufgelöst werden, das Bild wird damit an die neue Größe angepasst und erneut gespeichert. Die alte Bilddatei wird dabei überschrieben. Es wird empfohlen, Bilder nicht zu vergrößern und immer nur zu verkleinern, um die Bildqualität nicht zu beeinträchtigen. Die besten Ergebnisse erzielen Sie jedoch, wenn Sie die Bilder in einem Grafikprogramm wie Fireworks oder Photoshop bearbeiten.

 **Schritt für Schritt: Größe eines Bildes in Dreamweaver verändern**

**1 Bild auswählen**

Klicken Sie auf das gewünschte Bild. Es wird dann ein dünner Rand um die Grafik herum angezeigt und der Eigenschaftsinspektor mit den Bildeinstellungen eingeblendet.

## 2 Größe verändern

Halten Sie ⇧ gedrückt, klicken Sie mit der Maus auf die untere rechte Ecke des Bildes, und ziehen Sie dann den Rahmen nach links oben bzw. rechts unten, um es zu verkleinern bzw. zu vergrößern. Durch Drücken von ⇧ bleiben die Proportionen des Bildes erhalten, so dass es nicht gequetscht oder gestaucht wird.

▼ **Abbildung 14.16**
Die Größe des Bildes verändern.

## 3 Neue Einstellungen vornehmen

Sie können die Größe auch durch Eingabe der Breite (B) ❶ und der Höhe (H) ❷ im Eigenschaftsinspektor direkt bestimmen. Falls Ihnen die Größe nicht gefällt, können Sie das Bild auch wieder auf die Originalgröße zurücksetzen, indem Sie auf den blauen, sich drehenden Pfeil ❸ klicken.

## 4 Bild neu auflösen

Klicken Sie anschließend auf die Schaltfläche NEU AUFLÖSEN ❹, damit das Bild in die neue Größe konvertiert und gespeichert wird. ∎

### 14.4.4   Bilder zuschneiden

Sie können in Dreamweaver nicht nur die Bildgröße verändern, sondern auch einen Ausschnitt freistellen, um zum Beispiel überflüssige Randbereiche zu entfernen.

### Schritt für Schritt: Bild zuschneiden

**1  Bild auswählen**

Klicken Sie wieder auf das gewünschte Bild, um es auszuwählen und den Eigenschaftsinspektor für das Bild anzuzeigen. Wählen Sie hier das Zuschneiden-Werkzeug ❶ aus.

**2  Rechteck anpassen**

Innerhalb des Bildes im Dokumentenfenster finden Sie nun ein Rechteck, mit dem Sie bestimmen können, wie Sie das Bild beschneiden. Durch Ziehen an einer der Ecken lässt sich die Größe des Bereiches verändern, durch Klick mit gedrückter Maustaste lässt sich das Auswahlrechteck verschieben.

**Abbildung 14.17** ▶
Bildausschnitt freistellen

Wenn Sie den richtigen Ausschnitt mit dem Rechteck eingestellt haben, klicken Sie doppelt in das Rechteck hinein. Das ausgeschnittene Bild wird neu erstellt und in die Bilddatei gespeichert. Das Originalbild wird dabei überschrieben.

◄ **Abbildung 14.18**
Klicken Sie am Ende doppelt
in das Rechteck.

### 14.4.5  Helligkeit, Kontrast und Schärfe

Um Helligkeit und Kontrast eines Bildes zu verändern, klicken Sie
im Eigenschaftsinspektor auf die Schaltfläche ❶. Im aufklappenden Dialogfenster können Sie dann mit den Schiebereglern die
Einstellungen vornehmen. Wenn Sie die Vorschau ❷ aktiviert haben, können Sie die Veränderung direkt im Dokumentenfenster
mitverfolgen.

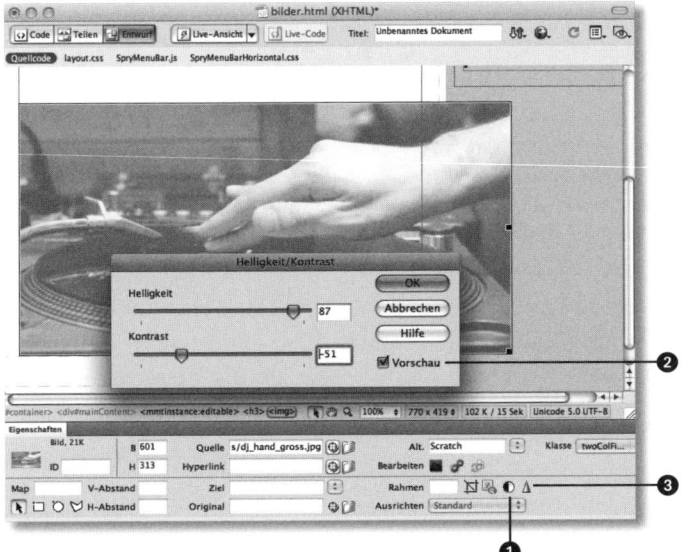

◄ **Abbildung 14.19**
In Dreamweaver können Helligkeit und Kontrast eines Bildes verändert werden.

Die Schärfe des Bildes kann mit der Schaltfläche ❸ verändert werden. Je weiter Sie den Regler nach rechts bewegen, desto schärfer wird das Bild. Wenn die Schärfe zu stark eingestellt wird, entstehen störende Artefakte.

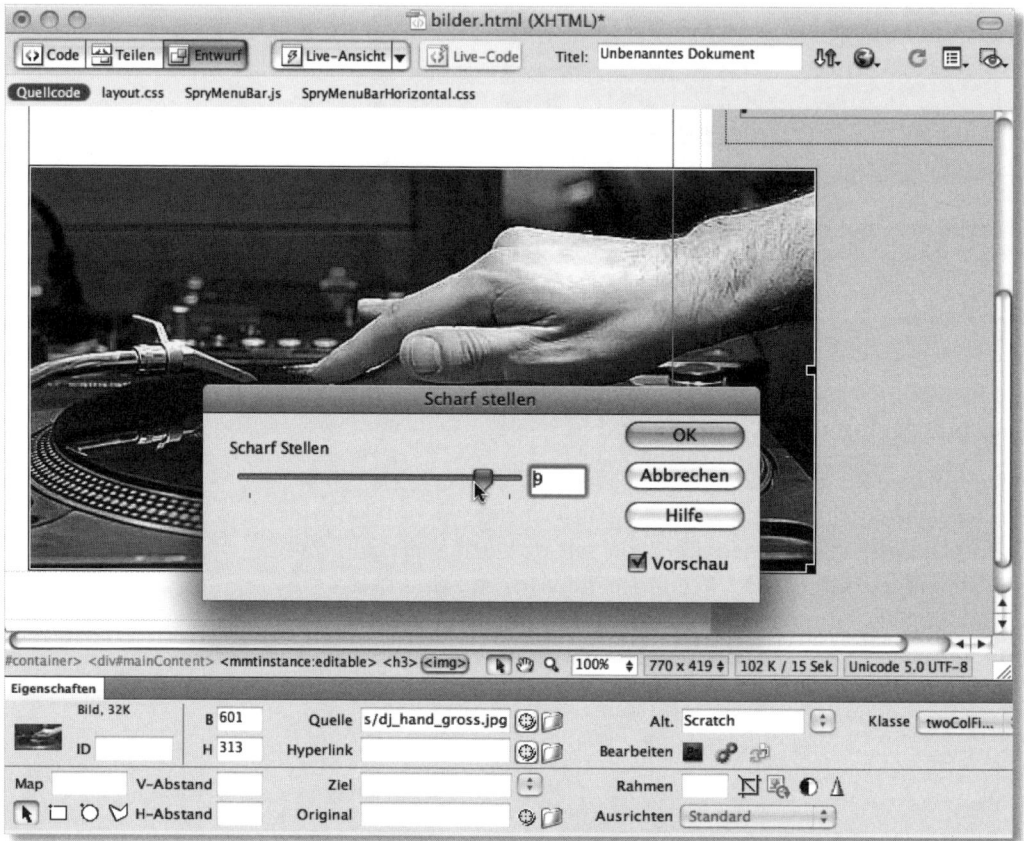

▲ **Abbildung 14.20**
Vermeiden Sie es, einen zu hohen Wert für den Regler Scharf Stellen zu wählen. Es kommt sonst zur Bildung von störenden Rändern.

Für aufwändigere Bearbeitungen ist natürlich ein Programm wie Photoshop notwendig. In Kapitel 19, »Dreamweaver und die Creative Suite«, erfahren Sie u. a. wie Sie die neue Photoshop-Integration in Dreamweaver CS4 nutzen können.

# Kapitel 15

# Tabellen erstellen

So bekommen Sie Tabellen in den Griff

- ▶ Wann sollte ich Tabellen nutzen?
- ▶ Wie stelle ich die passende Ansicht für eine Tabelle ein?
- ▶ Wie füge ich Tabellen ein, baue sie auf und bearbeite sie?
- ▶ Wie ändere ich Eigenschaften von Spalten, Zeilen und Zellen?

# 15 Tabellen erstellen

In diesem Kapitel lernen Sie, wie Sie in Dreamweaver fixierte sowie sich flexibel an das Browserfenster anpassende Tabellen erstellen. Sie erfahren, wie Sie Tabellen am geschicktesten markieren können und welche Bearbeitungsmöglichkeiten Ihnen zur Verfügung stehen.

## 15.1 Sonderfall Webtabellen

Tabellen sind aus vielen Office-Programmen wohlbekannt. Sie haben damit sicherlich auch schon in Word oder Excel gearbeitet. In Excel besteht sogar das gesamte Dokument aus einer einzigen großen Tabelle. In Word können Sie an jeder beliebigen Stelle Tabellen in allen Variationen einfügen.

In einer Textverarbeitung oder Kalkulation werden Tabellen normalerweise zur geordneten Darstellung von Daten, etwa bei der Zuordnung von Preisen oder Terminen, verwendet. Sie können dabei innerhalb von Tabellen nicht nur Texte, sondern auch Bilder benutzen, z. B. bei der Erklärung von Symbolen oder bei Kartenlegenden.

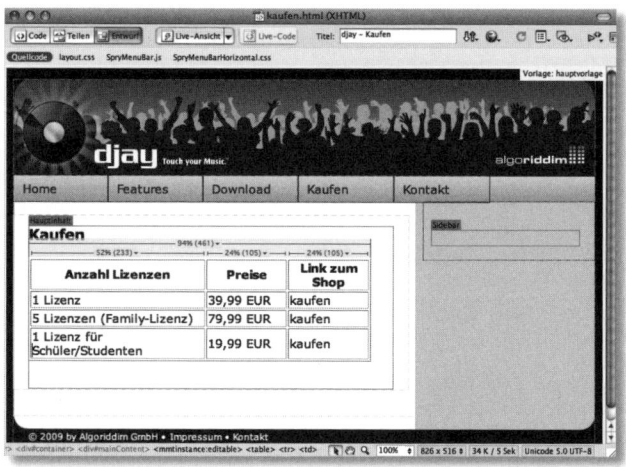

**Abbildung 15.1 ▶**
Eine Tabelle mit Preisangaben

Auch im Web werden Tabellen zum Strukturieren von Daten eingesetzt.

In der Vergangenheit wurden Tabellen auch benutzt, um das Layout einer Website zu erstellen, um also Texte, Bilder oder auch ganze Bereiche einer Website anzuordnen. Die Tabellen selbst sind dann für den Betrachter der Webseite nicht erkennbar. Ihre Linien und Ränder werden einfach mit Breitenangaben von 0 Pixel als unsichtbar definiert.

Am besten ist es, wenn man für das Layout auf Tabellen vollständig verzichtet und stattdessen Cascading Stylesheets (CSS) benutzt. Der Vorteil liegt unter anderem darin, dass weniger HTML-Text produziert wird und das Layout der gesamten Website einfach durch Änderungen in der CSS-Datei verändert werden kann.

Der Hauptgrund, aus dem viele Webdesigner das Layout immer noch mit Tabellen erstellen, liegt an der Komplexität von CSS und daran, dass die verschiedenen Browser die CSS-Befehle unterschiedlich interpretieren. Dank der neuen CSS-basierten Layoutvorlagen in Dreamweaver stellt dies jedoch kein Problem mehr dar (siehe Kapitel 7, »Eine Vorlage anlegen«, und Kapitel 13, »Arbeiten mit CSS«).

▼ **Abbildung 15.2**
Das Beispielprojekt aus der vorletzten Ausgabe des vorliegenden Buches verwendete Tabellen für das Layout.

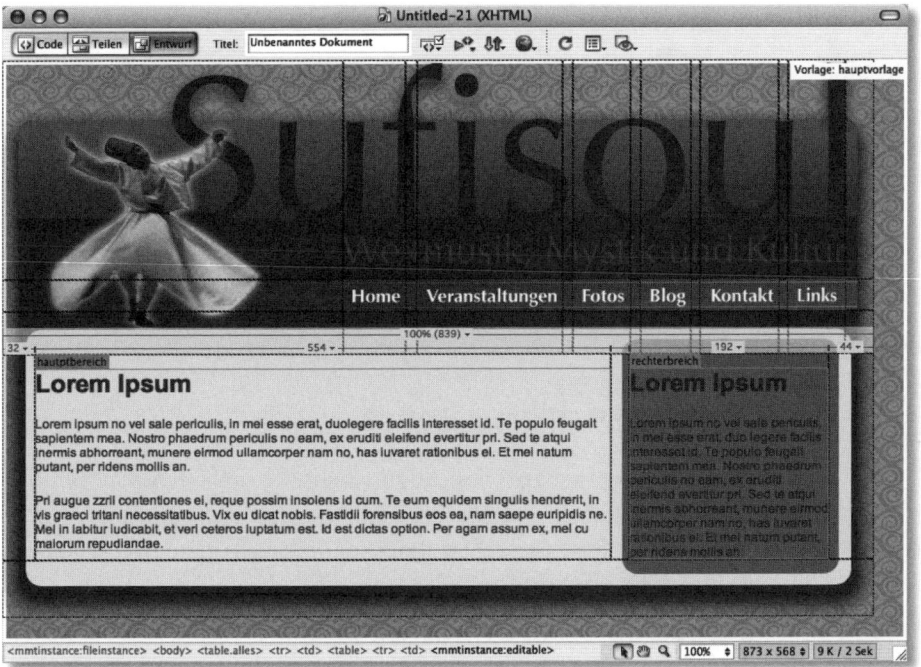

## 15.2 Verschiedene Tabellenansichten

Dreamweaver bietet Ihnen in der EINFÜGEN-Palette im Bereich LAYOUT verschiedene Ansichten für HTML-Tabellen an.

▸ Ansicht STANDARD
▸ Ansicht ERWEITERT

Im Folgenden wollen wir uns zunächst die verschiedenen Ansichten genauer anschauen.

### 15.2.1 Standard-Ansicht

Die Ansicht STANDARD ist die wichtigste Ansicht für die Erstellung und Bearbeitung von Tabellen, da sie die meisten Funktionen zur Verfügung stellt.

**Layout-Ansicht**

Seit Dreamweaver CS3 ist die Layout-Ansicht nicht mehr integriert. Die Layout-Ansicht eignetete sich zum Anlegen von Layouttabellen und dem Anordnen von Texten und Bildern. Dank der integrierten CSS-basierten Layoutvorlagen ist diese Ansicht auch nicht mehr erforderlich.

▲ **Abbildung 15.3**
Eine Tabelle in der Ansicht STANDARD

**Visuelle Hilfsmittel deaktivieren**

Sie können die Tabellenlinien, die Bemaßungen etc. mit dem Menübefehl ANSICHT • VISUELLE HILFSMITTEL • ALLES ausblenden unsichtbar machen.

Um in die Standard-Ansicht zu wechseln, wählen Sie in der EINFÜGEN-Palette das Listenelement LAYOUT und darin die Ansicht STANDARD aus. Es stehen Ihnen dann die folgenden Werkzeuge zur Verfügung:

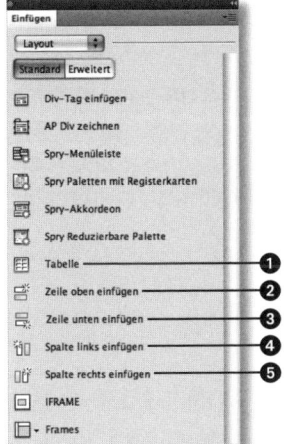

◀ **Abbildung 15.4**
Die Funktionen in der EINFÜ-
GEN-Palette in der Rubrik Layout: Mit der Schaltfläche ❶
können Sie eine neue Tabelle
erstellen. Eine neue Zeile über
der aktuell ausgewählten Zelle
fügen Sie mit der Schaltfläche
❷, eine Zeile darunter mit der
Schaltfläche ❸ ein. Analog
dazu können Sie eine neue
Spalte links ❹ bzw. rechts ❺
von der aktuell ausgewählten
Zelle einfügen.

## 15.2.2 Erweiterte Ansicht

Diese Ansicht entspricht weitgehend der Standard-Ansicht, die
Tabellenzellen und Zellabstände werden jedoch vergrößert dargestellt. Das erleichtert das Markieren von Zellbereichen.

Um in die Ansicht ERWEITERT zu wechseln, wählen Sie in der EIN-
FÜGEN-Palette in der Rubrik LAYOUT die Ansicht ERWEITERT aus.

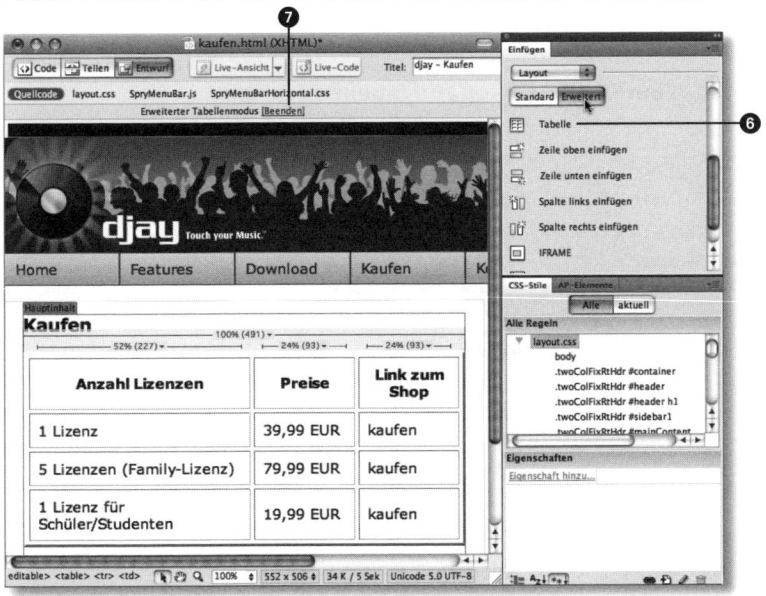

◀ **Abbildung 15.5**
In der erweiterten Ansicht können Tabellenbereiche besser
ausgewählt und verschoben
werden.

In dieser Ansicht stehen Ihnen die gleichen Werkzeuge wie in der
Standard-Ansicht zur Verfügung. Nachdem Sie die gewünschten

Einstellungen vorgenommen haben, wechseln Sie am besten immer wieder zurück in die Standard-Ansicht, um die Tabelle in der Originalgröße anzuzeigen, in der sie hinterher auch im Browser dargestellt wird.

Um die erweiterte Ansicht zu verlassen, klicken Sie entweder auf die Schaltfläche STANDARD ❻ in der EINFÜGEN-Palette oder auf BEENDEN ❼ im Dokumentenfenster.

## 15.3 Erstellung einer Tabelle

Wir werden nun eine erste eigene Tabelle erstellen. Wählen Sie dafür die Standard-Ansicht und gehen Sie wie folgt vor:

### Schritt für Schritt: Neue Tabelle erstellen

**❶ Einfügemarke setzen**
Positionieren Sie die Einfügemarke an der Stelle im Entwurfsbereich, wo Sie die Tabelle in die Seite einfügen möchten. Sie können auch Tabellen in Tabellen erstellen. Die Vorgehensweise ist dieselbe.

**❷ »Einfügen«-Dialog für Tabellen starten**
Wählen Sie im Menü EINFÜGEN • TABELLE. Es erscheint daraufhin ein Fenster, in dem Sie die Eigenschaften der neuen Tabelle bestimmen können. Sie können die Einstellungen auch später noch ergänzen oder verändern.

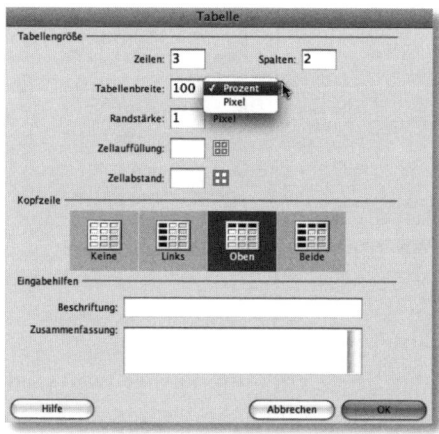

**Abbildung 15.6** ▶
Das Dialog-Fenster TABELLE.

## **3** Zeilen und Spalten festlegen

Geben Sie die Anzahl der ZEILEN und SPALTEN an. Sie können auch im Nachhinein weitere Spalten und Zeilen hinzufügen bzw. entfernen.

## **4** Tabellengröße definieren

Wenn sich die Tabelle automatisch an die Größe des Browserfensters anpassen soll, wählen Sie PROZENT und geben einen Prozentwert im Textfeld TABELLENBREITE ein. Wenn Sie zum Beispiel den Wert 50 eingeben, wird die Tabelle immer halb so breit wie das aktuelle Browserfenster dargestellt.

Für eine feste Tabellengröße wählen Sie PIXEL (Bildpunkte) aus. Geben Sie hier einen Wert von höchstens 950 ein. Nur so können Sie hier gewährleisten, dass die Tabelle bei der am meisten eingesetzten Bildschirmauflösung von 1024 × 768 vollständig sichtbar ist.

## **5** Randstärke und Zellabstände einstellen

Die RANDSTÄRKE bestimmt die Stärke der Tabellenlinien. Meistens wird der Wert entweder auf 0 oder 1 gesetzt, da breitere Ränder einen unschönen 3D-Effekt aufweisen.

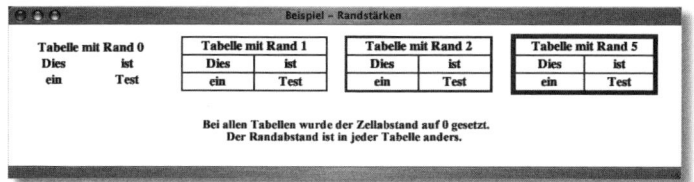

◄ **Abbildung 15.7**
Breite Ränder sehen meist unschön aus.

Die ZELLAUFFÜLLUNG legt den Abstand zwischen Tabelleninhalt und Tabellenrand fest.

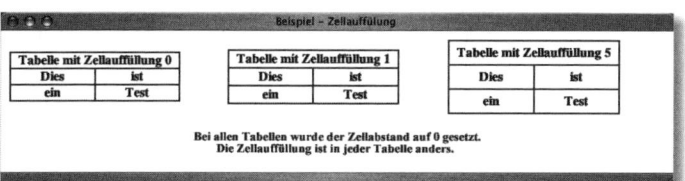

◄ **Abbildung 15.8**
Beispiele für ZELLAUFFÜLLUNG

Der ZELLABSTAND bestimmt den Abstand der Tabellenzellen untereinander. In der Praxis wird meistens der Wert 0 gewählt, da Layoutabstände besser über ZELLAUFFÜLLUNG eingestellt werden.

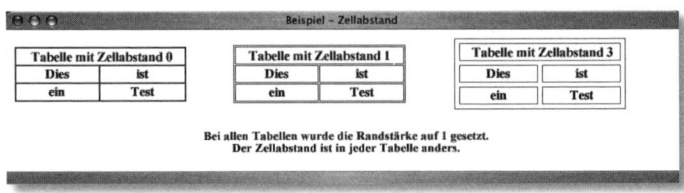

**Abbildung 15.9** ▶
Beispiele für unterschiedlichen
ZELLABSTAND

**6** **Kopfzeile einfügen**

Hier legen Sie fest, in welchem Bereich der Tabelle die Tabellen-
überschrift (genannt Kopfzeile) eingefügt werden soll. Texte, die
in der Kopfzeile stehen, werden automatisch fett und zentriert
dargestellt. Mit Cascading Stylesheets können Sie diese Formatierung nachträglich noch an Ihre Wünsche anpassen.

**7** **Eingabehilfen (Barrierefreiheit)**

Diese Einstellungen betreffen besonders Browser für sehbehinderte Benutzer, die zum Beispiel Vorlesegeräte einsetzen. Für
diese ist die visuelle Darstellung nicht erkennbar. Daher sollte
man auch eine Beschriftung und eine Zusammenfassung für die
Tabelle festlegen. In einem Standardbrowser sind diese Einstellungen nicht sichtbar.

**8** **Fertige Tabelle anzeigen**

Die Tabelle ist fertiggestellt. Klicken Sie auf OK, und sie wird mit
sämtlichen Eigenschaften im Dokumentenfenster angezeigt. Sie
können nun die Tabellenzellen mit Inhalten füllen. ■

## 15.4 Eigenschaften von Gesamttabellen

Nachdem Sie eine Tabelle erstellt haben, können Sie noch einige
weitere Einstellungen vornehmen. Neben Breiten- und Höhenan-
gaben sind etwa auch Hintergrundfarben und Hintergrundbilder
in die Zellen einzufügen.

Bevor Sie solche Einstellungen im Eigenschaftsinspektor vornehmen können, müssen Sie immer die entsprechenden Tabellenbereiche mit der Maus auswählen.

Je nachdem, ob Sie die gesamte Tabelle oder nur einzelne Bereiche markieren, bietet Ihnen der Eigenschaftsinspektor unterschiedliche Einstellmöglichkeiten.

Für die Gesamttabelle können Sie zum Beispiel die Randstärke
oder Zellabstände einstellen. Für einzelne Tabellenbereiche oder

auch nur einzelne Zellen können Sie die Inhalte formatieren, die Ausrichtung festlegen und Tabellenzellen miteinander verbinden.

### 15.4.1 Tabellen markieren

Um Eigenschaften für eine ganze Tabelle zu definieren, markieren Sie diese zunächst. Es stehen Ihnen dazu die folgenden Möglichkeiten zur Verfügung:

▶ **Auf die linke obere Ecke der Tabelle klicken ❶**
Diese Methode geht am schnellsten, ist jedoch bei verschachtelten Tabellen manchmal schwierig umzusetzen. In der Tabellenansicht ERWEITERT ist dies jedoch kein Problem, da der Zellraum automatisch größer angezeigt wird.

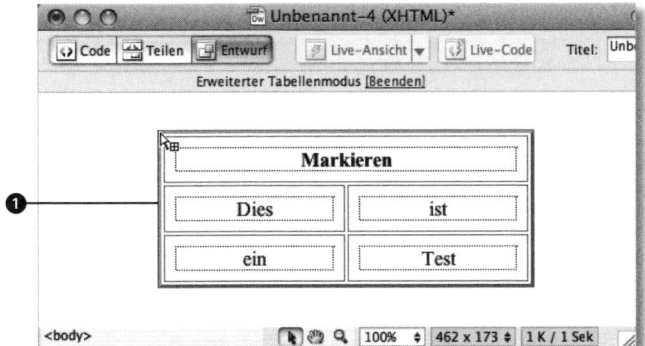

◀ **Abbildung 15.10**
Um die gesamte Tabelle auszuwählen, klicken Sie in die linke obere Ecke.

▶ **Über das Tabellenmenü**
Klicken Sie in dem Drop-down-Menü neben der Breitenanzeige auf den kleinen schwarzen Pfeil ❷, und wählen Sie den Eintrag TABELLE AUSWÄHLEN. Dies ist die einfachste Technik in Dreamweaver. Sie müssen damit nicht auf einen bestimmten Punkt im Dokumentenfenster zielen.

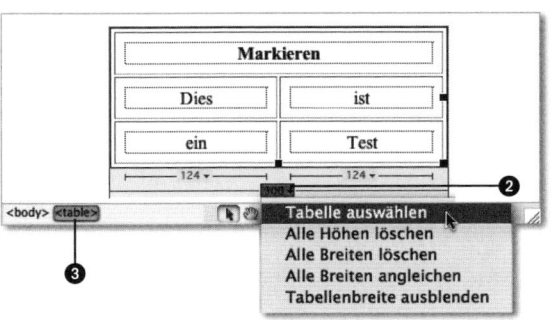

◀ **Abbildung 15.11**
Unterhalb der Tabelle kann diese über ein Menü vollständig markiert werden. In der Statuszeile kann man auch einzelne Tags oder mit <table> die Tabelle auswählen.

▶ **Den Tag <table> anklicken**

Klicken Sie in irgendeine Zelle der Tabelle und dann in der Statuszeile im unteren Fensterrahmen ❸ (siehe Abbildung 15.11) auf <table>. Diese Technik wird gerne von Anwendern mit HTML-Kenntnissen verwendet, ist aber auch sehr einfach anzuwenden.

### 15.4.2 Einstellungen für ganze Tabellen

**Abbildung 15.12 ▼**
Anzeige des Eigenschaftsinspektors, wenn die Gesamttabelle markiert ist.

Wenn die Tabelle ausgewählt ist, können Sie im Eigenschaftsinspektor die Einstellungen für die Tabelle vornehmen. Falls das Fenster nicht sichtbar ist, können Sie es über das Menü FENSTER • EIGENSCHAFTEN aktivieren.

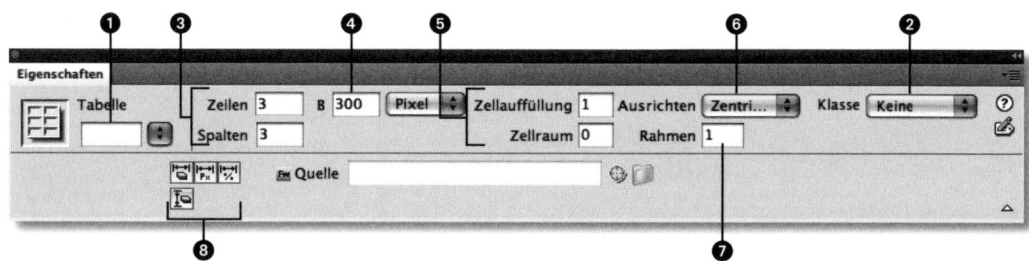

Für Gesamttabellen können Sie die folgenden Einstellungen im Eigenschaftsinspektor vornehmen:

▶ TABELLEN-ID ❶ und KLASSE ❷
Diese Einstellungen betreffen den Einsatz von Cascading Stylesheets. Über die ID oder die Klasse können einer Tabelle CSS-Stile zugewiesen werden.

▶ ZEILEN und SPALTEN ❸
Wenn Sie die Zeilen- oder Spaltenanzahl erhöhen, werden diese entweder unten oder rechts hinzugefügt.

▶ B (Breite) ❹
Hiermit können Sie die Breite der gesamten Tabelle festlegen. Die Höhe kann nicht vorgegeben werden, damit sie sich immer automatisch an den Inhalt der Tabelle anpassen kann. Es ist jedoch möglich, sowohl Breite als auch Höhe zu ändern, indem mit der Maus die Tabellenränder angefasst und verschoben werden.

▶ ZELLAUFFÜLLUNG und ZELLRAUM ❺
Mit ZELLAUFFÜLLUNG wird der Abstand zwischen Tabellenzellen und ihren Inhalten festgelegt, mit ZELLRAUM wird der Ab-

stand zwischen den Tabellenzellen eingestellt. Der Zellraum wird auch als Zellabstand bezeichnet.

▶ AUSRICHTEN ❻

Wählen Sie hier, ob die Inhalte in der Tabelle linksbündig, zentriert oder rechtsbündig ausgerichtet werden sollen.

▶ RAHMEN ❼

Hier wird die Rahmenstärke bzw. Dicke der Tabellenlinien festgelegt.

▶ BREITEN ANPASSEN ❽

Hier können Höhen und Breiten angepasst werden (siehe nächsten Abschnitt).

### 15.4.3  Höhe und Breite anpassen

Durch Ziehen mit der Maus können Sie Spalten- und Zeilenbreiten direkt im Dokumentenfenster anpassen.

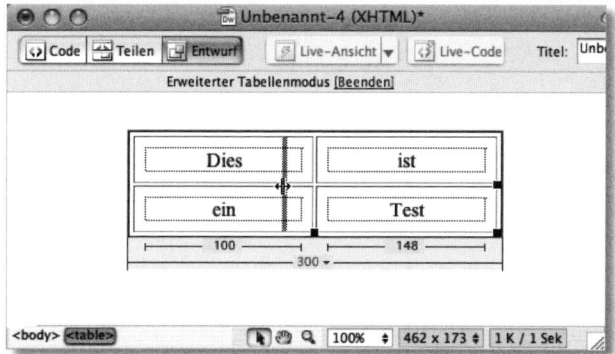

◀ **Abbildung 15.13**
Anpassen der Spaltenbreite mit der Maus im Dokumentenfenster

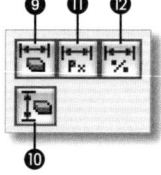

Wenn Sie mehrere Größenänderungen durchgeführt haben und mit dem Ergebnis nicht zufrieden sind, können Sie die Tabelle ganz einfach wieder zurücksetzen. Markieren Sie dafür zunächst die Gesamttabelle. Wenn Sie im Eigenschaftsinspektor dann auf das Symbol ❾ klicken, so werden alle Breitenänderungen rückgängig gemacht. Analog werden mit dem Symbol ❿ die Höhenänderungen zurückgesetzt.

Wenn die Breiten in Prozent angegeben sind, passen sich Spalten und Zeilen automatisch immer an die Größe des Browserfensters an. Um die automatische Anpassung abzustellen, klicken Sie auf Symbol ⓫, um die Breitenangaben von Prozent auf Pixel umzustellen. Mit der Schaltfläche ⓬ können Sie die Breitenangabe wieder von Pixel auf Prozent umstellen.

## 15.5    Eigenschaften von Tabellenbereichen

Auch um Einstellungen für bestimmte Bereiche in einer Tabelle vorzunehmen, müssen Sie diese zunächst auswählen. Erst dann können Sie Einstellungen im Eigenschaftsinspektor vornehmen.

### 15.5.1    Spalten, Zeilen und Zellen auswählen

Für das Auswählen von Spalten und Zeilen stehen Ihnen mehrere Möglichkeiten zur Verfügung:

▶ **Im Dokumentenfenster**
Klicken Sie links neben die Zeile ❶, um sie zu markieren, und oben, um eine Spalte zu markieren. In der Tabellenansicht ERWEITERT können Sie Spalten und Zeilen am einfachsten anklicken.

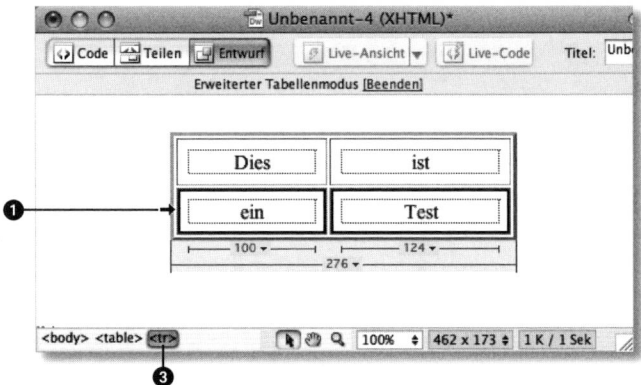

**Abbildung 15.14** ▲
Klicken Sie links neben eine Zeile, um sie zu markieren.

▶ **Im Spaltenmenü**
Öffnen Sie das Drop-down-Menü unter einer Spalte und wählen Sie Spalte auswählen ❷. Das Auswählen einer Zeile ist mit dieser Methode nicht möglich.

▶ **In der Tag-Leiste**
Klicken Sie in die Zeile, die Sie markieren möchten, und klicken Sie im unteren Fensterrahmen in der Statusleiste auf ⟨tr⟩ ❸. Diese Technik wird gerne von Anwendern mit HTML-Kenntnissen verwendet.

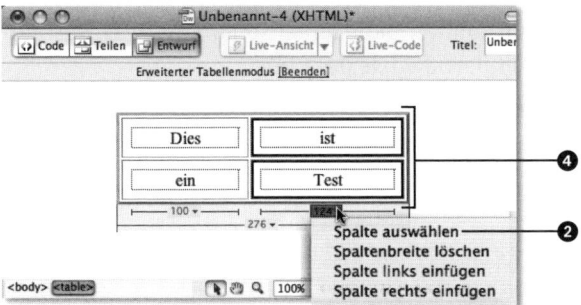

◄ **Abbildung 15.15**
Auswahl einer Spalte über das
Spaltenmenü

Das Markieren von einzelnen oder mehreren Tabellenzellen funktioniert ähnlich wie in Excel. Um nur eine einzige Zelle auszuwählen, klicken Sie einfach in sie hinein. Die Auswahl wird dann zwar nicht visuell durch einen fetten Rahmen angezeigt, Sie können aber trotzdem die Einstellungen für die Zelle im Eigenschaftsinspektor definieren.

Für das Auswählen zusammenhängender Tabellenzellen ziehen Sie die Maus einfach über die gewünschten Zellen **❹**. Dafür ist besonders die Tabellenansicht ERWEITERT geeignet.

> **Einzelne Zellen markieren**
>
> Sie können auch mehrere vereinzelte Tabellenzellen markieren, indem Sie Strg/⌘ drücken und dabei mit der Maus nacheinander auf die gewünschten Tabellenzellen klicken.

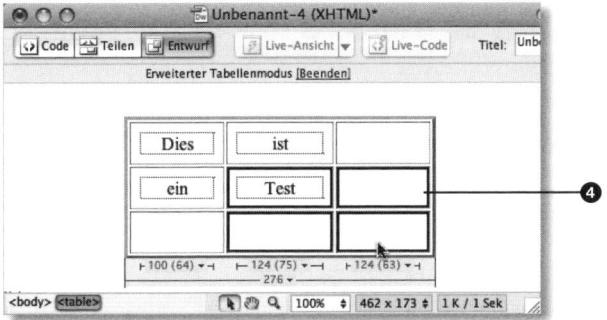

◄ **Abbildung 15.16**
Markieren von mehreren
Tabellenzellen in der erweiterten Ansicht

### 15.5.2 Einstellungen für Tabellenbereiche

Unabhängig davon, ob Sie ganze Zeilen oder nur eine einzelne Zelle ausgewählt haben, wird immer der gleiche Eigenschaftsinspektor angezeigt.

Er ist in zwei Bereiche aufgeteilt. Über den oberen Bereich können die Inhalte formatiert und verlinkt werden.

▼ **Abbildung 15.17**
Ansicht der oberen Hälfte des
Eigenschaftsinspektors, wenn
Tabellenbereiche markiert
werden

Im unteren Bereich können Tabelleneinstellungen wie Ausrichtung und Hintergrundfarbe eingestellt werden.

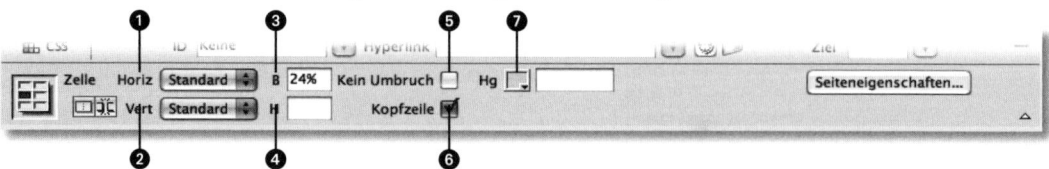

▲ **Abbildung 15.18**
Der untere Bereich des Eigenschaftsinspektors bei ausgewählten Tabellenbereichen

Folgende Einstellungen können im unteren Bereich des Eigenschaftsinspektors vorgenommen werden:

▸ Sie können den Inhalt (Text, Grafik usw.) von Tabellenzellen sowohl horizontal ❶ als auch vertikal ❷ ausrichten. Horizontal können Sie für den Inhalt LINKSBÜNDIG, MITTIG oder RECHTSBÜNDIG festlegen. Vertikal stehen Ihnen OBEN, MITTE, UNTEN und GRUNDLINIE zur Verfügung. Die Einstellung VERTIKAL sollten Sie jedoch nicht einsetzen, da sie nicht in allen Browsern funktioniert.

▸ Unter B (Breite) ❸ und H (Höhe) ❹ können Sie die Breite und Höhe der Tabellenbereiche verändern. Einfacher ist es, wenn Sie die Breiten und Höhen mit der Maus anpassen.

▸ Das Kontrollfeld KEIN UMBRUCH ❺ verhindert, dass der Inhalt automatisch umgebrochen wird. Dies funktioniert jedoch nur, wenn in der Tabellenzelle keine Breite angegeben worden ist. In der Praxis wird diese Einstellung so gut wie nie eingesetzt.

▸ Tabellenbereiche, die als Überschriften dienen, sollten als KOPFZEILE ❻ markiert werden. Mit Cascading Stylesheets kann festgelegt werden, wie diese dann formatiert werden. Ohne spezielle Formatierung werden Kopfzeilen zentriert und in fetter Schrift dargestellt.

▸ Die Hintergrundfarbe der markierten Tabellenbereiche stellen Sie mit HG (Hintergrundfarbe) ❼ ein.

### 15.5.3 Tabellenzellen gruppieren

In komplexeren Tabellen kommt es oft vor, dass mehrere Zellen zu einer Zelle zusammengefasst werden. Dies ist notwendig, wenn zum Beispiel eine Beschriftung über mehrere Spalten hinweg verlaufen soll. Um Zellen zu gruppieren, gehen Sie wie folgt vor:

**Unterer Bereich nicht sichtbar?**

Falls der untere Bereich des Eigenschaftsinspektors nicht sichtbar ist, klicken Sie auf das kleine Dreieck rechts unten in der oberen Hälfte, um die untere einzublenden.

**Breitenwerte für Spalten festlegen**

Unterhalb der Tabelle und unterhalb der einzelnen Spalten werden die Breitenwerte angezeigt. Falls unter einer Spalte noch kein Wert angezeigt wird, so wurde für diese noch keine Breite festgelegt.

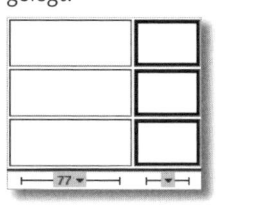

## Schritt für Schritt: Tabellenzellen gruppieren

### 1 Tabellenzellen für Gruppierung auswählen

Markieren Sie zunächst die Tabellenzellen, die Sie zusammenfassen möchten.

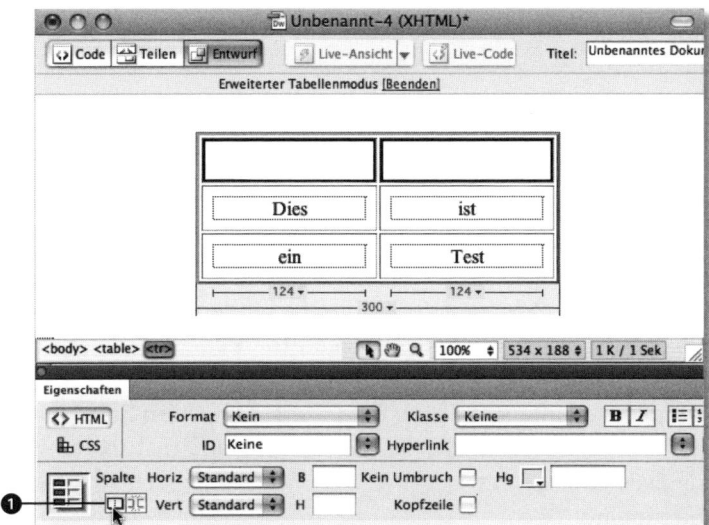

◄ **Abbildung 15.19**
Hier können Sie Tabellenzellen zusammenfassen.

### 2 Tabellenzellen zusammenfassen

Klicken Sie auf das Symbol ❶, um die markierten Zellen zu vereinigen. Sie können nun in der zusammengefassten Zelle Inhalte eingeben.

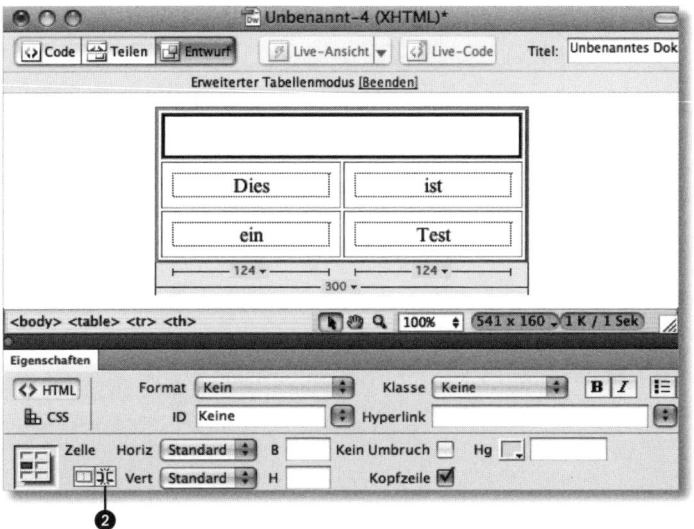

◄ **Abbildung 15.20**
Hier können Sie nun Text eingeben.

Um eine Tabellenzelle wieder in ihre Ausgangszellen zu zerlegen, wählen Sie einfach die entsprechende gruppierte Zelle aus und klicken auf Symbol ❷. ∎

### 15.5.4   Spalten und Zeilen hinzufügen

**Abbildung 15.21** ▲
Funktion zum Einfügen von
Spalten und Zeilen

Um eine Spalte oder Zeile hinzuzufügen, gibt es mehrere Möglichkeiten in Dreamweaver:

▸ **Rechte Maustaste**
(Windows) oder ⌘ + Maustaste (Mac): Positionieren Sie die Maus auf der Tabelle und wählen Sie über das Kontextmenü der Maus den Menüpunkt TABELLE aus.

▸ **Einfügen-Palette**
In der Rubrik LAYOUT stehen Ihnen vier Funktionen zur Verfügung, mit denen Sie neue Zeilen oberhalb oder unterhalb und neue Spalten rechts oder links anlegen können.

▸ **Tabulator-Taste**
Wenn Sie die Einfügemarke in der untersten rechten Zelle positionieren und dann ⇥ betätigen, wird automatisch eine neue Zeile hinzugefügt.

▸ **Spaltenmenü**
Unterhalb einer jeden Spalte befindet sich ein Spaltenmenü, über das Sie neue Spalten hinzufügen können.

**Abbildung 15.22** ▸
Eine Spalte kann über den
kleinen Pfeil eingefügt werden.

Um eine Spalte oder Zeile zu löschen, markieren Sie einfach die Spalte oder Zeile und drücken Sie die Taste Entf .

## 15.6    Tabellen sortieren

Mit Dreamweaver kann man Tabellen auch ganz einfach sortieren. Wählen Sie zuerst die Gesamttabelle aus und dann BEFEHLE • TABELLEN SORTIEREN. Im Dialogfenster können Sie anschließend festlegen, nach welcher Spalte die Tabelle sortiert werden soll.

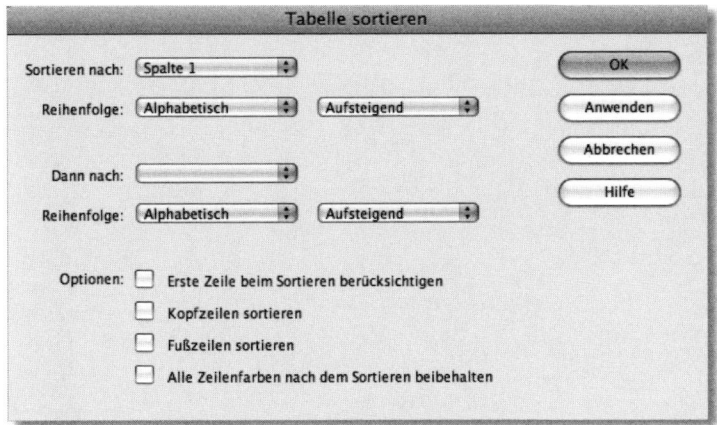

◄ **Abbildung 15.23**
Mit der Funktion TABELLEN SORTIEREN können Sie leicht Ihre Daten sortieren.

Kapitel 16

# Hyperlinks einsetzen

So halten Sie mit Verknüpfungen Ihre Website zusammen

- ▶ Wie funktionieren Hyperlinks überhaupt?
- ▶ Was sind interne und externe Links?
- ▶ Wie ermögliche ich eine Navigation mit Ankerpunkten?
- ▶ Wie richte ich E-Mail-, Imagemap- und Downloadlinks ein?

# 16    Hyperlinks einsetzen

Ohne Hyperlinks würde das Web nicht funktionieren, denn dass man Seiten miteinander verknüpft, ist das Besondere am WWW. In diesem Kapitel lernen Sie verschiedene Arten von Hyperlinks kennen: angefangen von normalen Links zwischen den Seiten einer Site über normale Hyperlinks zwischen verschiedenen Sites bis hin zu automatischen Weiterleitungen.

## 16.1    Navigieren mit Hyperlinks

Jeder, der schon einmal im Internet gesurft hat, kennt Hyperlinks. Sie fallen in unterschiedlichen Formen ins Auge, wenn man auf eine Seite kommt: Es gibt zum Beispiel die ganz normalen, blau unterstrichenen Hyperlink-Texte oder verlinkte Bilder, wie bei Navigations-Schaltflächen. Hyperlinks sind jedoch nicht immer als solche erkennbar. Mit Cascading Stylesheets kann man ihr Aussehen leicht verändern und die Unterstreichung abstellen sowie ihre typische blaue Farbe verändern. Manchmal wird ein Hyperlink so erst sichtbar, wenn man mit der Maus über ihn fährt und sich die Buttongrafik per Rollover-Effekt oder der Mauspfeil verändert.

**Hyperlinks und JavaScript**

Es gibt Hyperlinks, die nur in Zusammenarbeit mit der Skriptsprache JavaScript funktionieren. Dazu gehören zum Beispiel der Zurück-Link, um zur vorher besuchten Seite zu gelangen, und das Öffnen einer neuen Webseite in einem neuen Fenster mit festlegbarer Größe. Hyperlinks mit JavaScript werden im Kapitel 17, »Interaktivität mit JavaScript«, behandelt.

### 16.1.1    Funktionsweise von Hyperlinks

Hyperlinks werden nicht nur eingesetzt, um einzelne Webseiten miteinander zu verknüpfen. Eine andere Anwendungsmöglichkeit sind E-Mail-Links, bei denen sich automatisch das E-Mail-Programm des Benutzers öffnet, wenn er auf den Link klickt. Auch Downloadlinks, über die man Dateien herunterladen kann, kommen häufig zum Einsatz.

Hyperlinks benötigen nicht immer einen Klick durch den Benutzer, sie können auch automatisch ausgelöst werden. So besteht sogar die Möglichkeit, eine Weiterleitung in die Webseite zu integrieren, bei der der Benutzer ohne eigenes Zutun automatisch nach einer voreingestellten Zeit auf eine andere Seite geleitet wird.

### 16.1.2 Das Wichtigste: die URL

Das Ziel, zu dem ein Hyperlink verweist, wird durch eine sogenannte *URL* (*Uniform Resource Locator*) angegeben. Die URL ist das, was Sie bei einer Seite in der Adressleiste des Webbrowsers sehen können. Wenn Sie zum Beispiel dort nur *google.de* tippen, so wird Ihre Eingabe in den meisten Browsern automatisch in die vollständige URL *http://www.google.de* umgewandelt.

Wenn Sie auf einen Link klicken, so gelangen Sie zu einer neuen Webseite, die in der Adressleiste als URL angezeigt wird.

Anhand des Google-Beispiels *http://www.google.de/intl/de/help.html* wollen wir uns den Aufbau einer URL genau anschauen:

- **http**
  Der erste Teil der URL gibt das Protokoll an, über das der Webbrowser mit dem Webserver kommuniziert. *http* (*Hypertext Transfer Protocol*) ist das Standardprotokoll im Web. *https* (*Hypertext Transfer Protocol Secure*) ist das Protokoll für verschlüsselte Datenübertragungen (zum Beispiel für Bestellformulare mit Kreditkarteninformationen). *ftp* (*File Transfer Protocol*) ist für die Übertragung von ganzen Dateien zuständig.

- **www.google.de**
  Dieser Teil gibt die Adresse des Webservers an. Er entspricht der Domain mit Subdomain und Top Level Domain. Statt des Domainnamens kann auch die IP-Adresse des Servers angegeben werden (zum Beispiel 66.102.11.99 bei Google).

- **/intl/de**
  Dieser Teil gibt das Verzeichnis an, in dem sich die Datei der Webseite auf dem Webserver befindet. In diesem Fall befindet sich die Datei *help.html* im Verzeichnis *de*, das sich wiederum in einem Ordner namens *intl* befindet.

- **help.html**
  Dies ist der Name der im Browser angezeigten Datei. Es handelt sich hier um eine HTML-Seite, zu erkennen an der Dateiendung. Es sind auch viele andere Dateitypen möglich, wie zum Beispiel PHP, JSP, ASP und viele weitere Formate.

## 16.2 Hyperlinks anlegen in Dreamweaver

Wir werden in diesem Kapitel verschiedene Arten von Hyperlinks in Dreamweaver anlegen. Öffnen Sie dafür entweder eine vorhandene Webseite aus unserer Site »djay Übungen« oder erstellen eine neue Seite.

Sowohl Text- als auch Bildelemente können mit Hyperlinks hinterlegt werden. Wenn Sie in Dreamweaver im Dokumentenfenster einen Text oder ein Bild auswählen, können Sie im Eigenschaftsinspektor das Ziel der Verknüpfung einstellen. Der Eigenschaftsinspektor bietet andere Funktionen an, je nachdem, ob Sie Text (Abbildung 16.1) oder ein Bild (Abbildung 16.2) selektieren. Die Funktion HYPERLINK bleibt jedoch immer dieselbe.

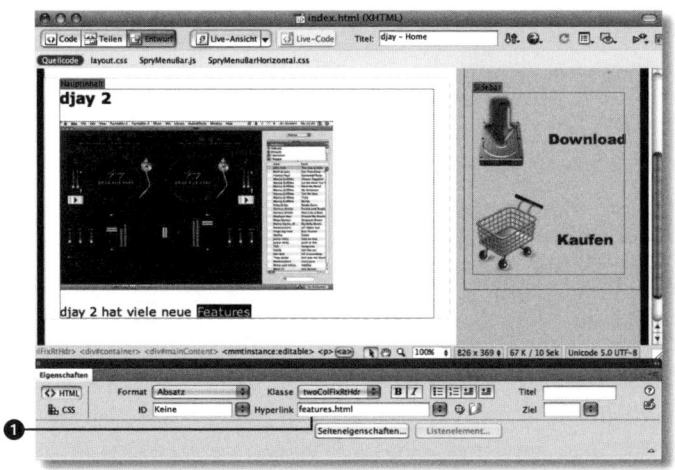

**Abbildung 16.1** ▶
Hier sehen Sie den Eigenschaftsinspektor, wenn ein Text markiert wurde. Unter HYPERLINK ❶ kann die Verknüpfung definiert werden.

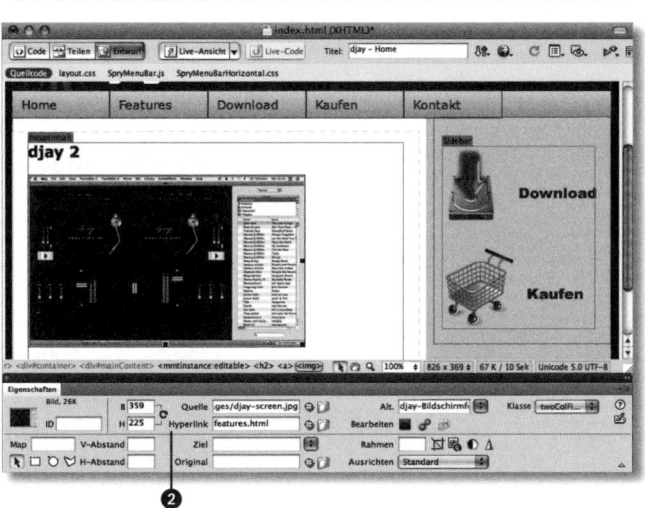

**Abbildung 16.2** ▶
Hier sehen Sie den Eigenschaftsinspektor, wenn ein Bild markiert wurde. Die Funktion HYPERLINK ❷ bleibt dieselbe.

## 16.2.1 Externe und interne Hyperlinks

Wenn Sie einen Link zu einer externen Website anlegen möchten, geben Sie einfach deren vollständige URL in das Textfeld ❶ bzw. ❷ ein (zum Beispiel *http://www.dreamweaver-buch.de*). Achten Sie unbedingt darauf, dass Sie am Anfang »http://« eingeben. Solche Links werden als *absolute Links* bezeichnet.

Sie können auch Links auf lokale Webseiten, also zu Seiten innerhalb derselben Website, in das Textfeld eingeben. Solche internen Hyperlinks werden *relative Links* genannt – nicht der absolute Pfad der Zielseite wird darin angegeben, sondern nur der relative Pfad.

Um einen internen Link zu einer anderen Webseite in der Site zu erstellen, gibt es in Dreamweaver zwei praktische Methoden. Wählen Sie für beide immer zuerst das Bild oder das Textelement aus, das Sie verlinken wollen.

Klicken Sie nun auf das Ordnersymbol ❸, um die Zielseite im Dateibrowser auszuwählen. Dreamweaver legt dann einen entsprechenden, relativen Pfad in Ihrem HTML-Dokument an.

Eine andere, praktischere Variante ist das Fadenkreuz ❹. Ziehen Sie dieses einfach in das Bedienfeld DATEIEN und auf das Dokument, das die Zieldatei für den Hyperlink sein soll. Wenn Sie die Maus loslassen, wird der Link automatisch von Dreamweaver erstellt.

---

**Absolute und relative Pfadangaben**

Man kann zwei Dateien absolut oder relativ miteinander verknüpfen. *Absolute Pfadangaben* zeigen den ganzen Weg zu einer Datei an. Sie beginnen mit dem Rechnernamen oder der Domain einer Seite und zeigen den gesamten Verzeichnispfad einer Datei an. *Relative Pfadangaben* geben nur den Weg von der Ausgangsdatei, aus der verlinkt wird, zur Zieldatei an, auf die verlinkt wird. Will man ein Verzeichnis zurückspringen, macht man das in der Pfadangabe mit zwei Punkten (..). Ein relativer Pfad zu einer Datei in einem Schwesterverzeichnis des Ordners, in dem die Ausgangsdatei liegt, sieht etwa so aus: ../Mutter/Schwester/Zieldatei.html

---

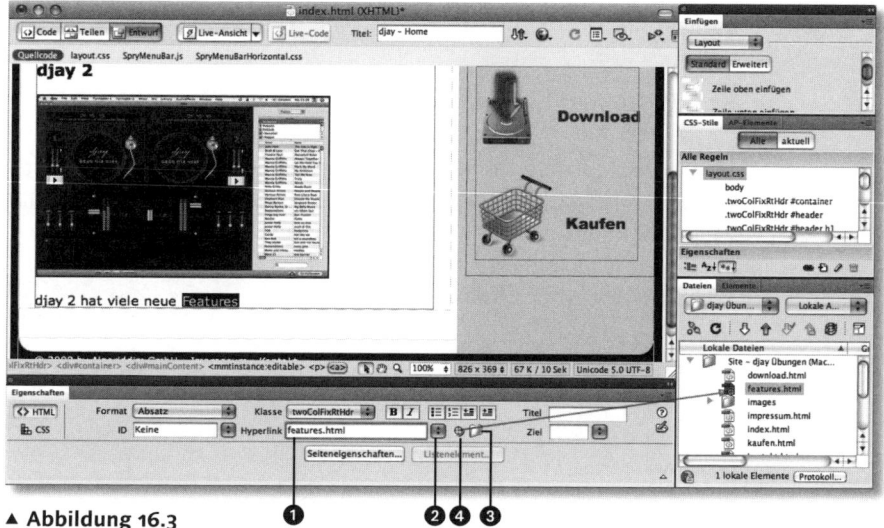

▲ **Abbildung 16.3**
Hier wird das Hyperlink-Fadenkreuz auf die Zieldatei gezogen.

### 16.2.2 Links innerhalb einer Webseite

Sie können mit Hyperlinks nicht nur auf andere Webseiten verlinken, sondern auch auf Stellen innerhalb derselben Webseite. Dies ist vor allem bei sehr langen Seiten sinnvoll.

Um einen Link zu einer Stelle innerhalb desselben Dokumentes anlegen zu können, müssen die Stellen, auf die verlinkt werden soll, zunächst mit sogenannten Ankerpunkten markiert werden. Diese können dann als Zielpunkt in einem Hyperlink verwendet werden.

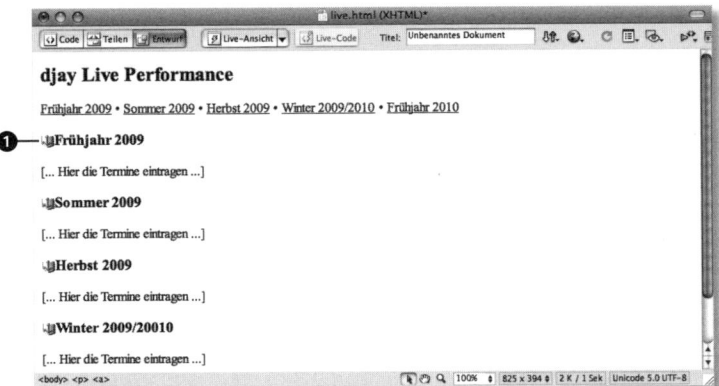

**Abbildung 16.4** ▶
Die gelben Ankerpunkte ❶ dienen als Sprungmarken, zu denen die Hyperlinks verweisen können. Diese Ankerpunkte sind nur in Dreamweaver sichtbar, nicht etwa im Browser.

### Schritt für Schritt: Ankerpunkte anlegen und darauf verlinken

#### 1 Zielelement auswählen

Um einen Ankerpunkt anzulegen, setzen Sie die Einfügemarke an die gewünschte Stelle. Achten Sie darauf, dass Sie die Einfügemarke wirklich nur setzen und nicht etwa ein Wort oder Bild markieren.

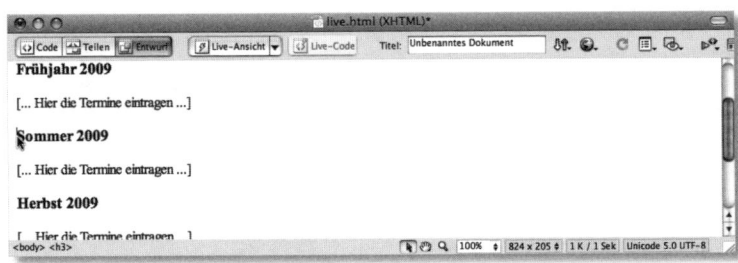

**Abbildung 16.5** ▶
Hier setzen wir eine Einfügemarke.

## 2 Ankerpunkt anlegen

Klicken Sie ENFÜGEN • BENANNTER ANKERPUNKT. Geben Sie dem Ankerpunkt in der Dialogbox einen passenden Namen, der die ausgewählte Textstelle beschreibt. Verwenden Sie dabei keine Leer- oder Sonderzeichen, sondern nur Buchstaben (keine Umlaute), Zahlen und Unterstriche. Außerdem muss der Ankername mit einem Buchstaben beginnen. Klicken Sie auf OK.

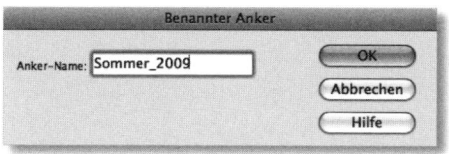

◄ **Abbildung 16.6**
Das Dialogfenster BENANNTER ANKER

## 3 Ankerpunkte im Dokumentenfenster anzeigen

Ankerpunkte werden im Dokumentenfenster mit kleinen gelben Fähnchen gekennzeichnet. Ihre jeweiligen Namen können Sie im Eigenschaftsinspektor ablesen, wenn Sie die Ankerpunkte anklicken.

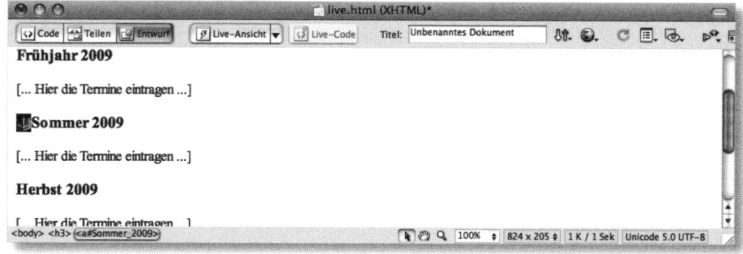

◄ **Abbildung 16.7**
So werden Ankerpunkte angezeigt.

## 4 Hyperlink anlegen

Nachdem Sie einen Ankerpunkt erstellt haben, können Sie nun einen Hyperlink anlegen, der auf den Ankerpunkt verweist. Wählen Sie dafür das Element auf Ihrer Seite aus, das ein anklickbarer Link werden soll.

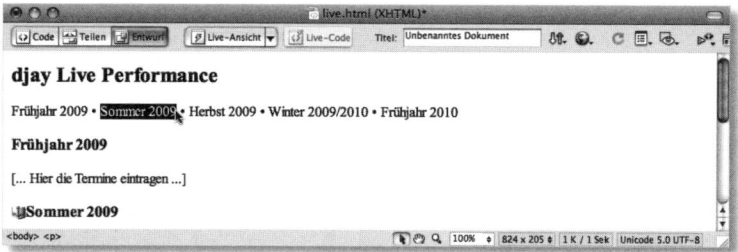

◄ **Abbildung 16.8**
Legen Sie den Link fest, der auf den Ankerpunkt verweisen soll.

**Abbildung 16.9** ▼
Ziehen Sie das Fadenkreuz auf
den Ankerpunkt.

**5** **Fadenkreuz auf Ankerpunkt ziehen**

Gehen Sie nun mit der Maus in den Eigenschaftsinspektor und ziehen Sie das Fadenkreuz neben HYPERLINK auf den Ankerpunkt.

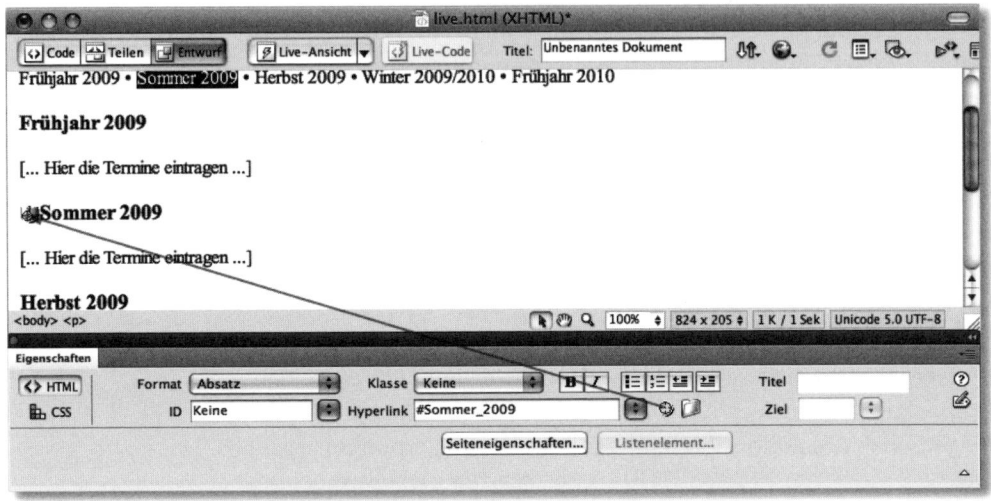

**6** **Ankerpunkte prüfen**

Im Feld HYPERLINK des Beispiels wird der Name des Ankerpunk-
tes, #Sommer_2008, angezeigt. Das Rautezeichen gibt an, dass es
sich um einen benannten Ankerpunkt handelt.

Wenn Sie nun auf den Link klicken, springt die Anzeige im Browser automatisch an die Stelle, auf die der Hyperlink verweist. ■

Auf benannte Anker kann man nicht nur von derselben Seite aus
verlinken, sondern auch von anderen Seiten oder Websites aus.
Einzige Voraussetzung ist, dass die entsprechenden Ankerpunkte
im Zieldokument angelegt sein müssen. Außerdem können Sie
dann nicht die Fadenkreuz-Methode anwenden, sondern müssen
den Namen des Dokuments und des Ankerpunkts wie folgt im Feld
HYPERLINK eingeben: URL#Ankername. Um zum Beispiel von der eigenen Webseite auf die Wikipedia-Site zu dem Begriff *Internet* auf
den Anker *Geschichte* zu verlinken, gibt man http://de.wikipedia.
org/wiki/Internet#Geschichte im Feld HYPERLINK ein.

### 16.2.3  Löschen von Hyperlinks

Um einen Hyperlink zu entfernen, markieren Sie einfach den Text
oder das Bild, für das der Hyperlink definiert ist, und löschen dann

im Eigenschaftsinspektor den Eintrag unter Hyperlink. Alternativ können Sie auch im Menü Modifizieren • Hyperlink entfernen wählen.

## 16.3 Spezielle Hyperlinks anlegen

### 16.3.1 Leere Links

Während der Erstellung einer Website kommt es häufig vor, dass Sie einen Link zu einer Webseite erstellen möchten, die noch nicht vorhanden ist. Dafür besteht die Möglichkeit, einfach einen leeren Link (auch Dummy-Link genannt) zu erstellen.

Geben Sie dazu im Eigenschaftsinspektor unter Hyperlink statt der URL nur ein Rautezeichen (#) ein.

Bei einigen Browsern haben leere Links eine unschöne Nebenwirkung: Klickt man darauf, scrollt das Fenster einfach an den Seitenkopf. Um diesen Effekt zu vermeiden, können Sie statt des Rautezeichens auch den Ausdruck »JavaScript:« eingeben. Damit wird dieser Effekt vermieden.

▼ **Abbildung 16.10**
Ein leerer Link (der keine Auswirkung hat) wird am besten durch den Eintrag `JavaScript:` im Feld Hyperlink erstellt.

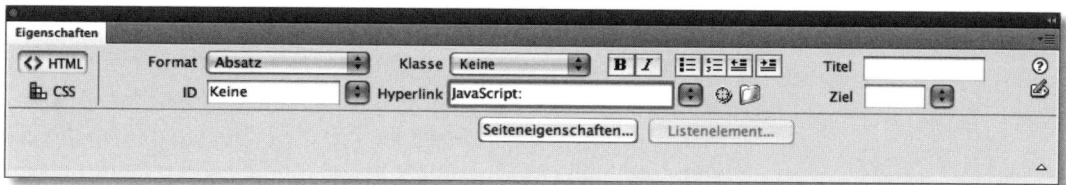

### 16.3.2 E-Mail-Links

Mit Hyperlinks können Sie nicht nur Webseiten miteinander verknüpfen, sondern auch Webseiten mit E-Mail-Adressen. Wenn man auf einen solchen Link klickt, wird automatisch ein E-Mail-Programm mit einem Mailfenster geöffnet, in dem bereits die Adresse des Empfängers eintragen ist.

Es gibt in Dreamweaver zwei Möglichkeiten, E-Mail-Links zu erstellen. Markieren Sie für beide zunächst das Element, das als Link fungieren soll. Für einen E-Mail-Link kann das etwa ein Foto oder ein Name sein.

Geben Sie nun im Eigenschaftsinspektor unter Hyperlink die E-Mail-Adresse an, und schreiben Sie davor »mailto:«. Achten Sie darauf, dass Sie an dieser Stelle kein Leerzeichen eingeben, sonst funktioniert der Link später nicht.

**Mailfenster mit vordefinierter Betreffzeile**

Wenn auf einen E-Mail-Link geklickt wird, so öffnet sich das E-Mail-Programm mit einer leeren Nachricht, in der bereits die Empfängeradresse eingetragen ist. Sie können auch die Betreffzeile der E-Mail festlegen, indem Sie unter Hyperlink im Eigenschaftsinspektor den Link folgendermaßen ergänzen:
`mailto:webmaster@djay-software.com?subject=Anfrage`

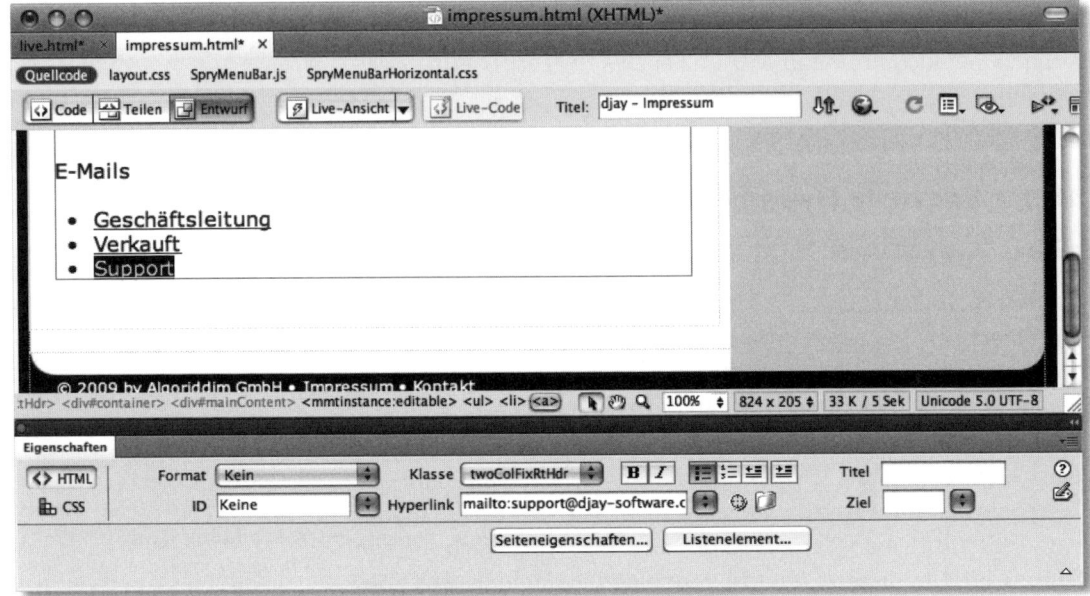

▲ **Abbildung 16.11**
Auch einen E-Mail-Link kann man über den Eigenschaftsinspektor erstellen. Anstatt der Webadresse wird einfach eine E-Mail-Adresse in das Feld geschrieben. Davor steht statt `http:` die Angabe `mailto:`.

Der andere Weg führt über den Menübefehl Einfügen • E-Mail-Verknüpfung. Dazu müssen Sie nur die Einfügemarke an die gewünschte Stelle im Dokument setzen und das Menü aufrufen. Es erscheint ein Dialogfenster, in dem Sie den zu verlinkenden Text und die E-Mail-Adresse eingeben können. Nach Betätigung der OK-Schaltfläche erstellt Dreamweaver einen Link mit `mailto:` gefolgt von der E-Mail-Adresse.

Abbildung 16.12 ▶
Mit dem Befehl Einfügen • E-Mail-Verknüpfung können ganz einfach E-Mail-Links erstellt werden.

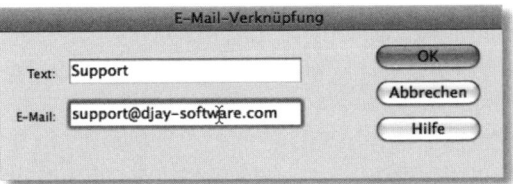

Testen Sie die Webseite im Browser, indem Sie zum Beispiel im Menü Datei • Vorschau im Browser auswählen. Wenn Sie jetzt auf den E-Mail-Link klicken, sollte sich Ihr Mailprogramm öffnen und die E-Mail-Adresse, die Sie eingetragen haben, in der neuen Nachricht als Empfängeradresse erscheinen.

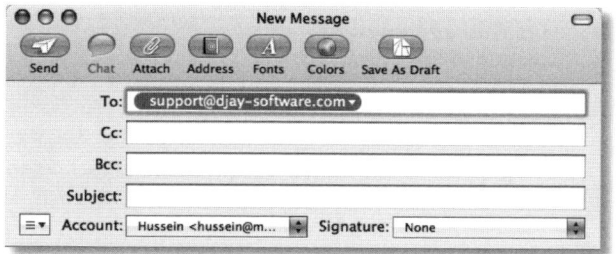

### 16.3.3 Imagemaps

In Dreamweaver ist es nicht nur möglich, ein Bild als Ganzes zu verlinken, sondern auch ausgewählte Bildbereiche. Solche komplex verlinkten Bilder tragen die Bezeichnung Imagemaps oder Hotspots.

Mit Imagemaps können Bildbereiche durch Kreise und Vielecke innerhalb eines Bildes definiert werden. Jeder Bereich kann separat verlinkt werden. Sinnvoll kann das zum Beispiel bei Gruppenfotos sein, in denen jede Person auf dem Bild anders verlinkt werden soll.

### Schritt für Schritt: Eine Imagemap erstellen

**1** **Bild auswählen**

Wählen Sie zuerst ein Bild im Dokumentenfenster aus, für das die Imagemap erstellt werden soll.

**2** **Form des zu verlinkenden Bereiches auswählen**

Im Eigenschaftsinspektor stehen Ihnen drei Formen für Imagemaps zur Verfügung: ein Rechteck ❶, ein Kreis ❷ und ein Vieleck ❸. Mit dem Pfeilsymbol ❹ können Sie die gezeichneten Elemente verschieben bzw. deren Größe anpassen.

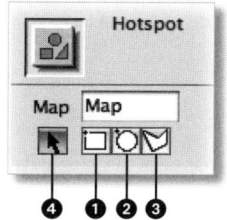

◄ **Abbildung 16.14**
Imagemaps anlegen im
Eigenschaftsinspektor

### 3   Bereich in das Bild zeichnen

Zeichnen Sie mit dem ausgewählten Werkzeug den Bereich ❺ auf das Bild, der verlinkt werden soll. Dieser ist nur während der Bearbeitung in Dreamweaver sichtbar. Mit dem Pfeil kann der Bereich dann exakt angepasst und an die richtige Stelle verschoben werden.

**Abbildung 16.15 ▼**
Imagemaps per Auswahl-
werkzeug

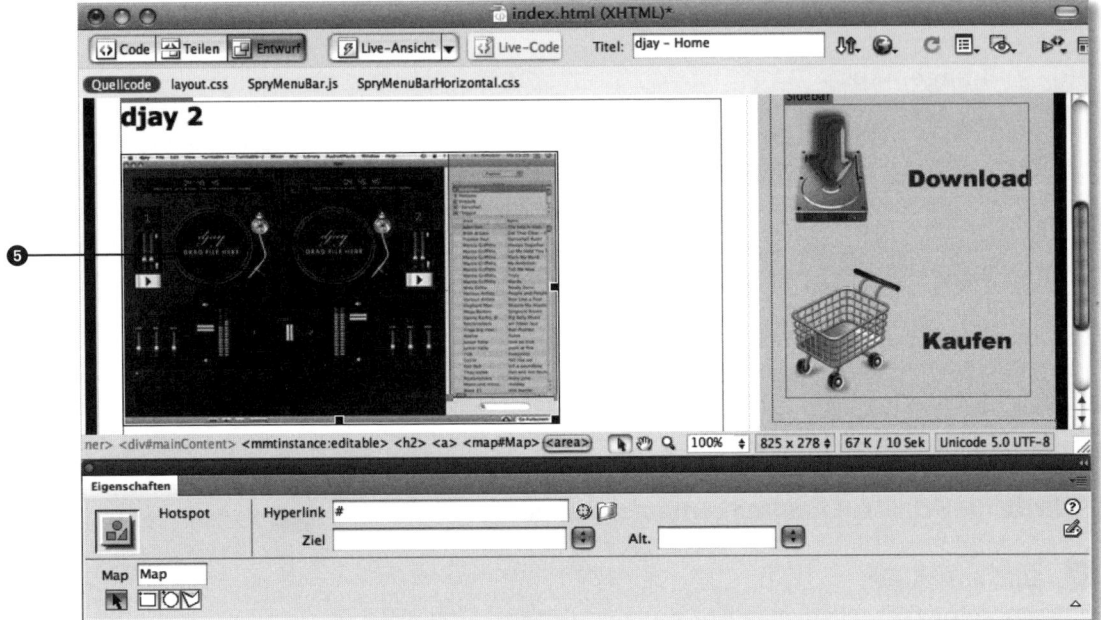

### 4   Zieladresse für Hyperlink angeben

Im Eigenschaftsinspektor können Sie nun die Zieladresse für den Hyperlink eingeben. Sie können zu einer Webseite oder zu einer E-Mail-Adresse verlinken.

### 5   Wiederholen

Wiederholen Sie die Schritte 2 bis 4 für weitere Bereiche, und Ihre Imagemap entsteht Bereich für Bereich. ■

## 16.3.4   Downloadlinks

Sie können für Ihre Besucher nicht nur Verweise auf Webseiten, Ankerpunkte oder E-Mail-Adressen anlegen, sondern auch auf Dateien, wie zum Beispiel PDF- oder Word-Dokumente oder auch komprimierte ZIP-Dateien mit beliebigen Inhalten. Diese können dann vom Benutzer über das Internet heruntergeladen werden, wenn der entsprechende Hyperlink angeklickt wird.

Um eine Datei zum Herunterladen anzubieten, müssen Sie diese zunächst auf den Webserver kopieren. Es ist empfehlenswert, dafür einen neuen Ordner (zum Beispiel mit dem Namen *Downloads*) innerhalb der Website zu erstellen.

Um einen Link zu einer Datei herzustellen, klicken Sie auf den Ordner neben HYPERLINK im Eigenschaftsinspektor und wählen die entsprechende Datei für den Download aus.

▼ **Abbildung 16.16**
Durch einen Klick auf das Ordnersymbol können Sie eine Datei auswählen, die Sie über einen Hyperlink zum Download anbieten möchten.

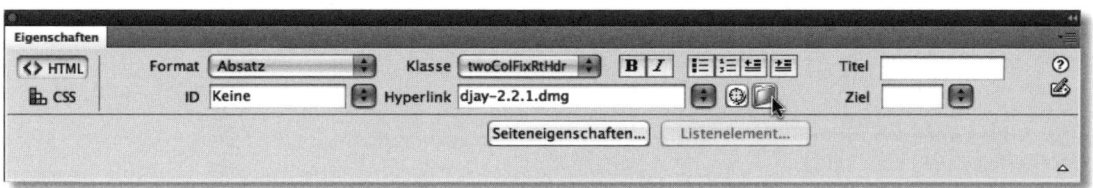

Sie sollten darauf achten, dass zum Download angebotene Dateien nicht zu groß sind, und Sie die Dateigröße jeweils auf die Webseite neben den Link schreiben. Je nachdem, welchen Browser der Besucher benutzt, wird ihm nicht unbedingt automatisch mitgeteilt, wie groß die Zieldatei ist und wie lange er auf den kompletten Download voraussichtlich warten muss.

### 16.3.5   Automatische Weiterleitung

Nicht selten kommt es vor, dass Sie mit Ihrer Website auf eine andere Domain umziehen. Trotzdem werden jedoch viele Besucher versuchen, Ihre Site unter dem alten Namen zu erreichen. Hilfreich ist in einem solchen Fall der Einbau einer automatischen Umleitung.

**PDF-Dateien im Browser anzeigen**

Wenn Sie eine PDF-Datei zum Download anbieten und der Besucher der Webseite auf den Link klickt, wird die PDF-Datei entweder heruntergeladen oder direkt im Browser angezeigt. Das hängt davon ab, ob der Acrobat Reader für den Browser installiert wurde. Sie als Anbieter der Webseite haben keinen Einfluss auf diesen Vorgang. Wenn die PDF-Datei jedoch als ZIP-Datei komprimiert wird, so wird sie nicht direkt angezeigt und auf jeden Fall nur zum Download angeboten.

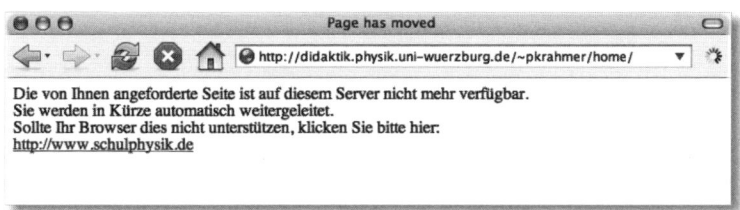

▲ **Abbildung 16.17**
Damit der Besucher die neue URL der Website findet, wird eine automatische Weiterleitung integriert.

Um eine Weiterleitung einzurichten, müssen Sie nicht Ihren Webserver administrieren oder Ihren Provider informieren. Sie können alle Einstellungen einfach in Dreamweaver selbst vornehmen.

Wählen Sie Einfügen • HTML • Head-Tags • Aktualisieren. Es öffnet sich ein Fenster, in dem Sie die Einstellungen für die Weiterleitung vornehmen können.

**Abbildung 16.18** ▶
In Dreamweaver können Sie einfach eine Weiterleitung mit Zeitverzögerung erstellen.

Geben Sie unter Verzögerung die Zeit in Sekunden und unter Gehe zu URL die Zielseite für die Umleitung an. Klicken Sie dann auf OK, um die Weiterleitung in das Dokument einzufügen.

Wenn Sie nun Ihre Website auf dem Webserver aktualisieren, werden fortan alle Besucher, die auf Ihre alte Webadresse kommen, nach 3 Sekunden automatisch zur neuen URL weitergeleitet.

Wenn Sie die Einstellungen für die Weiterleitung ändern oder die Weiterleitung entfernen möchten, wählen Sie Ansicht • Head-Inhalt. Im oberen Teil des Dokumentenfensters ❶ werden mit Icons alle Elemente angezeigt, die sich im Head-Bereich des HTML-Dokumentes befinden. Klicken Sie auf das Symbol ❷, und drücken Sie die Taste Entf . Übertragen Sie die Seite dann auf den Webserver, und die Weiterleitungsfunktion ist gelöscht.

> **Weiterleitungen sind keine Hyperlinks**
>
> Genau genommen sind Weiterleitungen keine Hyperlinks, da sie nicht anklickbar sind. Hyperlinks werden mit dem <a>-Tag in den Body-Bereich des HTML-Codes integriert. Weiterleitungen werden im Head-Bereich mit dem <meta>-Tag eingefügt. Damit die Suchmaschine die neue Webseite finden kann, sollten Sie zusätzlich einen Hyperlink in die Seite einbauen.

**Abbildung 16.19** ▶
Über dem Dokumentenfenster wird der Inhalt des Head-Bereichs eines Dokuments angezeigt. Hier ist auch die Weiterleitung untergebracht und kann ganz einfach gelöscht werden.

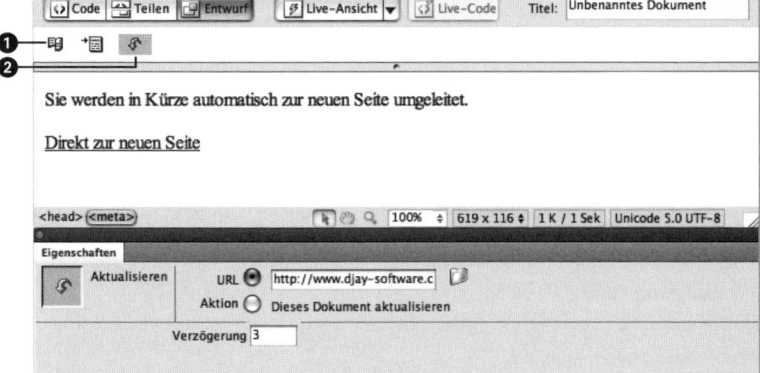

Kapitel 17

# Interaktivität mit JavaScript

So bringen Sie mit JavaScript Bewegung in Ihre Website

- ▶ Wie programmiert man JavaScript?
- ▶ Wie erstelle ich eigene Skripte in Dreamweaver?
- ▶ Wie verwalte ich JavaScript in Dreamweaver?
- ▶ Was ist eigentlich dieses Spry?

# 17  Interaktivität mit JavaScript

JavaScript ist die Programmiersprache Nummer eins, wenn es darum geht, Webseiten interaktiv zu machen. Mit ihr können Sie Rollover-Bilder einfügen, neue Browserfenster in festen Größen öffnen und komplette Pull-down-Menüs erstellen. Adobe stellt Ihnen dafür verschiedene Möglichkeiten zur Verfügung, die Sie in diesem Kapitel kennenlernen werden.

## 17.1  Wie funktioniert JavaScript?

JavaScript ist eine Programmiersprache, die einfach in den HTML-Code eingefügt wird. Stellen Sie sich ein solches Skript einfach als eine Ansammlung von verschiedenen Befehlen vor, die durch einen Klick auf einen Hyperlink oder ein anderes Ereignis ausgelöst und abgearbeitet werden.

JavaScript kann zwar auch mit anderen Ereignissen zusammenarbeiten, wir beschränken uns in diesem Kapitel jedoch ausschließlich auf Aktionen, die durch Hyperlinks ausgelöst werden. JavaScript in Verbindung mit Formularen behandelt Kapitel 18, »Formulare erstellen«.

Mit der Integration des JavaScript-Frameworks Spry in Dreamweaver CS4 ist es möglich, sehr ansprechende Benutzeroberflächen, wie zum Beispiel ausklappbare Menüs, zu erstellen (siehe Abschnitt 17.7, »Das JavaScript-Framework Spry«, in diesem Kapitel).

Es gibt in Dreamweaver verschiedene Techniken, JavaScript in eine Seite einzubauen:

▶ Über das Feld HYPERLINK können Sie im Eigenschaftsinspektor direkt kurze JavaScript-Befehle eingeben, die ausgeführt werden, wenn der Benutzer auf den Hyperlink klickt. Eine Aufzählung der möglichen Kommandos finden Sie im nächsten Abschnitt.

▶ Über das Menü EINFÜGEN stehen Ihnen mehrere Menüpunkte zur Verfügung, die automatisch Skripte in Ihre Webseite inte-

---

**Ereignisse in JavaScript**

JavaScript-Code kann nicht nur durch Klick (onClick) auf einen Hyperlink ausgelöst werden, sondern auch, wenn eine Webseite geladen (onLoad) oder geschlossen (onUnload) wird. Es ist sogar einstellbar, dass JavaScript allein durch eine Mausberührung aktiviert wird (onRollover).

grieren. Im Einzelnen sind dies die Befehle EINFÜGEN • GRAFIK-OBJEKTE • ROLLOVER-BILD (siehe Abschnitt 17.3, »JavaScript über Menüs einfügen«), EINFÜGEN • GRAFIKOBJEKTE • NAVIGATIONSLEISTE und EINFÜGEN • FORMULAR • SPRUNGMENÜ für auf der Seite aufklappende Navigationsmenüs.

▸ Über das FENSTER • VERHALTEN können Sie über 25 JavaScript-Funktionen auswählen und in Ihre Webseite integrieren. JavaScript-Kenntnisse sind hierfür nicht erforderlich. Als Beispiel werden wir in diesem Kapitel einen Link erstellen, der eine Webseite in einem neuen Fenster mit festgelegter Breite und Höhe öffnet.

▸ Mit der EINFÜGEN-Palette im Reiter SPRY stehen Ihnen 13 Funktionen zur Verfügung, mit denen Sie zum Beispiel ausklappbare Menüs in Ihre Webseite einfügen können.

▸ Im Internet finden Sie Tausende von selbst gestrickten Skripten, die Sie in Ihre Webseite übernehmen können. Bevor Sie ein solches einsetzen, prüfen Sie jedoch immer, ob Dreamweaver nicht schon einen eingebauten Befehl für den Zweck besitzt.

## 17.2 JavaScript im Eigenschaftsinspektor

Es gibt verschiedene Methoden, um in Dreamweaver JavaScript direkt in der Webseite zu programmieren. Bei der einfachsten Methode wird der JavaScript-Code direkt im Eigenschaftsinspektor eingetragen.

Um zum Beispiel einen Link zu erstellen, der beim Anklicken ein neues (JavaScript-)Fenster mit einer kurzen Nachricht zeigt, markieren Sie einfach einen Text oder ein Bild im Dokumentenfenster und geben folgenden JavaScript-Befehl im Feld HYPERLINK ein: `JavaScript:alert("Hallo");`

**Syntax von JavaScript**

Der Text `JavaScript:` ist erforderlich, damit der Browser den Befehl `alert("Hallo");` überhaupt als JavaScript-Funktion erkennt. Das Semikolon trennt mehrere Befehle voneinander. Bei nur einem Befehl wie in unserem Beispiel ist das Semikolon daher nicht erforderlich.

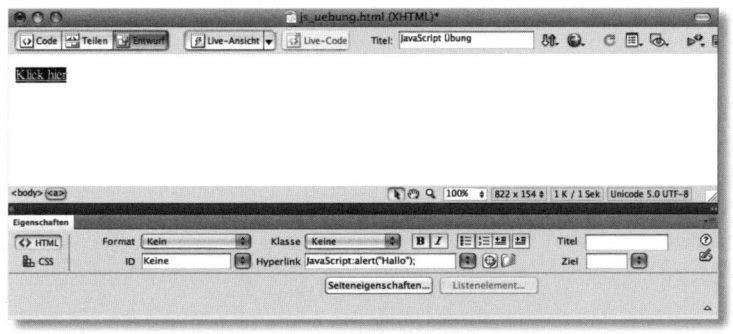

◀ **Abbildung 17.1**
Hyperlink mit JavaScript, um ein kleines Fenster mit einer Nachricht anzuzeigen

Sie können die Seite nun entweder in einem Webbrowser oder direkt in Dreamweaver mit der neuen Live-Ansicht testen.

**Abbildung 17.2 ►**
JavaScript-Beispiel mit der Live-Ansicht in Dreamweaver

**Tabelle 17.1 ►**
Weitere nützliche JavaScript-Befehle, die Sie auf die gleiche Weise anwenden können, finden Sie in dieser Tabelle.

| JavaScript-Befehl | Funktion |
|---|---|
| `JavaScript:history.back();` | zurück zur vorherigen Seite |
| `JavaScript:history.forward();` | zur nächsten Seite wechseln |
| `JavaScript:history.go(-2);` | zwei Seiten zurück |
| `JavaScript:windows.close();` | Fenster schließen |
| `JavaScript:windows.moveTo(1,1);` | Fenster in Ecke oben links bewegen |
| `JavaScript:window.moveBy(10,-5);` | Fenster um 10 Pixel nach rechts und 5 Pixel nach oben bewegen |
| `JavaScript:window.resizeTo(400,200);` | Fenster auf Größe 400 × 200 Pixel einstellen |
| `JavaScript:window.print();` | aktuelles Fenster drucken |

## 17.3  JavaScript über Menüs einfügen

Im Menü EINFÜGEN • GRAFIKOBJEKTE finden Sie mit ROLLOVER-BILD und NAVIGATIONSLEISTE zwei bereits in Dreamweaver vorgefertigte Skripte. Sie können diese einfach per Mausklick in Ihre Webseite einfügen.

**Rollover-Bilder |** Ein Rollover-Bild ist eine Grafik, die bei Mausberührung durch ein anderes Bild ausgetauscht wird. Verlässt der

Mauszeiger das Bild, wird wieder das ursprüngliche Bild angezeigt. Dieses Verhalten wird auch als Hover-Effekt bezeichnet.

Für die Erstellung eines Rollover-Bildes werden zwei exakt
gleich große Grafiken benötigt. Zudem ist ein Skript nötig, das
die Bilder gegeneinander austauscht. Dreamweaver erstellt den
Code automatisch, wenn Sie EINFÜGEN • GRAFIKOBJEKTE • ROLL-
OVER-BILD wählen.

## Schritt für Schritt: Rollover-Bild einfügen

### 1 Einfügemarke setzen

Setzen Sie, wie beim Einfügen eines normalen Bildes, zunächst
die Einfügemarke an die Position im Entwurfsbereich, wo das Bild
später angezeigt werden soll.

### 2 Rollover-Bild einfügen

Wählen Sie EINFÜGEN • GRAFIKOBJEKTE • ROLLOVER-BILD. Das Dialogfenster ROLLOVER-BILD EINFÜGEN öffnet sich.

◀ **Abbildung 17.3**
So fügen Sie ein Rollover-Bild
ein.

Geben Sie unter BILDNAME ❶ einen eindeutigen Namen für den
Button ein. Der Bildname ist für den Betrachter der Webseite unsichtbar; er wird nur benötigt, damit das Rollover-Verhalten von
Dreamweaver automatisch mit JavaScript programmiert werden
kann.

Als ORIGINALBILD ❷ wählen Sie jenes Bild aus, das angezeigt
werden soll, wenn sich der Mauszeiger nicht über dem Bild befindet. Als ROLLOVER-BILD ❸ legen Sie das Bild fest, das angezeigt
werden soll, wenn der Mauszeiger sich über dem Bild befindet.

Das Kontrollkästchen ROLLOVER-BILD VORAUSLADEN ❹ sollte
aktiviert sein, damit das Rollover-Bild bereits beim Laden der

**Navigationsleisten**

Mit dem Befehl EINFÜGEN • GRAFIKOBJEKTE • NAVIGA-TIONSLEISTE können Sie mehrere Rollover-Bilder auf einmal erstellen, zum Beispiel um ein Menü aufzubauen. Eine Navigationsleiste ist nur für den Einsatz von Frames (siehe Kapitel »Website mit Frames« unter *http://www.dreamweaver-buch.de*) sinnvoll.

Webseite mit geladen wird. Dadurch kommt es bei dem Effekt zu keiner Verzögerung.

Geben Sie jetzt noch einen ALTERNATIVTEXT ❺ für das Bild ein, damit Nutzer, bei denen das Bild nicht angezeigt werden kann, wissen, womit sie es zu tun haben. Für einen »Home«-Button könnten Sie zum Beispiel »Hier geht es zur Homepage« eingeben.

Um das Rollover-Bild zu verlinken, klicken Sie auf die Schaltfläche DURCHSUCHEN in der Zeile WENN ANGEKLICKT, GEHE ZU URL ❻. Wählen Sie dann im Dialogfenster die Webseite aus, zu der verlinkt werden soll.

**❸ Vorschau im Browser**
Im Browser oder in der Live-Ansicht von Dreamweaver können Sie dann den Effekt testen.

**Abbildung 17.4 ▶**
Der Effekt im Test.

## 17.4    Funktionsweise eines Verhaltens

Das zentrale Fenster zum Verwalten und automatischen Erstellen von JavaScript ist das Bedienfeld VERHALTEN (zu erreichen auch über FENSTER • VERHALTEN). Darin finden sich fertige Skripte, die in Dreamweaver »Verhalten« genannt werden. Dreamweaver bietet über 25 Verhalten, die noch durch sogenannte Extensions erweiterbar sind.

Wir werden anhand eines Rollover-Bildes erläutern, was Verhalten genau sind und wie sie funktionieren.

Verhalten sind immer Objekten zugeordnet, die das Skript auslösen können. Mögliche Objekte sind Texte mit Hyperlinks, Bilder mit Hyperlinks oder auch eine Webseite selbst mit Hyperlinks.

Um für unser Beispiel ein solches Objekt zu erzeugen, erstellen Sie, wie im letzten Abschnitt beschrieben, ein Rollover-Bild. Um die zugeordneten Verhalten anzuzeigen, klicken Sie auf das Rollover-Bild im Dokumentenfenster und öffnen die Palette VERHALTEN. Falls die Palette nicht sichtbar ist, wählen Sie im Menü FENSTER • VERHALTEN aus.

Das Bedienfeld VERHALTEN besteht aus zwei Spalten. In der ersten werden die Ereignisse und in der zweiten die damit verbundenen Aktionen angezeigt. Für das Rollover-Bild werden zwei Verhalten angeboten. Das untere enthält die Aktion BILD AUSTAUSCHEN. Das auslösende Ereignis für diese Aktion ist `<a>` on-MouseOver und bedeutet, dass die Aktion BILD AUSTAUSCHEN nur ausgeführt wird, wenn die Maus sich über (onMouseOver) einem Link (`<a>`-Tag) befindet.

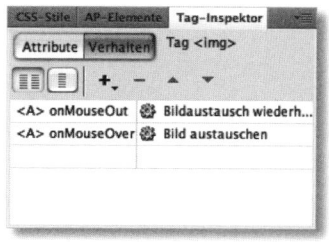

▲ **Abbildung 17.5**
Im Bedienfeld VERHALTEN werden JavaScript-Funktionen verwaltet.

In dem zweiten Verhalten wird die Aktion BILDAUSTAUSCH WIEDERHERSTELLEN ausgeführt, wenn das Ereignis `<a>` onMouseOut zutrifft. Das bedeutet, dass beim Herausfahren (onMouseOut) des Mauszeigers aus dem Link (`<a>`-Tag) wieder das ursprüngliche Bild erscheint.

Wie wir im Beispiel gesehen haben, besteht ein Verhalten aus drei Elementen:

▶ **Objekt**
Das Objekt ist zum Beispiel ein Hyperlink-Text oder ein Hyperlink-Bild. Man muss nicht normale Links verwenden, die zu einer anderen Webseite verweisen, sondern kann auch leere Links einsetzen, in denen an der Stelle der URL ein Rautezeichen steht. Jedem Objekt können eine oder mehrere Aktionen zugeordnet werden.

▶ **Aktion**
Aktionen (auch *Verhalten* genannt) sind vorgefertigte JavaScript-Befehle in Dreamweaver. Mögliche Aktionen finden Sie im Bedienfeld VERHALTEN, darunter zum Beispiel BILD AUSTAUSCHEN, BROWSERFENSTER ÖFFNEN und SOUND ABSPIELEN.

▶ **Ereignis**
Ereignisse legen fest, wodurch eine Aktion ausgelöst wird.
Ein Ereignis kann ein Klick (onClick) auf ein Objekt oder eine
Mausberührung sein (onMouseOver).

## 17.5 Ein Verhalten einfügen

Wir werden nun in Dreamweaver das Verhalten BROWSERFENSTER
ÖFFNEN in eine Seite einbauen. Damit wird nach Klick auf einen
Hyperlink eine Webseite in einem neuen Fenster geöffnet.

### Schritt für Schritt: Seite in neuem Fenster öffnen

**1** **Die beiden Webseiten erstellen**

Erstellen Sie eine HTML-Datei (*bild_klein.html*) mit einem kleinen
Bild und eine HTML-Datei (*bild_gross.html*) mit einem großen
Bild.

**Abbildung 17.6** ▼
Eine Seite im neuen Fenster
öffnen.

## **2**   Leeren Link erstellen

Öffnen Sie nun die Seite *bild_klein.html*, von der aus die Webseite *bild_gross.html* geöffnet werden soll.

Markieren Sie dann einen Text oder ein Bild ❶, mit dem das Fenster geöffnet werden soll, und erstellen Sie einen leeren Link, indem Sie im Eigenschaftsinspektor unter Hyperlink ❷ nur das Rautezeichen # eingeben.

▼ **Abbildung 17.7**
Die HTML-Datei für das kleine Bild.

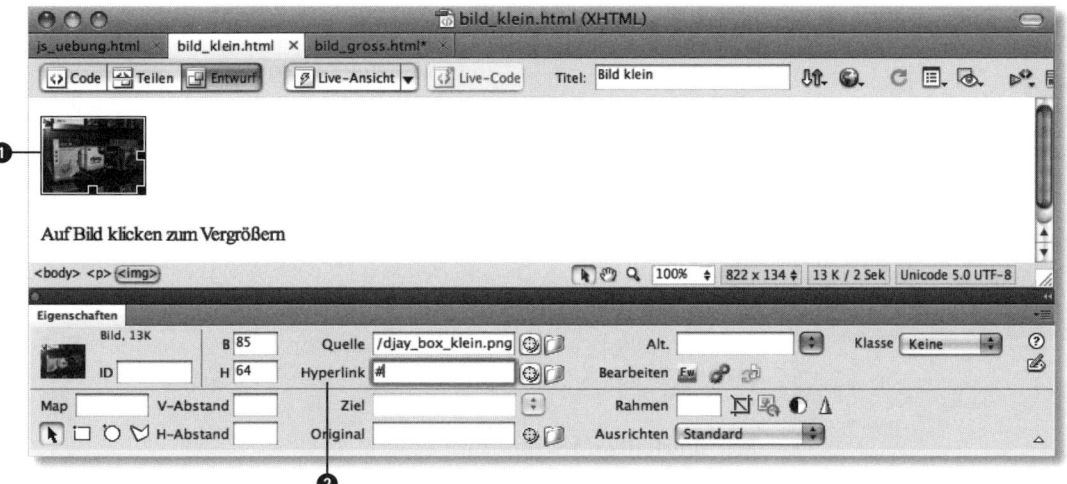

## **3**   Verhalten im Bedienfeld auswählen

Klicken Sie im Bedienfeld Verhalten auf das Symbol mit dem Pluszeichen und wählen Sie aus der aufklappenden Liste Browserfenster öffnen aus.

## **4**   Einstellungen für Verhalten vornehmen

Nach der Auswahl des Verhaltens öffnet sich ein Fenster, in dem Sie die folgenden Einstellungen vornehmen können:

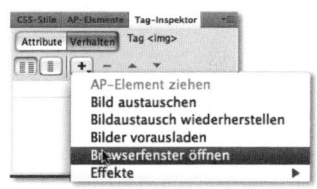

▲ **Abbildung 17.8**
Hier legen Sie das Verhalten fest.

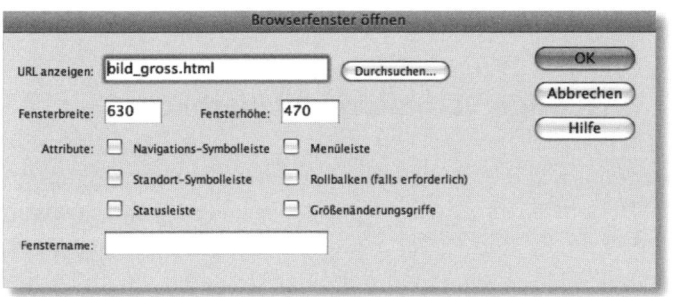

◄ **Abbildung 17.9**
Geben Sie hier die URL der Datei ein, die angezeigt werden soll.

Geben Sie unter URL ANZEIGEN entweder eine URL ein, oder klicken Sie auf DURCHSUCHEN, um in Ihrer Site eine Seite auszuwählen, die in dem neuen Fenster geöffnet werden soll. In unserem Fall muss auf *bild_gross.html* verlinkt werden.

Geben Sie unter FENSTERBREITE und FENSTERHÖHE die Maße des neuen Fensters in Pixeln an.

Wenn Sie keines der ATTRIBUTE auswählen, wird das neue Fenster ohne Menüleiste, Symbolleiste usw. angezeigt. Wenn Sie dem Benutzer ermöglichen möchten, die Größe des Fensters verändern zu können, aktivieren Sie GRÖSSENÄNDERUNGSGRIFFE.

Klicken Sie auf OK, um das Verhalten in die Webseite zu integrieren.

**5** **Ereignis »onClick« auswählen**

Im Bedienfeld VERHALTEN müssen Sie nun noch das Ereignis festlegen, bei dem das neue Fenster geöffnet werden soll.

In unserem Beispiel soll sich die Webseite bei einem Klick auf den Hyperlink, also das Bild oder den darunter stehenden Text, öffnen. Wählen Sie daher das Ereignis `onClick` aus.

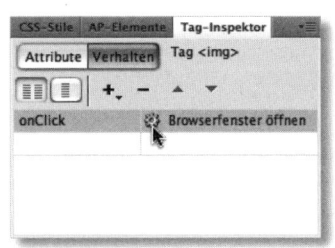

▲ **Abbildung 17.10**
Einen onClick-Handler
einfügen.

**6** **Verhalten testen**

Das Verhalten ist nun aktiviert und kann bereits im Dokumentenfenster getestet werden. Um Änderungen daran durchzuführen, markieren Sie den Link und klicken im Bedienfeld doppelt auf das entsprechende Verhalten.

**Abbildung 17.11** ▶
Änderungen können Sie per
Doppelklick vornehmen.

## 17.6 Wichtige Verhalten im Überblick

Wir werden uns in diesem Abschnitt anschauen, welche Aktionen man in Dreamweaver einem Hyperlink zuweisen kann. Wählen Sie daher zuerst einen Hyperlink auf einer beliebigen Seite aus, oder erstellen Sie einen neuen mit einer URL oder einem Rautezeichen als Zielangabe.

## 17.6.1 Aktionen hinzufügen

Im Bedienfeld VERHALTEN können Sie durch Klicken auf das Plussymbol verschiedene JavaScript-Aktionen zuweisen.

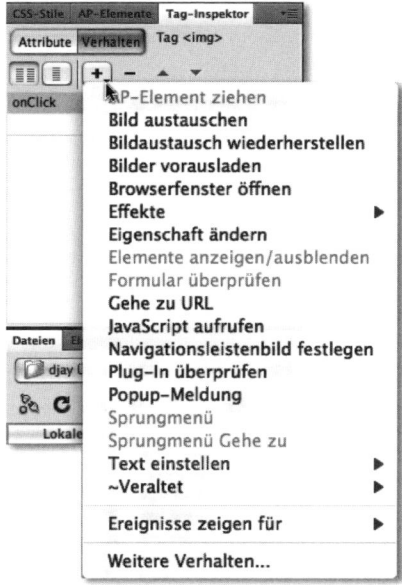

◄ **Abbildung 17.12**
Aktionen werden über das Menü unter dem Pluszeichen ausgewählt.

Einige Punkte sind grau hinterlegt. Diese Menüpunkte sind mit dem ausgewählten Objekt nicht verwendbar. Die Aktion FORMULAR ÜBERPRÜFEN ist zum Beispiel deshalb nicht auswählbar, weil kein Formular sondern ein Hyperlink als Objekt ausgewählt worden ist.

In der folgenden Tabelle werden die wichtigsten Aktionen in Dreamweaver erläutert:

| Aktion | Bedeutung |
| --- | --- |
| BILD AUSTAUSCHEN | Tauscht ein Bild gegen ein anderes aus. |
| BILDAUSTAUSCH WIEDERHERSTELLEN | Macht den Tausch eines Bildes wieder rückgängig. |
| BILDER VORAUSLADEN | Lädt eines oder mehrere Bilder, ohne sie anzuzeigen. Wird in Verbindung mit der Aktion BILD AUSTAUSCHEN verwendet. |
| BROWSERFENSTER ÖFFNEN | Öffnet eine URL in einem neuen Browserfenster mit einstellbarer Fenstergröße. |

**Veraltete Verhalten**

Einige Verhalten, die es in älteren Dreamweaver-Versionen gab, sind in der neuen Version in das Untermenü ~VERALTET der VERHALTEN-Palette verschoben worden. Der Einsatz der Verhalten POPUP-MENÜ ANZEIGEN und AUSBLENDEN ist nicht sinnvoll, da mit der neuen Funktion SPRY-MENÜLEISTE bessere Ergebnisse erzielt werden. Das Verhalten BROWSER ÜBERPRÜFEN, mit dem man eine sogenannte Browserweiche erstellen kann, funktioniert nur mit älteren Browsern. Zum Abspielen von Sounds sollte man aus Kompatibilitätsgründen besser Flash einsetzen und nicht das Verhalten SOUND ABSPIELEN verwenden.

**Manuell JavaScript eingeben**

In Dreamweaver CS4 können JavaScript-Funktionen im Bedienfeld VERHALTEN auch von Hand eingegeben werden. An die Stelle, wo normalerweise die Aktion steht, können Sie auch einen eigenen JavaScript-Befehl eingeben, zum Beispiel `window.close();`, um ein Fenster zu schließen.

| Aktion | Bedeutung |
|---|---|
| FORMULAR ÜBERPRÜFEN | Prüft vor dem Versenden, ob ein Formular korrekt ausgefüllt wurde. |
| GEHE ZU URL | Wird in framebasierten Websites verwendet, um nach Klick auf einen Hyperlink mehr als nur einen Frame zu aktualisieren. |
| PLUG-IN ÜBERPRÜFEN | Hiermit kann zum Beispiel überprüft werden, ob das Flash-Plug-in im Browser des Besuchers installiert ist. |
| POPUP-MELDUNG | Öffnet ein Fenster mit einem einstellbaren Text. |

### 17.6.2 Aktionen bearbeiten

Um eine bestehende Aktion zu bearbeiten, klicken Sie doppelt auf ihren Namen. Es öffnet sich dann ein Fenster, in dem Sie die Einstellungen ändern können.

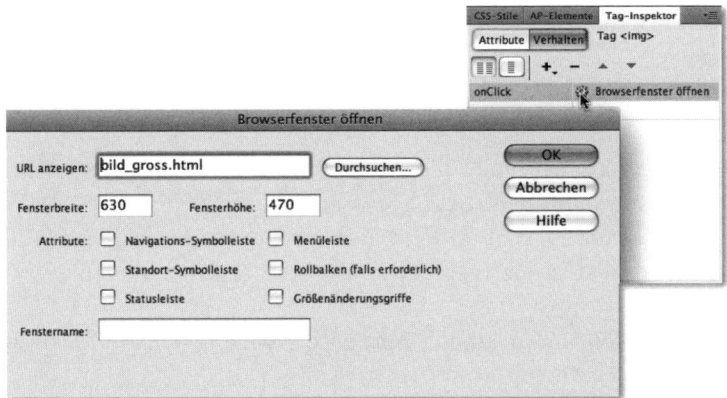

**Abbildung 17.13 ▶**
Einstellungsfenster der Aktion
BROWSERFENSTER ÖFFNEN

### 17.6.3 Aktionen entfernen

Über die Schaltfläche mit dem Minuszeichen können Sie ein Verhalten löschen.

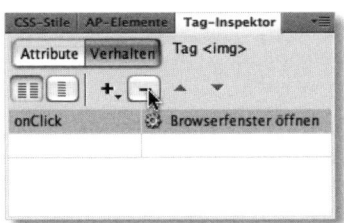

**Abbildung 17.14 ▶**
Über das Symbol mit dem Minuszeichen wird ein Verhalten gelöscht.

### 17.6.4 Ereignis festlegen

Wenn Sie auf ein vorhandenes Ereignis klicken, erscheint eine Liste aller möglichen Ereignisse. Wählen Sie anschließend aus der Liste ein Ereignis aus, das das Verhalten eines Objektes auslösen soll.

In der folgenden Tabelle werden die wichtigsten Ereignisse erläutert. Mit ihnen können Sie die oben genannten Verhalten auslösen:

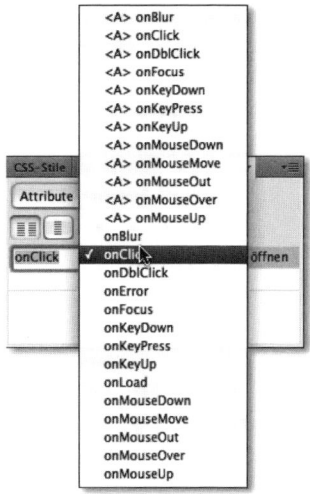

| Ereignis | Bedeutung |
|----------|-----------|
| onClick | Mausklick auf Objekt |
| onDblClick | Doppelklick auf Objekt |
| onMouseDown | Maustaste ist auf dem Objekt gedrückt. |
| onMouseOut | Mauszeiger befindet sich außerhalb des Objektes. |
| onMouseOver | Mauszeiger befindet sich auf dem Objekt. |
| onMouseUp | Maustaste wird über dem Objekt losgelassen. |
| onAbort | Webseite wird durch Schließen des Browserfensters oder Klicken auf ein Objekt verlassen. |
| onLoad | Webseite ist vollständig im Browser geladen. |

▲ **Abbildung 17.15**
Wählen Sie aus der Liste das gewünschte Ereignis aus.

## 17.7　Das JavaScript-Framework Spry

Weiter oben haben wir gezeigt, wie man einfache JavaScript-Befehle zum Beispiel zum Öffnen von neuen Seiten in eine Webseite einbauen kann. Mit JavaScript kann man aber auch komplexere Aufgaben realisieren, wie etwa Pull-down-Menüs oder ausklappbare Bereiche.

Mit der neuen JavaScript-Technik *Ajax* ist es sogar möglich, komplexe Internet-Anwendungen zu programmieren, die sich ähnlich wie richtige Programme bedienen lassen. Ein bekanntes Beispiel hierfür ist zum Beispiel Google Text & Tabellen (*http://docs.google.com* und *http://spreadsheets.google.com*). Auf diesen Webseiten können Sie direkt in Ihrem Webbrowser Texte und Tabellen bearbeiten, ohne dass Word oder Excel auf dem eigenen Rechner installiert sein müssen.

**Abbildung 17.16 ▸**
Auf der Apple-Website klappen Sie Bereiche beim Herüberfahren mit der Maus aus ❶.

**Abbildung 17.17 ▾**
Mit der Internet-Anwendung Google Text & Tabellen können Sie Excel-Tabellen im Browser bearbeiten.

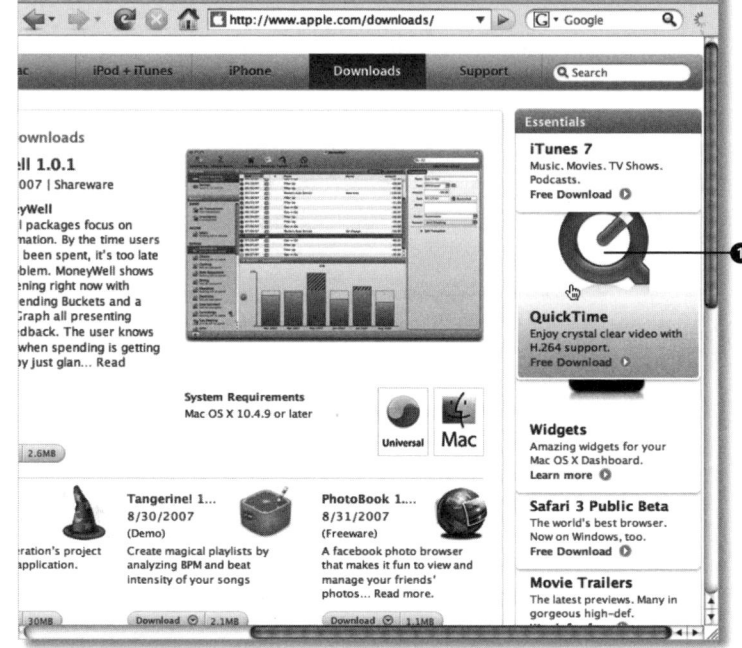

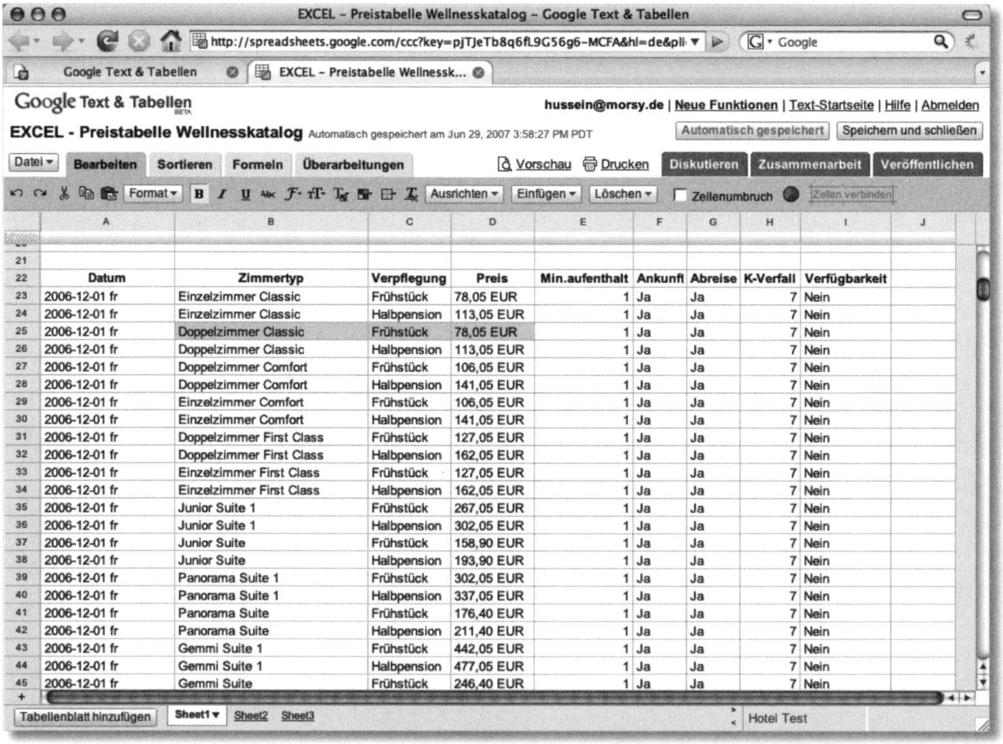


| | Datum | Zimmertyp | Verpflegung | Preis | Min.aufenthalt | Ankunft | Abreise | K-Verfall | Verfügbarkeit |
|---|---|---|---|---|---|---|---|---|---|
| 23 | 2006-12-01 fr | Einzelzimmer Classic | Frühstück | 78,05 EUR | 1 | Ja | Ja | 7 | Nein |
| 24 | 2006-12-01 fr | Einzelzimmer Classic | Halbpension | 113,05 EUR | 1 | Ja | Ja | 7 | Nein |
| 25 | 2006-12-01 fr | Doppelzimmer Classic | Frühstück | 78,05 EUR | 1 | Ja | Ja | 7 | Nein |
| 26 | 2006-12-01 fr | Doppelzimmer Classic | Halbpension | 113,05 EUR | 1 | Ja | Ja | 7 | Nein |
| 27 | 2006-12-01 fr | Doppelzimmer Comfort | Frühstück | 106,05 EUR | 1 | Ja | Ja | 7 | Nein |
| 28 | 2006-12-01 fr | Doppelzimmer Comfort | Halbpension | 141,05 EUR | 1 | Ja | Ja | 7 | Nein |
| 29 | 2006-12-01 fr | Einzelzimmer Comfort | Frühstück | 106,05 EUR | 1 | Ja | Ja | 7 | Nein |
| 30 | 2006-12-01 fr | Einzelzimmer Comfort | Halbpension | 141,05 EUR | 1 | Ja | Ja | 7 | Nein |
| 31 | 2006-12-01 fr | Doppelzimmer First Class | Frühstück | 127,05 EUR | 1 | Ja | Ja | 7 | Nein |
| 32 | 2006-12-01 fr | Doppelzimmer First Class | Halbpension | 162,05 EUR | 1 | Ja | Ja | 7 | Nein |
| 33 | 2006-12-01 fr | Einzelzimmer First Class | Frühstück | 127,05 EUR | 1 | Ja | Ja | 7 | Nein |
| 34 | 2006-12-01 fr | Einzelzimmer First Class | Halbpension | 162,05 EUR | 1 | Ja | Ja | 7 | Nein |
| 35 | 2006-12-01 fr | Junior Suite 1 | Frühstück | 267,05 EUR | 1 | Ja | Ja | 7 | Nein |
| 36 | 2006-12-01 fr | Junior Suite 1 | Halbpension | 302,05 EUR | 1 | Ja | Ja | 7 | Nein |
| 37 | 2006-12-01 fr | Junior Suite | Frühstück | 158,90 EUR | 1 | Ja | Ja | 7 | Nein |
| 38 | 2006-12-01 fr | Junior Suite | Halbpension | 193,90 EUR | 1 | Ja | Ja | 7 | Nein |
| 39 | 2006-12-01 fr | Panorama Suite 1 | Frühstück | 302,05 EUR | 1 | Ja | Ja | 7 | Nein |
| 40 | 2006-12-01 fr | Panorama Suite 1 | Halbpension | 337,05 EUR | 1 | Ja | Ja | 7 | Nein |
| 41 | 2006-12-01 fr | Panorama Suite | Frühstück | 176,40 EUR | 1 | Ja | Ja | 7 | Nein |
| 42 | 2006-12-01 fr | Panorama Suite | Halbpension | 211,40 EUR | 1 | Ja | Ja | 7 | Nein |
| 43 | 2006-12-01 fr | Gemmi Suite 1 | Frühstück | 442,05 EUR | 1 | Ja | Ja | 7 | Nein |
| 44 | 2006-12-01 fr | Gemmi Suite 1 | Halbpension | 477,05 EUR | 1 | Ja | Ja | 7 | Nein |
| 45 | 2006-12-01 fr | Gemmi Suite | Frühstück | 246,40 EUR | 1 | Ja | Ja | 7 | Nein |

Um solche Anwendungen zu realisieren, sind komplexe JavaScript-Befehle notwendig. Aufgrund der vielen unterschiedlichen Browser und Inkompatibilitäten ist es selbst für erfahrene Programmierer schwer, in JavaScript zu programmieren. Daher gibt es sogenannte JavaScript-Bibliotheken, die die Programmierung erheblich vereinfachen, indem zum Beispiel mehrere komplexe Befehle zu einem einfachen Kommando zusammengefasst werden. Diese JavaScript-Bibliotheken werden auch *JavaScript-Frameworks* genannt. Es existiert inzwischen eine Reihe von verschiedenen JavaScript-Frameworks, die im Prinzip alle die Programmierung vereinfachen, aber ganz unterschiedliche Ansätze haben.

Auch Adobe hat mit Spry ein eigenes JavaScript-Framework entwickelt, das direkt in Dreamweaver CS4 integriert ist. In Dreamweaver CS4 ist es dadurch recht schnell und einfach möglich, selbst komplexe dynamische Benutzeroberflächen visuell zu entwerfen.

Mit den sogenannten *Spry-Widgets* können Sie die benötigten Spry-Funktionen über die EINFÜGEN-Palette in Ihre Webseite einbinden. Die Widgets sind die drei Gruppen unterteilt.

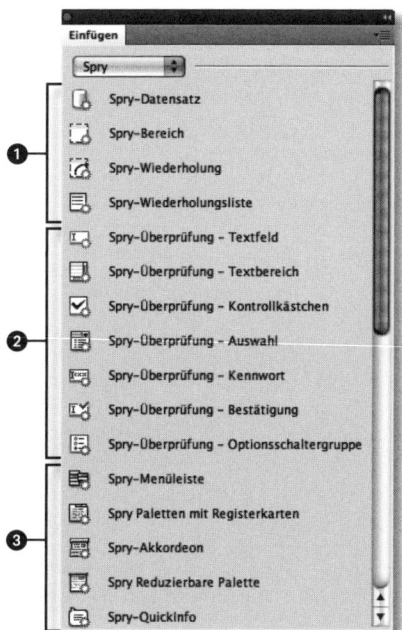

◄ **Abbildung 17.18**
Spry-Widgets können über die EINFÜGEN-Palette eingebunden werden.

Mit den ersten vier Widgets ❶ können Sie XML-gesteuerte Listen und Tabellen realisieren. Da diese Funktionen eher selten verwendet werden und für Einsteiger auch recht komplex sind, werden wir hier auf dieses Thema nicht genauer eingehen.

Die zweite Gruppe ❷ enthält Widgets für die Überprüfung von Formularelementen. Damit kann man Pflichtfelder in Formularen realisieren, bei denen direkt neben oder unter dem Formular eine Fehlermeldung angezeigt wird, falls das Formularelement vom Benutzer nicht korrekt ausgefüllt wurde. In Kapitel 18, »Formulare erstellen«, wird ausführlich gezeigt, wie Sie die Formularelemente mit der Funktion SPRY-ÜBERPRÜFUNG einsetzen.

Die dritte Gruppe ❸ enthält Funktionen, mit denen Sie dynamische Benutzeroberflächen realisieren können:

▶ Ausklappbare Menüs
▶ Paletten mit Registerkarten
▶ Akkordeon-Menüs
▶ Reduzierbare Paletten
▶ Quick-Infos, mit denen Bereiche eingeblendet werden können

Bei der Erstellung der Beispielwebsite »djay Übungen« haben wir bereits das Spry-Framework eingesetzt: Die Navigation wurde in Kapitel 9, »Erstellen einer Navigation«, mit der Funktion SPRY-MENÜLEISTE realisiert. Auch die anderen Widgets werden auf die gleiche Weise eingefügt.

---

**Akkordeon-Menüs**

Ein Akkordeon-Widget besteht aus einem Satz reduzierbarer Paletten. Die Besucher der Website blenden die im Akkordeon gespeicherten Inhalte durch einen Mausklick auf die Titelleisten der Paletten ein bzw. aus. Akkordeon-Widgets erlauben es, große Mengen an Inhalt auf kleinstem Raum unterzubringen.

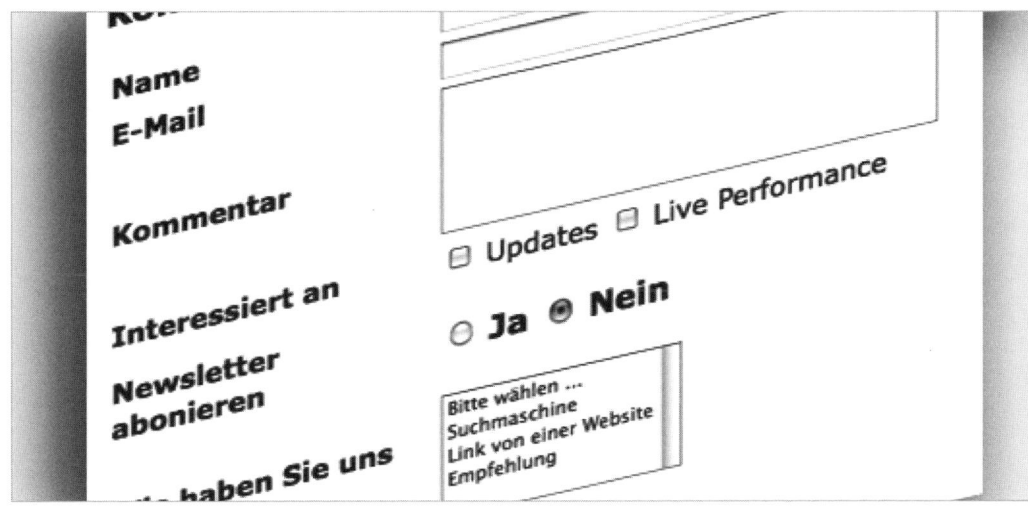

# Kapitel 18

## Formulare erstellen

So lassen Sie Ihre Besucher zu Wort kommen

- ▸ Wie funktionieren Formulare auf Webseiten?
- ▸ Wie baue ich Formulare ein?
- ▸ Welche Formularelemente gibt es?
- ▸ Wie lasse ich Formulare mit dem Spry-Framework überprüfen?

# 18   Formulare erstellen

Formulare erlauben es dem Besucher einer Website, Eingaben vorzunehmen und automatisch an den Anbieter der Website zu übermitteln. In diesem Kapitel werden wir Schritt für Schritt ein Kontaktformular erstellen und uns dabei alle Eigenschaften und Elemente von Formularen anschauen.

In erster Linie werden dem Besucher auf Webseiten Inhalte unterschiedlichster Art angeboten. Die Kommunikation geht dabei jedoch immer nur in eine Richtung. Dieses Prinzip lässt sich mit Formularen durchbrechen.

Über Eingabefelder, Buttons, Checkboxen und Auswahllisten kann dem Besucher die Möglichkeit gegeben werden, Inhalte einzutragen und an den Webserver zu senden. Dort können die Daten dann ausgewertet (wie zum Beispiel bei der Bestellaufnahme in einem Online-Shop), auf der Website veröffentlicht (wie zum Beispiel in einem Forum) oder als Auslöser für spezielle Aktionen (wie zum Beispiel bei einer Suchmaschine) genutzt werden.

Eine einfache und beliebte Form im Web sind Kontaktformulare. Darin kann der Besucher Ihrer Website einfach seine Kontaktdaten, wie Name und E-Mail-Adresse, eintragen und ein Anliegen mitteilen. Sie als Betreiber der Website erhalten dann eine automatisch erzeugte E-Mail mit den Eingaben des Besuchers.

Jede Website sollte die Möglichkeit bereithalten, Kontakt mit ihrem Betreiber aufzunehmen. Ein einfacher E-Mail-Link kann ein vernünftiges Kontaktformular nicht ersetzen. In vielen Internetcafés sind zum Beispiel keine E-Mail-Programme auf den Systemen installiert. Ein derartiger Link funktioniert somit nicht. Kontaktformulare funktionieren hingegen vollständig im Browser und somit auf jedem Internetrechner.

Ein funktionales Formular besteht immer aus zwei Teilen: dem Formular auf der Webseite selbst mit Textfeldern, Listen, Schaltflächen usw. sowie einem Skript oder Programm auf dem Web-

---

**Was ist ein Formularbereich?**

Ein Formularbereich ist in HTML nicht mehr als ein Bereich innerhalb eines Dokuments, der mit den Tags `<form>` und `</form>` umschlossen wird. Alle Formularelemente müssen innerhalb dieses Bereichs platziert werden. Wenn Sie zum Beispiel zwei unabhängige Formulare an verschiedenen Stellen auf einer Seite unterbringen möchten, sollten Sie daher zwei Formularbereiche im Dokument anlegen.

server, das die Formulardaten entgegennimmt und auswertet, indem zum Beispiel die Eingaben überprüft und weitergeschickt werden.

Wir widmen uns zunächst dem ersten Punkt, der Erstellung des Formulars auf der Webseite. Wählen Sie dafür in der Einfügen-Palette die Kategorie Formulare aus, um alle Werkzeuge zum Einfügen von Formularelementen anzuzeigen.

## 18.1   Formulare mit Dreamweaver

Wenn Sie eines der Formularelemente einfügen, wird Ihnen standardmäßig folgendes Dialogfenster anzeigt:

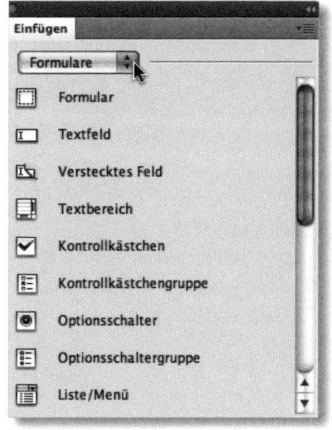

▲ **Abbildung 18.1**
Formularelemente in der Einfügen-Palette Formulare

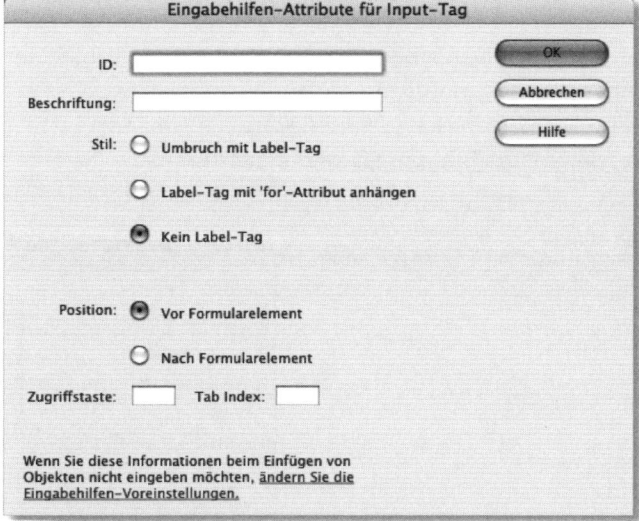

◀ **Abbildung 18.2**
Der Label-Tag dient einer für Sehbeeinträchtigte gerechten Darstellung, ist jedoch in unserem Beispiel deaktiviert.

Hier kann eine Zuordnung zwischen Beschriftung und Formularfeldern durchgeführt werden, was unter anderem für Sehbehinderten-Vorlesesysteme verwendet wird. Wir werden aus Gründen der Einfachheit auf diese Funktion verzichten, indem wir Kein Label-Tag auswählen.

Sie können in den Voreinstellungen von Dreamweaver das Dialogfenster generell deaktivieren, indem Sie das Voreinstellungsfenster über Bearbeiten • Voreinstellungen bzw. Dreamweaver • Einstellungen unter Mac OS X öffnen und dann in der Kategorie Eingabehilfen das Kontrollkästchen Formulare deaktivieren.

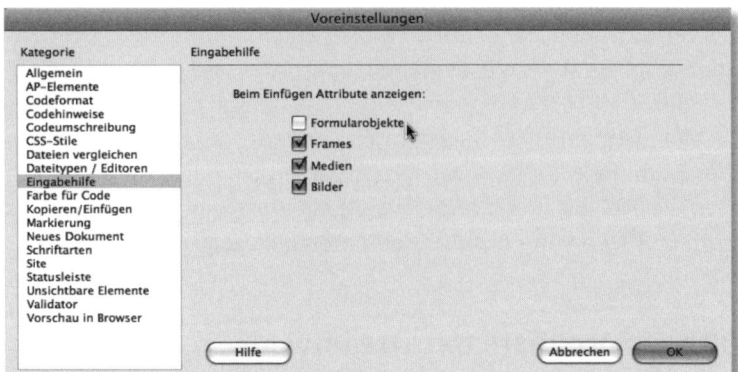

**Abbildung 18.3** ▶
Voreinstellungen in der Kategorie EINGABEHILFEN: Der Punkt FORMULAROBJEKTE ist hier deaktiviert.

## 18.2 Funktionsweise einrichten

Bevor Sie die Formularelemente wie Textfelder, Kontrollfelder usw. in Ihr Dokument einfügen können, muss zunächst ein Formularbereich (in Dreamweaver kurz FORMULAR genannt) erstellt werden, in dem die sichtbaren Elemente des Formulars Platz finden können.

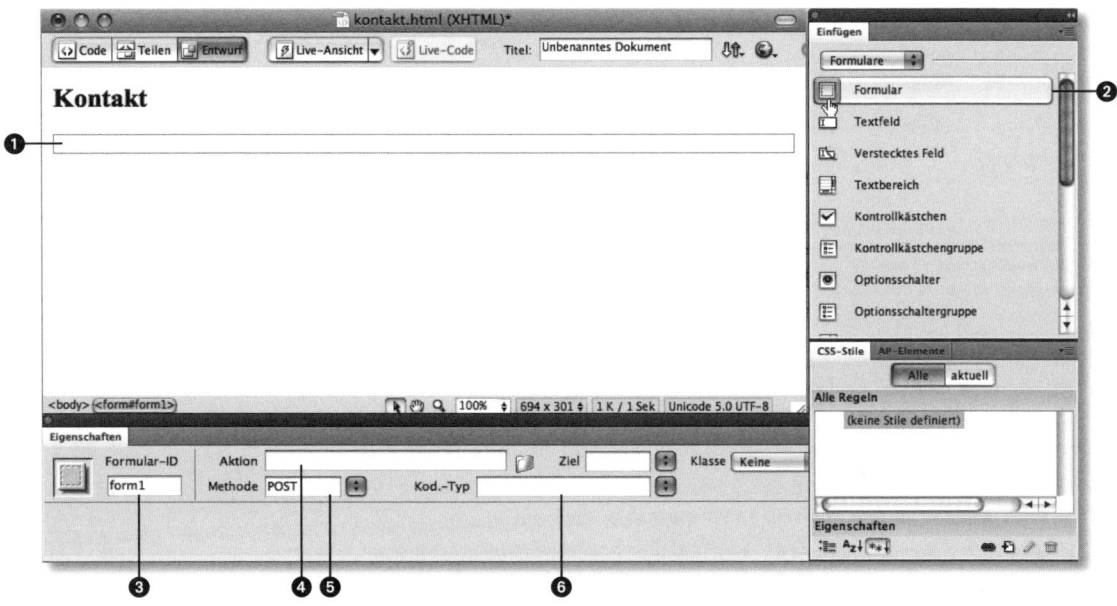

▲ **Abbildung 18.4**
Alle Elemente des Formulars müssen innerhalb des umrandeten Formularbereichs ❶ eingefügt werden.

Um einen Formularbereich zu erstellen, klicken Sie in der EinfüGEN-Palette im Reiter FORMULARE auf das Icon ❷. Im Eigenschaftsinspektor können Sie dann die folgenden Einstellungen
vornehmen:

Im Textfeld ❸ legen Sie den Namen des Formulars fest. Die
Voreinstellung `form1` können Sie unverändert stehen lassen.
Wichtiger ist die Einstellung AKTION ❹. Hier geben Sie die URL
des PHP- oder Perl-Skripts an, das die Formulareingaben auf dem
Webserver entgegennimmt und verarbeitet, indem es zum Bei-
spiel eine E-Mail aus den Angaben des Besuchers generiert und
an Sie verschickt. Wir gehen darauf an späterer Stelle in diesem
Kapitel noch genauer ein.

Abhängig vom verwendeten Skript müssen Sie als METHODE
❺ für das Versenden der Benutzereingaben entweder POST
oder GET auswählen. In den meisten Fällen ist POST die richtige Wahl.

Der Eintrag KOD.-TYP (Kodierungs-Typ) ❻ bleibt meistens leer.
Wenn Sie dem Besucher ermöglichen wollen, über ein Formular
Dateien auf den Webserver zu laden, muss APPLICATION/X-WWW-
FORM-URLENCODED aktiviert werden.

## 18.3   Formulare layouten

Bisher haben wir nur die Grundeigenschaften eines Formulars besprochen, die für das Funktionieren des Formulars wichtig sind.
Jetzt wollen wir auf unserer Seite Formularelemente einbinden,
über die der Besucher Eingaben durchführen kann.

Um Formularelemente vernünftig zu layouten, ist es ratsam,
vor ihrer Erstellung eine zweispaltige Tabelle anzulegen, damit die
Beschriftungen und die Formularelemente selbst übersichtlich
nebeneinander angeordnet werden können. In der ersten Spalte
werden dann die Beschriftungen eingefügt und in der zweiten
Spalte die Formularelemente.

Platzieren Sie Ihre Einfügemarke dazu innerhalb des rot umrandeten Formularbereichs und wählen Sie EINFÜGEN • TABELLE.

---

**Daten über GET oder POST versenden?**

Mit GET werden die Formu-
lardaten über die URL der
Webseite übertragen. Die
Eingabe wird dann einfach
vom Browser hinter die URL
in der Adresszeile geschrieben und zurück an den Server geschickt. Diese Methode ist besonders einfach,
aber leider unsicher und
nicht für alle Formulardaten
einsetzbar.
Mit der POST-Methode kön-
nen beliebig viele Formulardaten bis zu einer Größe von
mehreren Megabyte ver-
schickt werden. Sie ist siche-
rer, da die Eingaben nicht
direkt in der URL ersichtlich
sind.

---

**CSS für Formulare**

Profis verzichten auch bei
Formularen auf den Einsatz
von Tabellen, indem sie CSS
einsetzen. Abhängig vom
Aufbau der Formulare kann
es jedoch relativ schwierig
sein, die Formularelemente
nur per CSS anzuordnen.
Auf der Webseite *http://
www.stichpunkt.de/css/for-
mulare.html* wird beispielhaft
gezeigt, wie man Formulare
ausschließlich mit CSS
gestaltet.

**Abbildung 18.5** ▶
Fügen Sie eine zweispaltige Tabelle ein, in der die Beschriftungen und die Formularelemente gelayoutet werden.

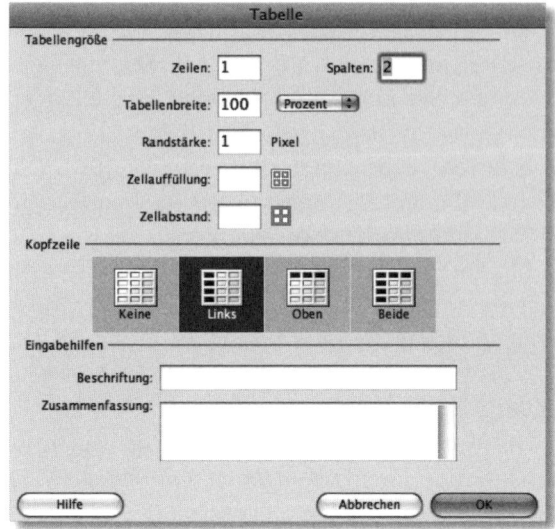

## 18.4 Formularelemente einfügen

### 18.4.1 Einfache Textfelder

**Abbildung 18.6** ▼
Zwei einzeilige Textfelder: Im Eigenschaftsinspektor kann unter anderem die Zeichenbreite festgelegt werden.

In Textfeldern kann der Besucher beliebige Eingaben machen. Um ein Textfeld zu erstellen, setzen Sie die Einfügemarke in Ihrem Dokument innerhalb des rot umrandeten Formularbereichs in die zweite Tabellenspalte und klicken in der Symbolleiste FORMULARE auf das Icon ❶.

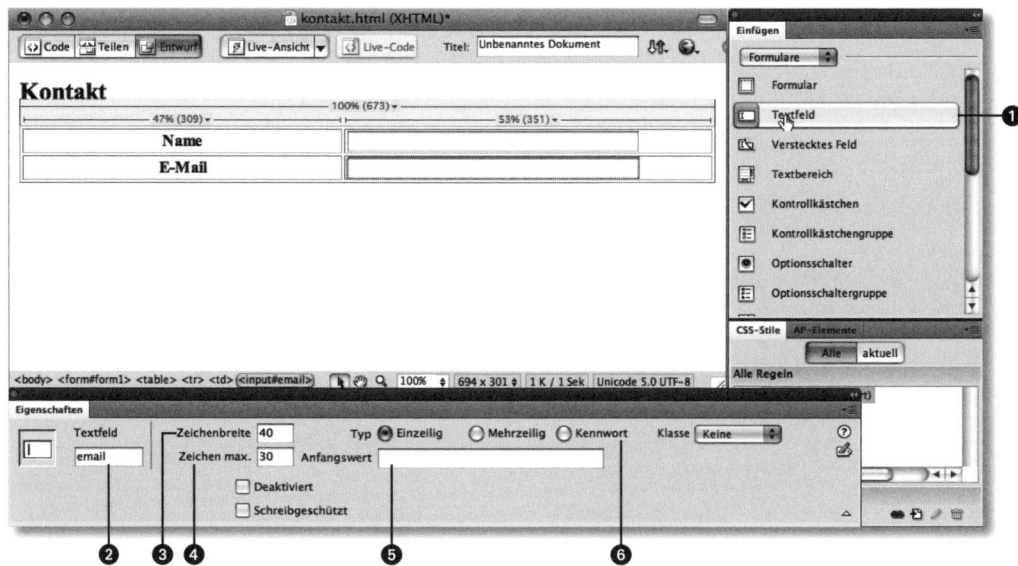

Im Eigenschaftsinspektor können Sie jetzt die folgenden Einstellungen vornehmen:

Geben Sie unter ❷ den Namen des Textfeldes an. Verwenden Sie für den Namen am besten keine Leer- oder Sonderzeichen wie Umlaute. Unterstriche sind jedoch erlaubt. Der Name sollte aussagekräftig sein, da er zum Beispiel in der E-Mail des Kontaktformulars verwendet wird. Wählen Sie beispielsweise bei einem Textfeld für eine E-Mail-Adresse den Namen `email`.

Der Eintrag ZEICHENBREITE ❸ gibt an, wie breit das Textfeld angezeigt wird. Wie viele Zeichen eingegeben werden können, wird unter ZEICHEN MAX. ❹ festgelegt. Dieser Eintrag hat keinen Einfluss auf die dargestellte Breite des Textfeldes.

Wenn das Textfeld bereits mit einem Text vorbelegt sein soll, geben Sie einen Text unter ANFANGSWERT ❺ ein. Bei einem Textfeld für die Eingabe einer URL könnte etwa `http://` als Anfangswert eingestellt werden.

Wählen Sie unter TYP ❻ die Option KENNWORT aus, um ein Textfeld zu erstellen, bei dem die Eingaben nur durch schwarze Punkte angezeigt werden. Dieser Typ wird zum Beispiel für Passwortabfragen verwendet.

> **Verschlüsselung**
>
> Beachten Sie, dass Passwort-Textfelder nicht wirklich verschlüsselt übertragen werden. Die Eingaben werden nur nicht auf dem Bildschirm angezeigt. Um die Formulardaten verschlüsselt zu versenden, muss der Webserver *SSL (Secure Socket Layer)* unterstützen. Informieren Sie sich bei Ihrem Webspace-Provider, ob er SSL unterstützt und wie Sie es auf Ihrer Seite einsetzen können.

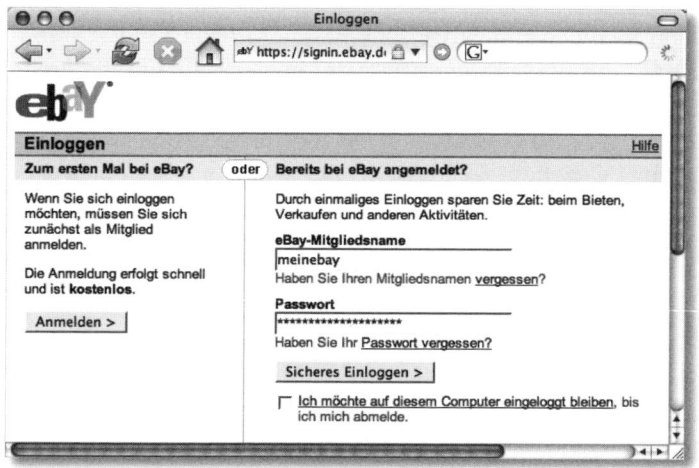

◄ **Abbildung 18.7**
Im Anmeldeformular von eBay wird ein Textfeld vom Typ KENNWORT verwendet, damit die Eingaben nicht sichtbar sind.

### 18.4.2 Mehrzeilige Textfelder

Es ist auch möglich, ein Textfeld zu erstellen, in dem der Benutzer mehrere Zeilen eingeben kann. Ein mehrzeiliges Textfeld wird zunächst genau wie ein normales Textfeld erstellt, indem Sie auf ❶ (siehe Abbildung 18.8) klicken.

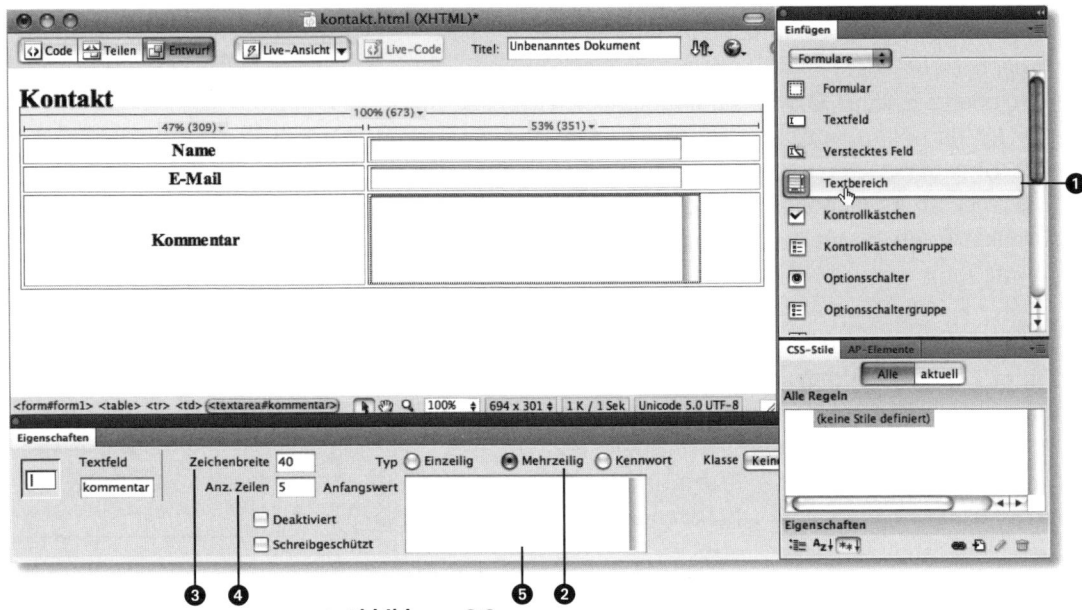

**▲ Abbildung 18.8**
Mehrzeilige Textfelder geben dem Benutzer die Möglichkeit, einen längeren Text einzutippen.

---

**Zeilenumbrüche in Eingabefeldern**

Der Eintrag UMBRUCH legt fest, ob automatische Zeilenumbrüche eingefügt werden, falls der Text zu breit ist. Folgende Einstellungen sind möglich:
STANDARD: Es werden automatische Zeilenumbrüche eingefügt. Diese werden jedoch entfernt, wenn das Formular abgeschickt wird.
AUS: Es werden keine automatischen Zeilenumbrüche eingefügt.
VIRTUELL: Entspricht der Einstellung STANDARD.
PHYSISCH: Es werden automatische Zeilenumbrüche eingefügt, die jedoch im Gegensatz zu VIRTUELL beim Verschicken mit übertragen werden.

---

Wählen Sie im Eigenschaftsinspektor unter TYP die Option MEHRZEILIG ❷ aus. Unter ZEICHENBREITE ❸ geben Sie dann die Breite und unter ANZ. ZEILEN ❹ die Anzahl der Zeilen des Textfeldes an. Unter ANFANGSWERT ❺ können Sie zum Beispiel den Text »Bitte eintragen« eingeben.

In der Regel können Sie die Einstellung unter UMBRUCH auf STANDARD stehen lassen.

### 18.4.3 Kontrollkästchen

Kontrollkästchen ermöglichen es dem Benutzer, Elemente durch Ankreuzen auszuwählen. Sie werden meist in einer Gruppe von mehreren Kästchen verwendet. Im folgenden Beispiel kann der Besucher wählen, woran er interessiert ist, und dabei kein, ein oder beide Kontrollkästchen auswählen.

Um ein Kontrollkästchen einzufügen, klicken Sie in der Symbolleiste FORMULARE auf ❶. Im Fenster EIGENSCHAFTEN können Sie folgende Eingaben machen:

Geben Sie unter ❷ den Namen des Kontrollkästchens ein. Allen Kontrollkästchen der gleichen Gruppe sollte derselbe Name

zugewiesen werden. In unserem Beispiel haben beide Kontrollfelder den Namen »interesse«. Wie bei Textfeldern dürfen Sie für
den Namen keine Leer- und Sonderzeichen verwenden.

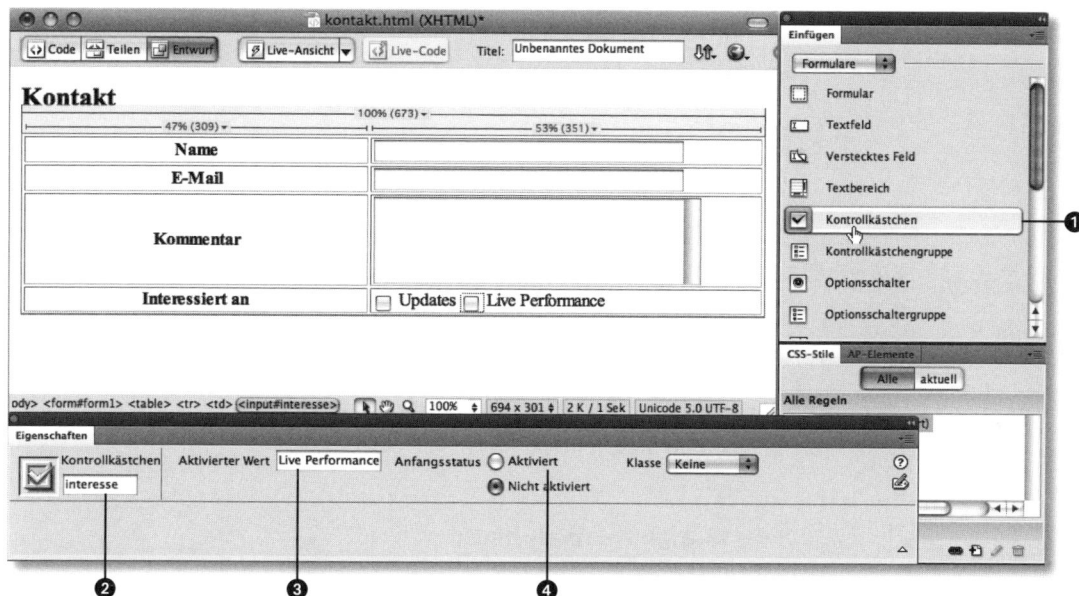

▲ **Abbildung 18.9**
In diesem Beispiel wurden zwei
Kontrollkästchen eingefügt.

Die Kontrollfelder einer Gruppe unterscheiden sich durch den
Eintrag unter AKTIVIERTER WERT ❸. Tragen Sie darin einen zum
Kontrollkästchen passenden Text ein. Hier sind Leer- und Sonder-
zeichen bei der Eingabe erlaubt.

Auf Wunsch kann ein Kontrollkästchen bereits vorausgewählt
werden. Stellen Sie dazu unter ANFANGSWERT ❹ den Eintrag AK-
TIVIERT ein.

### 18.4.4   Optionsschalter

Optionsschalter ❺ werden auf die gleiche Weise wie Kontrollkästchen erstellt; der entscheidende Unterschied liegt in der Aus-
wahlmöglichkeit. Bei einer Gruppe von Optionsschaltern kann
der Besucher im Gegensatz zu Kontrollkästchen immer nur eine
Option aktivieren. Daher werden Optionsschalter häufig für die
Auswahl von »Ja« oder »Nein« verwendet. Die Einstellungsmöglichkeiten sind die gleichen wie bei Kontrollkästchen.

Mehrere Optionsschalter in einer Gruppe können in der EINFÜ-
GEN-Palette auch über das Symbol ❻ erstellt werden.

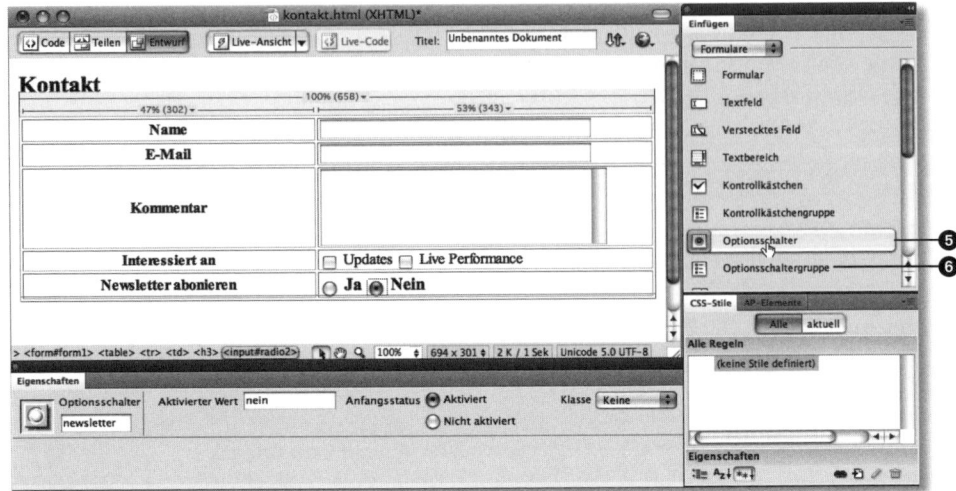

▲ **Abbildung 18.10**
Optionsschalter werden zum Beispiel für die Auswahl von »Ja« oder
»Nein« verwendet.

### 18.4.5  Auswahllisten

**Abbildung 18.11** ▼
Menü-Formularelemente können in ausklappbaren Menüs
angezeigt werden.

Auswahllisten enthalten beliebig viele Einträge, aus denen der
Besucher einen oder mehrere auswählen kann. Auswahllisten
werden zum Beispiel für die Selektion eines Landes verwendet.
Um ein Auswahlmenü zu erstellen, klicken Sie in der Symbolleiste
FORMULARE auf ❼.

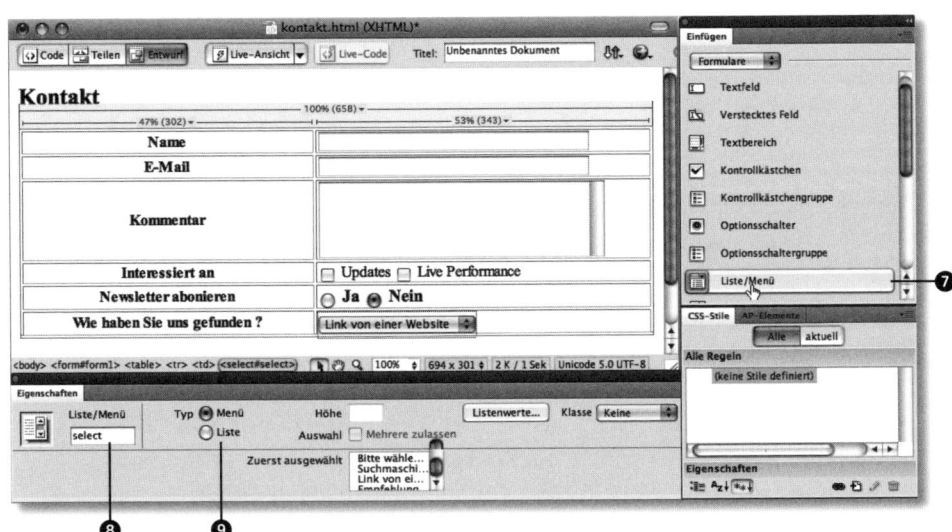

Tragen Sie unter Liste/Menü ❽ den Namen des Auswahlmenüs ein. Bei Länder-Auswahllisten geben Sie zum Beispiel »land« ein.

Der Typ ❾ bestimmt das Aussehen der Auswahlliste. Bei Menü muss der Benutzer auf die Liste klicken, um die Auswahlmöglichkeiten angezeigt zu bekommen.

▼ **Abbildung 18.12**
Auswahllisten können als Liste auch direkt angezeigt werden.

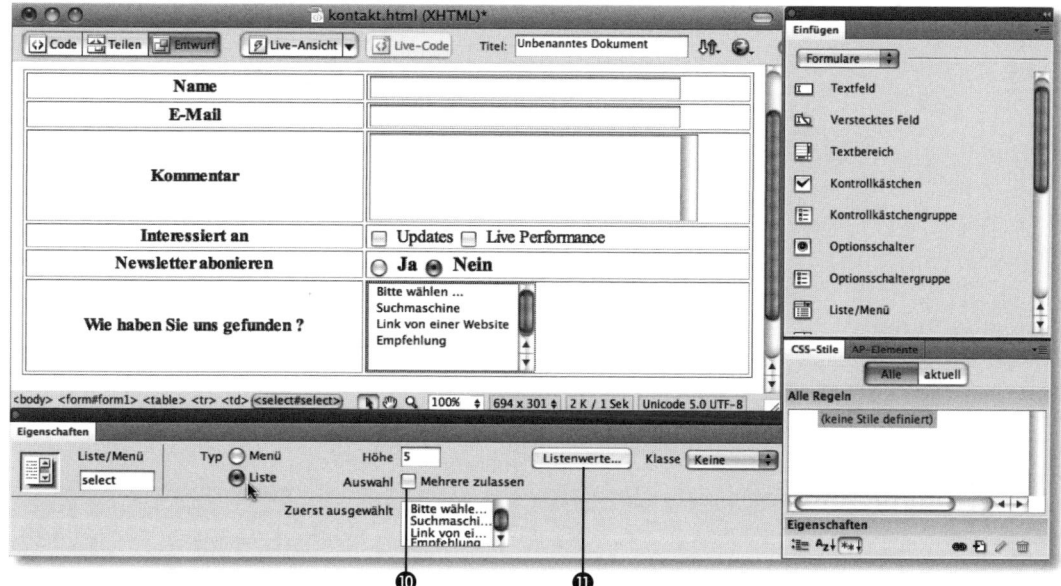

Mit Liste kann durch Eingabe der Höhe bestimmt werden, wie viele Elemente direkt angezeigt werden. Außerdem kann man festlegen, ob auch mehr als ein Element aus der Liste ausgewählt werden kann. Wählen Sie dazu unter Auswahl ❿ die Einstellung Mehrere zulassen.

Die Eingabe der Listenwerte erfolgt über die Schaltfläche ⓫. In einem Dialogfenster können Sie dann die Werte, also die verschiedenen Einträge der Liste, eingeben.

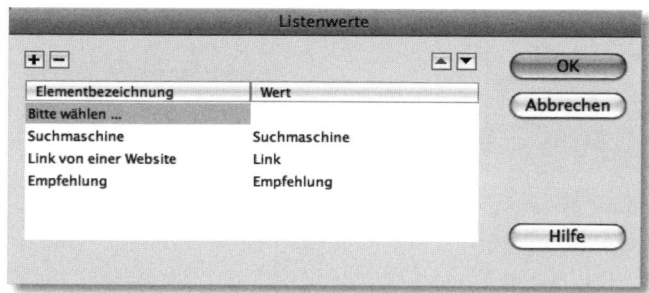

◀ **Abbildung 18.13**
Die Texte unter Element-bezeichnung werden in der Liste angezeigt, wohingegen die Einträge in der Spalte Wert unsichtbar sind.

Geben Sie in der ersten Spalte die Texte ein, die in der Auswahlliste erscheinen sollen. Die zweite Spalte gibt an, welcher Wert beim Versenden des Formulars abgeschickt wird. Soll kein Wert übertragen werden, geben Sie ein Leerzeichen ein. Wenn der Besucher zum Beispiel Link von einer Website wählt, so wird Link übertragen, wohingegen bei Bitte wählen ... ein leerer Wert übertragen wird.

Falls in der Spalte Wert nichts eingegeben ist (also auch kein Leerzeichen), so wird bei der Übertragung der Eintrag aus der ersten Spalte verschickt. In unserem Beispiel können daher die Werte bei Suchmaschine und Empfehlung auch weggelassen werden.

### 18.4.6  Schaltflächen

Klicken Sie auf ❶, um eine Schaltfläche zu erstellen. In Formularen gibt es drei Arten von Schaltflächen. Wählen Sie im Eigenschaftsinspektor unter Aktion die Option Abschicken ❷ aus, um eine Schaltfläche zum Abschicken des Formulars zu erstellen.

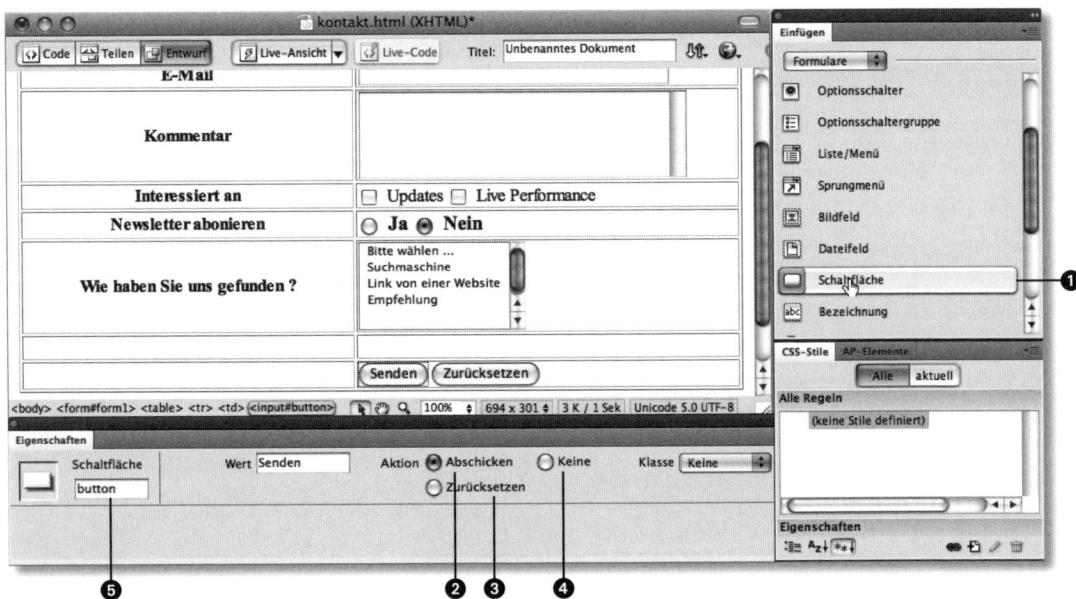

Wählen Sie Zurücksetzen ❸ für eine Schaltfläche, die sämtliche Einträge im Formular löscht. Schaltflächen mit der Einstellung Keine ❹ haben beim Klicken keine Auswirkung. Sie werden meist in Verbindung mit speziellen JavaScript-Befehlen eingesetzt. Alternativ kann statt einer Schaltfläche vom Typ KEINE auch ein Bildfeld verwendet werden, in dem Sie eine Grafik als Schaltfläche festlegen können.

Wenn Sie Schaltflächen nicht zusammen mit JavaScript einsetzen, können Sie den Namen der Schaltfläche unter ❺ löschen.

### 18.4.7 Versteckte Felder

Versteckte Felder werden im Browser nicht angezeigt. Mit ihnen ist es möglich, Daten versteckt, das heißt für den Benutzer unsichtbar, zu verschicken. Sie werden oft eingesetzt, um Einstellungen (wie zum Beispiel die E-Mail-Adresse des Empfängers) an ein PHP- oder Perl-Skript zu übertragen.

▼ **Abbildung 18.15**
Versteckte Felder werden eingesetzt, um Daten zu verschicken.

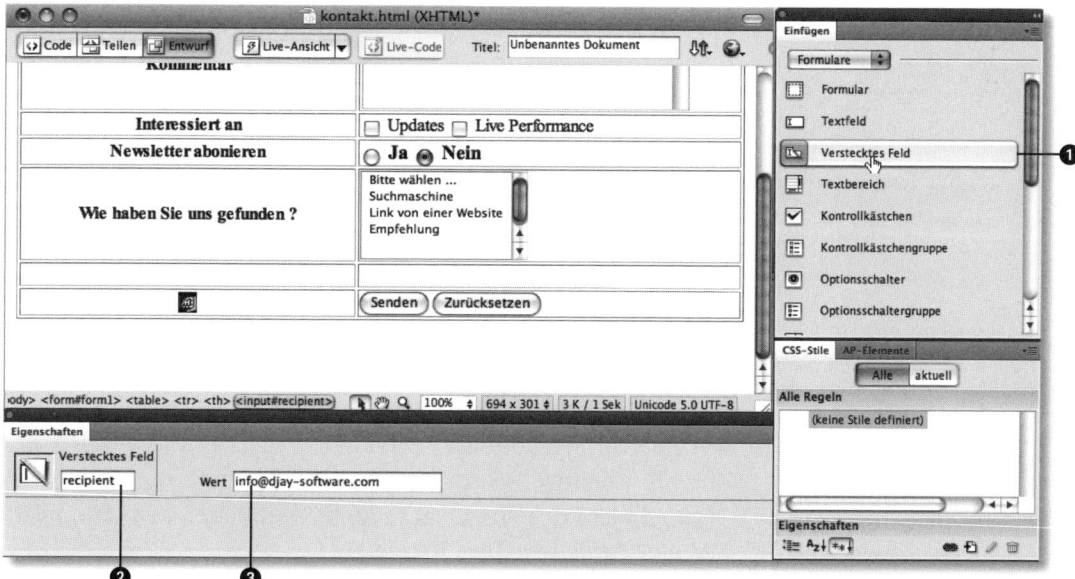

▲ **Abbildung 18.15**
Versteckte Felder werden eingesetzt, um Daten zu verschicken.

Klicken Sie auf ❶, um ein verstecktes Feld zu erstellen. Der Name des Textfeldes ❷ sollte mit dem verwendeten PHP- oder Perl-Skript auf dem Server abgestimmt werden. Bei einigen PHP-Skripten für Kontaktformulare wird unter Name »recipient« und unter Wert ❸ die E-Mail-Adresse des Empfängers der Formulardaten eingetragen.

**Die Schaltfläche Zurücksetzen**

In den meisten Formularen wird die ZURÜCKSETZEN-Schaltfläche eingesetzt. Diese ist jedoch in der Regel eher hinderlich, denn es kommt nicht selten vor, dass der User unabsichtlich auf SENDEN statt auf ZURÜCKSETZEN klickt.

### 18.4.8 Weitere Elemente

Sie können es Ihren Besuchern sogar ermöglichen, Dateien von ihren lokalen Rechnern auf Ihren Webserver zu übertragen. Fügen Sie dazu ein DATEIFELD in das Formular ein. Der Benutzer kommt dann über einen Button in ein Dateiauswahlmenü und kann in das Feld eine Datei einfügen. Der sogenannte Upload findet dann beim Abschicken des Formulars statt.

Wenn Sie aus mehreren Formularelementen ein ganzes Ensemble erstellt haben, können Sie dieses auch visuell mit dem Formularelement gruppieren. Der Besucher wird sich so in einer komplexen Formularstruktur besser zurechtfinden.

## 18.5 Formularüberprüfung einbauen mit Spry

Eine äußerst hilfreiche Funktion ist die Überprüfung von Formulareingaben, bevor sie an den Webserver geschickt werden. Falsche E-Mail-Schreibweisen oder unpassende Eingaben wie Text in Zahlenfeldern können somit von vornherein vermieden werden.

Die Fehlerüberprüfung kann entweder serverseitig über ein PHP- oder Perl-Skript erfolgen oder auch im Browser über JavaScript. In Dreamweaver ist eine nützliche Formularvalidierungs-Funktion integriert, die auf dem JavaScript-Framework Spry basiert. Mit dieser Funktion kann unter anderem festgelegt werden, für welche Textfelder Einträge erforderlich sind. Neben und unter dem Formularfeld werden dann die Fehlermeldungen der Felder angezeigt, die Pflichtfelder sind. Textfelder können zusätzlich auch auf die korrekte Schreibweise einer E-Mail-Adresse hin überprüft werden. Wird zum Beispiel ein erforderliches E-Mail-Textfeld nicht oder falsch ausgefüllt, wird neben dem Formularfeld eine Fehlermeldung angezeigt.

Wir werden im folgenden Beispiel die Formularfelder NAME, E-MAIL und KOMMENTAR mittels Spry als Pflichtfelder definieren. Beim Feld E-MAIL legen wir zusätzlich fest, dass nur Eingaben, die dem Format einer E-Mail-Adresse entsprechen, zugelassen werden.

Mit Spry können Textfelder ❶, Textbereiche ❷, Kontrollkästchen ❸ und Auswahllisten ❹ überprüft werden.

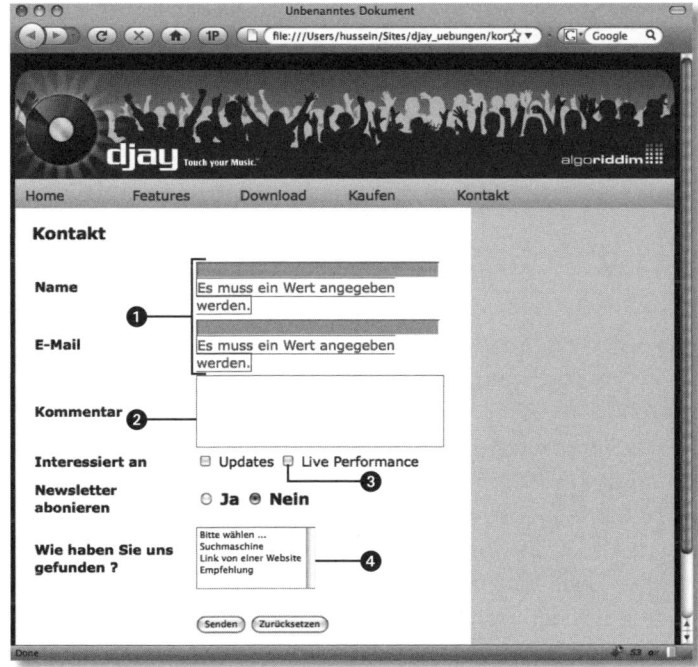

◄ **Abbildung 18.16**
Neben bzw. unter den Formularfeldern werden bei Pflichtfeldern Fehlermeldungen angezeigt.

### 18.5.1   Felder überprüfen

Um ein Textfeld zu überprüfen, markieren Sie dieses im Dokumentenfenster und wählen in der EINFÜGEN-Palette im Reiter FORMULARE das Symbol SPRY-ÜBERPRÜFEN TEXTFELD ❺ aus.

◄ **Abbildung 18.17**
Für diverse Eingabefelder gibt es Spry-Überprüfen-Funktionen in der EINFÜGEN-Palette.

Im Eigenschaftsinspektor können Sie dann folgende Einstellungen vornehmen:

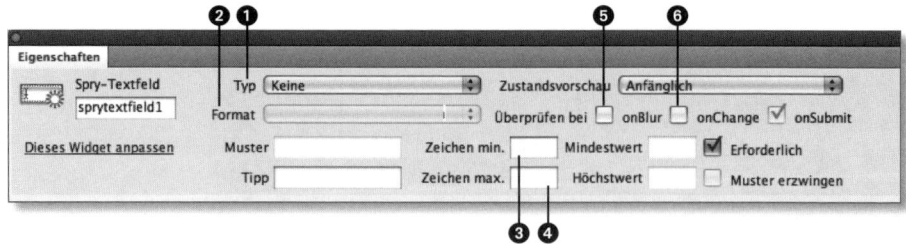

**Abbildung 18.18** ▲
Im Eigenschaftsinspektor können die Einstellungen für die Spry-Überprüfung für Texte vorgenommen werden.

Unter TYP ❶ kann der Typ der Eingabe festgelegt werden. Wählen Sie KEINE, wenn es sich einfach um einen Text handelt (wie zum Beispiel der Name). Folgende Typen stehen zur Verfügung:

▸ Keine (beliebige Eingabe)
▸ Ganzahl (z.B. »324«)
▸ E-Mail-Adresse (z.B. *info@djay-software.com*)
▸ Datum (z.B. »30.08.1970«)
▸ Uhrzeit (z.B. »12:10«)
▸ Kreditkarte (z.B. »Visa«)
▸ PLZ (z.B. »40211«)
▸ Telefonnummer
▸ Sozialversicherungsnummer
▸ Währung (z.B. »31,85 €«)
▸ Reelle Zahl/Exponentialschreibweise
▸ URL
▸ IP-Adresse
▸ Benutzerdefiniert

**Abbildung 18.19** ▼
Beim Typ DATUM stehen eine Reihe von Formaten zur Verfügung.

Bei einigen Typen, wie zum Beispiel dem Datum, kann man zusätzlich das Format ❷ bestimmen. Dies ist nicht nur beim Datum sinnvoll, da es in vielen Ländern unterschiedliche Formatierungen für Währungen, Telefonnummern, Postleitzahlen etc. gibt.

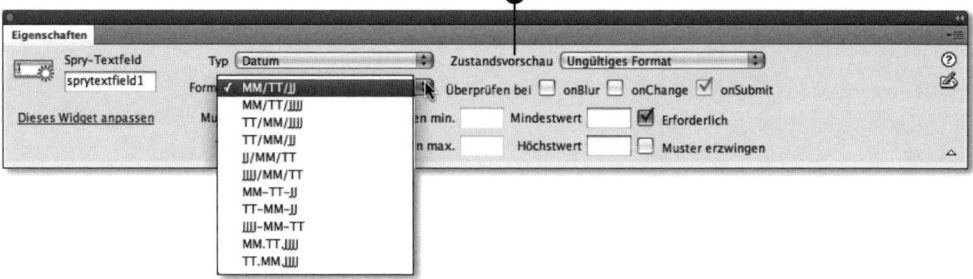

Sie können im Eigenschaftsinspektor die minimale ❸ und maximale ❹ Anzahl an erlaubten Zeichen im Textfeld festlegen. Set-

zen Sie ein Häkchen neben ONBLUR ❺ und ONCHANGE ❻, damit
die Formularfelder direkt nach dem Verlassen des Formularfeldes
und während der Eingabe überprüft werden. Sind die Häkchen
nicht gesetzt, so wird die Überprüfung erst nach Betätigung der
SENDEN-Schaltfläche durchgeführt.

## 18.5.2   Eigene Fehlermeldungen festlegen

Je nach Art des Eingabefeldes (zum Beispiel Unterschreiten der
Mindestlänge) werden unterschiedliche Fehlermeldungen neben
dem Textfeld angezeigt.

Wird das Feld leer gelassen, erscheint der Text »Es muss ein
Wert angegeben werden«. Wenn ein bestimmtes Format (z. B. E-
Mail-Adresse) für ein Formularfeld festgelegt wurde, so wird bei
einer falschen Eingabe der Text »Ungültiges Format« angezeigt.

Mit der Zustandsvorschau ❼ können Sie Dreamweaver anwei-
sen, direkt im Dokumentenfenster eine Vorschau für die Fehlermeldung anzuzeigen.

▼ **Abbildung 18.20**
Mit der Zustandsvorschau können die Fehlermeldungen angezeigt und bearbeitet werden.

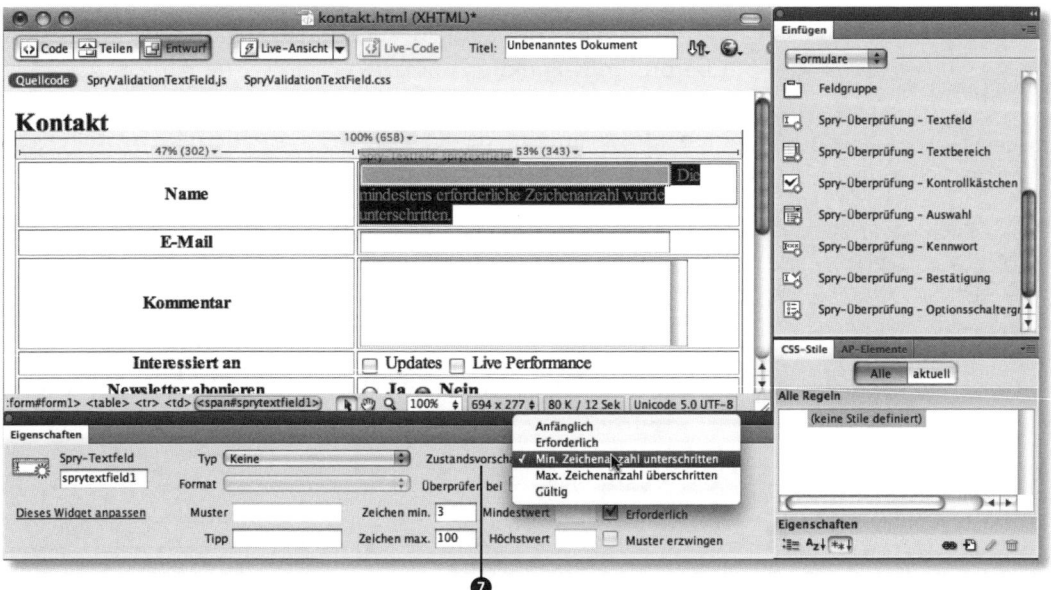

Beachten Sie, dass die Zustandsvorschau nichts mit der Vorschau
im Browser zu tun hat. Vielmehr wird im Dokumentenfenster der
Zustand simuliert, wenn der Benutzer eine Fehleingabe macht.
Wenn zum Beispiel im Listenfeld ZUSTANDSVORSCHAU der Wert
ERFORDERLICH ausgewählt wird, so wird der Fehlertext »Es muss

ein Wert angegeben werden« angezeigt. Diesen Text können Sie nach Ihren Wünschen ändern.

Das Listenfeld Zustandsvorschau kann unter anderem folgende Elemente enthalten:

▸ Anfänglich
Es wird der Zustand angezeigt, wenn das Formular neu geladen wird.

▸ Erforderlich
Es wird der Zustand angezeigt, wenn der Benutzer das Formular leer gelassen hat.

▸ Ungültiges Format
Es wird der Zustand angezeigt, wenn der Benutzer ein falsches Format eingegen hat.

▸ Gültig
Es wird der Zustand angezeigt, wenn der Benutzer das Formularfeld korrekt ausgefüllt hat.

### 18.5.3  Spry-Überprüfungen bearbeiten

Wenn Sie ein Formularfeld auswählen, das bereits eine Spry-Überprüfungs-Funktion integriert hat, so haben Sie zunächst nicht die Möglichkeit, die Überprüfungs-Einstellungen vorzunehmen oder zu ändern, da die normalen Formularfeld-Einstellungen im Eigenschaftsinspektor angezeigt werden.

**Abbildung 18.21** ▾
Um eine Spry-Überprüfung zu bearbeiten, klicken Sie auf den Tag mit dem Wort »spry«.

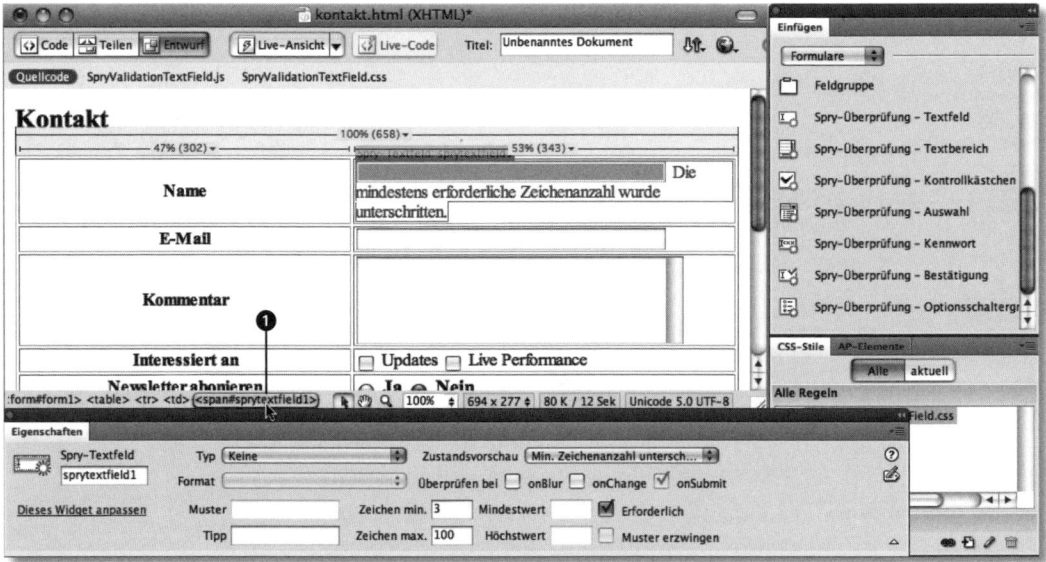

Um die Spry-Überprüfen-Einstellungen anzuzeigen, wählen Sie zunächst das Formularfeld an und klicken anschließend unten im Dokumentenfenster in der Statusleiste auf den Tag, der das Wort »spry« ❶ enthält.

## 18.6   Ein Kontaktformular anlegen

Wir haben nun bereits ein komplettes Kontaktformular erstellt. Nun fehlt noch das Skript für unseren Webserver, das die Benutzereingaben auslesen kann und sie uns per E-Mail zusendet. Es gibt verschiedene Skripte zur Realisierung von Kontaktformularen. Auf der Website zum Buch unter *http://www.dreamweaver-buch. de* finden Sie ein passendes Skript zum Herunterladen. Wichtige Voraussetzung für das Funktionen des Kontaktformulars ist, dass Ihr Server PHP unterstützt. Um das Formular in Dreamweaver fertig zu stellen, gehen Sie einfach wie folgt vor:

### Schritt für Schritt: Skript für Kontaktformular einbauen

**1**   **PHP-Skript herunterladen und kopieren**
Auf der Website zum Buch können Sie sich das PHP-Skript generieren lassen und es herunterladen. Kopieren Sie das Skript *myFormMail.php* in den Ordner, wo auch das Formular gespeichert ist.

**2**   **»Danke«-Seite erstellen**
Erstellen Sie eine Webseite mit dem Dateinamen *danke.html*, die angezeigt wird, wenn der Benutzer das Formular korrekt ausgefüllt und abgeschickt hat.

◄ **Abbildung 18.22**
Diese Datei wird bei korrekt ausgefülltem Formular angezeigt.

### 3 Skript in Formular einbauen

Markieren Sie das Formular durch einen Klick auf den roten Rand im Dokumentenfenster oder klicken Sie auf der Statusleiste den `<form>`-Tag an. Geben Sie im Eigenschafteninspektor unter URL `myFormMail.php` ein.

**▲ Abbildung 18.23**
Klicken Sie hier auf den `<form>`-Tag.

### 4 Auf Webserver übertragen

Kopieren Sie die neuen Dateien auf Ihren Webserver, und schon funktioniert das Formular. Nimmt ein Besucher Eingaben über das Formular vor, erhalten Sie eine E-Mail mit den Inhalten. ■

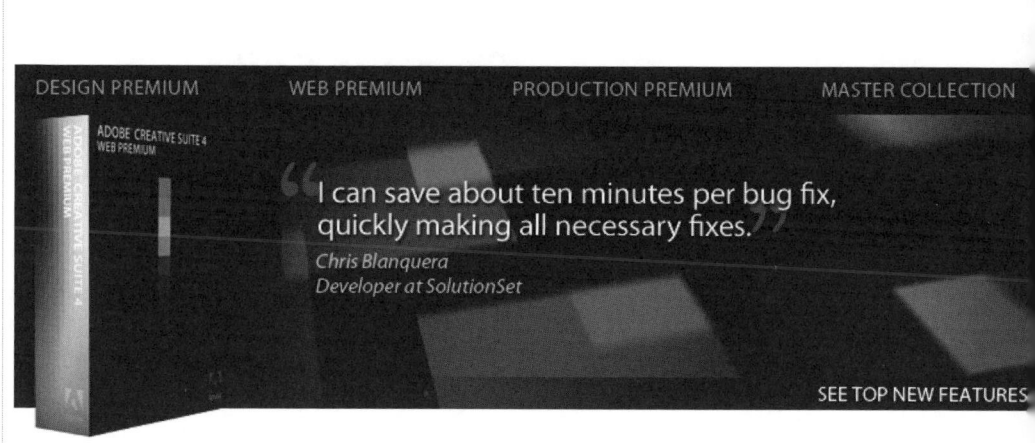

Kapitel 19

# Dreamweaver und die Creative Suite

So gut versteht sich Dreamweaver mit anderen
Programmen aus der Creative Suite 4

▶ Wie importiere und bearbeite ich Photoshop-Dateien?

▶ Wie importiere und bearbeite ich Fireworks?

▶ Wie integriere ich Flash-Filme?

▶ Wie füge ich Flash-Text und -Schaltflächen ein?

# 19 Dreamweaver und die Creative Suite

Wenn Sie Dreamweaver im Bundle mit der Creative Suite Design Premium oder Web-Premium gekauft haben, sind Sie auch stolzer Besitzer von Adobe Photoshop CS4 und Adobe Fireworks CS4. Dreamweaver arbeitet mit beiden Programmen hervorragend zusammen, aber auch mit Flash ist Einiges möglich – selbst wenn Sie die Software gar nicht installiert haben.

## 19.1 Adobe Photoshop CS4

Photoshop ist das am häufigsten eingesetzte Bildbearbeitungsprogramm im Grafikdesign-Bereich und ist dort absoluter Standard. Das Dateiformat von Photoshop heißt *PSD* (*Photoshop Document*). In diesem Format bleiben sämtliche Ebenen, Texteingaben usw. verlustfrei für die nachträgliche Bearbeitung erhalten.

Für Webseiten benötigt man jedoch das GIF-, JPEG- oder PNG-Format, in dem die Bildinformation in komprimierter Form gespeichert wird. Daher muss man die PSD-Dateien vorher in die entsprechenden Formate umwandeln.

**Testversion**

Adobe stellt auf der Firmenwebsite *http://www.adobe.com/de* Testversionen für alle Programme aus den Creative-Suite-Paketen zur Verfügung. Sie sind voll funktionsfähig und können 30 Tage lang getestet werden. Danach müssen Sie eine Seriennummer erwerben, um weiter mit den Programmen arbeiten zu können.

### 19.1.1 Photoshop-Dateien in Dreamweaver importieren

In Dreamweaver können Sie Photoshop-Dateien direkt importieren und dabei in eines der gewünschten Bildformate konvertieren. Dreamweaver erlaubt es sogar, das Bild zu verkleinern und einen Teilausschnitt zu wählen. Es ist dazu nicht einmal erforderlich, dass Photoshop auf Ihrem Rechner installiert ist.

## Schritt für Schritt: Photoshop-Datei in Dreamweaver importieren

### 1 Photoshop-Datei einfügen

Fügen Sie die Photoshop-Datei mit der Endung *.psd* entweder über den Menüpunkt EINFÜGEN • BILD ein, oder ziehen Sie sie einfach aus dem Fenster DATEIEN in das Dokumentenfenster.

Es öffnet sich ein Fenster mit einer BILDVORSCHAU, in dem Sie einige Einstellungen vornehmen können, bevor Sie das Bild endgültig in Dreamweaver importieren.

▼ **Abbildung 19.1**
Die Bildvorschau

### 2 Format einstellen

Wählen Sie im Listenfeld FORMAT ❶ das gewünschte Dateiformat aus. Für Fotos eignet sich am besten das JPEG-Format. Im Feld QUALITÄT ❷ können Sie einstellen, wie stark das Bild komprimiert werden soll. Hohe Werte führen zwar zu einer besseren Bildqualität, dadurch steigt jedoch die Dateigröße an.

Um die Qualitätsunterschiede zwischen dem Original und dem komprimierten Bild besser beurteilen zu können, bietet die Vorschau eine geteilte Ansicht an. Klicken Sie dazu auf das Symbol TEILEN ❸.

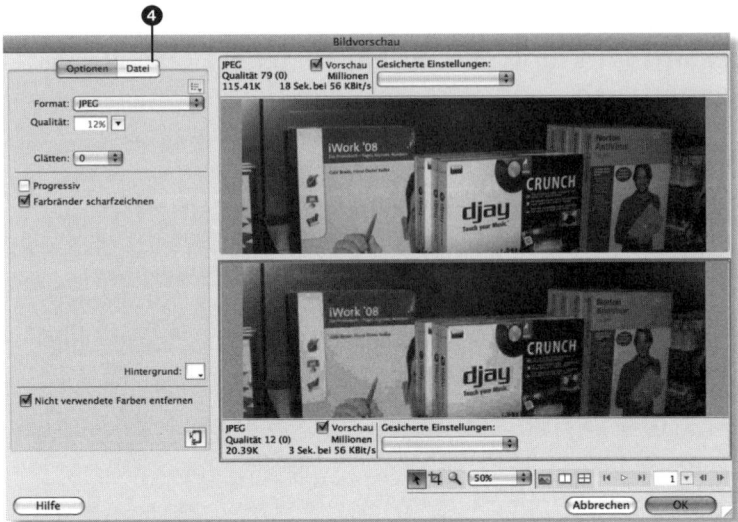

**Abbildung 19.2** ▶
Die geteilte Ansicht

### ❸ Bild verkleinern

Die Original-Photoshop-Datei ist noch zu groß für die Präsentation im Internet. Um das Bild zu verkleinern, klicken Sie auf den Reiter DATEI ❹ und legen im Feld % ❺ den gewünschten Prozentwert für die Skalierung fest. Alternativ können Sie direkt darunter ❻ auch die genaue Bildgröße eingeben.

**Abbildung 19.3** ▶
Hier können Sie die Skalierung oder Bildgröße eingeben.

### ❹ Bildausschnitt wählen

Um nur einen bestimmten Ausschnitt des Bildes zu importieren, aktivieren Sie das Zuschneiden-Werkzeug ❼. Dreamweaver mar-

kiert zunächst das komplette Bild mit Rahmen, dessen Ausmaße
Sie durch Drag & Drop mit der Maus verkleinern können.

◄ **Abbildung 19.4**
Bildmaße per Drap & Drop
verändern.

## 5  Bild importieren

Klicken Sie auf OK, um das Bild zu konvertieren und den Import
abzuschließen. Es öffnet sich ein Dialogfenster, in dem Sie den
Dateinamen der neuen Datei und ihren Speicherort festlegen
können.

Anschließend öffnet sich ein weiteres Fenster, in dem Sie einen
Alternativtext für das Bild eingeben können. Dies ist unter anderem für Suchmaschinen wichtig

◄ **Abbildung 19.5**
Bearbeiten ❶ öffnet das Bild
im Photoshop. ∎

### 19.1.2   Bilder aus der Zwischenablage einfügen

Sind Sie selbst stolzer Besitzer von Photoshop CS4, können Sie vom Zusammenspiel der beiden Programme sogar noch weiter profitieren. Anstatt eine ganze Photoshop-Datei in Dreamweaver zu importieren, ist es nämlich auch möglich, in Photoshop einfach einen Bereich in einem Bild zu markieren und diesen per Copy & Paste in Dreamweaver einzufügen. Dazu kopieren Sie den markierten Bereich in Photoshop über BEARBEITEN • KOPIEREN in die Zwischenablage und fügen ihn anschließend in Dreamweaver über BEARBEITEN • EINFÜGEN ein.

Es öffnet sich dann das Fenster BILDVORSCHAU, mit dem Sie, wie in der vorherigen Schritt-für-Schritt-Anleitung beschrieben, das Bild in das gewünschte Format konvertieren können.

### 19.1.3   Bilder in Photoshop bearbeiten

Auch Bilder, die bereits in die Webseite eingefügt wurden, können Sie nachträglich in Photoshop bearbeiten. Dazu markieren Sie das Bild zunächst und klicken anschließend im Fenster EIGENSCHAFTEN auf das Photoshop-Symbol. Daraufhin wird die Datei in Photoshop geöffnet.

Das Besondere ist, dass nicht die konvertierte JPEG-Datei in Photoshop geöffnet wird, sondern die Original-PSD-Datei. Beim Importieren der Photoshop-Datei hat sich Dreamweaver die Datei gemerkt. Nach der Bearbeitung in Photoshop können Sie die Datei einfach speichern und schließen. Das Bild wird anschließend in Dreamweaver automatisch aktualisiert.

**Abbildung 19.6** ▶
Bilder können direkt in Photoshop durch einen Klick auf das Photoshop-Symbol ❶ geöffnet werden.

Nachdem Sie in Photoshop das Bild gespeichert haben und wieder nach Dreamweaver zurückgekehrt sind, werden Sie zunächst keine Veränderung am Bild feststellen. Das Neue an Dreamweaver CS4 ist jedoch, dass in der oberen linken Ecke des Bildes ein Indikator-Symbol eingeblendet ist, das Ihnen anzeigt, ob die Grafik mit der Original-Photoshop-Datei synchron ist. Zwei grüne Pfeile signalisieren, dass die Bilddatei mit der Originaldatei übereinstimmt. Ist ein Pfeil rot, so muss die Datei synchronisiert werden.

Klicken Sie im Eigenschaftsinspektor auf die Schaltfläche ❷, um die Bilddatei zu aktualisieren. Dabei werden die Einstellungen für die Größe und Bildqualität, die Sie beim Einfügen der Grafik gewählt haben, automatisch angewendet.

▲ **Abbildung 19.7**
Ein roter Pfeil unten zeigt an, dass die Bilddatei noch in Dreamweaver aktualisiert werden muss.

◄ **Abbildung 19.8**
Über die Schaltfläche ❷ übertragen Sie die Änderungen der Original-Photoshop-Datei auf das Bild in Dreamweaver.

### 19.1.4  Einstellungen

Falls bei Ihnen anstatt des Photoshop-Symbols ein Fireworks- oder ein anderes Symbol angezeigt wird, müssen Sie folgende Einstellung vornehmen, damit Dreamweaver stattdessen mit Photoshop zusammenarbeitet:

Öffnen Sie BEARBEITEN • VOREINSTELLUNGEN und dort die Kategorie DATEITYPEN/EDITOREN. Klicken Sie anschließend auf die Erweiterungen .JPG .JPE .JPEG. Im Bereich EDITOREN muss nun Photoshop als PRIMÄR eingestellt werden. Klicken Sie dazu auf ADOBE PHOTOSHOP CS4 und anschließend auf die Schaltfläche ZU PRIMÄ-

REM Editor machen. Wiederholen Sie dies auch für die Dateierweiterung .gif.

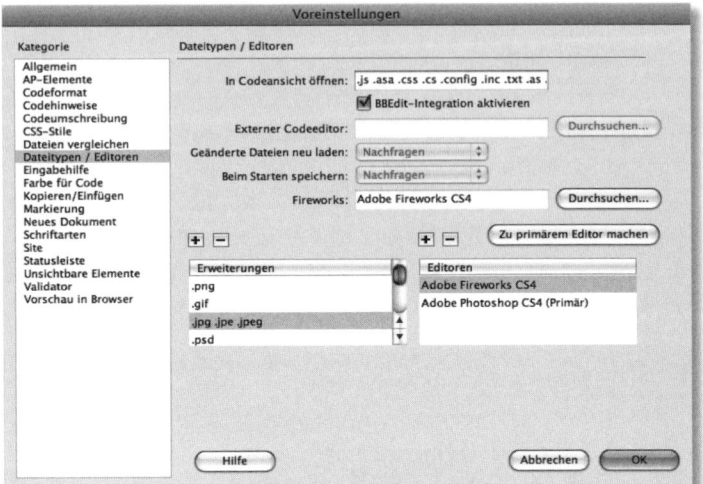

**Abbildung 19.9** ▶
In den Voreinstellungen kann Photoshop als bevorzugter Editor eingerichtet werden.

## 19.2   Adobe Fireworks CS4

Dreamweaver arbeitet auch hervorragend mit dem Bildbearbeitungsprogramm Fireworks zusammen. Im Prinzip funktioniert die Integration von Fireworks ähnlich wie die von Photoshop. Es sind jedoch ein paar Punkte zu beachten.

Das Standard-Speicherformat von Fireworks ist das PNG-Format. Der Vorteil ist, dass man PNG-Dateien ohne Umwandlung in ein anderes Format direkt in Webseiten einsetzen kann. Der Nachteil ist jedoch, dass diese PNG-Dateien in der Regel um ein Vielfaches größer sind als JPEG-Dateien. PNG-Dateien werden meist dann eingesetzt, wenn die Bilder transparente Bereiche aufweisen sollen.

### 19.2.1   Fireworks-Dateien in Dreamweaver importieren

Sie können Fireworks-PNG-Dateien direkt in Dreamweaver einfügen, ohne dass sich das Bildvorschau-Fenster wie bei Photoshop-PSD-Dateien öffnet. Um jedoch die Dateigröße zu verringern, sollte auch die PNG-Datei in das JPEG-Format umgewandelt werden.

## Schritt für Schritt: PNG-Datei importieren und umwandeln

**1** **PNG-Datei einfügen**

Fügen Sie die Fireworks-Datei mit der Endung *.png* entweder über den Menüpunkt EINFÜGEN • BILD ein, oder ziehen Sie sie einfach aus dem Fenster DATEIEN in das Dokumentenfenster. Anders als beim Einfügen einer Photoshop-Datei wird nicht die Bildvorschau geöffnet, sondern das Bild wird direkt in die Seite eingefügt.

**2** **Optimieren**

Klicken Sie anschließend auf das Bildeinstellungen **1** im Fenster EIGENSCHAFTEN. Daraufhin öffnet sich das BILDVORSCHAU-Fenster, in dem Sie, wie oben in der Schritt-für-Schritt-Anleitung, BEAR-BEITEN-Symbol »Photoshop-Datei in Dreamweaver importieren«, beschrieben, das Bild ins JPEG-Format konvertieren können.

◄ **Abbildung 19.10**
Bilder optimieren

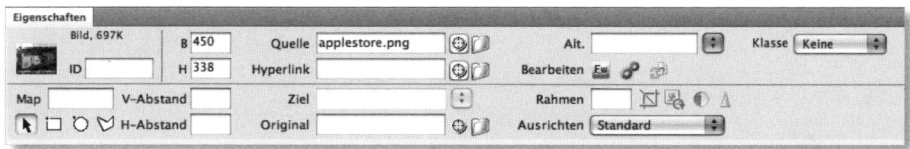

### 19.2.2 Bilder in Fireworks bearbeiten

Wie bei Photoshop-Dateien können Sie das eingefügte Bild auch in Fireworks nachbearbeiten. Dazu müssen Sie einfach im Fenster EIGENSCHAFTEN auf das Fireworks-Icon klicken.

Falls dieses Symbol dort nicht angezeigt wird, müssen Sie in den Voreinstellungen für die JPG/JPEG-Erweiterung in der Kategorie DATEITYPEN/EDITOREN Fireworks zum primären Editor machen (siehe Abschnitt 19.1.3, »Bilder in Photoshop bearbeiten«, weiter vorne in diesem Kapitel).

## 19.3 Eine Bildergalerie erstellen mit Dreamweaver und Fireworks

Mit Dreamweaver können Sie sehr leicht eine Bildergalerie erstellen. Mit der Funktion WEBFOTOALBUM ERSTELLEN legt Dreamweaver eine Übersichtsseite (auch Indexseite genannt) mit kleinen Vorschaubildern und zu jedem Bild eine eigene Seite mit dem jeweiligen Bild in voller Größe an. Wenn man in der Indexseite auf ein Vorschaubild klickt, öffnet sich das Bild in voller Größe in einem neuen Browserfenster. Für diese Funktion wird Fireworks benötigt, da Dreamweaver intern Funktionen von Fireworks aufruft.

**Abbildung 19.11** ▶
Das Webfotoalbum in Aktion

## Schritt für Schritt: Eine Bildergalerie erstellen

### **1** Datei öffnen
Erstellen Sie entweder eine leeres Dokument oder öffnen Sie ein vorhandenes, in dem der Bilderindex erstellt werden soll.

### **2** Webfotoalbum erstellen
Wählen Sie BEFEHLE • WEBFOTOALBUM ERSTELLEN aus. Es öffnet sich ein Dialogfenster mit diversen Einstellungsmöglichkeiten.

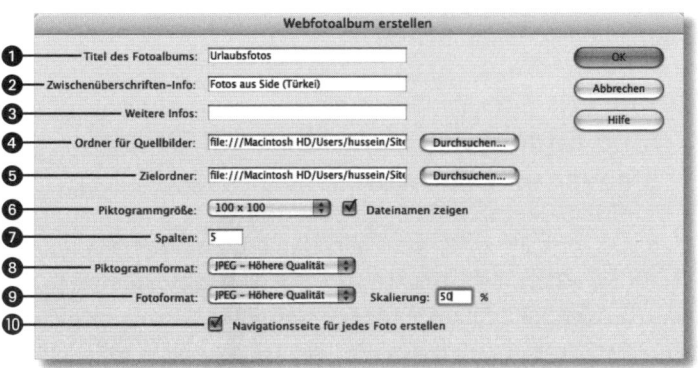

**Abbildung 19.12** ▶
Webfotoalbum erstellen

Unter ❶, ❷ und ❸ legen Sie den Titel, eine Zwischenüberschrift (Untertitel) und weitere Infos für die Übersichtsseite fest. Diese Texte können Sie später noch in Ihrem Dokument ändern. Geben Sie unter ❹ den Ordner an, in dem sich Ihre Bilder befinden. Unter ❺ geben Sie das Verzeichnis an, in dem die angepassten Bilder und auch die HTML-Dateien für die große Ansicht abgelegt werden. Unter ❻ geben Sie die Bildergrößen für die Indexseite an. Unter SPALTEN ❼ können Sie festlegen, wie viele Bilder in einer Reihe platziert werden sollen. Neben der Kompressionstärke ❽ und ❾ kann auch die Skalierung für die Bilder in der kleinen und großen Ansicht angegeben werden. Wenn Sie das Kontrollkästchen ❿ NAVIGATIONSLEISTE FÜR JEDES FOTO ERSTELLEN aktivieren, so können Sie in der Großansicht von einem zum nächsten Bild blättern.

**3** **Indexseite generieren**

Klicken Sie auf OK, öffnet Dreamweaver automatisch Firworks, in dem dann die Bildgrößen wie von Ihnen festgelegt angepasst werden. Sie müssen nichts weiter tun, als Fireworks und Dreamweaver bei der Arbeit zuzusehen. Nach dieser Konvertierung gibt Dreamweaver die Meldung »Album erstellt« aus, und die Indexseite wird generiert.

**4** **Indexseite bearbeiten**

Anschließend können Sie die Indexseite noch nach Ihren Wünschen in Dreamweaver nachbearbeiten. Testen Sie anschließend die Funktionalität in Ihrem Webbrowser.

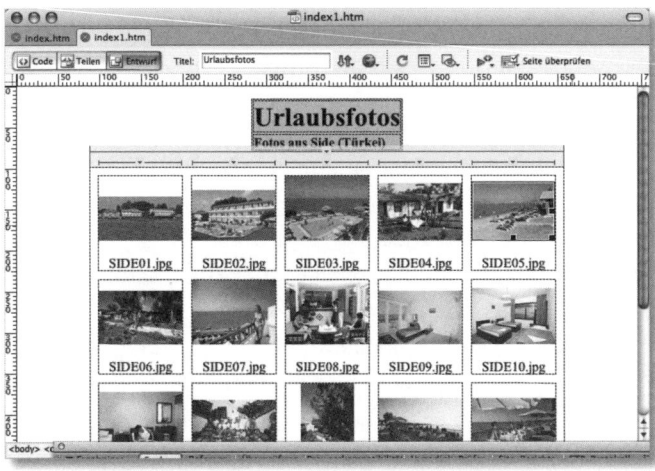

◀ **Abbildung 19.13**
Testen Sie das Ergebnis im Browser. ∎

## 19.4  Adobe Flash CS4

### 19.4.1  So funktioniert Flash

Das Flash-Format ist eigentlich nicht mit den üblichen Grafikformaten im Web vergleichbar. Es handelt sich dabei um ein komplexeres Format, das wesentlich mehr kann.

Ursprünglich wurde das Format nur zum Speichern von Vektoranimationen eingesetzt, die nicht nur sehr wenig Speicherplatz benötigen, sondern auch in der Größe skalierbar sind. Unabhängig davon, wie groß Sie einen Flash-Film skalieren, es kommt nicht zu Qualitätsverlusten.

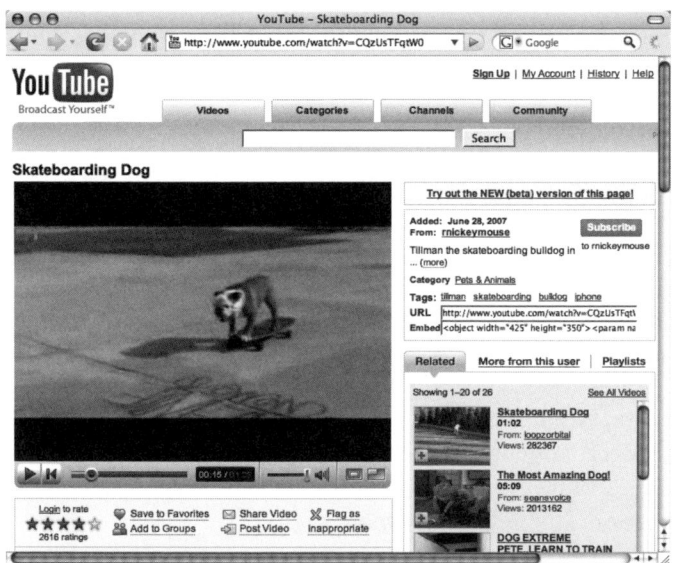

**Abbildung 19.14 ▶**
Auf YouTube werden die Videos im Flash-Video-Format abgespielt.

Die Dateiendung von aus der Flash-Software exportierten Filmen ist *.swf*. Eine solche Datei ist nicht mehr bearbeitbar. Die original bearbeitbare Datei hat die Dateiendung *.fla*.

### 19.4.2  Plug-in erforderlich

Neben den vielen Vorteilen hat das Flash-Format natürlich auch einen Nachteil: Damit Flash-Filme im Browser betrachtet werden können, wird ein Flash-Plug-in benötigt, das kostenlos von der Adobe-Website heruntergeladen werden kann. Bei den aktuellen Versionen von Windows und Mac OS X ist der Flash-Player bereits vorinstalliert.

---

**Videos in hoher Qualität**

Zum Betrachten von Videos in sehr guter Qualität über das Internet ist besonders der QuickTime-Player von Apple geeignet. Auf der Website *http://www.apple. com/trailers/* können Sie sich ein Bild davon machen und Trailer von aktuellen Filmen in bester Qualität anschauen. Sehr beliebt ist Flash mittlerweile auch für das Einbinden von Videos in Websites. Applikationen wie QuickTime oder RealPlayer müssen damit nicht mehr auf dem Rechner installiert sein, um Videos abzuspielen. Das Flash-Plug-in übernimmt die ganze Funktionalität.

---

**Enfernte Funktionen**

Die Möglichkeit, Flash-Texte und Flash-Schaltflächen direkt aus Dreamweaver heraus zu erstellen, wurde aus Dreamweaver CS4 entfernt. Für die Erstellung von Flash soll ja schließlich die Flash-Applikation verwendet werden.

## 19.5 Flash-Filme integrieren

Ein Flash-Film muss zunächst in der Flash-Software in das SWF-Format exportiert werden. Diese Datei kann dann in Dreamweaver eingefügt werden.

### Schritt für Schritt: Flash-Film in Webseite einfügen

**1** **Einfügemarke setzen**

Setzen Sie in der Entwurfsansicht die Einfügemarke an eine beliebige Position innerhalb des Dokumentenfensters.

Wählen Sie EINFÜGEN • MEDIEN • FLASH, um einen Flash-Film einzufügen.

**2** **Film einfügen**

Wählen Sie im Dialogfenster die SWF-Datei aus, die eingefügt werden soll. Vergeben Sie im folgenden Dialogfenster einen TITEL und bestätigen Sie mit Klick auf OK. Wenn der Film eingefügt wurde, sehen Sie im Eigenschaftsinspektor alle bearbeitbaren Einstellungen.

▼ **Abbildung 19.15**
Der Eigenschafteninspektor für Flash-Filme

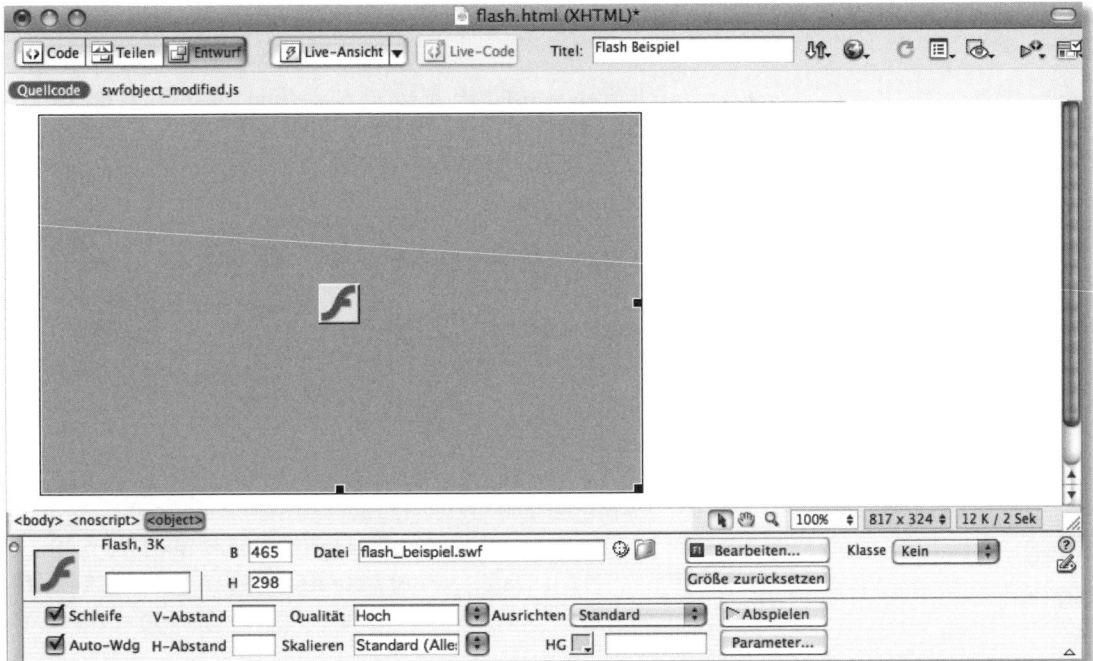

**Abbildung 19.16 ▼**
Abspielen des Films

## 3 Flash-Film abspielen

Sie können den Flash-Film in der Entwurfsansicht von Dreamweaver anschauen, indem Sie dazu im Eigenschaftsinspektor auf ABSPIELEN klicken.

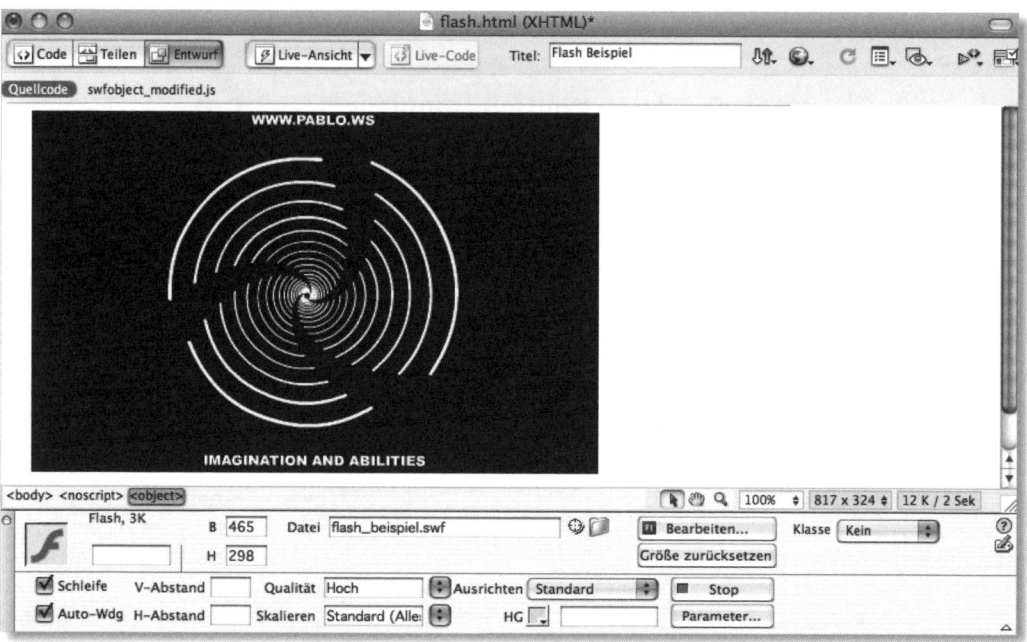

**Abbildung 19.17 ▼**
Eigenschaften von Flash-Dateien.

**Eigenschaften von Flash |** Wenn Sie einen Flash-Film im Dokumentenfenster markieren, können Sie im Eigenschaftsinspektor zahlreiche Einstellungen vornehmen. Im Folgenden werden die wichtigsten erläutert:

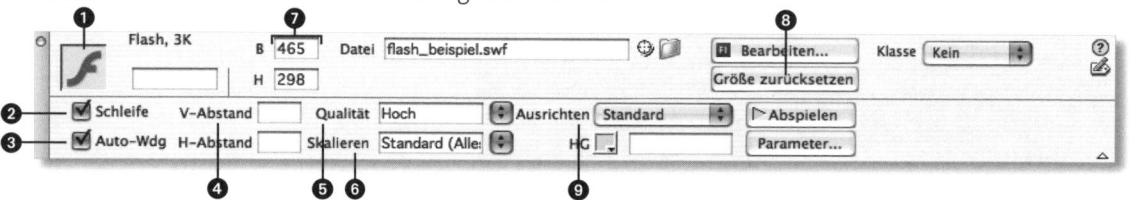

> ▶ BEARBEITEN ❶
> Klicken Sie auf den Button mit dem Flash-Symbol, und Flash wird geöffnet. Die Software müssen Sie dafür auf Ihrem Rechner installiert haben. Flash fordert Sie auf, die bearbeitbare Original-Flash-Datei (FLA) auszuwählen. Die SWF-Datei selbst, die auf der Webseite angezeigt wird, kann nicht bearbeitet werden.

▶ SCHLEIFE ❷

Wenn diese Option gesetzt ist, wird der Film in einer Endlosschleife so lange wiederholt, bis der Nutzer eine neue Seite lädt.

▶ AUTO-WDG ❸

Mit dieser Option startet der Film automatisch, schon während die Webseite geladen wird.

▶ V-ABSTAND ❹ und H-ABSTAND

geben den vertikalen und den horizontalen Abstand zu umgebenden Seitenelementen an.

▶ QUALITÄT ❺

Mit der Einstellung HOCH wird der Flash-Film in der besten Qualität angezeigt.

▶ SKALIEREN ❻

Diese Einstellung zeigt nur Wirkung, wenn Sie den Flash-Film entweder durch Ziehen mit der Maus vergrößern oder unter B und H ❼ eine Größe manuell eingeben. Damit der Flash-Film entsprechend skaliert wird, wählen Sie die Einstellung GENAU PASSEND in der Liste aus. Klicken Sie auf die Schaltfläche ❽, damit Größenänderungen wieder rückgängig gemacht werden.

▶ AUSRICHTEN ❾

Falls der Film mit einem Text innerhalb des gleichen Absatzes steht, wird zum Beispiel bei der Ausrichtung LINKS der Film links platziert, und der Text umfließt den Film.

In Kapitel 22, »Mashups – die Welt in Ihre Website einbinden«, erfahren Sie, wie Sie YouTube-Videos integrieren.

---

**Flash-Video und FlashPaper**

Über das Menü EINFÜGEN • MEDIEN • FLASH-VIDEO können Sie Flash-Videos, die Sie mit Flash erstellt haben, einfügen. Um Dokumente, die Sie im FlashPaper-Format gespeichert haben, in das Dokument einfügen zu können, wählen Sie EINFÜGEN • MEDIEN • FLASHPAPER.

Teil IV

**Über Dreamweaver hinaus …**

Kapitel 20

# Bloggen mit WordPress

So erstellen Sie Ihren eigenen Weblog

- ▸ Was ist eigentlich WordPress?
- ▸ Wie richte ich einen Blog ein?
- ▸ Muss ich dafür wirklich nicht programmieren?
- ▸ Wie gestalte ich eigene Themes?

# 20   Bloggen mit WordPress

In diesem Kapitel lernen Sie, wie Sie das Weblog-System Word-Press in Ihre Website integrieren und wie Sie damit Onlinebeiträge für Ihre Seiten schreiben können, ohne dafür zuerst Dreamweaver öffnen zu müssen. WordPress kann nicht nur als Blog, sondern sogar auch als kleines Content-Management-System verwendet werden.

**Podcast**

Mit einem Weblog-System wie WordPress kann man auch Podcasts erstellen und damit Audio- oder Video-botschaften anstelle von reinen Textbeiträgen veröffent-lichen. Mit einer Podcast-Software wie iTunes kann der Benutzer komfortabel Podcasts abonnieren und verwalten. Auf Wunsch wer-den die neuesten Beiträge automatisch heruntergela-den (siehe *http://de.wikipe-dia.org/wiki/Podcast*).

Weblogs sind Webseiten, in denen Texte und Bilder auf möglichst einfachem Wege auf Websites veröffentlicht werden können. Es wird dabei einfach Beitrag für Beitrag übereinandergestellt, der aktuellste steht immer oben, und auch der Rest wird nach Datum sortiert angezeigt. Ältere Beiträge werden nicht gelöscht, sondern stehen nach wie vor in einem Archiv nach Jahren und Monaten gegliedert zum Abruf bereit.

Weblogs werden häufig wie ein Tagebuch geführt, in dem die Autoren über ihre Erfahrungen im Internet oder anderswo berich-ten. In anderen Blogs werden Neuigkeiten zu einem Fachgebiet veröffentlicht, wiederum andere kommentieren politische Ereig-nisse.

Das Erstellen der Beiträge erfolgt bei den meisten Systemen online nach Eingabe eines Benutzernamens und Passworts. Es er-scheint ein Administrationsbereich mit Formularen, über die man seine Beiträge erstellen und verwalten kann. Eine spezielle Soft-ware außer dem Webbrowser ist nicht erforderlich. Die meisten Weblogs bieten ihren Lesern eine Interaktion an, indem sie es auch erlauben, Beiträge zu kommentieren.

Mit neueren Weblog-Systemen kann man nicht nur seine eige-nen Beiträge verwalten, sondern auch ganz neue Webseiten er-stellen. Daher können Weblog-Systeme auch als simple Alterna-tive zu den üblichen Content-Management-Systemen verwendet werden.

◀ **Abbildung 20.1**
*http://www.webkrauts.de/* ist
ein sehr informativer Blog über
Webstandards.

Man kann Weblogs auch in Dreamweaver erstellen. Dreamweaver bietet die Möglichkeit, PHP-Skripte mit MySQL-Datenbank-Anbindung zu erzeugen. Um jedoch ein richtiges Weblog-System mit Archivierungsfunktion usw. zu erstellen, ist sehr viel Arbeit notwendig. Da wir das Rad nicht neu erfinden wollen, werden wir für unseren Weblog einfach ein »fertiges« Weblog-System einsetzen.

> **Einige Begriffe aus der Blog-Welt**
>
> Der Begriff »Weblog« setzt sich aus »Web« und »Log« (Logbuch) zusammen. In einem Logbuch werden je ein Ereignis und der Zeitpunkt seiner Erstellung festgehalten. Statt Weblog wird meist der Kurzname »Blog« verwendet. Autoren eines Weblogs werden auch als »Blogger« bezeichnet. Weblogs, die hauptsächlich Fotos veröffentlichen, werden »Phlogs« oder, wenn die Bilder von Mobiltelefonen stammen, »Moblogs« genannt.

## 20.1    Leistungsmerkmale von WordPress

Es gibt viele kostenlose Weblog-Systeme. Sehr beliebt ist Word-Press, da es trotz des großen Funktionsumfangs sehr einfach zu installieren und die Bedienung sehr klar gestaltet ist. Aufgrund der vielen Mustervorlagen (Templates) braucht man seinen Blog damit nicht einmal selbst zu entwerfen. Selbstverständlich kann man das Design auch anpassen.

WordPress bietet folgende Leistungsmerkmale:

- ▶ Schnelle Installation
- ▶ Sehr viele Templates
- ▶ Einfaches Erstellen von Beiträgen
- ▶ Speichern des Datums der Veröffentlichung

> **Dokumentationen zu WordPress**
>
> Die zentrale Website von WordPress findet man unter der Adresse *http://www.wordpress.org*. Die deutsche Website *http://wordpress-deutschland.org* bietet neben der deutschen Version auch deutsche Anleitungen zu WordPress.

▶ Erstellen von Seiten wie in einem Content-Management-System

▶ Mehrere Autoren mit eigenen Benutzernamen und Passwörtern

▶ Kategorien und Unterkategorien für die Beiträge

▶ Beiträge schreiben per E-Mail

▶ Zahlreiche Plug-ins für die Erweiterung des Systems

▶ Kostenloser Download

Dank der (über 500) Erweiterungen (Plug-ins) kann man WordPress auch um neue Funktionen ergänzen. Mit dem Plug-in WP-Gallery können zum Beispiel sehr einfach Bildergalerien aufgebaut werden.

Um einen Weblog mit WordPress zu erstellen, gibt es die folgenden Möglichkeiten:

▶ Sie können entweder einen Blog auf der Website *http://www. wordpress.com* kostenlos online erstellen. Sie benötigen dafür keinen eigenen Server. Angenommen, Ihr Blog heißt »xyz«, dann ist Ihr Weblog unter *http://xyz.wordpress.com* erreichbar.

▶ Alternativ können Sie WordPress auch komplett selbst auf Ihrem Webserver installieren. Dies hat den Vorteil, dass Sie unter anderem die neueste Version einsetzen können. Einige Webspace-Provider bieten auch schon fertig installierte WordPress-Versionen an.

## 20.2  WordPress installieren

Für die Installation benötigen Sie Webspace mit folgenden Leistungsmerkmalen:

▶ PHP

▶ MySQL-Datenbank

▶ FTP-Zugang

Neben den FTP-Zugangsdaten benötigen Sie noch den Namen der Datenbank, den Benutzernamen mit Passwort und die IP des Hostrechners, auf dem sich die Datenbank befindet (zum Beispiel 192.168.1.0). Die folgende Schritt-für-Schritt-Anleitung sieht zwar sehr umfangreich aus, die Installation dauert jedoch nur etwa zehn Minuten.

## Schritt für Schritt: WordPress installieren

### **1**   Download von WordPress

Laden Sie von der Website *http://wordpress-deutschland.org/ download/* die deutsche (DE-)Version von WordPress herunter. Nach dem Entpacken erhalten Sie einen Ordner namens *word-press.*

### **2**   Konfigurationsdatei umbenennen

Benennen Sie im Ordner *wordpress* die Datei *wp-config-sample. php* in *wp-config.php* um.

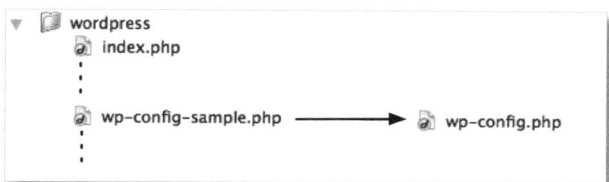

◄ **Abbildung 20.2**
Benennen Sie die Config-Datei um, wie hier dargestellt.

### **3**   Erstellen einer Dreamweaver-Website

Erstellen Sie nun eine Dreamweaver-Website, die den Ordner *wordpress* enthält. Wählen Sie dafür zuerst SITE • NEUE SITE.

Geben Sie unter SITE-NAME **❶** *djay Wordpress* ein. Wählen Sie bei LOKALER STAMMORDER den vorhandenen Ordner *wordpress* aus, den Sie in Schritt 1 erstellt haben, indem Sie auf das Ordner-symbol **❷** klicken.

◄ **Abbildung 20.3**
Site-Definitionen für WordPress

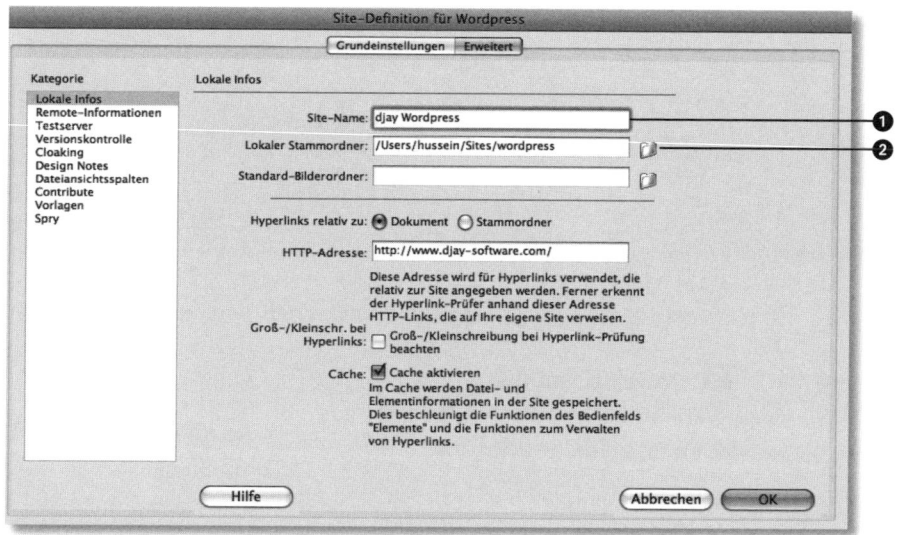

### 4 FTP-Einstellungen

Damit Sie Ihre WordPress-Website auf den Webserver übertragen können, müssen vorher die FTP-Benutzerdaten eingegeben werden.

Geben Sie unter FTP-HOST ❸ den Namen des Webservers an. Wenn Ihr Provider sogenannte Subdomains unterstützt, bietet es sich an, »blog.[Ihre-domain].de« zu wählen. Dazu müssen Sie jedoch vorher die Subdomain über das Konfigurationsmenü auf Ihrem Webspace anlegen.

Unter HOST-ORDNER ❹ geben Sie den Namen des Ordners an, in dem die Website installiert werden soll. Im Allgemeinen können Sie das Feld leer lassen.

Geben Sie unter ANMELDUNG ❺ und KENNWORT ❻ Ihren Benutzernamen und das Passwort für den FTP-Zugang an.

Bestätigen Sie Ihre Eingaben mit OK.

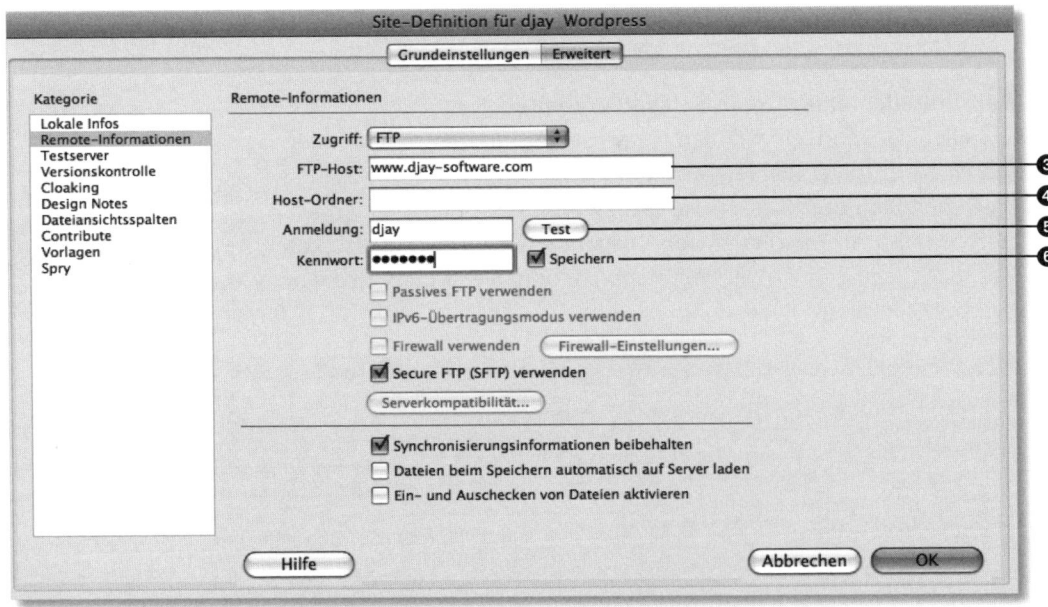

▲ **Abbildung 20.4**
Hier geben Sie Zugangsdaten für WordPress ein.

### 5 Website wählen

Wählen Sie im Fenster DATEIEN aus der Liste der Websites die eben erstellte Website aus.

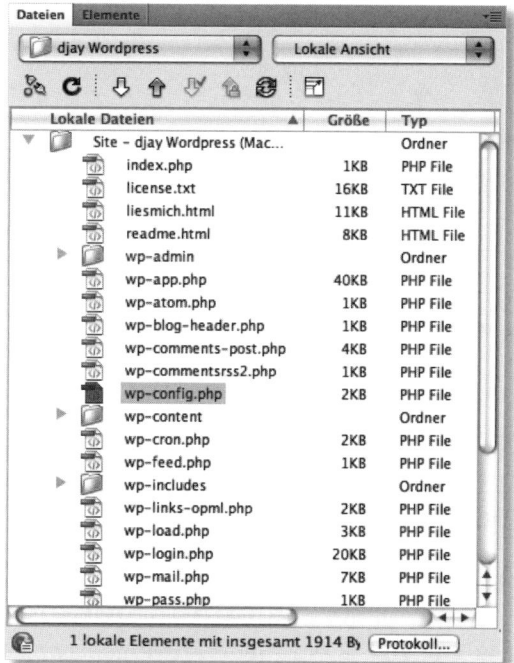

◄ **Abbildung 20.5**
Wählen Sie hier die gerade
erstellte Website aus.

## 6  Konfigurationsdatei einstellen

Öffnen Sie die Konfigurationsdatei durch Doppelklick auf den Dateinamen *wp-config.php*. Tragen Sie unter DB_NAME, DB_USER, DB_PASSWORD und DB_HOST jeweils Ihre MySQL-Zugangsdaten ein.

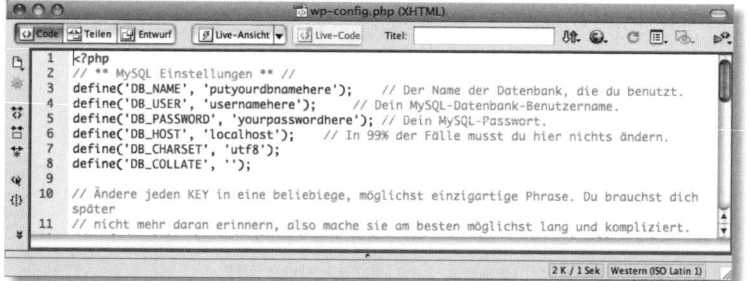

◄ **Abbildung 20.6**
Tragen Sie hier die Zugangsdaten Ihrer MySQL-Datenbank
ein.

## 7  Übertragen auf den Server

Übertragen Sie nun WordPress auf Ihren Webserver, indem Sie auf den Ordner SITE **7** und anschließend auf die Schaltfläche BEREITSTELLEN **8** klicken.

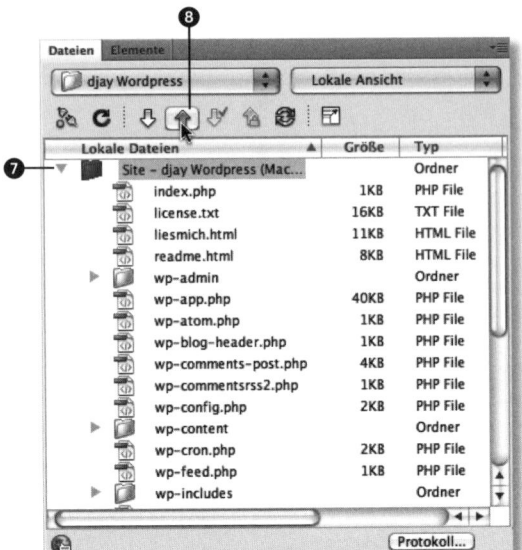

**Abbildung 20.7** ▶
Klicken Sie auf BEREITSTELLEN.

### 8 WordPress im Browser öffnen

Die Website befindet sich nun auf dem Webserver. Rufen Sie WordPress im Browser auf, zum Beispiel *www.[Ihre-domain].de* oder *blog.[Ihre-domain].de* oder *www.[Ihre-domain].de/wordpress*, je nachdem, welche Adresse Sie in den FTP-Einstellungen angelegt haben. Folgen Sie dem Link INSTALL.PHP und klicken anschließend auf SCHRITT 1.

### 9 Titel und E-Mail-Adresse eingeben

Geben Sie nun den Titel des Weblogs und Ihre E-Mail-Adresse ein. Achten Sie darauf, dass Sie eine korrekte Mailadresse eintragen. Klicken Sie anschließend auf WEITER MIT SCHRITT 2.

**Abbildung 20.8** ▶
Weiter mit Schritt 2.

**10** **Username und Passwort notieren**

In Schritt 2 werden Ihnen der Benutzername »admin« und ein zufällig generiertes Passwort angezeigt. Notieren Sie sich dieses. Falls das E-Mail-System in PHP richtig funktioniert, erhalten Sie ebenfalls automatisch eine E-Mail von WordPress mit Ihren Zugangsdaten.

◄ **Abbildung 20.9**
Sie erhalten anschließend eine Mail mit Ihren Zugangsdaten.

**11** **Ende**

Nachdem die Installation abgeschlossen ist, können Sie nun den fertig installierten Blog zum Beispiel unter *http://www.[Ihre-domain].de* (siehe FTP-Einstellungen) aufrufen.

## 20.3   WordPress administrieren

Nachdem wir nun WordPress auf dem Webserver installiert haben, können wir beginnen, Beiträge zu schreiben. Dafür müssen

Sie sich vorhers im Administrationsbereich von WordPress anmelden.

In diesem Bereich können Sie nicht nur Beiträge erstellen und verwalten, sondern auch Seiten, Themen und Benutzer administrieren.

### 20.3.1 Einloggen im Administrationsbereich

Um in den Administrationsbereich zu gelangen, rufen Sie die Seite *wp-admin.php* auf (zum Beispiel *blog.[Ihre-domain].de/wp-admin* oder *www.[Ihre-domain].de/wordpress/wp-admin*). Geben Sie Ihren Benutzernamen und Ihr Passwort ein. Später können Sie auch noch Kontos für andere Benutzer einrichten.

**Abbildung 20.10** ▶
Loginseite für den Administrationsbereich

Sie gelangen nach der Anmeldung zur Startseite (»Dashboard« oder auf Deutsch »Tellerrand«) des Administrationsbereichs. Hier werden neben News aus der WordPress-Welt unter anderem die letzten Beiträge und Kommentare Ihres Weblogs angezeigt. Über die Hauptnavigation im Kopfbereich gelangen Sie in die anderen Menüs des Administrationsbereichs.

### 20.3.2 Schreiben von Beiträgen

Klicken Sie in der Hauptnavigation auf SCHREIBEN ❶ und dann in der Subnavigation auf BEITRAG SCHREIBEN ❷. Sie können nicht nur den Titel und den Inhalt des Beitrags erstellen, sondern auch die zugeordnete Kategorie festlegen. Die Kategorienverwaltung befindet sich unter VERWALTEN • KATEGORIEN.

◄ **Abbildung 20.11**
Erstellen eines neuen Beitrags

### 20.3.3 Verwalten von Beiträgen

Um Beiträge zu bearbeiten oder zu löschen, wählen Sie in der Navigation VERWALTEN • BEITRÄGE. Sie erhalten eine tabellarische Übersicht aller Beiträge. Falls Sie sehr viele davon haben, können Sie auch über das Suchfeld nach einem bestimmten Artikel suchen.

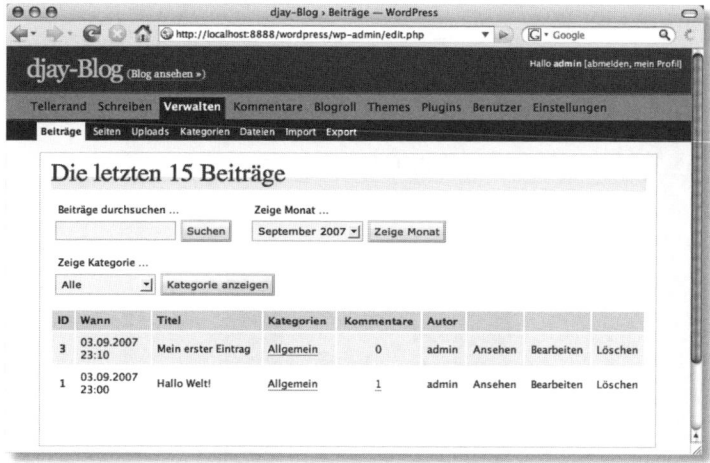

◄ **Abbildung 20.12**
Verwaltung der Beiträge

## 20.4   WordPress-Templates

Die beiden vorinstallierten Templates oder Themes (Designvorlagen) sind relativ schlicht gestaltet. Sie können hier entweder ein eigenes erstellen oder aus einer Vielzahl von vorgefertigten Themes auswählen. Eine Übersicht finden Sie zum Beispiel auf der Website *http://themes.wordpress.net*.

**Abbildung 20.13** ▶
Auf der Website *http://themes. wordpress.net* finden Sie in einer übersichtlichen Galerie sehr viele Themes.

### Schritt für Schritt: Installation eines Themes

**1**   **Download des Themes**
Suchen Sie unter *http://themes.wordpress.net* eines oder mehrere Themes aus und laden Sie diese auf Ihren Rechner, indem Sie auf den Link DOWNLOAD klicken.

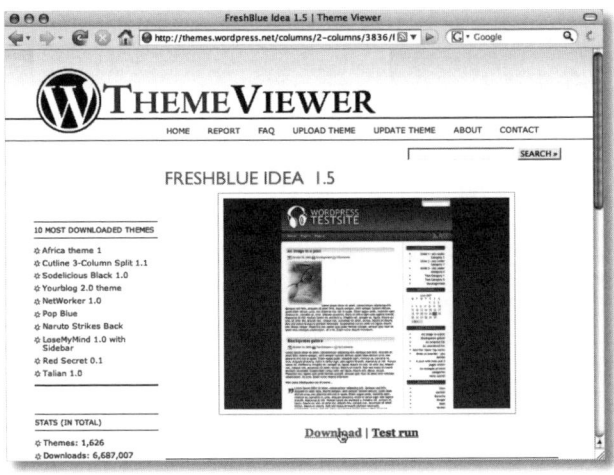

**Abbildung 20.14** ▶
Der ThemeViewer

## 2 Kopieren der Themes

Entpacken Sie die Themes und kopieren Sie die entpackten Ordner in den Ordner WORDPRESS • WP-CONTENT • THEMES.

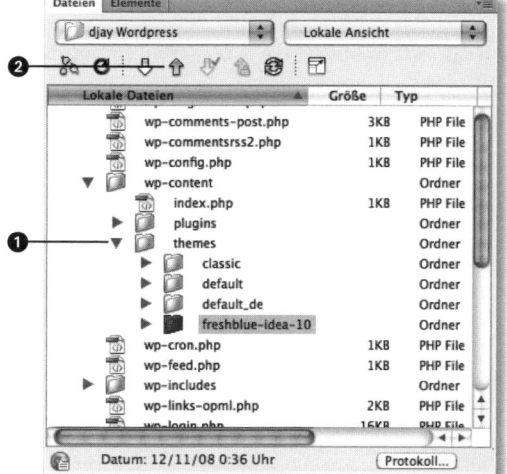

◄ **Abbildung 20.15**
In diesen Ordner müssen Sie die Archive entpacken.

## 3 Hochladen der Themes in Dreamweaver

Wählen Sie im Fenster DATEIEN den Ordner *themes* ❶ unter dem Ordner *wp-content* aus und klicken Sie auf die Schaltfläche BEREITSTELLEN ❷. Somit werden alle Themes übertragen. Wenn Sie nur ein einzelnes Theme hochladen möchten, markieren Sie den entsprechenden Ordner unter THEMES.

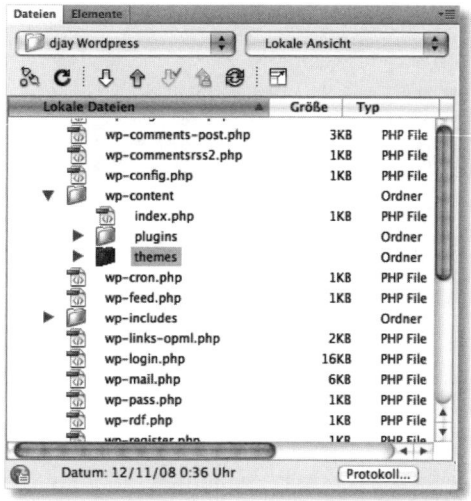

◄ **Abbildung 20.16**
Wählen Sie die Themes oder gleich alle aus, die Sie hochladen möchten.

**4**  **Aktivieren eines Themes im Adminbereich**

Loggen Sie sich im Administrationsbereich von WordPress ein und wählen in der Navigation THEMES aus. In der Liste sollten Ihre neuen Themes erscheinen. Klicken Sie einfach auf ein Theme, um es zu aktivieren.

Klicken Sie dann oben auf den Link SITE ANSEHEN, um den Weblog im neuen Gewand zu bewundern.

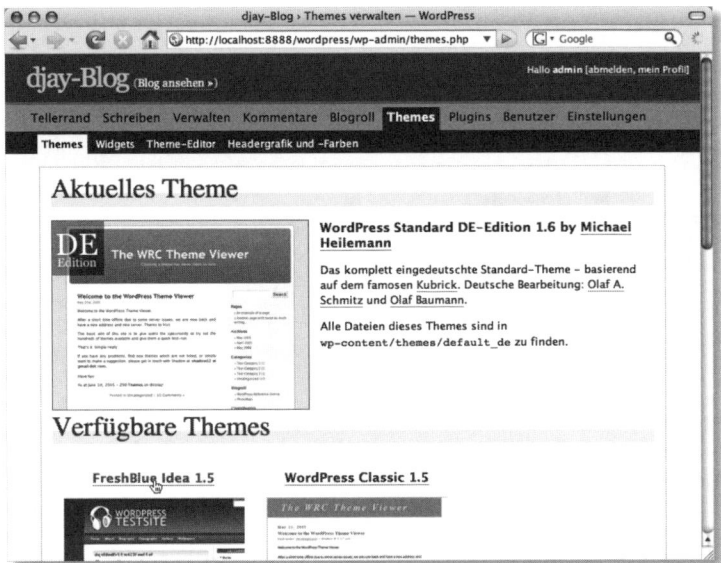

**Abbildung 20.17** ▶
So sieht unsere Testsite am Ende aus.

**Themes anpassen |** Für unser Beispielprojekt haben wir im zweiten Teil des Buches eine Vorlage erstellt. Sicherlich möchten Sie das Design daraus auch für den Blog übernehmen, damit die gesamte Site konsistent erscheint. Leider ist eine Direktübernahme der Vorlage aus Dreamweaver nach WordPress nicht möglich. Sie können jedoch die CSS-Dateien bearbeiten, um zum Beispiel die Farben und Schriftgrößen anzupassen.

Zu jedem Theme gibt es eine oder mehrere CSS-Dateien, die Sie in Dreamweaver öffnen können. Doppelklicken Sie dazu einfach im Fenster DATEIEN auf die CSS-Datei ❶.

**▼ Abbildung 20.18**
Klicken Sie auf eine CSS-Datei, um sie zu bearbeiten.

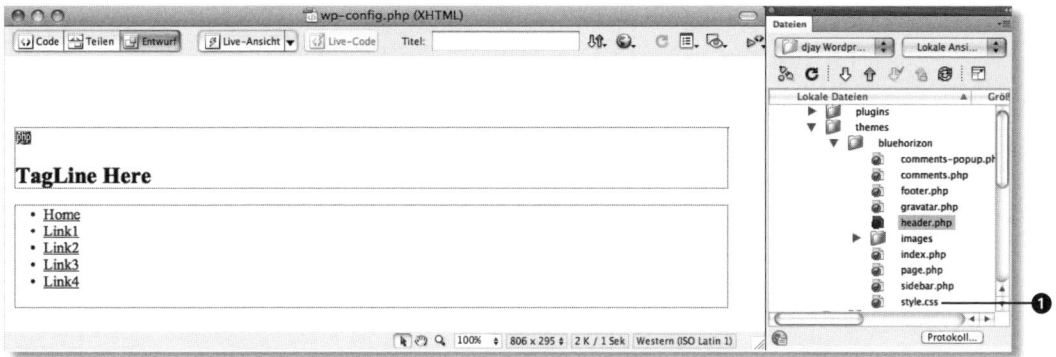

Sie können die CSS-Datei dann im Fenster CSS-STILE bearbeiten. Klicken Sie zum Beispiel auf den Tag <body> ❷, um die Standardschriftart ❸ anzupassen.

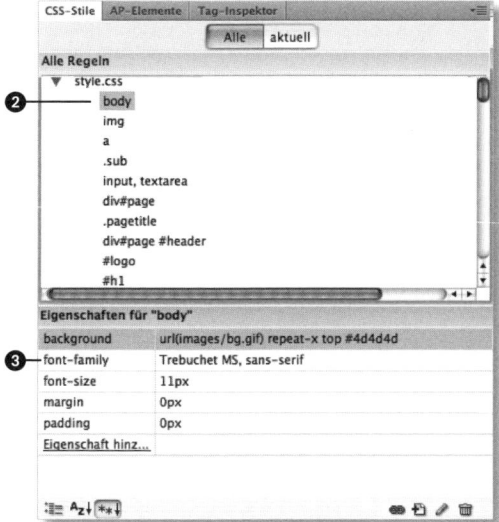

**◄ Abbildung 20.19**
Im Fenster CSS-STILE kann die CSS-Datei bearbeitet werden.

Kapitel 21

# Gesucht und gefunden bei Google

So machen Sie Ihre Website bekannt

- ▸ Wie melde ich meine Website bei Google an?
- ▸ Wie erfahre ich mehr über meine Besucher?
- ▸ Kann ich Werbeanzeigen auf meiner Website schalten?
- ▸ Wie kann ich mit meiner Website Geld verdienen?

# 21  Gesucht und gefunden bei Google

In diesem Kapitel erfahren Sie nicht nur, wie Sie Ihre Website erfolgreich bei Google anmelden, sondern sogar, wie Sie mit ihr ein wenig Geld verdienen können. Über Google kann man jede Menge für sein Internetangebot tun.

Die beste Website nützt nichts, wenn sie von den Internetnutzern nicht gefunden wird. Ihre Site ist natürlich immer über ihre URL (Webadresse) erreichbar, doch um sie manuell in den Browser einzugeben, muss diese Adresse einem Besucher erst einmal bekannt sein.

Die meisten Surfer steuern allerdings nicht direkt Webseiten an, sondern benutzen Suchmaschinen, um Seiten mit Informationen zu bestimmten Themen und Begriffen im Internet zu finden. Um bei einer Suchmaschine angezeigt zu werden, sollte Ihre Website dort eingetragen sein. Als Beispiel melden wir unsere Website nun bei Google an, der größten und meistgenutzten Suchmaschine überhaupt. Normalerweise reicht es völlig aus, wenn Ihre Website »nur« in der einen Suchmaschine Google vertreten ist.

Doch Google bietet viel mehr als nur die Möglichkeit zu suchen. Sicherlich haben Sie schon einmal von der Google-Anwendung Google Mail gehört, mit der Sie Ihre E-Mails komfortabel verwalten können. Google bietet sogar eine Software namens Google Earth an, mit der Sie zum Beispiel von einem Start- zu einem Zielpunkt virtuell über den Erdball fliegen können. Für uns als Webdesigner sind insbesondere folgende Dienste von Interesse, die wir in diesem Kapitel detailliert behandeln:

- ▶ Melden Sie Ihre Website bei der Suchmaschine Google an.
- ▶ Erfahren Sie mit *Google Analytics*, wie viele Besucher Ihre Website angeschaut haben.
- ▶ Werben Sie für Ihre Website mit *Google AdWords*.
- ▶ Verdienen Sie mit Ihrer Website Geld mit *Google AdSense*.

## 21.1 Ihre Website mit Google bekannt machen

Google ist so weit verbreitet, dass es eigentlich ausreicht, eine Website nur in diese Suchmaschine einzutragen. Es gibt dazu auf der Website von Google ein Formular, in das Sie die URL Ihrer Website eingeben können. Nach ein paar Tagen (manchmal auch Wochen) wird Ihre Website in den sogenannten Google-Index aufgenommen. Wenn andere Websites Links auf Ihre Website haben, kann es auch vorkommen, dass Ihre Website in den Google-Index aufgenommen wurde, ohne dass Sie sie explizit angemeldet haben. Gehen Sie wie folgt vor, um Ihre Website-URL bei Google anzumelden:

### Schritt für Schritt: Ihre Website in Google eintragen

**1** **Google aufrufen**

Öffnen Sie im Browser *http://www.google.de* und wählen Über Google.

◄ **Abbildung 21.1**
Öffnen Sie die Google-Seite in Ihrem Browser.

**2** **URL anmelden**

Klicken Sie danach auf den Link Ihre URL hinzufügen/entfernen.

◄ **Abbildung 21.2**
Fügen Sie Ihre URL hinzu.

### 3 Die Startseite Ihrer Website eintragen

Geben Sie die absolute Adresse Ihrer Startseite ein, wie zum Beispiel *http://www.djay-software.com*, und einen kurzen Kommentar, der Ihre Website beschreibt.

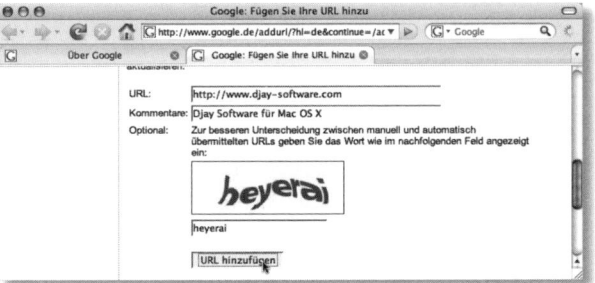

**Abbildung 21.3** ▶
Füllen Sie das Formular aus.

### 4 Geduld haben

Bis Ihre Website tatsächlich über Google gefunden werden kann, können mehrere Tage oder sogar Wochen vergehen. Für die Suchmaschine werden Millionen von Seiten indiziert. Eine Anmeldung beschleunigt die Indizierung, es dauert aber trotzdem eine gewisse Zeit, bis diese abgearbeitet ist.

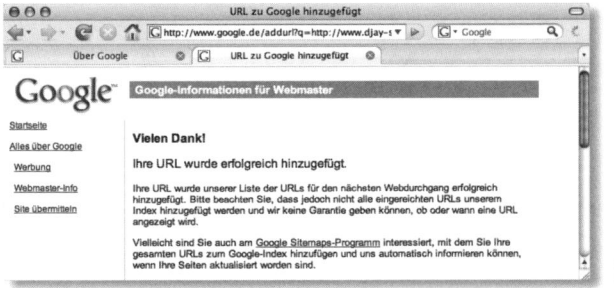

**Abbildung 21.4** ▶
Der Bestätigungsdialog

## 21.2 Tipps zur Suchmaschinenoptimierung

Es ist sehr wichtig, dass Ihre Website im Verzeichnis von Google enthalten ist. Gleichzeitig ist auch das sogenannte Ranking, also die Platzierung Ihrer Website auf den Suchausgabeseiten bei Google, ausschlaggebend für den Erfolg Ihrer Website. Wenn Ihre Website nach einer Suche nicht unter den ersten von Google angezeigten Seiten gelistet wird, werden viele Surfer sie vernachlässigen.

Da das Verfahren zur Berechnung des Google-Rankings ein sehr streng gehütetes Geheimnis ist und häufig geändert wird, weiß niemand (außer Google) genau, welche Kriterien herangezogen werden. Da oft auch der finanzielle Erfolg einer Website vom Google-Ranking abhängt, gibt es zahlreiche Firmen und Berater, die sich auf die sogenannte Suchmaschinenoptimierung (engl. »Search Engine Optimisation«) spezialisiert haben.

Sie können aber auch selbst dafür sorgen, dass Ihre Website zumindest unter den ersten 30 Plätzen angezeigt wird. Die folgenden Tipps helfen Ihnen, Ihre Website für Suchmaschinen zu optimieren.

### 21.2.1 Verwenden Sie Titel und alt-Attribute

Für Suchmaschinen sind nicht nur die sichtbaren Inhalte relevant, sondern auch der Titel der Seite und die sogenannten alt-Attribute von Bildern.

▼ **Abbildung 21.5**
Verwenden Sie TITEL ❶ und ALT. ❷, um Ihre Seite und Ihre Bilder zu beschreiben.

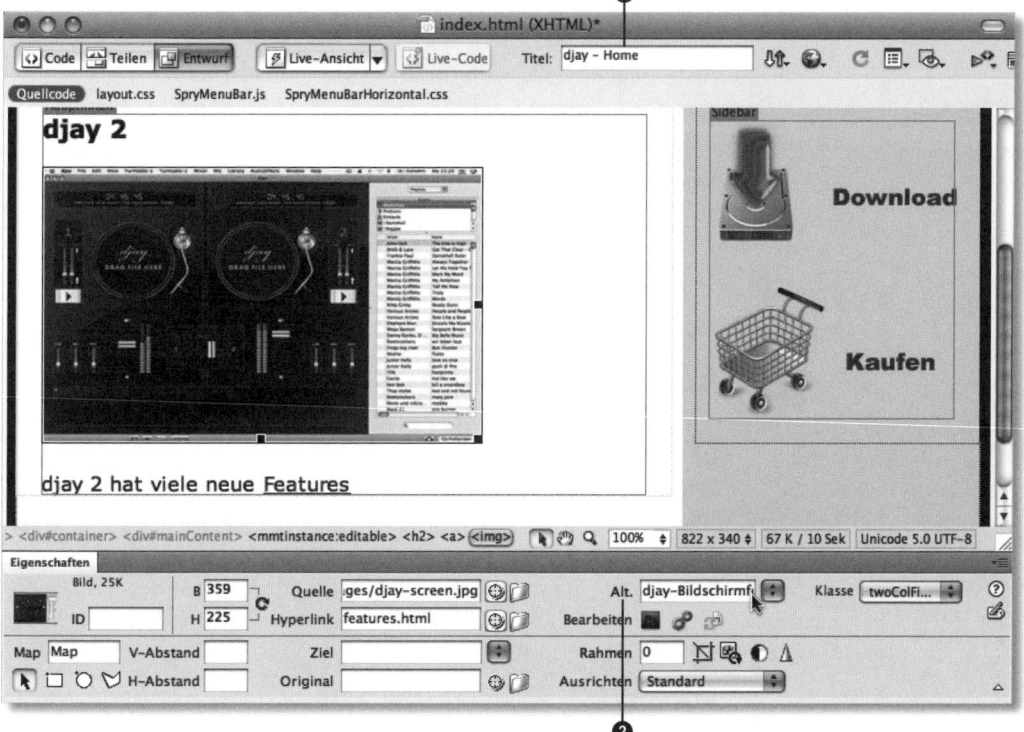

Überlegen Sie sich zunächst, über welche Suchbegriffe Ihre Website gefunden werden soll. Bei unserem Djay-Projekt könnten folgende Suchbegriffe von Interesse sein: »Musik«, »Sound«, »DJ«, »Djay«, »Platten« usw. Diese Begriffe sollten im Titel der Webseiten und mindestens noch einmal, besser gleich mehrfach, auf jeder Webseite als Text vorkommen. Der Titel wird in Dreamweaver einfach oben ❶ im Dokumentenfenster eingetragen. Wählen Sie einen aussagekräftigen Titel aus, damit die Webseite unter diesem Begriff auch gefunden wird.

Wenn Sie ein Bild markieren, können Sie in der EIGENSCHAFTEN-Palette unter ALT. ❷ das Bild kurz beschreiben. Diese Einstellung hilft unter anderem Google, Ihre Bilder in der Google-Bildersuche zu indizieren.

### 21.2.2 Meta-Tags

Wichtig ist es auch, die möglichen Suchbegriffe Ihrer Webseiten in den Meta-Tags anzugeben. Diese werden nicht im Browser angezeigt, sondern nur von Suchmaschinen ausgelesen. Es gibt verschiedene Arten von Meta-Tags. Die beiden wichtigsten für Suchmaschinen sind *Description* (Beschreibung) und *Keywords* (Schlüsselwörter). Aufgrund des hohen Missbrauchs dieses Features (z.B. indem Begriffe verwendet werden, die nichts mit dem Inhalt der Webseite zu tun haben) haben die Meta-Tags praktisch keine Relevanz für die Platzierung der Websites in den Suchmaschinen. Dennoch sollten Sie zumindest den Meta-Tag für die Description angeben, da dieser (meist) in den Google-Suchergebnissen angezeigt wird.

### Schritt für Schritt: Meta-Tags hinzufügen

**1** **Seite öffnen**
Öffnen Sie zunächst eine Webseite. Falls Sie mit Vorlagen (Templates) arbeiten, öffnen Sie eine solche. Der Vorteil bei der Verwendung von Vorlagen liegt darin, dass Sie die Meta-Tags nicht für jede einzelne Seite hinzufügen müssen.

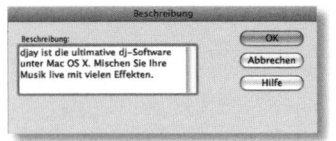

▲ **Abbildung 21.6**
Fügen Sie den Meta-Tag ein.

**2** **Meta-Tag »Description« einfügen**
Wählen Sie EINFÜGEN • HTML • HEAD-TAGS • BESCHREIBUNG. Es öffnet sich ein Fenster, in dem Sie mit ein paar Sätzen die Website beschreiben.

**3** **Meta-Tag »Keywords« einfügen**

Wählen Sie Einfügen • HTML • Head-Tags • Schlüsselwörter. Geben Sie im Fenster möglichst viele Begriffe ein, die mit Ihrer Website in Verbindung gebracht werden können. Trennen Sie die einzelnen Wörter durch Kommas. Die wichtigsten Schlüsselwörter sollten am Anfang stehen. ■

▲ **Abbildung 21.7**
Sortieren Sie die Schlüsselwörter nach Wichtigkeit.

### 21.2.3   Meta-Tags bearbeiten

In der letzten Schritt-für-Schritt-Anleitung haben Sie gelernt, wie Sie die Meta-Tags hinzufügen. Um diese jedoch nachträglich zu bearbeiten, sollten Sie einen anderen Weg gehen.

Wählen Sie Ansicht • Head-Inhalt. Nun werden alle unsichtbaren Elemente des Head-Bereichs angezeigt, darunter auch die Meta-Tags.

Klicken Sie auf das Beschreibungs-Symbol ❶. Im Fenster Eigenschaften können Sie nun die Beschreibung ändern.

Wenn Sie auf das Schlüsselwörter-Symbol ❷ klicken, können Sie die Schlüsselwörter ändern.

▼ **Abbildung 21.8**
Bearbeitung des Meta-Tags *Beschreibung* (*Description*) in der Ansicht Head-Inhalt

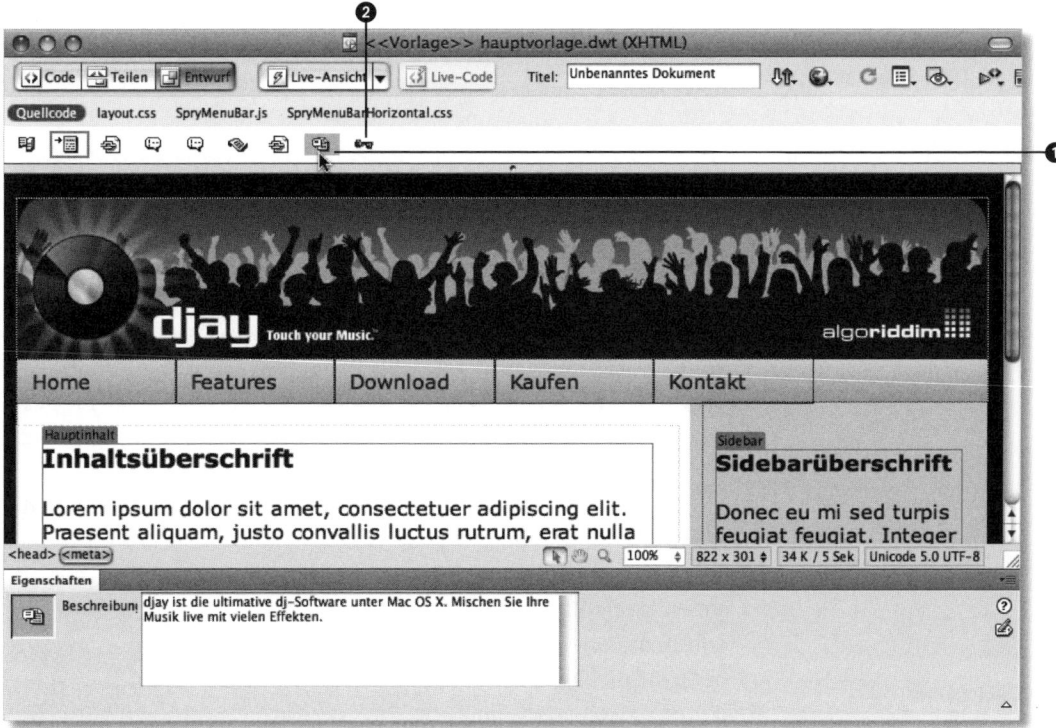

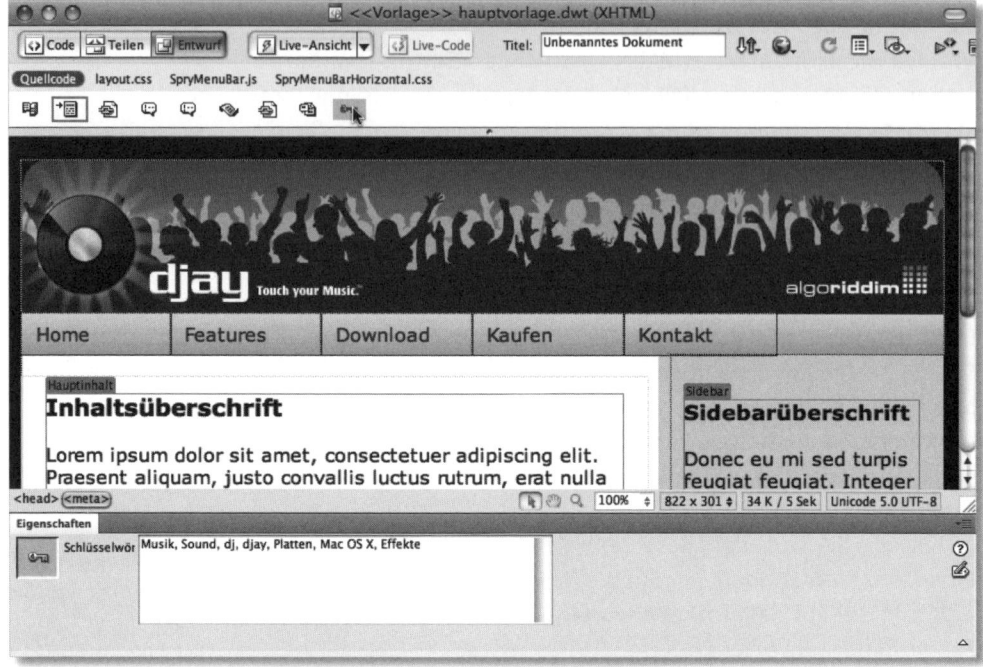

▲ **Abbildung 21.9**
Bearbeitung des Meta-Tags *Schlüsselwörter* (*Keywords*) in der Ansicht
HEAD-INHALT

### 21.2.4 Website von anderen Websites verlinken

Für Google ist allerdings nicht nur der Inhalt der Website für das
Ranking ausschlaggebend, sondern auch, wie bekannt Ihre Website bereits im Internet ist. Sie sollten also Freunde und Geschäfts-
partner darum bitten, einen Link zu Ihrer Website zu integrieren.
Somit wird Ihre sogenannte Linkpopularität erhöht.

Um festzustellen, welche Webseiten auf Ihre Website verweisen, können Sie in Google folgenden Suchbegriff eingeben:
*link:http://www.[Ihre-url].de.*

Es ist auch hilfreich, wenn Sie Ihre Website ins Internetver-
zeichnis Open Directory Project (ODP) unter *http://www.dmoz.
org* eintragen lassen. ODP ist ein Verzeichnis, in dem die Webseiten nach Kategorien sortiert sind. Das Verzeichnis wird von
ehrenamtlichen Mitarbeitern gepflegt. Sie können Ihre Website
bei ODP für ein bestimmtes Verzeichnis vorschlagen. Die Mitarbeiter entscheiden dann, ob Ihre Website eingetragen wird. Das

Besondere ist, dass auch Google das ODP-Verzeichnis für die Suche verwendet. Im Allgemeinen erhöht der Eintrag Ihrer Website im ODP-Verzeichnis Ihr Page-Ranking und Ihre Linkpopularität bei Google.

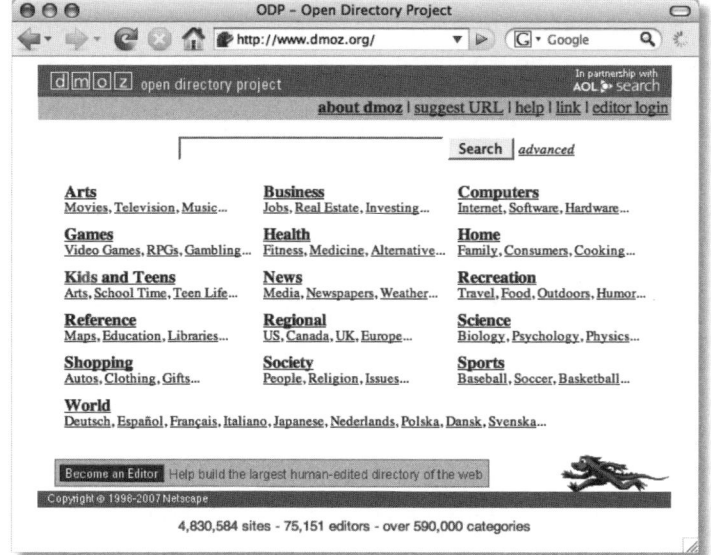

◄ **Abbildung 21.10**
Suchmaschinenverzeichnis
*http://www.dmoz.org*

### 21.2.5  Was Sie unbedingt vermeiden sollten

Versuchen Sie nicht, Google auszutricksen, indem Sie Suchbegriffe mehrfach hintereinanderstellen und deren Textfarbe der Hintergrundfarbe angleichen, damit der Besucher der Website die Wiederholung nicht sieht. Diese und viele andere Tricks werden von Google erkannt und führen dazu, dass Ihre Website entweder gar nicht gelistet wird oder ein sehr schlechtes Ranking bekommt. 2006 wurde sogar der Fahrzeughersteller BMW für kurze Zeit aus dem Google-Index entfernt, da BMW unlautere Tricks verwendet hatte.

Vermeiden Sie den Einsatz von sogenannten Brückenseiten (Doorway-Seiten), die manchmal speziell für Suchmaschinen erstellt werden.

Auch den Einsatz von kompletten Flash-Seiten sollten Sie sorgfältig abwägen, da Google den Inhalt dieser Seiten nicht erfassen kann.

## 21.3 Besucher-Statistiken mit Google Analytics

Mit Google Analytics bietet Google einen kostenlosen Service, mit dem Sie detaillierte Statistiken über die Besuche Ihrer Websites erhalten. So können Sie das Verhalten Ihrer Besucher auswerten und dann mit diesen Informationen Ihre Website optimieren. Sie können sogar erfahren, aus welcher Stadt Ihre Besucher kommen.

**Abbildung 21.11 ▼**
Übersichtsseite von Google Analytics

Google Analytics kann Ihnen unter anderem folgende Fragen beantworten:

▶ Wie viele Besucher hat meine Website pro Stunde/Tag/Woche/Monat und Jahr?
▶ Hat die Website mehr neue oder mehr wiederkehrende Besucher?
▶ Welche Suchbegriffe führten erfolgreich zu der Website?
▶ Über welche Website sind die Besuche auf Ihre Website gekommen (zum Beispiel über einen Link oder über eine Suchmaschine)?

---

**Webstatistiken beim Provider**

Jeder Webhoster bietet seinen Kunden Webstatistiken an. Diese sind aber in den meisten Fällen nicht so leistungsstark wie Google Analytics.

- Aus welchem Land/Ort kommen die Besucher?
- Welche Webseite war der Einstiegspunkt, und über welche Seite hat der Besucher die Website verlassen?
- Welche Webseite wurde am häufigsten besucht?
- Welche Browser und welches Betriebssystem wurden verwendet?
- Welche Bildschirmauflösungen haben die Besucher verwendet?
- Wie hoch ist der Anteil der Besucher mit einer DSL-Verbindung, und über welchen Internet-Zugangsprovider surften sie?
- Wie erfolgreich war meine Werbung mit Google AdWords?

**Google Analytics einrichten**
- Zunächst müssen Sie für jede Website ein sogenanntes Websiteprofil in Google Analytics erstellen, in dem die Einstellungen zu Ihrer Website gespeichert werden.
- Damit Google alle Informationen über die Besuche auf Ihrer Website erhält, muss ein sogenannter *Tracking-Code* in jede Seite Ihrer Site eingefügt werden. Dieser Code enthält Ihre eindeutige Kundennummer bei Google Analytics.
- Wenn Sie den Tracking-Code eingebaut und die Website bei Analytics hinzugefügt haben, können Sie die Statistiken auf der Google-Analytics-Website abrufen.

## Schritt für Schritt: Website bei Google Analytics anmelden

**1  Anmelden**
Besuchen Sie die Webseite *http://www.google.com/analytics/home* und melden Sie sich an bzw. erstellen Sie ein Google-Konto.

**2  Websiteprofile anlegen**
Klicken Sie oben links auf den Link ANALYTICS-EINSTELLUNGEN, dann im Feld WEBSITEPROFILE ❶ auf HINZUFÜGEN ❷ und geben den Domainnamen Ihrer Website ein. Der folgende Screenshot zeigt die Analytics-Einstellungen, nachdem die Domain der Website zum Buch, *http://www.dreamweaver-buch.de*, hinzugefügt wurde.

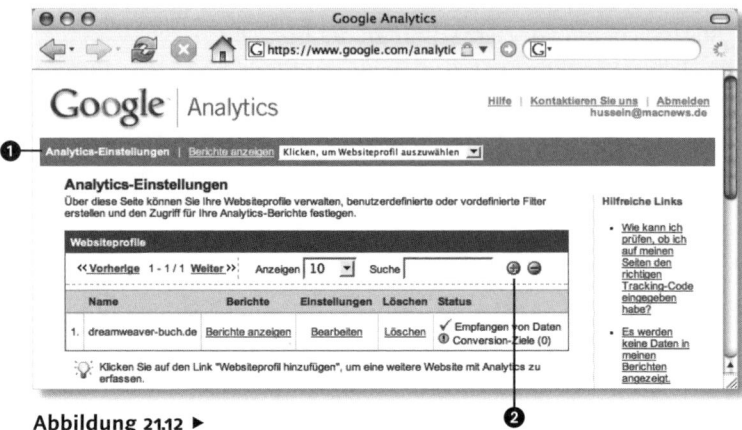

**Abbildung 21.12** ▶
Der Startbildschirm von Google Analytics

### 3  Tracking-Code kopieren

Klicken Sie auf den Link BEARBEITEN rechts neben dem Domain-namen und dann auf den Link STATUS PRÜFEN. Kopieren Sie den Tracking-Code in die Zwischenablage.

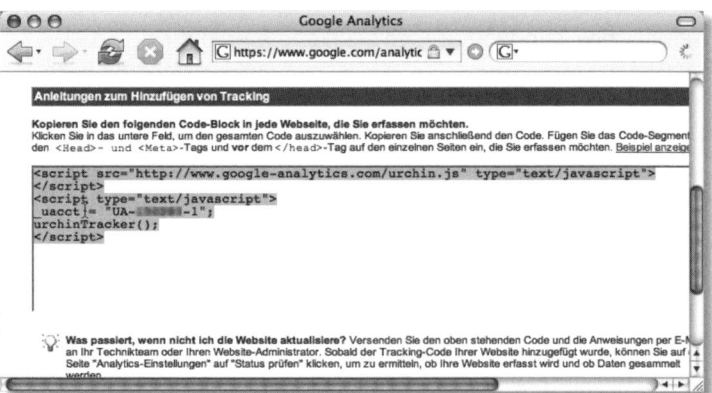

**Abbildung 21.13** ▶
Codeansicht in Dreamweaver öffnen

Öffnen Sie in Dreamweaver eine Webseite bzw. eine Vorlage (Template) und wechseln zur Codeansicht.

### 4  Tracking-Code einfügen

Fügen Sie nun den Tracking-Code aus der Zwischenablage direkt über dem `</head>`-Tag ein.

Falls Sie keine Vorlage für Ihre Website verwendet haben, müssen Sie den Vorgang für jede Webseite wiederholen.

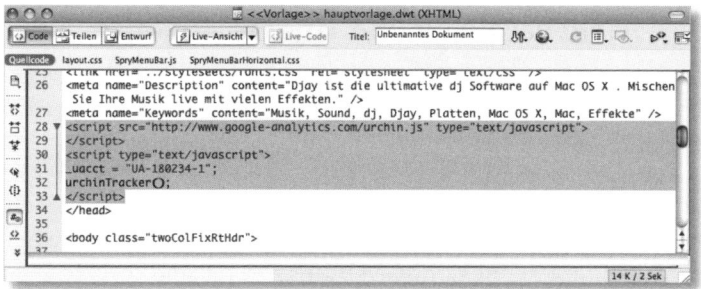

◄ **Abbildung 21.14**
An diese Stelle gehört der
Google-Analytics-Code.

**5**   **Warten**

Nach ein paar Tagen liegen bei Google Analytics genug Daten vor,
um Besucher-Statistiken abzurufen. ■

## 21.4    Anzeigen mit Google AdWords

Wenn Ihre Website bei der Google-Suche oft weit oben in der
Liste zu finden ist, so ist die Wahrscheinlichkeit recht groß, dass
Ihre Website auch gut besucht wird. Ist sie jedoch nicht so gut bei
Google platziert, so können Sie auch Anzeigen mit dem kosten-
pflichtigen Service Google AdWords schalten. Die Anzeige wird
zum einen in den Suchergebnisseiten von Google auf der rechten
Seite angezeigt und zum anderen auf Websites, die Google-An-
zeigen in Ihre Seiten integriert haben (siehe Abschnitt 21.5, »Geld
verdienen mit Google AdSense«).

Ihre Anzeige wird nur angezeigt, wenn die vom Nutzer eingegebenen Suchworte für ihn relevant sind. Da Google feststellen
kann, aus welcher Region ein Besucher kommt, können Sie Ihre
Anzeigenkampagne auf bestimmte geografische Gebiete oder
Städte begrenzen.

Sie bezahlen nicht für die Einblendung der Werbung, sondern
nur, wenn ein Besucher den Link zu Ihrer Website anklickt. Dieses Berechnungsmodell wird international als *Cost per Click* (*CPC*)
bezeichnet. Damit es nicht zu unerwartet hohen Kosten kommt,
können Sie auch ein Tageslimit festlegen.

Eine ausführliche Schritt-für-Schritt-Anleitung, wie Sie Werbeanzeigen bei Google AdWords schalten, finden Sie auf der
Google-Webseite *http://adwords.google.de/select/steps.html*. In
Dreamweaver müssen Sie keine Vorkehrungen für Ihre Website
treffen.

## 21.5    Geld verdienen mit Google AdSense

Sie können dank Google AdSense auch Werbeanzeigen in Ihre Website integrieren und erhalten dafür Werbeeinnahmen, falls Ihre Besucher häufig auf die Anzeigen klicken. Immer mehr Websites integrieren Google-Werbungen, um ihre Umsätze zu steigern. Es werden dabei nur solche Anzeigen auf Ihrer Website angezeigt, die für den Inhalt der Website relevant sind.

Sie sind Google aber nicht hoffnungslos ausliefert, was die Auswahl der Werbeanzeigen und deren Aussehen angeht. Sie können unter anderem festlegen, dass Werbung Ihrer Konkurrenten nicht auf Ihrer Website angezeigt wird. Außerdem können Sie das Erscheinungsbild der Anzeigen anpassen, indem Sie aus einer Reihe an Farben und Vorlagen auswählen.

**Abbildung 21.15** ▼
Google bietet eine große Auswahl von möglichen Anzeigeformaten an.

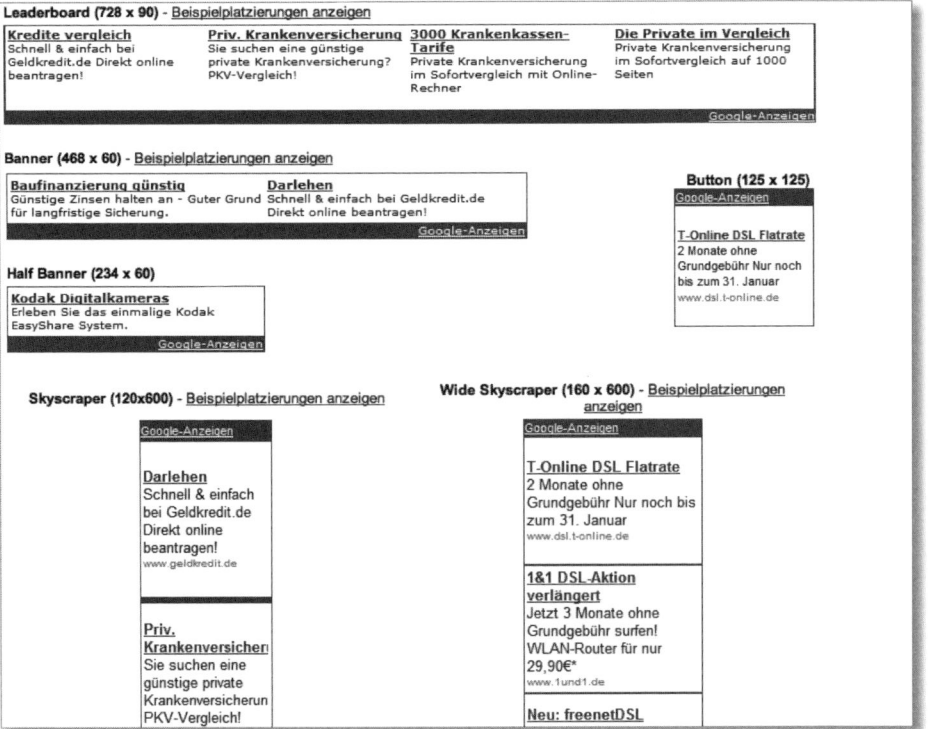

Im Gegensatz zu den vielen anderen Diensten von Google müssen Sie sich bei Google um einen AdSense-Account bewerben. Dies wird in der Regel nach wenigen Tagen positiv per E-Mail beantwortet.

# Schritt für Schritt: Werbeanzeigen mit Google AdSense integrieren

**1  Bewerben**

Klicken Sie auf der Google-Homepage auf WERBEPROGRAMME und anschließend auf den Link GOOGLE ADSENSE, um Informationen über den Dienst zu erhalten und sich zu bewerben.

**2  Einloggen**

Nachdem Sie eine positive Bestätigungsmail von Google erhalten, können Sie sich mit Ihrer E-Mail-Adresse und Ihrem Passwort anmelden. Klicken Sie auf den Link ADSENSE FÜR CONTENT-SEITEN. Sie können dann unter anderem das Format und die Farben für die Anzeigen festlegen.

**3  Anzeigen-Code kopieren**

Kopieren Sie den Anzeigen-Code ganz unten auf der Webseite in die Zwischenablage.

◄ **Abbildung 21.16**
Markieren und kopieren Sie den Code wie hier dargestellt.

**4  Webseite in Dreamweaver öffnen**

Öffnen Sie in Dreamweaver Ihre Vorlage bzw. Webseite, in der die Anzeigen platziert werden sollen, und setzen Sie in der Standard-Ansicht die Einfügemarke an die gewünschte Stelle.

**Abbildung 21.17** ▶
Setzen Sie die Einfügemarke in die Sidebar.

### 5 Anzeigen-Code einfügen

Wechseln Sie in die Codeansicht und fügen Sie den Anzeigen-Code ein.

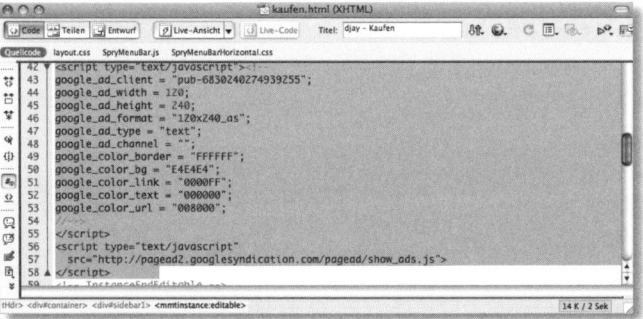

**Abbildung 21.18** ▶
Pasten Sie den kopierten Code hinein.

### 6 Webseite testen

Wenn Sie die Webseite im Browser öffnen, werden die Werbe-anzeigen auf Ihrer Webseite eingeblendet. Ihre Seite muss hierfür noch nicht einmal extra auf den Server übertragen werden.

**Abbildung 21.19** ▶
Auf der Google-AdSense-Web-site können Sie auch genau ver-folgen, wie hoch Ihre Werbe-einnahmen sind.

Kapitel 22

# Mashups –
# die Welt in Ihre Website einbinden

So integrieren Sie externe Dienste in Ihre Website

▸ Was versteht man unter Mashups?

▸ Wo finde ich Mashups?

▸ Wie binde ich YouTube-Videos ein?

▸ Wie baue ich eine Anfahrtsskizze mit Google-Maps?

# 22 Mashups – die Welt in Ihre Website einbinden

**Mashup-Verzeichnis**

Auf der englischsprachigen Website *http://programmableweb.com* finden Sie die derzeit größte Mashup-Sammlung. Hier sind über 3.000 Mashups gelistet.

Das Web 2.0 ermöglicht es, verschiedene Medieninhalte bzw. Dienste, wie YouTube-Videos, Google Maps usw., nahtlos in die eigene Webseite zu integrieren. Dies wird als Mashup (von engl.: »to mash« für »vermischen«) bezeichnet. Es gibt inzwischen schon Tausende Mashups, die Sie in die eigene Website einbetten können. Anhand von YouTube-Videos und Google Maps wird im Folgenden gezeigt, wie einfach die Integration bzw. Einbettung dieser Dienste in Ihre Website ist.

## 22.1 YouTube-Videos integrieren

Die Integration von Bildern in eine Webseite, egal ob diese im PNG-, GIF- oder JPEG-Format vorliegen, ist in Dreamweaver immer gleich. Bei der Integration von Videos kommt es sehr wohl auf das Videoformat an. In der folgenden Liste sind die wichtigsten Videoformate sortiert nach deren häufigster Verwendung aufgeführt:

▸ Flash-Videos
▸ Windows-Media-Videos (WMV)
▸ QuickTime-Videos
▸ Real-Videos

Flash-Videos haben den Vorteil, dass diese auf den meisten Rechnern ohne Probleme abgespielt werden können (siehe Kapitel 19, »Dreamweaver und die Creative Suite«, für die Integration von Flash-Videos). Videos im WMV- oder QuickTime-Format können eine bessere Qualität aufweisen, wenn die optimalen Parameter bei der Konvertierung gewählt werden, was jedoch viel Erfahrung erfordert. Real-Videos spielen eine immer weniger wichtige Rolle, da für das Abspielen der Videos eine Erweiterung (Plug-in) für die Webbrowser erforderlich ist, das im Gegensatz zum Flash-Plug-in oft nicht vorhanden ist.

Am einfachsten ist es, wenn Sie ein Video auf ein Videoportal, wie z. B. YouTube oder Vimeo, hochladen. Diese Portale konvertieren Ihre Filme automatisch in das richtige Flash-Videoformat. Das Besondere ist jedoch, dass die Videoportale Sie dabei unterstützen, die Videos auch in Ihre Webseite zu integrieren oder einzubetten. Im Folgenden wird gezeigt, wie einfach es ist, ein YouTube-Video in die eigene Website zu integrieren.

## Schritt für Schritt: YouTube-Video in die eigene Webseite einbetten

**1** **YouTube-Video hochladen**

Bevor Sie ein Video hochladen können, müssen Sie sich bei YouTube anmelden, indem Sie kostenlos ein Konto einrichten. Anschließend können Sie Ihre Filme in der Rubrik Mein Konto • Meine Videos verwalten. Damit Ihr Video nicht nur über YouTube verfügbar ist, sondern auch in Ihre eigene Webseite integriert werden kann, führen Sie die folgenden Schritte durch.

**2** **Einstellungen vornehmen**

Um Ihr Video in Ihre Webseite einzubetten, kopieren Sie den kompletten Text aus dem Feld Einbetten **1** in die Zwischenablage. Vorher können Sie jedoch durch Klick auf das Anpassen-Symbol **2** neben dem Textfeld Anpassungen, wie z. B. für die Farbe und die Größe, vornehmen.

◀ **Abbildung 22.1**
Anpassungen vornehmen

### **3** Vorbereitungen in Dreamweaver

Positionieren Sie den Cursor im Dreamweaver-Dokument an der Stelle, wo Sie das Video einbetten möchten, und aktivieren die Teilen-Ansicht. Setzen Sie die Einfügemarke in den Code im oberen Bereich des Fensters.

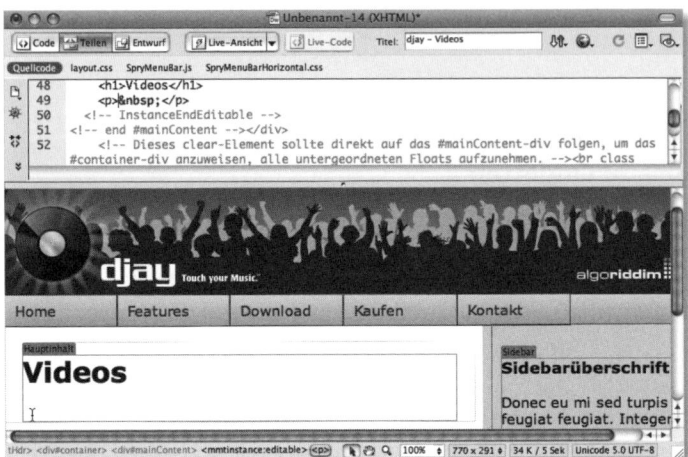

**Abbildung 22.2** ▶
Setzen Sie den Cursor an die Stelle, wo Sie das Video einfügen möchten.

### **4** Einfügen des Codes

Fügen Sie den Inhalt der Zwischenablage in den Code ein.

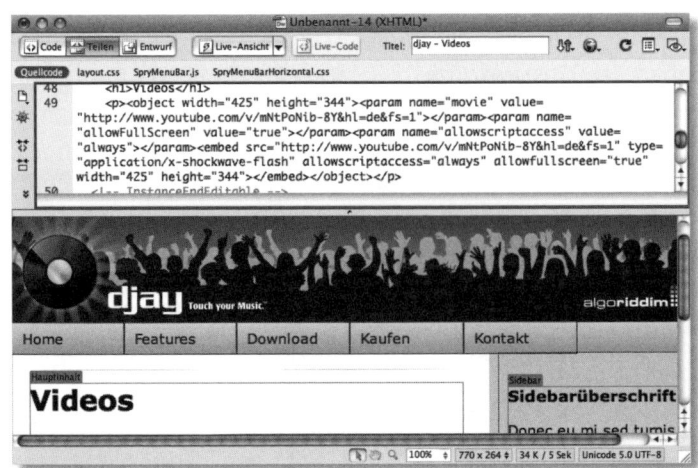

**Abbildung 22.3** ▶
Platzieren Sie die Einfügemarke.

### **5** Vorschau im Webbrowser

Anschließend können Sie das Ergebnis im Webbrowser testen.

◀ **Abbildung 22.4**
Das Ergebnis ■

## 22.2 Google Maps integrieren

Mit Google Maps können Sie nicht nur nach Adressen suchen und diese auf einer Karte anzeigen, sondern dank Ajax-Technologie interaktiv auf der Karte zoomen und den Ausschnitt verändern. Im Folgenden wird gezeigt, wie Sie Google Maps nahtlos in Ihre eigene Website integrieren.

### Schritt für Schritt: Google Maps in Ihre Webseite einbinden

**1** Ort suchen

Suchen Sie auf *http://maps.google.de* die gewünschte Adresse und wählen den passenden Ausschnitt. Klicken Sie dann auf den Link mit der Bezeichnung LINK ❶ und anschließend auf EINGEBETTETE KARTE ANPASSEN UND VORSCHAU ANZEIGEN ❷.

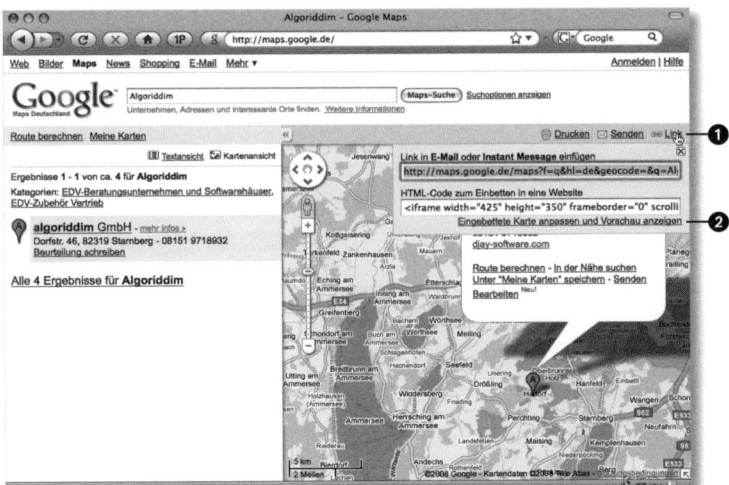

**Abbildung 22.5** ▶
Google Maps – ein nützliches
Hilfsmittel

### **2** Größe festlegen und HTML-Code kopieren

Sie können nun die Kartengröße genau festlegen. Kopieren Sie anschließend den angezeigten HTML-Code in die Zwischenablage.

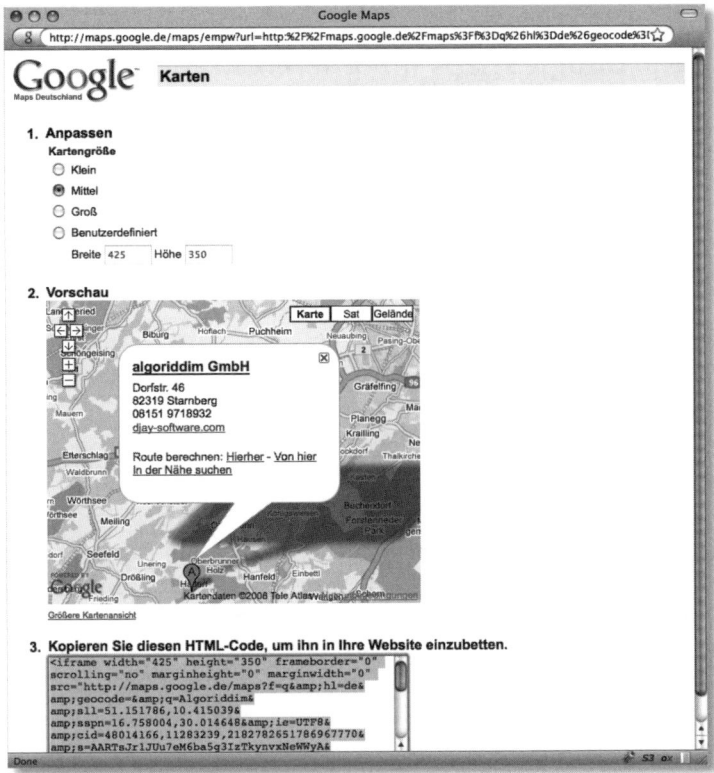

**Abbildung 22.6** ▶
Markieren und kopieren Sie
den Code.

### 3 Vorbereitungen in Dreamweaver

Positionieren Sie den Cursor im Dreamweaver-Dokument an der Stelle, wo Sie die Karte einbetten möchten, und aktivieren Sie die Teilen-Ansicht. Setzen Sie die Einfügemarke in den Code im oberen Bereich des Fensters.

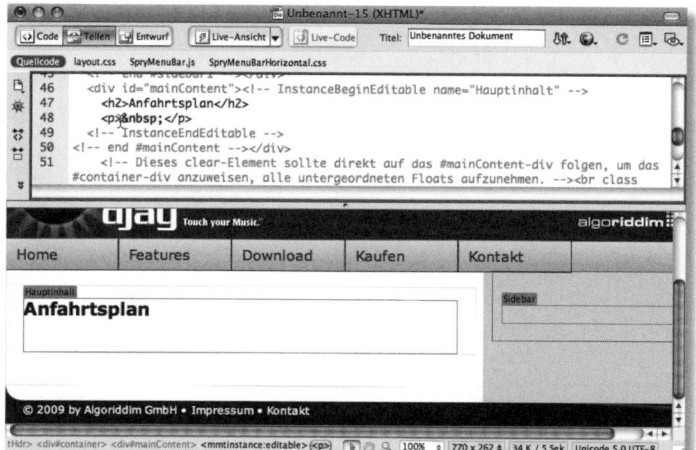

◄ **Abbildung 22.7**
Hier pasten Sie den Code schließlich hinein.

### 4 Einfügen des Codes

Fügen Sie den Inhalt der Zwischenablage in den Code ein.

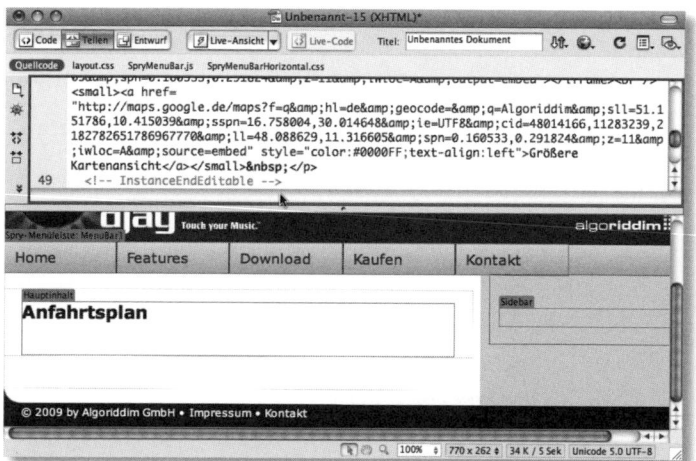

◄ **Abbildung 22.8**
Der Code ist fertig bearbeitet.

### 5 Vorschau im Webbrowser

Anschließend können Sie das Ergebnis im Webbrowser testen.

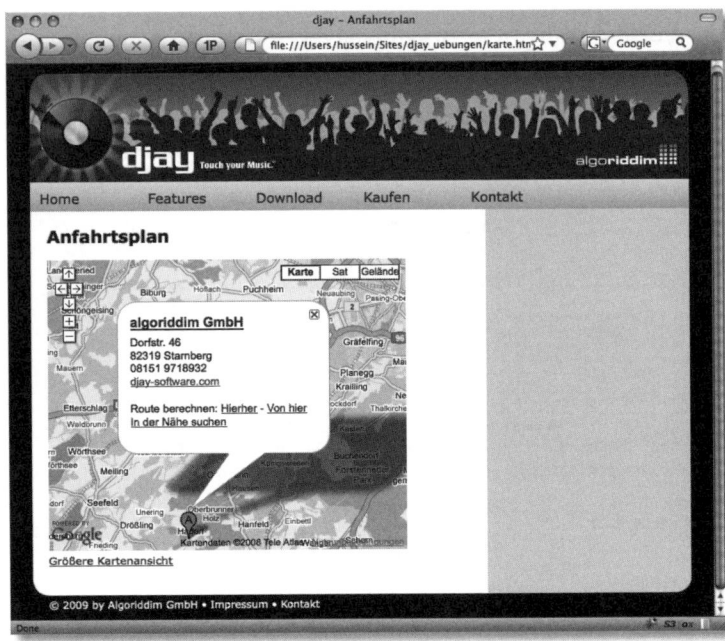

**Abbildung 22.9** ►
Und so sieht das Ergebnis aus.

# Index

# K

# L

# M

# N

# O

# P

# Q

# R

# S

Dreamweaver CS4 im praktischen Einsatz

Mit komplettem Beispiel-Projekt

Vollversionen XAMPP, PHP 5 & MySQL 5 auf DVD

Inklusive 30-Tage-Testversion Dreamweaver CS4

Richard Beer, Susann Gailus

# Adobe Dreamweaver CS4

### Das umfassende Handbuch

Alle Funktionen von Dreamweaver CS4 werden im praktischen Einsatz gezeigt, ohne dabei den technischen Hintergrund zu vernachlässigen. Zunächst erlernen Sie von Vorlagen und Tabellen bis zu Tag-Editor und Code-Fragmenten alles für die fortgeschrittene Erstellung statischer Webseiten mit CSS, Tabellen, Ebenen, JavaScript und XML. Ein wichtiges Thema ist dabei das Layouten mit CSS für attraktive und moderne Websites. Der zweite große Teil des Buches dreht sich um die Entwicklung dynamischer Webseiten mit PHP, MySQL und Datenbankabfragen. Auch die neuen Möglichkeiten in Dreamweaver CS4, Ajax-Funktionalitäten mit dem Spry-Framework in das Layout einzubinden, kommen nicht zu kurz.

692 S., 2009, mit DVD, 39,90 Euro, 67,90 CHF
ISBN 978-3-8362-1262-5

>> www.galileodesign.de/1897

 **Video-Training**

Dreamweaver CS4 lernen durch Zuschauen

Webdesign mit XHTML und CSS, JavaScript und PHP

Dynamische Menüs mit AJAX anschaulich erklärt

 X

Tilo Rust

# Adobe Dreamweaver CS4

Adobe Certified Expert Tilo Rust zeigt Ihnen alles, was Sie für das Erstellen statischer und dynamischer Webseiten mit Dreamweaver CS4 wissen müssen. Dieses Training ist das ideale Paket für angehende Webdesigner, aber auch für all diejenigen, die sich schon immer mal intensiv mit XHTML, CSS und Co beschäftigen wollten.

DVD, Windows und Mac, 106 Lektionen, 15:00 Stunden Spielzeit, 39,90 Euro, 64,90 CHF
ISBN 978-3-8362-1279-3

**>> www.galileodesign.de/1912**

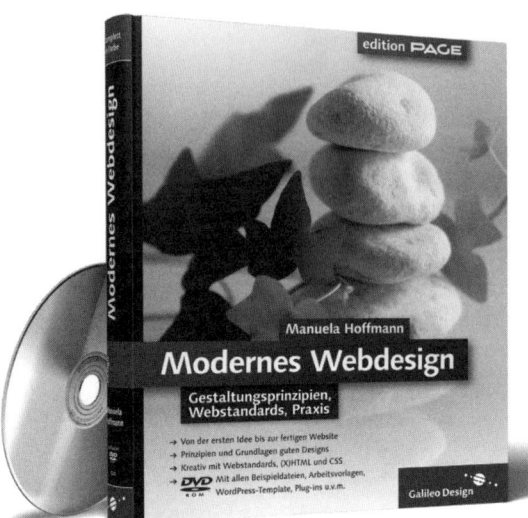

Von der ersten Idee bis zur fertigen Website

Webdesignen wie die Profis

Kreativ mit Webstandards

Manuela Hoffmann

# Modernes Webdesign

**Gestaltungsprinzipien, Webstandards, Praxis**

Ein Wegweiser für modernes Webdesign, der gleichzeitig Praxis, Anleitung und Inspiration liefert. Die Grafikerin und Webdesignerin Manuela Hoffmann (pixelgraphix.de) führt Sie von der Idee über erste Entwürfe bis hin zur technischen Umsetzung mit HTML und CSS. Inkl. Vorlagen und Templates für Photoshop und WordPress

ca. 400 S., komplett in Farbe, mit DVD, 39,90 Euro, 67,90 CHF
ISBN 978-3-8362-1502-2, Dezember 2009

**>> www.galileodesign.de/2244**

Kunden gewinnen, überzeugen und binden

Projekte professionell planen, kalkulieren und umsetzen

Inkl. zahlreicher Checklisten, Fragebögen und Handouts

Nils Pooker

# Der erfolgreiche Webdesigner

### Der Praxisleitfaden für Selbstständige

Nils Pooker vermittelt Techniken, Strategien und Lösungen für Webdesigner, die erfolgreich sein wollen. In diesem Buch erfahren Sie alles über Kundengewinnung, Marketing, SEO, Usability und Konzeption, was Sie für professionelle und effiziente Arbeit wissen sollten.

559 S., 2009, mit DVD, 39,90 Euro, 67,90 CHF
ISBN 978-3-8362-1166-6

**>> www.galileodesign.de/1727**

**Video-Training**

Flash-Design lernen durch Zuschauen

Programmieren mit ActionScript 3

Inklusive Einführung in Adobe AIR

Helge Maus

# Adobe Flash CS4

## Das umfassende Training

Dieses Video-Training ermöglicht Ihnen den umfassenden Einstieg in Flash CS4! Der Multimedia-Experte Helge Maus zeigt Ihnen, wie Sie Texte und Bilder animieren oder auch Sounds und Videos importieren und abspielen.

DVD, Windows und Mac, 91 Lektionen, 15:00 Stunden Spielzeit, 39,90 Euro, 64,90 CHF
ISBN 978-3-8362-1280-9

>> **www.galileodesign.de/1913**

Werkzeuge, Techniken, Funktionen, Programmierung

Mit zahlreichen Schritt-für-Schritt-Anleitungen

Inkl. Einführung in ActionScript 3

Nick Weschkalnies

# Adobe Flash CS4

### Das umfassende Handbuch

Mit diesem Buch haben Sie Flash CS4 im Griff. Von den Grundlagen über Zeichnen, Animation, Sound & Video bis zu Spieleentwicklung, dem Einsatz von PHP, XML und ActionScript 3 zeigt es Ihnen alles, was Sie für moderne Flash-Anwendungen benötigen. Mit zahlreichen Workshops & Praxistipps. Mehr gibt es nicht zu wissen!

846 S., 2009, komplett in Farbe, mit DVD, 39,90 Euro, 67,90 CHF
ISBN 978-3-8362-1256-4

>> www.galileodesign.de/1891